Trailrunning für Frauen

Nesh, der meinen Freigeist und meine Lebenslust versteht und bedingungslos an mich glaubt.

Meiner Mutter, die mit einer einfachen Aufforderung alles veränderte.

Meinem Vater, der mir bis zu seinem frühen Tod vorlebte, das Leben auszukosten.

Meinen Kindern Kimberly und Nadia, dass auch ihr die eine Sache findet, die euch in stürmischen und auch ruhigen Zeiten durchs Leben trägt.

ANNA HUGHES

TRAIL RUNNING

FÜR FRAUEN

EIN PERSÖNLICHER RATGEBER, UM TRAINING UND TRAILS ERFOLGREICH ZU MEISTERN

MEYER & MEYER VERLAG

Trailrunning für Frauen

Bibliografische Information der Deutschen Nationalbibliothek

Die Deutsche Nationalbibliothek verzeichnet diese Publikation in der Deutschen Nationalbibliografie; detaillierte bibliografische Details sind im Internet über <http://dnb.d-nb.de> abrufbar.

Auckland, Beirut, Dubai, Hägendorf, Hongkong, Indianapolis, Kairo, Kapstadt, Manila, Maidenhead, Neu-Delhi, Singapur, Sydney, Teheran, Wien

Member of the World Sport Publishers' Association (WSPA)

Gesamtherstellung: Print Consult GmbH, München

FSC www.fsc.org MIX Papier | Fördert gute Waldnutzung FSC® C084279

978-3-8403-7846-1

E-Mail: verlag@m-m-sports.com

www.dersportverlag.de

Inhalt

Vorwort

Liebe Leserin,

ich erinnere mich noch gut an meine ersten richtigen Laufschritte, damals im zarten Alter von 14 Jahren, an der Seite meiner Mutter. Ich hatte meine Hallenturnschuhe hervorgekramt, T-Shirt und Jogginghose angezogen und war ihr stillschweigend in den Wald gefolgt.

Sie hatte mich aufgefordert, mit ihr eine lockere 10-Kilometer-Runde zu laufen.

Bis zu jenem Zeitpunkt hatte ich diverse Sportarten probiert, Musikinstrumente gelernt. Ich probierte einfach gern Neues aus. Doch bei keiner Sportart war der Funke übergesprungen, eine Leidenschaft entfacht.

Eine Stargeigerin oder Pianistin war auch nicht aus mir geworden.

Keine Ahnung, woher meine Mutter damals das Vertrauen hatte, dass mir ausgerechnet das Laufen so ans Herz wachsen würde. Vielleicht war es auch nur eine einfache Aufforderung. Genau an jenem kühlen Herbsttag Mitte der 1990er-Jahre (ja, so lange ist das wirklich schon her) passierte es. Wir starteten in einem für sie gewohnten gemütlichen Tempo in den Wald. Dann, nach einem knappen Kilometer, ging mir die Puste aus.

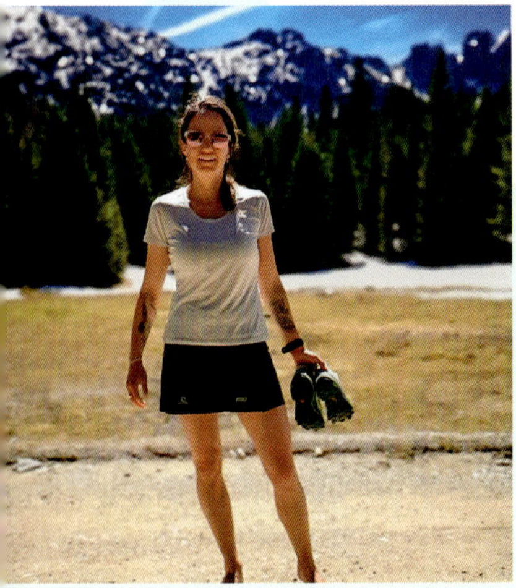

Keuchend stützte ich die Hände auf meine Knie und bedeutete meiner Mutter, sie solle allein weiterlaufen. Leicht bedröppelt trottete ich zum Parkplatz zurück und erinnere mich noch genau, wie beseelt ich mich in diesem Moment gefühlt hatte. Zwar war ich nicht in der Lage gewesen, die ganze Strecke mitzulaufen, aber ich war alles andere als enttäuscht.

Da war ein Feuer entfacht worden.

Über zwei Jahre waren zu jenem Zeitpunkt vergangen, seit mein Vater und meine Oma auf tragische Weise tödlich verunglückt waren. Mit dem kurzen Ausflug ins Laufen war es um mich geschehen. Ich wollte mehr davon und begann, regelmäßig zu laufen.

Nach wenigen Wochen war ich imstande, die 10-Kilometer-Runde am Stück im Wald zu laufen, trat einem Leichtathletikverein bei und trainierte dort in einer Jugend-Trainingsgruppe. Mit einer Karriere auf der Mittelstrecke wurde es dann nichts, aber mir wurde schnell klar, dass ich längere Strecken laufen wollte und nahm 1998, im zarten Alter von 18 Jahren, meinen ersten Marathon in Berlin unter die Füße.

Ich hatte in der Vorbereitung auf diese 42,195 Kilometer, am Vortag des Starts und während des eigentlichen Laufs, alle klassischen Fehler gemacht, die man machen konnte, wirklich alle. Die Ziellinie habe ich trotzdem überquert und ich erkannte, dass immer noch ein bisschen geht, selbst wenn der Körper schon gefühlt in tausend Teile zerbrochen scheint.

Getrieben von der Neugier, was passiert, wenn man sich immer wieder freiwillig vor neue Herausforderungen stellt, führte mich der Weg 2008 nach Marokko. Sechs Tage lief ich mit 800 anderen verrückten Läufern aus aller Welt 250 Kilometer fernab von ausgebauten Straßen durch die erbarmungslose Hitze, über Dünen und ausgetrocknete Salzseen in der Sahara.

Das Erreichen dieser Ziellinie markierte einen Neuanfang auf vielen Ebenen, als Mutter zweier kleiner Töchter, damals noch in einer Ehe steckenden Frau und Läuferin.

Hier geht es zum Erlebnisbericht

https://download.m-m-sports.com/extras/Trailrunning_Frauen/Marathon_des_Sables.pdf

Trailrunning war damals noch längst nicht so bekannt wie heute. Schritt für Schritt tauchte ich in diese spannende Welt ein und meldete mich nach dem Laufabenteuer in der Wüste spontan zu Trailrunningveranstaltungen an. Damals wusste ich weder etwas über den Einsatz von Stöcken noch von speziellen Laufrucksäcken, geschweige denn, wie sich das Training auf Trails vom herkömmlichen Straßenlauf unterscheidet.

Ich probierte alles Mögliche aus und fand schließlich einen roten Faden, an dem ich mich seither im Training orientiere. Dabei ist Training so viel mehr, als nur starr einem Plan zu folgen. Oft lasse ich mich in alle möglichen Richtungen treiben, genieße hier und da Ausblicke in die Landschaft und fühle, wie der Wind mir um die Nase weht.

Trailrunning kann und gibt so viel. Kaum ein Sport lässt uns Kraft- und Ausdauertraining so ideal vereinen. Gerade als Frau ist der Körper neu spürbar, es birgt auch die Möglichkeit, auf die eigenen Bedürfnisse besser zu achten.

Trailrunning ist alles andere als monoton.

Es ist eine Einladung, sich auf dieser großen Spielwiese Natur mit allem, was sie hergibt, auszutoben. Es gibt keine festen Regeln, fast alles ist erlaubt.

Diese Lektüre soll dir das Laufen über Stock und Stein in all seinen Facetten nahebringen und den teils rauen Ruf, den dieser Sport auch mit sich bringt, etwas mildern. Trailrunning erfordert ein paar Kniffe und Techniken, die du leicht erlernen kannst und dir das Laufen auf Trails ungemein erleichtern. Du musst weder einen Marathon gelaufen sein noch unbedingt an einem Wettkampf teilnehmen müssen.

Du entscheidest, in welche Richtung dich Trailrunning führen soll. Und die Richtung darf auch jederzeit veränderbar sein und bleiben. Beim Trailrunning ist nichts in Stein gemeißelt.

Im Vordergrund steht, dir mit diesem Buch das Rüstzeug an die Hand zu geben, speziell auf dich als Läuferin ausgerichtet. Wir Frauen haben andere Bedürfnisse und Ansprüche. Selten werden diese thematisiert, was auch Teil der Intention war, dieses Buch zu schreiben.

Du musst also nicht halsbrecherische Sprünge über steinige Felsen im Hochgebirge machen, um Teil dieser Community zu sein. Es reicht vollkommen aus, wenn du wie ich damals (und noch heute) offen und neugierig bist, dazuzulernen und dich abseits der Straße weiterzuentwickeln. Wie gern hätte ich damals etwas in den Händen gehabt, was alles Relevante zu diesem Thema zusammenfasst, anstatt mühevoll alles aus diversen Quellen zusammensuchen zu müssen.

Diese Lektüre tut genau das.

Möge dich dieses Buch lange auf deinem Weg begleiten, dich nachdenken lassen und genauso dazu inspirieren, Dinge in die Praxis umzusetzen. Du kennst das sicher: Wissen allein reicht nicht, Handeln ist besser.

Laufen ist bis heute ein fester Anker in meinem Leben, mein stiller Begleiter durch alle Höhen und Tiefen, die das Leben bereithält. Nichts schenkt mir ein so tiefes Gefühl von Freiheit, Genugtuung und innerer Zufriedenheit wie ein Lauf über wurzelige Waldpfade, einen steinig-felsigen Singletrail oder über einen einfachen Waldweg.

Seit einiger Zeit bringe ich Läuferinnen die Passion Trailrunning an Erlebniswochenenden in Garmisch nahe und rede in meinem eigenen Podcast *Laufen und Leben* regelmäßig über das ganz normale Läuferleben.

Ich wünsche dir von Herzen, dass auch du diese Freiheit, dich leicht durch die Natur zu bewegen, erleben kannst. Trailrunning bringt dich weiter, lädt ein zum Innehalten, Nachdenken und dazu, einfach mal die Dinge im wahrsten Sinn des Wortes laufen zu lassen.

Run happy. Be happy. (Eifrige Podcast-Zuhörerinnen kennen diesen Spruch!)

Deine Anna

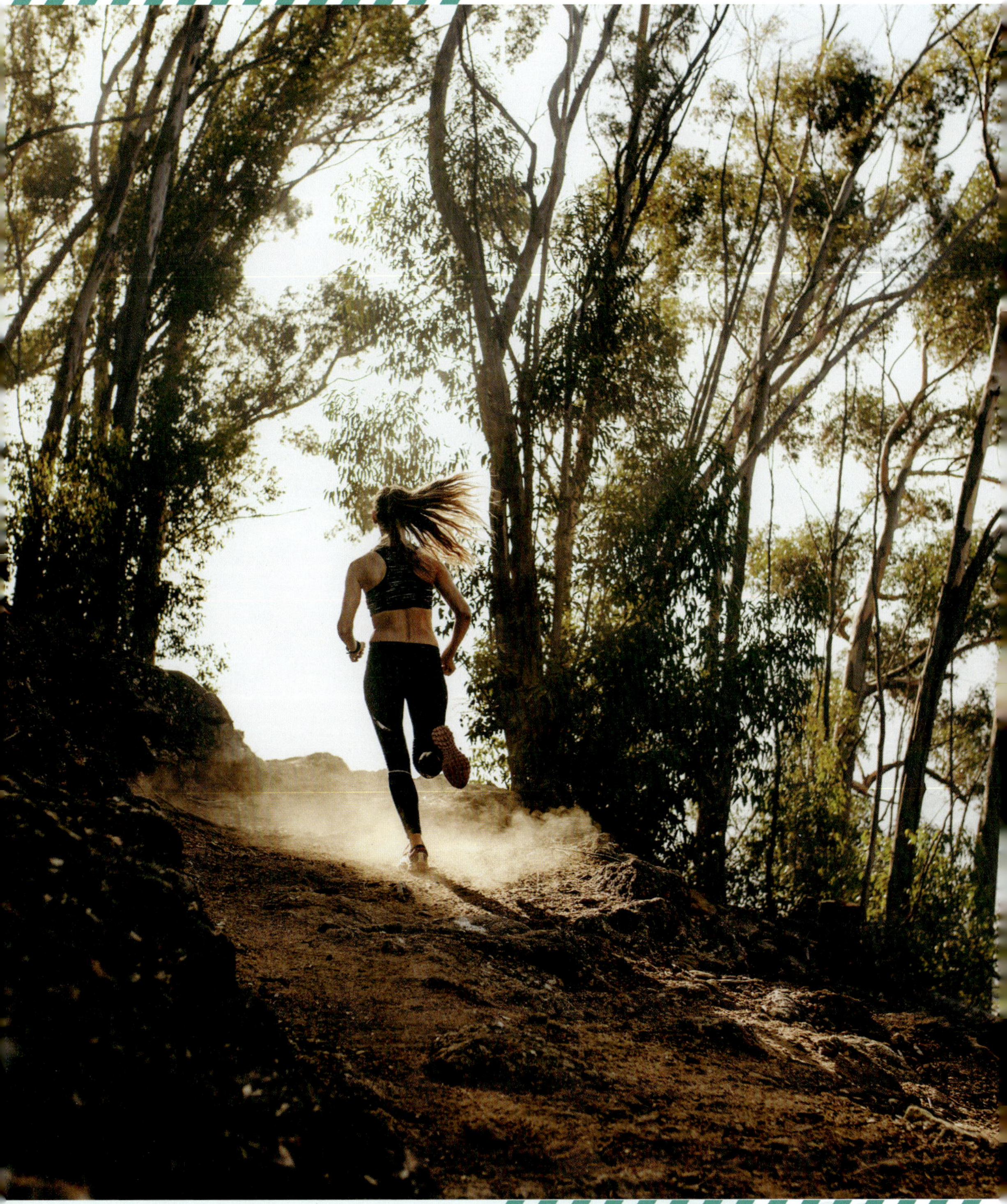

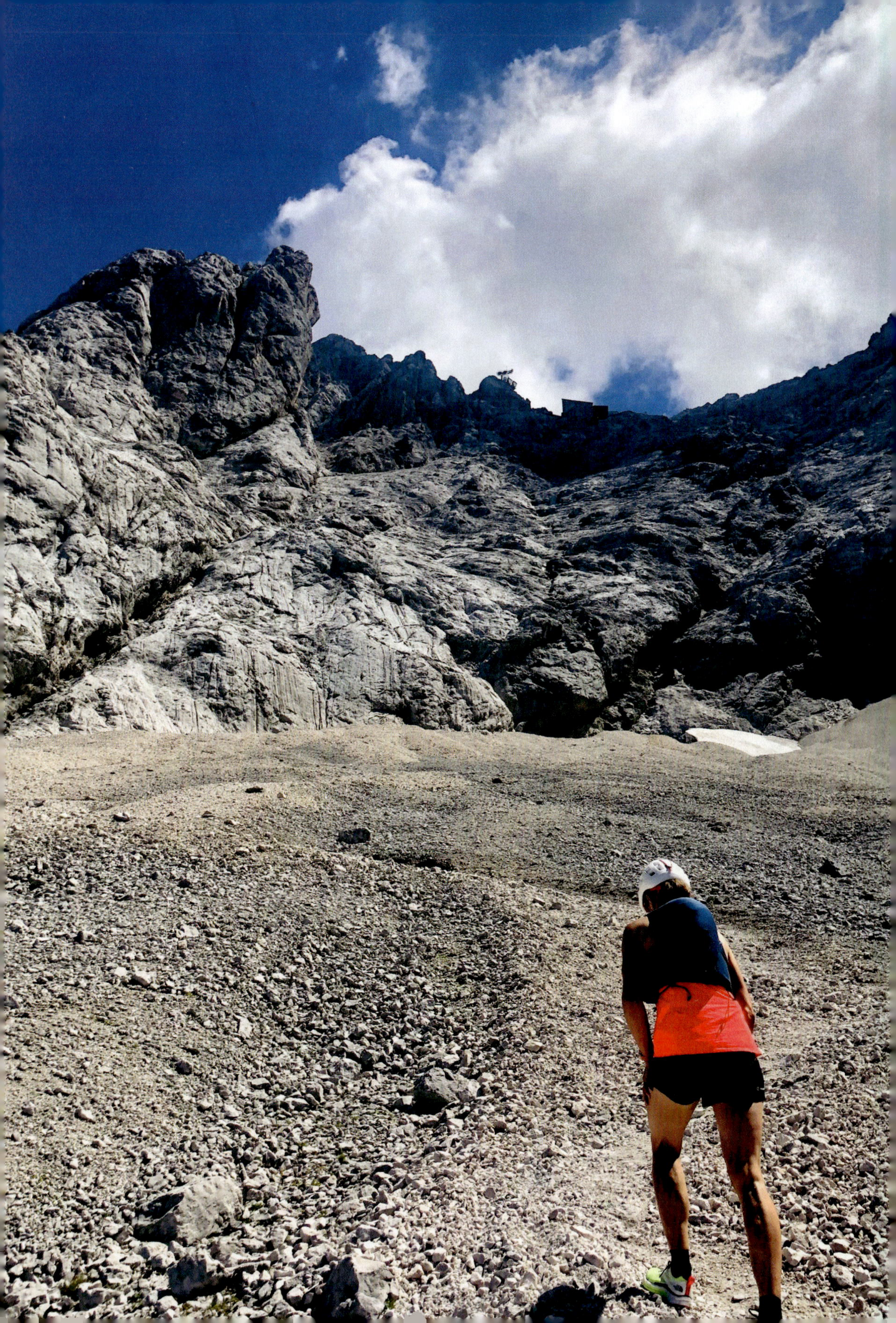

TEIL 1

WAS IST TRAILRUNNING?

1.1 Was ist Trailrunning?

Ich erinnere mich noch gut an meine ersten Anfänge in diesem so einzigartigen und faszinierenden Sport. Bereits in den 1990er-Jahren, damals noch im zarten Teenageralter, tobte ich mich auf zahlreichen Waldwegen aus.

Es war zur damaligen Zeit einfach ein Lauf fernab der normalen Asphaltwege. Und niemand wäre auf die Idee gekommen, diese Art des Laufens Trailrunning zu nennen.

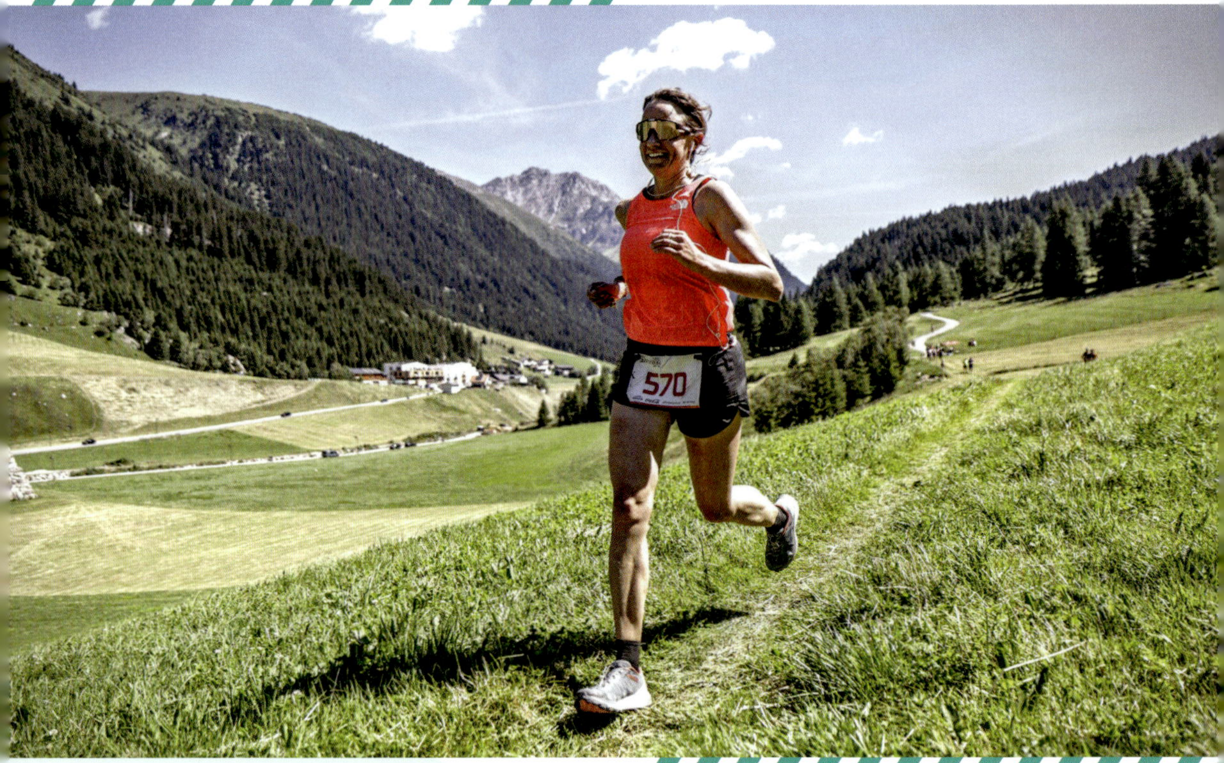

Doch zwischen der Sportart Trailrunning und dem, was daraus entstanden ist – ein Sport, eine richtige Bewegung, dem sich nicht zuletzt auch durch die Coronapandemie viele Menschen verschrieben haben –, liegen viele Jahre, sogar Jahrzehnte.

Ich kenne den Sport von der Pike auf seit nunmehr über 14 Jahren. Kaum ein Tag vergeht, an dem ich nicht auf irgendeinem Pfad abseits der normalen Wege unterwegs bin, die Erde unter den Füßen spüre und dabei mit Leichtigkeit über Wurzeln, Steine und weichen Waldboden oder einfache Feldwege laufe.

Dabei vergesse ich oft Raum und Zeit oder lasse die Uhr einfach zu Hause liegen, denn es gibt eine große Besonderheit beim Trailrunning: Zeiten und Kilometerdurchschnitte rücken schnell in den Hintergrund.

Dieses Buch bietet dir die Chance, Trailrunning von den Basics bis hin zu spezifischeren Themen kennenzulernen, diese Art des Laufens spielerisch in all ihren Facetten zu erfassen und dass auch du, ob jung oder alt, Trailläuferin sein kannst. Du musst dafür weder eine Sportskanone sein noch eine besondere Schnelligkeit aufweisen.

Es kann für dich eine ideale Ergänzung zum Straßenlauf sein, der ja auch durchaus seinen Charme hat. Nicht wenige Läufer, die regelmäßig Trailrunning in ihre Routine einplanen, profitieren davon beim Straßenlauf.

Doch Trailrunning, so behaupte ich, kann viel mehr: Es ist ein Lifestyle, eine Art zu leben. Denn als Trailläuferin kommst du auf eine andere Art und Weise mit der Natur und anderen Menschen in Berührung.

Uns verbindet die Liebe zur Natur, die Stille, die wir dort finden können und die Fähigkeit, uns immer wieder neu einzulassen auf den vor uns liegenden Weg, der nicht selten auch eine Metapher fürs wahre Leben ist.

Willkommen im Club! Schön, dass du dich dafür entschieden hast, ein- und abzutauchen in diese spannende, bunte Welt. Wo es wichtiger ist, innezuhalten und an einem besonders schönen Ausblick stehen zu bleiben, als einer Zahl auf der Uhr hinterherzujagen, tief ein- und auszuatmen und sie zu spüren – diese Freiheit, wie sie kaum woanders so nah, so direkt erlebbar ist wie beim Laufen auf einem Trail.

Es gibt keinen direkteren Kontakt mit Mutter Erde, zu unserer Natur. Wir dürfen uns mit gutem Gewissen und zugunsten unseres Wohlbefindens nach Herzenslust auf diesem unendlich großen Spielplatz austoben, der uns zu Füßen liegt.

Trailrunning ist viel mehr, als in knallig-bunten Outfits über schmale Grate zu preschen und in schwindelerregenden Höhen einen technisch anspruchsvollen Singletrail hinunterzuflitzen.

Es ist auch kein Sport, der nur drahtig-sehnigen Hardcore-Läuferinnen vorbehalten ist, die scheinbar spielend leicht die Wege hinunterrasen.

Trailrunning ist für jeden erlernbar, der Neugier, Leidenschaft und den Mut zur Veränderung mitbringt. Kein Traillauf ist wie der andere. Das jeweilige Terrain weist uns den Weg. Du wächst nicht nur läuferisch über dich hinaus, sondern auch als Mensch.

Es ist eine Einstellung zum Leben, die du in wenigen Schritten erlangen kannst und wobei der Spaß- und Genussfaktor im Vordergrund steht.

Das Laufen auf unbefestigten Wegen kann ein wichtiger Bestandteil deines Lebens werden, wenn du bereit bist, dir ein paar Grundlagen und einen Grundstock an Wissen anzueignen, um deinen erfolgreichen Start ins Trailrunning zu ebnen.

Das ist auch das Ziel dieses Buchs. Möge es dir gelingen, mit dem Rüstzeug aus den jeweiligen Lektionen sofort loszulegen, die häufigsten Fehler zu vermeiden und dich voller Vertrauen auf den Weg zu machen.

1.1.1 Voraussetzungen für das Trailrunning

Es gibt für das Trailrunning keine besonderen Voraussetzungen. Du hältst dieses Buch in den Händen, weil du bereits eine Neugier in dir hast, alles darüber zu erfahren und schon bald die Wege fernab der Straße zu erkunden und unsicher zu machen.

Was du benötigst, ist allerdings eine gewisse Grundfitness. Im besten Fall bist du schon in der Lage, mindestens 10 Kilometer am Stück zu laufen. Dabei musst du nicht zu den schnellen Läufern gehören oder schon an Wettkämpfen teilgenommen haben.

Diese Grundfitness, die du dir womöglich schon durch regelmäßiges Laufen auf der Straße angeeignet hast, ist eine gute Grundlage, mit welcher du dich auf Trails weiterbewegen kannst.

Wegweiser:

Wir wollen uns möglichst langfristig auf dem großen Spielplatz draußen in der Natur austoben, nicht nur ein paar Monate lang, um dann fix und fertig, überfordert und gar verletzt in der Ecke zu liegen.

Trailrunning kennt kein Alter. Meine Mutter, Ende 60 und ihr Mann, Mitte 70, laufen noch beschwingt in den französischen Vogesen herum oder erkunden die Trails rund um ihren Wohnort im Süden Deutschlands – immer auf Trails und immer gespickt mit ein paar Höhenmetern.

Es ist auch möglich für dich, ein ganzes Leben Trailrunner zu sein und eine andere Art von Genuss kennenzulernen, wenn du ein paar Dinge auf diesem Weg beherzigst.

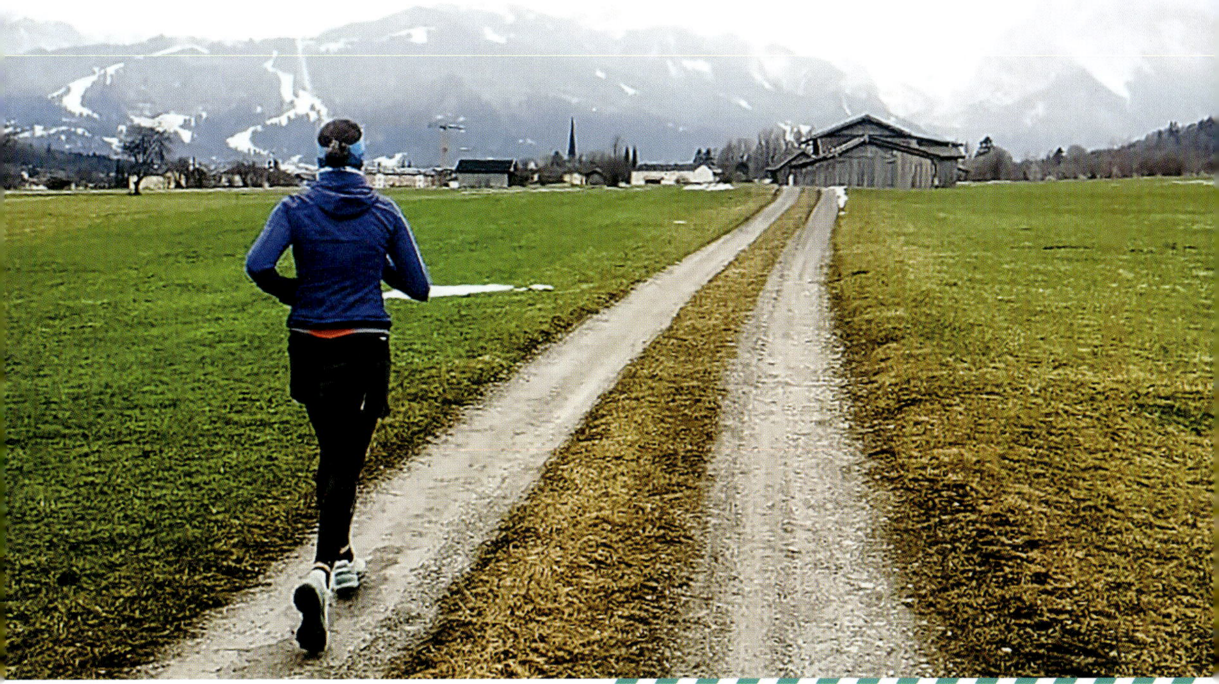

1.2 Der Weg auf die Trails

In den wärmeren Monaten kann man mittlerweile fast jedes Wochenende quer durch die Republik und darüber hinaus verteilt an Läufen über verschiedenste Distanzen fernab des Asphalts teilnehmen: Von 15 bis über 100 Kilometer ist für jedes Leistungsniveau etwas dabei.

Sommer 2007, ja, das ist schon ganz schön lang her. Ich hatte mich zu meinem ersten Trailhalbmarathon in den Schweizer Bergen angemeldet, dem mittlerweile recht bekannten und etablierten Swiss Alpine Marathon. Ich wollte mir nicht gleich einen 80-Kilometer-Ultra zumuten und startete beim Halbmarathon, bei dem einige hundert Höhenmeter zu meistern waren.

Diesen Lauf beendete ich überglücklich. Es flossen wohl auch ein paar Freudentränen, auch wenn das rückblickend vielleicht übertrieben war.

Aber damals überkam mich eine solche Welle an Zufriedenheit und auch ein gewisser Stolz darüber, dass ich die Strecke gut geschafft hatte. Zwar wohnten wir damals, die Kinder waren noch sehr klein, schon auf dem Land, aber die Graubündner Berglandschaft war schon eine deutlich anspruchsvollere Nummer als die Umgebung, die ich bis dato gewohnt war.

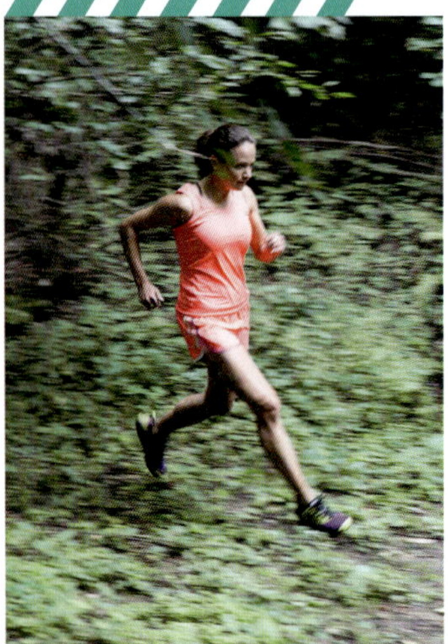

Die größte Erkenntnis war, dass ich mich während des Laufs kaum um mein Tempo scherte. Die Konzentration und der Fokus lagen darauf, nicht zu stolpern und mir die Kräfte gut einzuteilen. Dann merkte ich, dass es um etwas anderes ging. Etwas, das nicht mit dem Straßenlauf vergleichbar ist. Es geht darum, Genuss und Spaß in der Natur zu haben.

Weg vom Grau der Straße und hinaus in die bunten Wälder: Trails sind nichts anderes als Wege abseits der Straße. Sie variieren von breiten Forst- und Waldwegen bis hin zu Single Trails mit Wurzeln und Steinen unterschiedlichster Ausprägungen. Im Hochgebirge gibt es noch abgelegenere Wege, wo nur ab und zu auf Steinen ein roter Punkt markiert ist, der den Weg andeutet, wenn man Glück hat.

Wenn du bis dato eingefleischte Straßenläuferin bist und einfach neugierig bist, mehr übers Trailrunning zu erfahren, dann ist die Frage jetzt berechtigt, was es bringen soll, die Straße zumindest temporär zu verlassen. Und wie das dem eigentlichen Training zuträglich sein soll – wo doch das Risiko, zu stolpern und sich zu verletzen, viel größer ist.

Stimmt zunächst. Doch das Risiko lässt sich minimieren. Wie, dazu kommen wir noch.

Zuerst werfen wir mal einen Blick auf die drei wichtigsten Vorteile, die das Trailrunning bringt:

» Gelenkschonender ist weicher Untergrund auf jeden Fall. Auch die Sehnen und Bänder freuen sich, wenn du dir eine gewisse Anpassungszeit gestattest.
» Abwechslung steht im Vordergrund, denn der Wald bietet schier endlose Möglichkeiten, neue Pfade zu entdecken, es wird nie langweilig.
» Durch unebene Wege und manchmal auch richtige Rampen, die zu meistern sind, werden die Muskeln gestärkt und du wirst auch mental widerstandsfähiger.

Seit meinem ersten Ausflug auf die Trails ist mein Läuferleben ohne diese gar nicht mehr vorstellbar. Bei den meisten Trailrunningevents ist ein echter Spirit spürbar. Die Menschen sind weniger verbissen und mehr auf Spaß fokussiert. Natürlich gibt es in den vorderen Reihen immer auch solche, die ehrgeizig an die Sache gehen und dabei vergessen, die herrliche Umgebung wahrzunehmen.

Es kann gut sein, dass du immer noch ein wenig skeptisch bist und denkst, Trailrunning ist nur was für verspielte Anfänger, die sich einfach um gute Leistungen auf der Straße drücken. Stimmt. Man kommt sich oft wie ein Kind vor, das gerade das Laufen erlernt hat, hüpfend und springend unentwegt seinem Entdeckerdrang nachgeht. Genau das ist der Punkt: In unseren oft eingefahrenen Alltagsmarotten und -rhythmen tut ein bisschen Spielen nicht nur dem Körper gut, sondern auch dem Kopf und der Seele.

Wenn du im Herbst den Jahreswechsel beobachten kannst und den Duft des herabfallenden Laubs inhalierst, dabei die Steine und Blätter unter deinen Füßen knirschen hörst, hat das schon etwas Wildes, Archaisches. Genau dahin zieht es viele Läufer.

Warum also lange überlegen und sich nicht einfach mal auf etwas Neues einlassen? Neue Pfade entdecken, eine andere Sicht auf die Dinge gewinnen.

Was sich vielleicht in deinem Leben gerade schwer anfühlt, verliert plötzlich an Gewicht, wenn du in einem warmen Sommerregen durch den Wald fegst und noch eine Schleife dranhängst, weil dir die Natur so viel bietet und du leichtfüßig springst, über Baumstämme hüpfst, dich an Ästen einen schmalen, steinigen Trail hinunterhangelst, kleine Brücken querst, an Wasserfällen, von deren Existenz du vorher nichts ahnen konntest, stehen bleibst, ja, dann kannst du dir plötzlich bewusst werden, worauf es im Leben auch noch ankommt.

Das Streben nach dem Gefühl des puren Seins, weg vom Leistungsdruck, ist uns wichtig(er) geworden. Genuss und Spaß an der Bewegung in der freien Natur erlebt eine neue Dimension. Von jung bis alt wagen sich auch immer mehr Frauen auf die Trails, Tendenz steigend.

Was du brauchst, um gut gerüstet für die Trails zu sein, unterscheidet sich nicht sehr vom Straßenlauf.

Beachte jedoch diese drei Tipps, die dir den Einstieg erleichtern können:

» Deine Schuhe sollten gut profiliert sein, um auch auf nassen Wegen sicher und trittsicher zu laufen.
» Bist du länger als eine Stunde und eher in wenig überlaufenen Gefilden unterwegs, lieber einen kleinen Laufrucksack oder eine Laufweste mitnehmen, eine Wind- oder Regenjacke

einstecken sowie Wasser und einen Riegel einstecken. Solltest du dich verlaufen, bist du damit gut gewappnet.
» Bevorzugst du eher steile Pfade, bist du mit Stöcken gut beraten.

Besonders empfehlenswert sind Trailrunningevents, die oft auch Einsteigerstrecken ab 15 Kilometer anbieten. Du kannst nur für dich gewinnen. Probiere es aus und entdecke die (un-)erträgliche Leichtigkeit des Seins.

1.3 Drei gute Gründe, Trails unter die Füße zu nehmen

Trailrunning ist nicht nur etwas für Cracks, sondern ein Laufspaß für wirklich jede Läuferin, die Lust hat, die Natur auf ganz andere Art und Weise wahrzunehmen.

Falls du bereits Lauferfahrungen auf der Straße sammeln konntest, wird dir das Trailrunning deutlich leichter fallen, da du eine gewisse muskuläre Grundfitness mitbringst und sicher ein gutes Körpergefühl entwickeln konntest dafür, was du dir zutrauen kannst.

Aber: Der Straßenlauf hat eine Grenze, die das Trailrunning nicht hat.

» Du kannst praktisch unbegrenzten Spaß genießen.
» Du kannst unendlich viele Wege entdecken.
» Du kannst Neues in der Natur erleben und andere Seiten an dir entdecken.

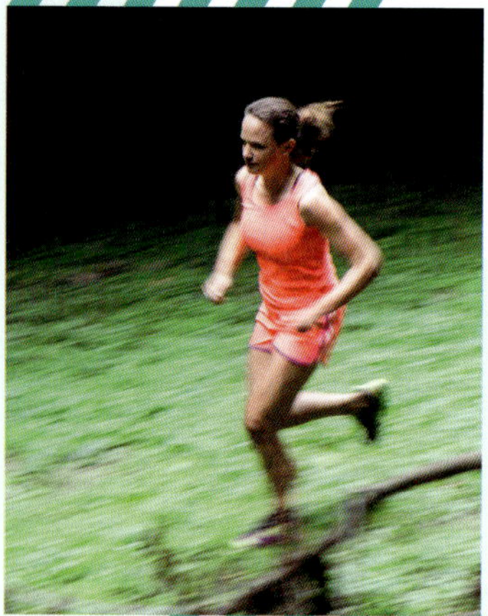

Kaum ein Trail weist dieselben oder ähnliche Bedingungen auf. Mal hat der Regen den Trail verschlammt, die Wurzeln glitschig gezaubert und ein anderes Mal tänzelt man auf trockenen, sandigen, steinigen oder laubbedeckten Wegen abseits der Straße und kann abschalten vom Alltag.

Der sich oft ändernde Untergrund bringt es mit sich, dass du im Trailrunning eine eher geringe Verletzungs- und Überbeanspruchungsgefahr hast, wenn du es am Anfang nicht übertreibst und geeignete Übungen machst. Wichtig ist, dir Zeit zu lassen, die Trails und die Bewegungen, die dein Körper macht und neu erlernt, kennenzulernen.

Übrigens: Viele Straßenläufer, die auf Trails wechseln bzw. ihr Training mit Trailruns variieren, verbessern dadurch sogar ihre Leistungen auf der Straße, da im Trailrunning mehr seitliche Bewegungen bzw. Rotationen gefragt sind, die den Körper insgesamt geschmeidiger und kräftiger machen.

Wegweiser:

Beim Trailrunning ist nichts monoton, der Kopf hat ständig neue Reize, lernt, sich besser zu fokussieren und andere Muskelgruppen zu aktivieren, die sonst eher verkümmern.

Trailrunning fordert dich im besten Sinn von Kopf bis Fuß!

1.4 Drei Fehler, die du beim Trailrunning vermeiden solltest

Nun gut, von Fehlern zu sprechen, ist nicht unbedingt förderlich. Gern setzt man Fehler damit gleich, Schwächen zu enttarnen. Und manchmal hat das etwas Negatives an sich. Darum soll es hier gar nicht gehen. Eher darum, dir aufzuzeigen, womit du dich nicht lange aufhalten solltest, um ein paar Sorgen weniger beim Trailrunning mit dir zu tragen.

1.4.1 Vergiss Durchschnitte pro Kilometer und das Verrücktmachen mit der Uhr

Auch wenn das viele Straßenläuferinnen vielleicht anders sehen, so wird dort doch generell mehr auf die Uhr geschielt.

» Welches Tempo laufe ich gerade? Wie ist der Puls?
» Schaffe ich es, meinen Fünf- oder 10-Kilometer-Tempolauf noch schneller zu laufen als letzte Woche?

Genau von diesem Trip runterzukommen, ist die Kunst und eine große Herausforderung, wenn du beginnst, deinen Horizont auf Trails zu erweitern.

Man braucht am Anfang etwas Disziplin und Übung, aber dann ist es umso befreiender. Wobei hier keinesfalls das Laufen nach Puls sowie Tempotrainingseinheiten verschrien werden sollen. Es sind nur bedingt wichtige Elemente. Sobald du ein paar Standardrouten kennst und diese einige Male abgelaufen bist, drücke beim nächsten Mal einfach nicht Start und Stopp auf der Uhr, sondern laufe nach Gefühl.

Du merkst schon früh genug, wenn du zu schnell läufst und dir die Zunge schon fast bis zum Boden raushängt. Laufe im Fluss deiner Atmung. So, dass du dich noch einigermaßen unterhalten könntest, und genieße in vollen Zügen, dich auf den Weg vor deiner Nase zu konzentrieren, ganz im Moment zu sein.

1.4.2 Vergiss die Mär vom inneren Schweinehund

Keine Ahnung, wer dieses arme Tier erfunden hat, aber es ist jetzt an der Zeit, ihm den Garaus zu machen. Weder musst du gegen dich kämpfen noch gegen diesen elenden Hund angehen. Er existiert nicht, auch wenn du das vielleicht bisher geglaubt und als inneres Bild genutzt hast, um dich extra zu motivieren und Kräfte während einer Tiefphase zu mobilisieren.

Gerade im Trailrunning wird uns oft suggeriert, uns zu pushen und den nächsten Anstieg hochzukämpfen. Doch wofür kämpfen, wenn uns - oben angekommen - noch nicht mal ein schäbiger Blumentopf geschenkt wird? Stopp. Du darfst deinen Kampfgeist natürlich hervorholen, wenn es angebracht ist, zum Beispiel im Rahmen eines Wettkampfs, wo eine gewisse Aggressionsenergie durchaus hilfreich sein kann, aber bei etwa 95 Prozent deiner Trailruns darfst du ganz in deiner eigenen Harmonie von Körper, Geist und Seele laufen.

Im Alltag hast du schon genug zu tun und zu kämpfen, denn so fühlt es sich manchmal an, wenn wir im Hamsterrad unsere Runden drehen. Da ist es doch der reinste Urlaub, für ein Stündchen durch die Natur zu laufen, eben ohne all dieses Kämpfen und Zeiten hinterherzuflitzen.

Lasse den täglichen Wahnsinn aus nervigen Diskussionen mit Partner, Kids oder auch Kollegen während eines Zoom®-Meetings hinter dir und baue inneren Widerstand ab, indem du dir vorstellst, wie sich dein Körper von Kopf bis Fuß rund bewegt und alle Rädchen im System schön laufen.

Das ist doch eine viel schönere Vorstellung als die, ein fies dreinblickendes, dreckiges und stinkendes Viech zu bekämpfen. Halte diesen Hund bloß auf Abstand, so hast du garantiert weniger Anstrengungen, dafür mehr Freude auf den Trails.

1.4.3 Trailrunning ist nur etwas für Hardcore-Läuferinnen

Nix da. Du musst kein besonderes, ausgeprägtes Talent haben, um Trailläuferin zu sein. Ich bin der festen Überzeugung, dass jede Frau, die Lust hat, ihren Körper und Geist neu herauszufordern, beim Trailrunning richtig aufgehoben ist.

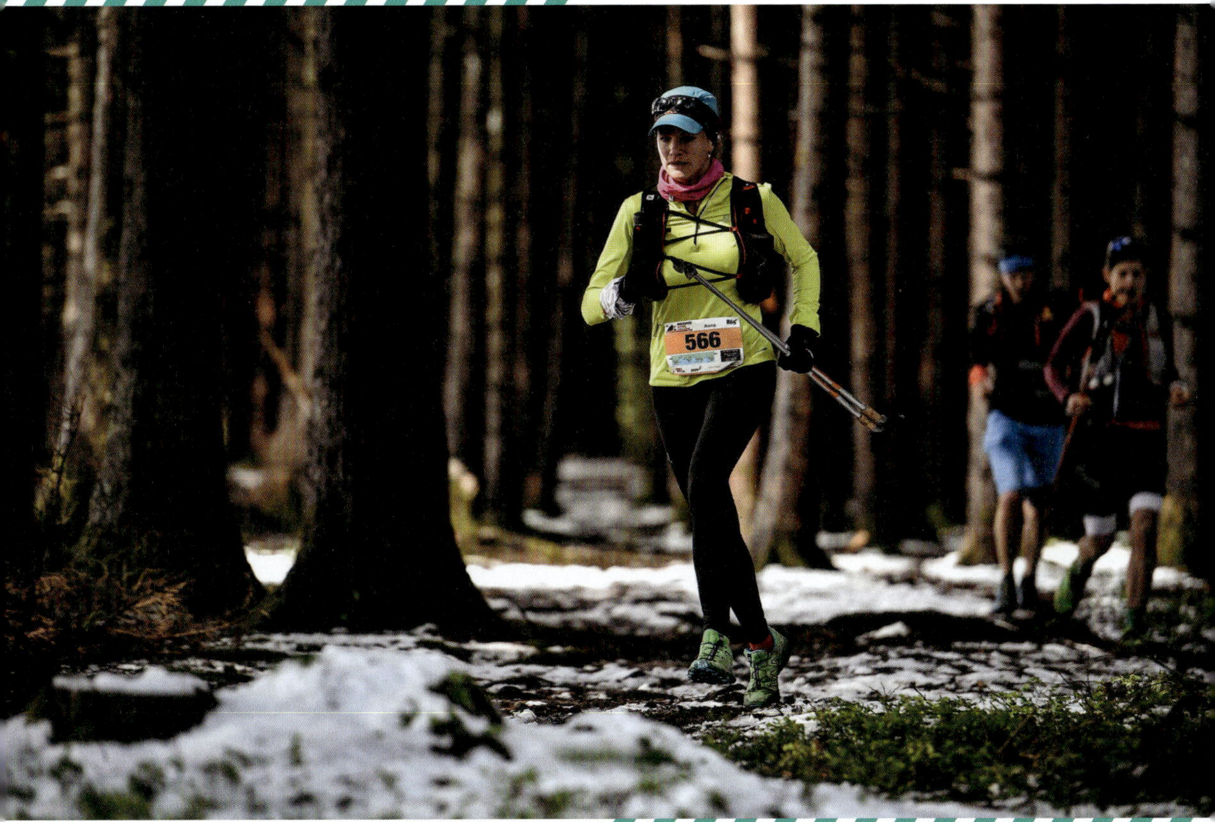

Die Skills, wie zum Beispiel effizientes Uphill und Downhill Running, Trittsicherheit und Orientierung sind alles Fähigkeiten, die du dir aneignen kannst, völlig talentfrei. Was du mitbringen solltest, sind Neugier und Offenheit sowie eine Portion Geduld, denn die brauchst du am Anfang etwas mehr als später.

Auch die Trailrunningprofis unserer Zeit sind nicht vom Himmel gefallen und haben Jahre, sogar jahrzehntelang intensiv geübt, um dann irgendwann schmale Grate im Hochalpinen unter die Füße zu nehmen und es so aussehen zu lassen, als sei alles ein kleiner, feiner Sonntagsspaziergang.

Und wenn du nie Ambitionen hast, einen steilen Berg laufend zu erklimmen, ist das absolut okay. Du darfst dir auf diesem großen, weiten und breiten Spielfeld des Trailrunnings, mit all seinen Facetten und Variationen, genau das herauspicken, was dich anspricht. Alles kann, nichts muss!

Ein Beispiel aus Garmisch. Bis ich 2016 in die überschaubar kleine Stadt in den Voralpen kam, war ich noch nie in anspruchsvolleren Klettersteigen gewesen oder habe steile Geröllhalden durchquert, wo jeder Schritt nicht nur theoretisch, sondern auch praktisch das Ende bedeuten kann. Es war rückblickend alles eine Schritt-für-Schritt-Entwicklung. Aus dem einen ergab sich über Jahre das nächste Trailabenteuer, ohne krampfhaft danach zu suchen, sondern es kommen zu lassen.

Viele wollen zu schnell zu viel und denken, Trailrunning bedeutet, es krachen zu lassen. Ein einfacher Lauf im Grünen, auf weichem, steinigem oder wurzeligem Untergrund, ist genauso ein Trailrun wie einer, der in den Bergen stattfindet, nur anders.

Wegweiser:

Finde heraus, wobei du dich zurzeit wohlfühlst und tue nichts, was du dich (noch) nicht traust, nur weil andere es auf den sozialen Medien vorturnen. Es muss für dich passen, und auch wenn du ein Leben lang nie einen schmalen Grat gehst oder einen Trail im Hochgebirge läufst, kannst du dennoch eine fantastische, glückliche Trailläuferin sein.

Sei einfach du und kein Kunstbild für die Außenwelt, wo die unausgesprochene Regel von mehr Schein als Sein gilt.

1.5 Warum Frauen prädestiniert fürs Laufen sind

Klar, man kann nicht alle über einen Kamm scheren und behaupten, dass alle Trailläuferinnen und solche, die es werden wollen, anders ticken als die männlichen Geschöpfe. Doch soll in diesem Kapitel beleuchtet werden, welcher Unterschied existiert, gerade wenn wir auch längere Distanzen im Trailrunning unter die Lupe nehmen.

„Jedem Anfang wohnt ein Zauber inne." Eines der wohl bekanntesten Zitate Hermann Hesses, in dem so viel Wahres ist.

» Nur, wie den Zauber aufrechterhalten?
» Oder ist dieser dann sogar die Triebfeder, um das Momentum im Ausdauersport aufrechterhalten zu können, wenn wir erst einmal den Fuß in diese Welt gesetzt haben?
» Was passiert nach dem zauberhaften, oft enthusiastischen Anfang?

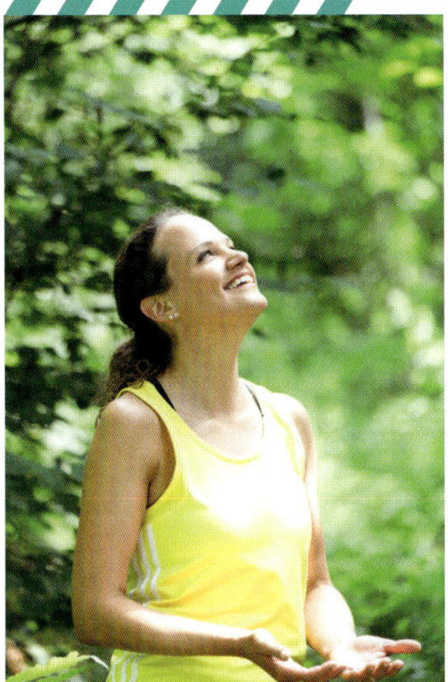

Als Bobbi Gibb 1966 als erste Frau überhaupt über die Ziellinie des Boston-Marathons lief, war das eine Sensation.

Sie hatte sich getarnt in Männerkleidung auf die Strecke geschlichen und lief unbeirrt zwischen den männlichen Läufern. Zuvor unterstellte man ihr, dass Frauen physiologisch nicht in der Lage seien, lange Strecken zu laufen. Später sagte sie: „Ich lief den Marathon aus Liebe. Aus Liebe zum Laufen."

In ihren oft philosophisch angehauchten Aufzeichnungen ist deutlich zu spüren, dass sie mit Herz und Seele mit dem Sport verbunden war. Sie sprach von dem starken Band zur Mutter Erde und gab ihrem Leben durchs Ausdauerlaufen einen tieferen Sinn, einen Ausdruck ihres Seins.

Bobbi vermisste in ihrem sicheren vorstädtischen Leben etwas, war sich ihrer Sterblichkeit bewusst. Das Ausdauerlaufen gab ihrem Leben einen Sinn oder gab sie dem Laufen weiter Strecken einen Sinn?
In den vielen Jahren, in denen ich als Läuferin unterwegs bin, komme ich zu ähnlichen Erkenntnissen.
Der Antrieb, immer längere Distanzen zu laufen, ist uns Frauen in die Wiege gelegt.

Es geht um die Bewusstwerdung dieser Fähigkeit und die Lust, diese zu entdecken und damit zu spielen. Die Wege, die sich uns in der Natur bieten und uns selbst auf andere Art zu erfahren, Grenzen zu verschieben und uns unserer ureigenen Fähigkeiten bewusst zu werden. Besonders auch bei den Langstreckenschwimmern, die 10 Kilometer und mehr zurücklegen, braucht man ein dickes Fell, auch mental.

Aus physiologischer Sicht können wir Frauen uns eine höhere Dehnbarkeit von Sehnen und Bändern, eine bessere Verbrennung freier Fettsäuren, einen höheren Körperfettanteil sowie einen erhöhten Anteil an „langsamer" Muskulatur und weicheren Muskeln gutschreiben.

In einer Studie (Steffny & Pramann, 2007) wurden Männer und Frauen bei einem harten Tempolauf getestet. Tatsächlich liefen 60 Prozent der Männer das empfohlene Tempo und nur 40 Prozent der Frauen. Folglich heißt dies, dass sie durchaus bereit sind, intensiv und auch mal über die Grenzen hinaus zu trainieren, richtig in Fahrt kommen sie jedoch, je länger die Distanz ist.

Auch die Intuition kann hier eine Rolle spielen. Frauen setzen sich im Ausdauersport weniger dem Verletzungsrisiko aus, verlangsamen eher, wenn sie an Grenzen stoßen. Ich kenne einige weibliche Kämpfernaturen, doch von Ellbogenmentalität ist da wenig zu sehen, sondern meist echte Kameradschaft.

So finden sich bei Trailrunningevents auch immer mehr Frauen an den Startlinien. Die Männer sind in der Überzahl, was per se nicht schlimm ist, denn der Anblick eines gestählten Läuferkörpers hat ja auch etwas!

Doch zeigt eine gewisse Präsenz an Läuferinnen, dass sie Lust haben, sich zu messen und vielleicht dabei ihr Potenzial zu entdecken.

Insbesondere im Laufsport, aber auch auf den Ironman®-Distanzen im Triathlon und im Langstreckenschwimmen, glänzen Frauen mit einer beachtlichen Leistungsfähigkeit. Bestes Beispiel im Trailrunning ist derzeit die US-Amerikanerin Courtney Dauwalter, die seit Jahren unermüdlich einen Ultratrail nach dem anderen läuft und nicht selten im Topfeld der Männer mitmischt, sich mitunter sogar den Gesamtsieg holt.

Es entsteht der Eindruck, dass Frauen eine andere Tiefe an Zähigkeit haben, wenn sie dann bereit sind, sich in diese Zonen zu begeben. Courtney nennt das gern ihre „Pain Cave", ihre „Schmerzhöhle", die sie immer weiter aushöhlt, um immer wieder von Neuem etwas über sich herauszufinden.

Natürlich müssen und können wir jetzt nicht alle zu einer Courtney mutieren und 200-Meilen-Läufe bestreiten, aber sie zeigt, was mental möglich ist, und natürlich auch körperlich. Vielleicht fließt in solche Leistungsbeispiele auch ein evolutionärer Faktor mit ein, denn unsere Körper müssen besonders in einer Schwangerschaft viel aushalten, dazu kommt dann die Geburt, die einem alles abverlangt. Auch wer keine Kinder bekommt, kann von einer uns Frauen in die Wiege gelegten Zähigkeit profitieren.

Kurz gesagt: Wenn ich es als Frau schaffe, zwei gesunde Kinder durch den Geburtskanal zu pressen, dann kann ich erst recht lange Strecken bewältigen. Aber geht es ums Beweisenwollen oder einfach um Spaß?

Bis ich in die Wüste ging, um dort am Marathon des Sables teilzunehmen, war ich mir meiner Ausdauerfähigkeit nicht wirklich bewusst. Ich hatte zwar schon Erfahrung im Ausdauerlaufen gesammelt, war einen Marathon gelaufen und hatte eine Triathlon-Halb-Ironman®-Distanz absolviert. In meinen kühnsten Träumen reichte meine Vorstellungskraft nicht aus, wie man über 42 Kilometer laufen kann, schon gar nicht unter den hitzigen Bedingungen.

Der Reiz dieser anderen Dimensionen war größer, als meine Angst zu versagen und so entschied ich mich für Sand, Sonne und Sahara. Bei Temperaturen um knapp 50 Grad Celsius ging es über sechs Etappen auf 250 Kilometer verteilt über Dünen, auf ausgetrocknete Salzseen und hinauf auf felsige Berge. Am Großkampftag der vierten Etappe standen 75 Kilometer auf dem Plan. In maximal 34 Stunden galt es, das Etappenziel zu erreichen. Nach knapp über 13 Stunden wankte ich ins Etappenziel, unfähig, ein Wort zu sprechen. Im Zelt setzte ich meinen Rucksack ab und verfiel ausgestreckt auf dem schmerzenden Rücken in eine Starre.

Erst am nächsten Tag, unter der aufgehenden Sonne mitten in der Sahara, wurde mir während einer kurzen Dusche, die aus einem in einer halb aufgeschnittenen 1,5-Liter-Wasserflasche aufgelösten Seifenblättchen bestand, klar, was hier lief. Tränen von Glückseligkeit, innerem Frieden und Genugtuung liefen mir über die Wangen. Eine Wende, DIE Wende in meinem Leben. Ein Vorher und ein Nachher. Im Kern meines Seins hatte sich etwas verändert oder war ich mir einfach ein Stück nähergekommen?

Tief beeindruckt war ich auch von der Kameradschaftlichkeit unter uns Frauen. Wo Männer beim Überholtwerden von einer Frau eher grummelten oder gar entsetzt schauten, gab es unterstützende, aufbauende Worte und die Frage: „Ça va?", mit dazu.

Hineingerutscht in diese Welt seien sie, sagen viele Ausdauerathletinnen. Einfach so. Angefangen mit dem ersten Schritt vom Sofa auf die Straße oder in den Wald.

Auf die Frage, womit sie sich ihre Erfolge auf den langen Distanzen erklärt, sagt Lizzy Hawker, die insgesamt fünfmal den UTMB gewann, also die Umrundung des Mont Blanc auf über 167 Kilometern: „Ich bewege mich einfach gern und schnell in den Bergen. Bereits als Kind war ich immer unterwegs."

In den 1980er- und 1990er-Jahren wurde auch die Amerikanerin Ann Trason bekannt durch unzählige Siege bei 100-Meilen-Läufen. „Aus Spaß an der Bewegung und nichts beweisen zu müssen, sie wisse oft gar nicht mal mehr ihre Zielzeiten", wie sie in diversen Interviews und Podcasts betont.

Hierzulande glänzte lange Zeit Astrid Benöhr durch die Bewältigung und Siege bei drei- und sogar zehnfachen Ironman®-Distanzen. Ihr wurden bei Untersuchungen genetisch günstige Voraussetzungen attestiert, womit sich leichter ihre Ausnahmeleistungen erklären lassen.

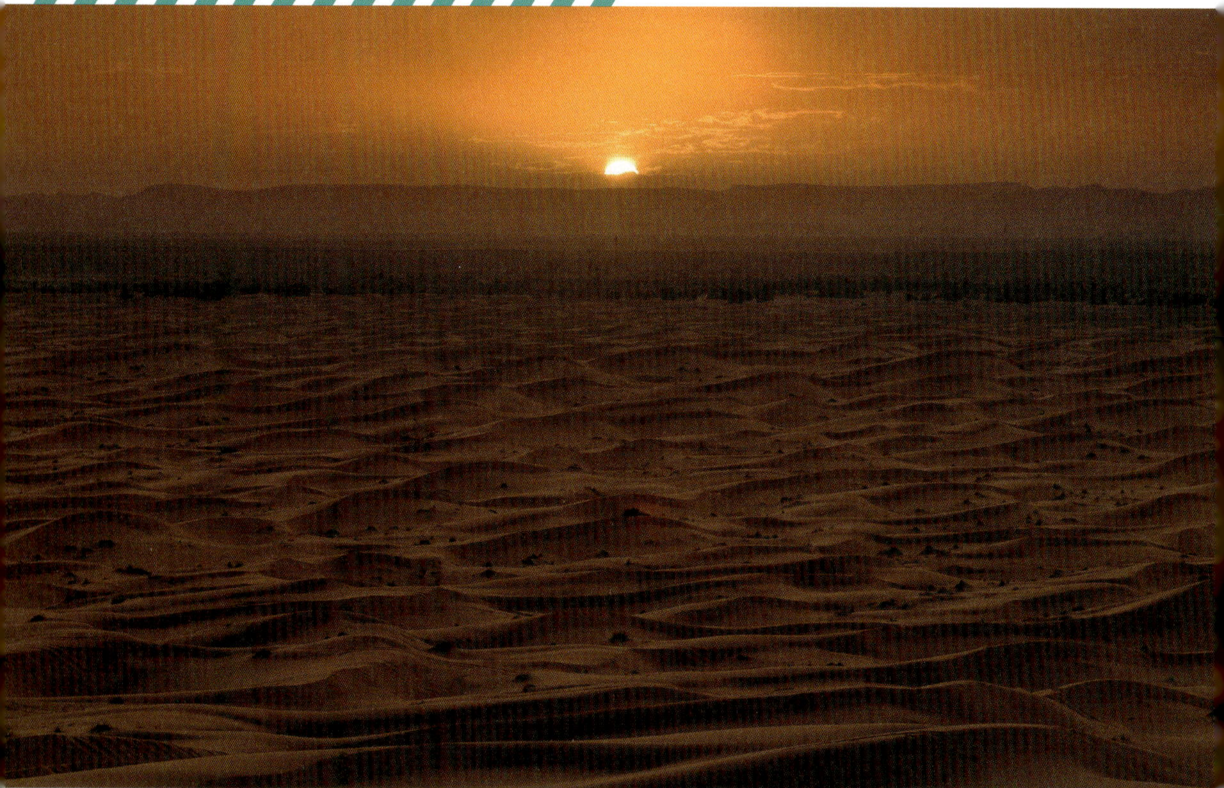

Die Suche nach Antworten:

» Wo sind die Grenzen der Leistungsfähigkeit?
» Was spielt noch eine Rolle, um derartige Mammutrennen durchzustehen?

Der Kopf. Ein Konglomerat an Gedanken. Ganze 60.000 davon schießen uns täglich durch den Kopf. Je länger nun die Strecke ist, desto wichtiger wird der Fokus auf das Wesentliche, den Moment.

Fakt ist, dass eine Frau nie einen Marathon unter zwei Stunden laufen können wird oder überhaupt mit einem Mann mithalten kann. Am Ende eine Frage der Kraftreserven, ein klarer Vorteil für die Männer.

Neben dem Messen und Austesten von physischen und mentalen Grenzen steht der Ausdauersport noch für mehr. Im übertragenen Sinn können wir die Erfahrungen, die wir während vieler Stunden allein mit unseren Gedanken verbringen, für andere Lebensbereiche nutzen.

Wo oft auch im Job, in der Familie und anderen Verbindlichkeiten Willensstärke, Beharrlichkeit, Geduld und Eigenmotivation gefragt sind. Alles Zutaten für ein erfüllteres Leben.

Wegweiser:

Nimm ihn mit, den Zauber des Anfangs, wenn du heute beschließen kannst, etwas weiterzugehen, dich aus deiner Komfortzone zu bewegen, wo Welten neuer Möglichkeiten auf dich warten.

Du darfst gespannt sein, dich überraschen lassen. Es muss nicht gleich die Besteigung des Mount Everests sein oder ein 100-Meilen-Lauf. Fange im kleinen Kreis an und erweitere dich Schritt für Schritt.

Schuhe an und raus, ab in die Natur.

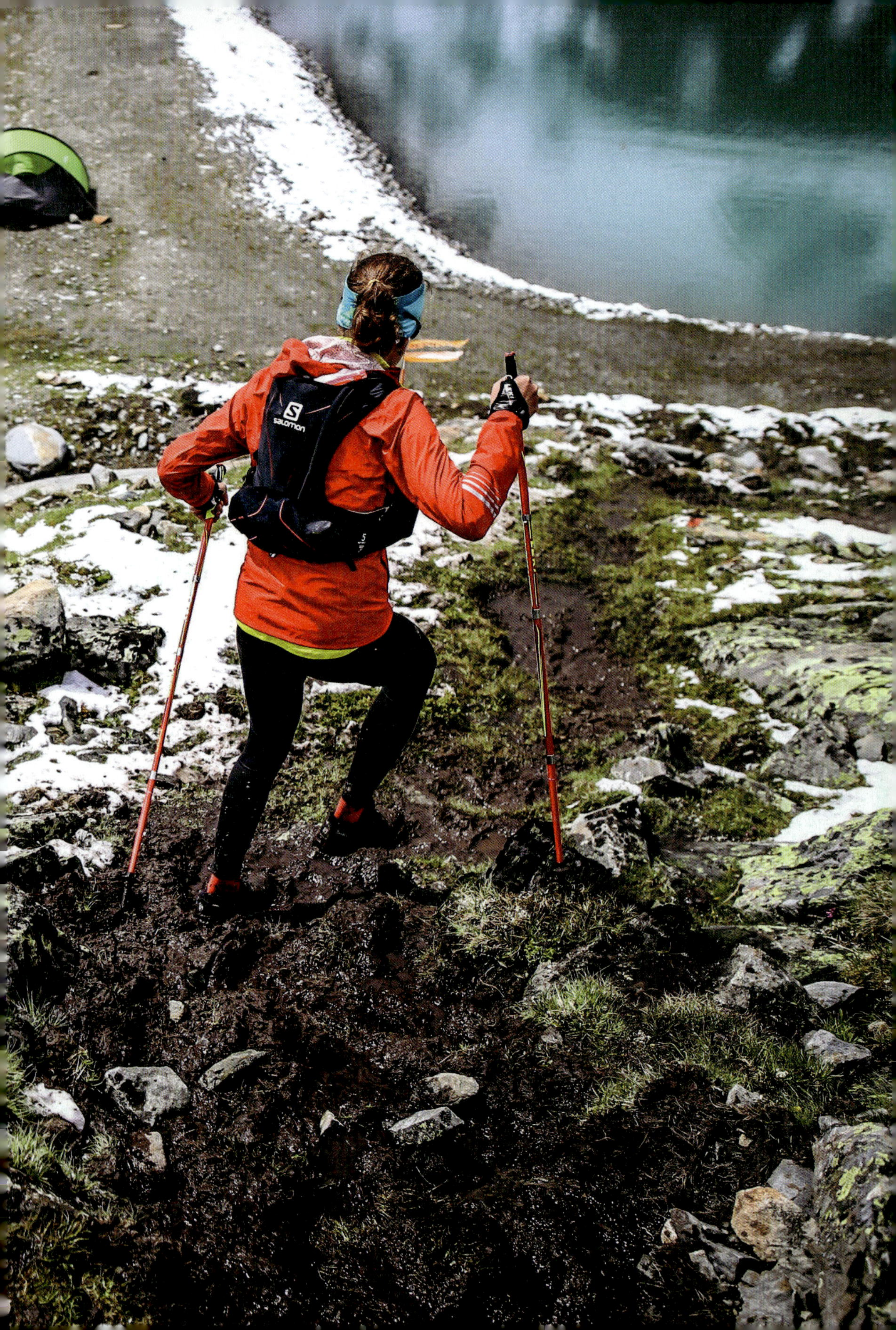
salomon

TEIL 2

WAS TREIBT DICH AN?

2.1 Was treibt dich an?

- Stellen sich dir bei diesem Titel eher die Nackenhaare auf oder steigt sofort die Kampfeslust in dir auf?
- Du steigst in den Ring und bist bereit für die Herausforderung?

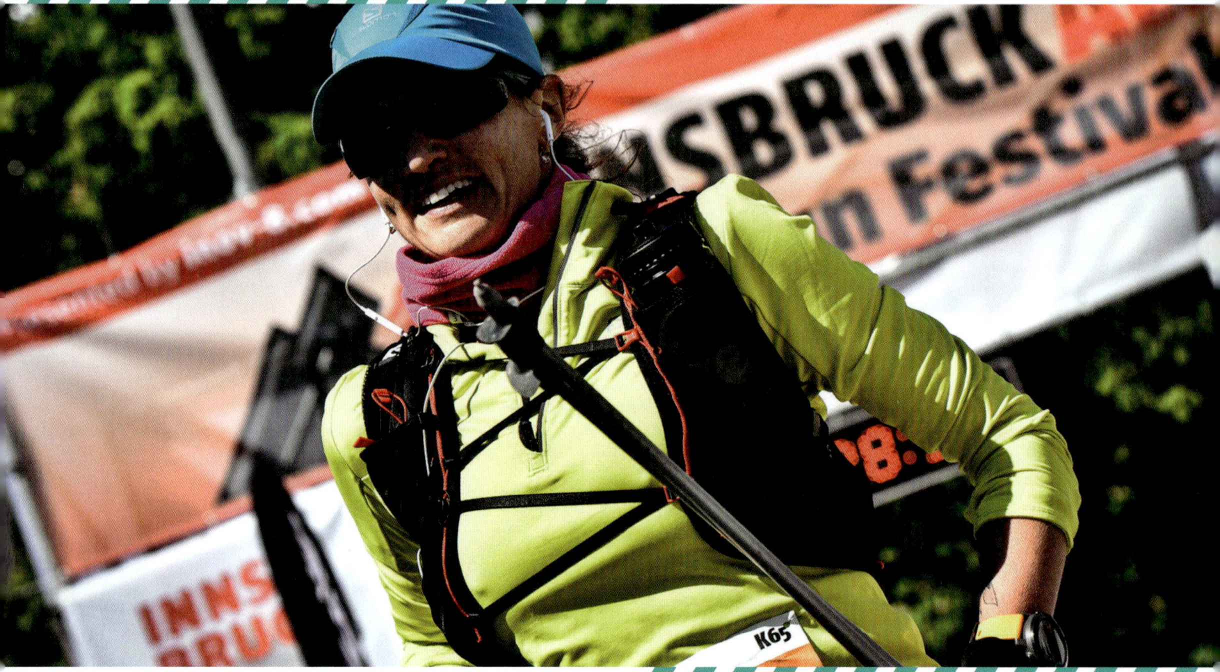

Klar, so kann man definitiv auf Herausforderungen schauen, aber auch andersherum. Die meisten von uns haben sehr viele Lebensbereiche, die alle am liebsten gleichermaßen bedient werden wollen. Da ist der Job, dem wir nachgehen, die Partnerschaft, Freunde und Kollegen, andere soziale Kontakte, Vereinsarbeit, ehrenamtliche Arbeit, andere Hobbys, Kinder ... Ja, die Liste ist schier endlos.

Und zwischen all diese Pflichten und Aufgaben wird dann noch „schnell die Laufeinheit" gequetscht.

Ich kenne alle Facetten eines vollen, aber nicht unbedingt erfüllten Lebens allzu gut. Mit 23 Jahren wurde ich zum ersten Mal Mama einer nun bereits erwachsenen Tochter. Ich lief bis zwei Tage vor der Geburt noch abwechselnd im Trab- und Gehschritt durch den Wald, weil es mir einfach guttat.

Als meine Tochter geboren war, machte ich eine längere, sechs Wochen lange Laufpause, was unbedingt für alle angehenden Mamas mein Tipp ist: Lasst euch Zeit nach der Geburt. Ihr müsst nicht nach drei Tagen schon wieder aussehen wie vor der Geburt und mit anderen „Fitmoms" mithalten. Die Prioritäten verschieben und verlagern sich erst mal ganz auf den neuen Erdenbürger, der umsorgt, gehegt und gepflegt werden will.

Als ich mich dann an die ersten Laufschritte post partum traute, lag die erste Herausforderung schon darin, das richtige Timing zu erwischen. So, dass die Stillpause lang genug sein und mein Mann rechtzeitig zu Hause sein würde. Doch ich gab mir größte Mühe, nicht noch in letzter Sekunde meinen Plan umzuändern, aus Müdigkeit, Überforderung und dergleichen.

Und empfand so schnell wieder diese unbändige Freude am Laufen, auch wenn sich mein Gestell noch sehr empfindlich unten herum anfühlte. Es war wie Laufen auf Eiern, unkoordiniert und teilweise etwas angstvoll, von Lockerheit war da lange keine Spur. Ich sprach mit meinem Mann damals offen über meine Idee, wieder regelmäßig laufen gehen zu wollen. Und wusste: Wenn es mir guttut, profitieren auch meine Liebsten davon.

Damals war ich mir dieser Inklusion, dass Laufen zu meinem Leben gehörte wie die Luft zum Atmen, noch nicht bewusst. Und in den vergangenen Jahren, ich wurde 2004 zum zweiten Mal Mutter, ist viel passiert in Sachen Bewusstseinsschärfung. Im täglichen Coaching meiner Klienten beobachte ich immer wieder die Tendenz, dass Männer viel leichter ihre Sachen durchziehen.

Man könnte ihnen jetzt bösen Egoismus unterstellen oder aber es auch von der Seite betrachten, dass sie oft viel eher in der Lage sind, zu formulieren, was sie wollen und es dann auch tun. Das müssen wir Frauen, die wir oft jahrzehntelange Prägungen von Angepasstheit bereits von unseren Müttern oder sogar Großmüttern übernehmen, erst noch lernen.

Es ist nichts falsch daran, für dich einzustehen, oder mir immer wieder die Worte meiner lieben Freundin Nina in Erinnerung zu rufen: „Es ist okay, dich selbst ernst zu nehmen!"

Das ist oft die Herausforderung für uns: Alle anderen kommen zuerst, dann wir! Kennst du? Willkommen im Club.

Nun müssen wir nicht gleich im Kampfanzug in den Ring steigen, um alles platt zu wälzen und so an unsere Ziele zu kommen.

Die Energie, eigene Bedürfnisse zu erkennen, darf sanft und ruhig sein. Glaube mir, der Gedanke, dass ich mich erklären „muss" und warum ich jetzt raus zum Laufen will, lag mir lange im Nacken. Ich habe gelernt, für mich einzustehen und mich nicht ganz zum Wohle der Familie, der Kinder, des Partners, zurückzustellen und aufzugeben. Denn damit ist niemandem gedient.

Mein Abflug in die Wüste veränderte meine Einstellung, ich gewann an Selbstbewusstsein, was zuvor eher oft im Keller zu finden war und kam zu der Erkenntnis, so banal sie jetzt auch klingen mag, dass es möglich ist, Laufen zum Lifestyle zu machen, und nicht nur zum Sport.

So, wie du einen Arzttermin wahrnimmst, auf den du unter Umständen lange gewartet hast und diesen nicht in letzter Minute absagst, darf Trailrunning auch zu einem integrativen Teil in deinem Alltag, deinem Leben, werden.

Ob du kein Kind hast oder sieben, okay, etwas übertrieben vielleicht, nehmen wir also das klassische Modell einer Familie mit zwei Kindern, du kannst mindestens eine Stunde von 24 pro Tag für dich freischaufeln. Vielleicht reicht auch erst einmal jeweils eine Stunde an vier Tagen in der Woche, an denen du bewusst nur für dich bist, deine Laufschuhe schnürst und eine Runde im Wald baden gehst.

Wenn deine Lebenssituation so ist, dass du allein oder mit PartnerIn ohne Kinder lebst und/oder einen Angehörigen zu Hause pflegst (auch das gibt es häufig), kannst du trotzdem einen vollgestopften Tag haben und das Gefühl, dass du immer irgendwie auf der Strecke bleibst.

Priorisiere dich selbst, wie viel du auch auf der Agenda hast. Und du wirst eine zufriedenere Frau sein.

Hier nun eine kleine Auswahl an Fragen, die dich innerlich beschäftigen und umtreiben:

- Was, wenn ich mich schwertue, meine eigenen Bedürfnisse zu kommunizieren?
- Was, wenn mein Partner mich oft runtermacht und mich eher demotiviert?
- Was, wenn ich einfach nicht loslassen kann und erst immer alles erledigen muss, bevor ich laufen gehe?

Ich weiß, dass jede Lebenssituation sich von einer anderen unterscheidet, aber letztlich sitzen wir alle mit derselben Frage in einem Boot:

- Wie kann ich das, was ich so liebe (das Laufen), leichter in mein Leben integrieren?

Du hast diese Fähigkeit, genauso wie ich sie damals hatte. Übers Laufen in der Natur hast du einen Kanal, dich aufzuladen, auf gute Gedanken zu kommen. Hast du einmal die Hürde der Herausforderung, dies auch regelmäßig zu tun, überwunden, wird es immer mehr zum Selbstläufer.

Mit Durchscrollen auf den sozialen Medien haben wir schließlich auch mal schnell eine halbe Stunde oder mehr vertan, ohne darüber nachzudenken. Vielleicht müssen wir einfach ab und zu etwas auf den Putz hauen, unserem Umfeld selbstbestimmt und klar sagen, was wir wollen, als zu erwarten, dass andere unsere Gedanken lesen können.

Fühle dich also im besten Sinn herausgefordert, diesen Satz zu verinnerlichen. Tippe ihn gleich in dein Handy oder auf einen Notizzettel.

Wegweiser:

Mache Trailrunning nicht nur zu deinem Sport, sondern zu deinem Lifestyle.

2.2 Welcher Lauftyp bist du?

Nur viel bringt viel! Das hast du sicher schon mal gehört. Doch auch im Trailrunning wirst du über kurz oder lang an Grenzen stoßen und realisieren, dass diese Floskel längst überholt ist.

Es gab Zeiten, da lief ich 120-160 Kilometer in der Woche. Es waren nur kurze Perioden in der Vorbereitung auf einen Sieben-Tage-Etappenlauf im Schweizer Jura.

Aber ich realisierte schnell, wie schmal der Grat war, auf dem ich mich da bewegte und zahlte im Endeffekt einen hohen Preis. Das Ego in mir wollte unbedingt die Kilometer schrubben, höher und weiterkommen. Der Körper begann sich zu wehren – mit einem Zipperlein hier und dort.

Vielleicht kennst du diese Situation schon und weißt, was passiert, wenn die Signale des Körpers übergangen werden. Es wird dann erst schlechter, bevor eine Besserung eintritt. Es ist oft schwer, diese Erkenntnis anzuerkennen, denn kaum zu übersehen ist die Flut an Beiträgen auf allen möglichen Social-Media-Kanälen von Trailläuferinnen, die nichts anderes zu tun scheinen, als zu trainieren, oft nebenbei noch einen Vollzeitjob und Familie wuppen. Da wird penibel analysiert, dokumentiert und optimiert. Und dann, an der Startlinie stehend, geht oft nichts mehr.

Akute Magenprobleme machen plötzlich einen Strich durch die Rechnung oder die Muskeln fühlen sich schwer an. Das Selbstvertrauen schwindet mit jeder Sekunde. Am Ende springt, wenn überhaupt, ein nicht zufriedenstellendes Ergebnis heraus. Die Trainingsweltmeisterin, von Natur aus ambitioniert und stets nach der Verbesserung der Leistung strebend, merkt an: „War wohl nicht mein Tag", oder: „Eigentlich geht viel mehr."

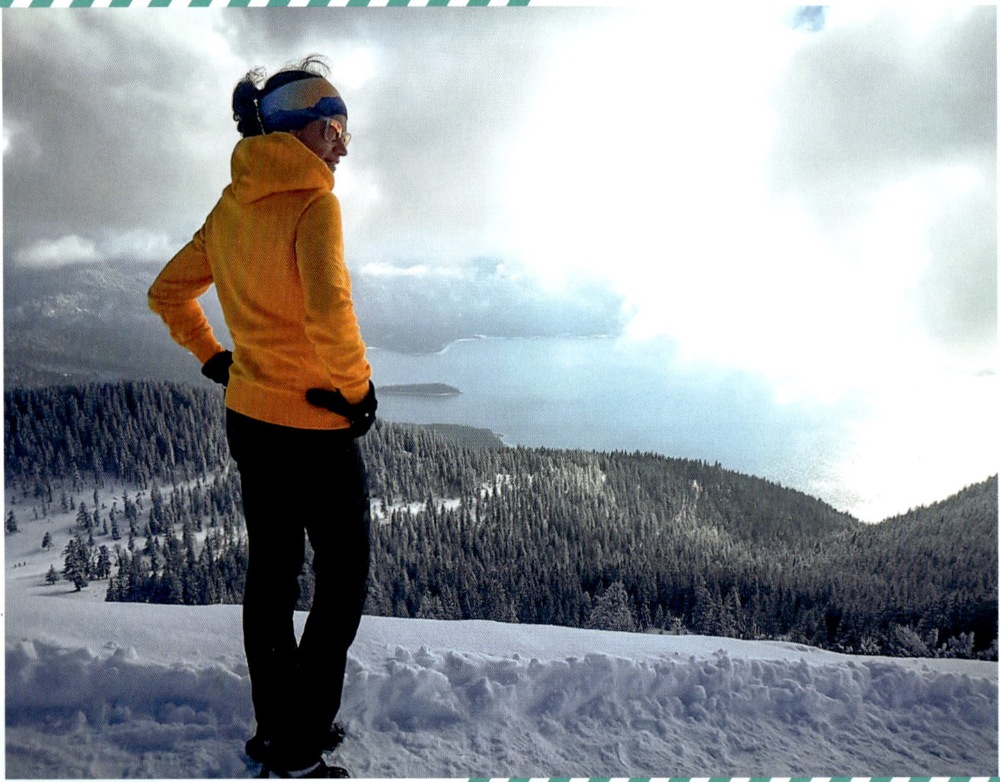

- Kennst du das auch?
- Das schon fast zwanghafte Bedürfnis, trainieren zu müssen, da du denkst, dir fehlt sonst hier und da noch ein Kilometer?
- Oder ein schlechtes Gewissen dir selbst gegenüber, doch nicht einfach mal die Füße hochlegen zu können und nichts tun zu müssen und zu wollen?

Dahinter versteckt sich oft unbewusst die Überzeugung, dass nur viel auch viel bringt. Es ist ein Trugschluss und dennoch weit verbreitet auch in der Welt des Trailrunnings, dies bereits auf den kürzeren Strecken. Da wird verglichen, was das Zeug hält.

2.2.1 Worum geht es wirklich?

Mit unseren familiären und partnerschaftlichen Verpflichtungen und einem in der Regel viel Zeit einnehmenden Job nachgehend, ist es an der Zeit, sich nach anderen Methoden umzuschauen, um unsere Ziele zu erreichen. Denn am Ende steht die Frage:

- » Worum geht es wirklich?
- » Steht echter Spaß an der Bewegung im Vordergrund oder beißt du dir schon länger auf die Zähne und suchst verzweifelt nach einer Lösung, wie du Spaß mit Anspruch verbinden kannst?

Beides geht, ohne dich langfristig zu verheizen.

Schaue dir folgende Alarmsignale an, an denen du erkennst, dass du dabei bist, zur Trainingsweltmeisterin zu mutieren – oder schon eine bist:

- » Du schaust dich um, was andere machen, und legst deine Latte immer ein bisschen höher. Hauptsache, du hast mehr gemacht und: Was die kann, kann ich noch besser!
- » Du bist hauptsächlich auf deine körperliche Leistung fokussiert und lässt das Mentale außer Acht, übergehst auch gern mal ein Wehwehchen.
- » Du hast gelernt, zu glauben, dass möglichst viel auch viel bringt. Oder: Nur harte Arbeit wird mit Erfolg belohnt.

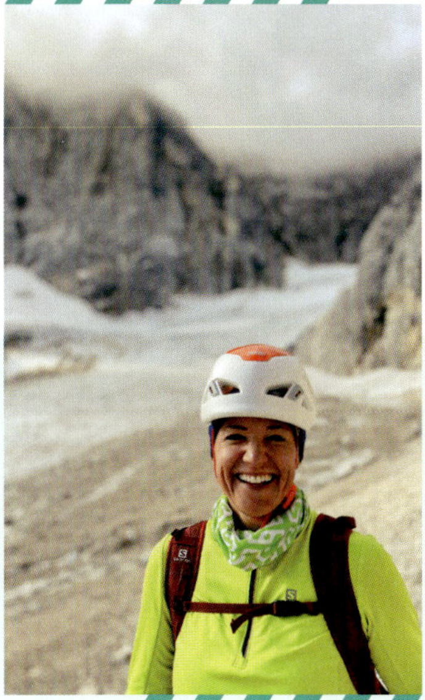

Lang und viel war gestern. Doch das ist leichter gesagt, als getan, wenn du bereits länger in dieser Spirale deine Runden drehst. Vor einigen Jahren schnappte ich folgenden Satz auf: „Trainiere wie ein Amateur mit der Haltung eines Champions."

Lange grübelte ich darüber nach, was diese recht platte Aussage bedeutet. Ganz schlau wurde ich nie daraus, doch ich folgte einem inneren Ruf, mich mehr im Kopf mit dem Laufen auseinanderzusetzen und mich mittels verschiedener Techniken auf einen spezifischen Trailrun vorzubereiten, anstatt kopflos Kilometer zu schrubben.

Das Gehirn kann nicht unterscheiden, ob eine Situation bereits Realität ist oder „nur" im Kopf gedacht ist. In einer Studie (Gerhardt, 2017) wurden Basketballspieler in drei Gruppen eingeteilt. Die erste

Gruppe sollte sich 30 Tage lang einen bestimmten Wurf vorstellen, die zweite trainierte aktiv 30 Tage lang den speziellen Wurf und die dritte Gruppe tat nichts. Das Ergebnis: Gruppe eins verbesserte den Wurf um 24 Prozent, Gruppe zwei um 23(!) Prozent und bei der dritten waren keine Verbesserungen zu verzeichnen.

Nutze die Kraft der Vorstellung und nutze deine Vorstellungskraft, anstatt noch eine Laufeinheit in den Tag zu pressen. Ich nutzte die Technik das erste Mal vor einem 12-Stunden-Lauf, der auf einer 960 Meter langen Runde stattfand. Ich ersetzte einige Läufe mit Mentaltraining, indem ich mir immer wieder vorstellte, wie beständig und locker ich meine Runden drehte. Im Rennen übertraf ich mein ursprüngliches Ziel dann um einige Kilometer und konnte knapp 104 Kilometer in diesen 12 Stunden laufen.

» Wie kannst du nun, mit welchem Anspruch auch immer, diese Methode auf dich anwenden, um dir den Spaß in Verbindung mit deinem Leistungsanspruch zu bewahren?
    » *Setze dir ein konkretes Ziel, zum Beispiel: Wo will ich in drei Monaten stehen? Das bedeutet nicht, dass du einen Wettkampf laufen musst. Ein Ziel ist auch, zu formulieren: In drei Monaten schaffe ich das erste Mal 10 Kilometer auf einem Trail.*
    » *Plane deine Einheiten ein wie einen Arzttermin oder ein wichtiges Meeting und speichere diese im Kalender oder im Smartphone.*
    » *Versuch es mal mit weniger. Anstatt wie eine Weltmeisterin zu trainieren, bis die Füße brennen, plane bewusst weniger Einheiten ein, beispielsweise vier anstatt sechs oder sieben, und beobachte, was passiert.*

Wegweiser:

Finde Genuss im Sein, beim Laufen, dem Entdecken neuer Möglichkeiten und der Erweiterung deines Horizonts. Je mehr es dir gelingt, dich vom inneren Druck und äußeren Einflüssen nicht beeinträchtigen zu lassen, desto erfolgreicher kannst du sein.

2.3 Dein Warum – warum läufst du?

Hier geht es zum Podcast

https://download.m-m-sports.com/extras/Trailrunning_Frauen/Warum.mp3

Die Frage aller Fragen heißt: Warum?

» Warum läufst du?
» Warum entscheidest du dich immer wieder von Neuem, laufen zu gehen?
» Und warum sollte der Beantwortung dieser Frage Beachtung, sogar eine gewisse Dringlichkeit, beigemessen werden?

Dein Warum ist der Aufhänger auch für Zeiten, wenn es mal nicht so gut um deine Motivation bestellt ist.

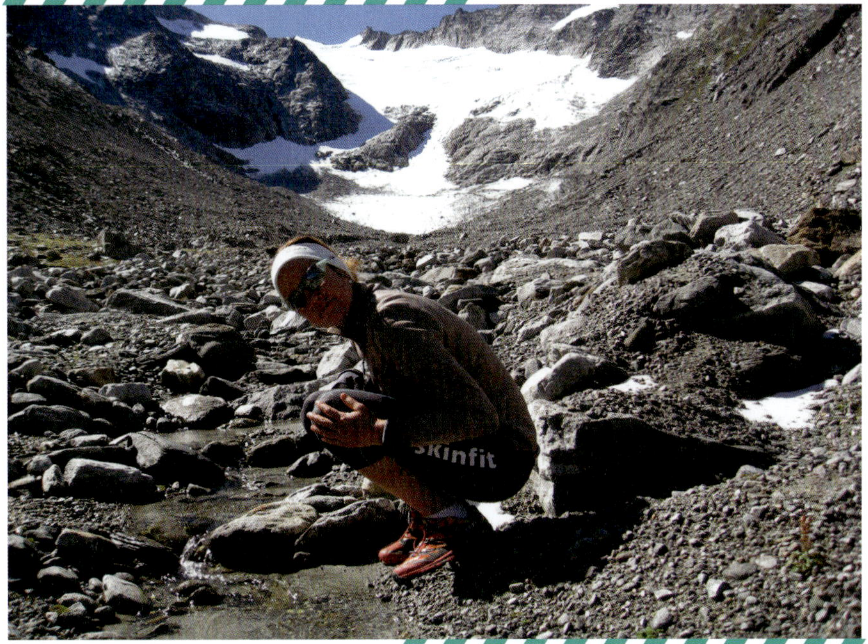

Wenn du dieses Buch in der Hand hältst, bist du vielleicht erst ganz kurz dabei, Veteranin mit 20 Jahren oder mehr Lauferfahrung. Oder du bist irgendwo zwischendrin, spürst ungeheure Freude beim Laufen, bist an Wettkämpfen und Veranstaltungen jedoch wenig bis gar nicht interessiert.

Das macht nichts. Auch für dich kann, besser noch sollte, das Warum eine Weichenstellung sein. Dein Warum gibt dir die Richtung an, in die du dich bewegst.

Diese Frage nach dem Warum passt auch auf andere Lebensbereiche. Das Warum zielt auf deine innere, also die intrinsische Motivation ab. Warum du Dinge tust, die du tust. Und hinter deinem Warum stecken immer auch deine Überzeugungen, also die Gedanken, die du über die Ordnung in deiner Welt hast.

Bei der Beantwortung der Frage: „Warum läufst du?", geht es um eine Bewusstwerdung deiner Gedanken und Überzeugungen. Wir wollen hier nichts wissenschaftlich beleuchten und uns in womöglich komplizierten Gedankengängen verlieren, sondern diese doch recht komplexe Frage versuchen, zu vereinfachen.

Wenn du dein Warum kennst und dir immer wieder bewusst machst, hältst du deine Motivation, laufen zu gehen oder dich auf bestimmte Ziele festzulegen, aufrecht. Dein Warum befähigt dich auch, deine – im bestgemeinten Sinn, „Lauferei" und damit auch dich ernst zu nehmen.

Ich muss gestehen, dass ich viele, viele Jahre durch die Gegend lief, ohne mir bewusst zu sein, warum ich denn laufen ging. Schließlich gibt es doch noch so viele andere Sportarten, die vielleicht genauso viel Spaß machen wie das Laufen. Doch irgendetwas hielt mich immer bei der Stange und bevor ich in eine andere Sportart driftete, zog ich doch lieber wieder die Laufschuhe an. Erst vor ein paar Jahren, wachgerufen durch ein Video von Simon Sinek, dachte ich über mein Warum nach.

» Ja, was war es denn nun, was mich über Jahrzehnte antrieb, laufen zu gehen und erst recht auf Trails?

Die Antwort hat mit einem Trauma aus meiner frühen Jugend zu tun. Im Alter von noch zarten 12 Jahren verlor ich auf recht tragische Weise meinen Vater und seine Mutter, also meine Oma, durch einen Flugzeugabsturz. Ja, das ist jetzt vielleicht etwas heftige Kost, aber ich schreibe es hier bewusst auf, weil sicherlich auch du deine Päckchen mit dir herumschleppst und das eine oder andere Trauma oder unschöne Situation in deinem Leben erfahren hast. In solchen Fällen gibt es verschiedene Möglichkeiten, wie wir auf unvorhergesehene Schicksalsschläge reagieren können.

2.3.1 Fight-or-Flight-Response

Dieser Begriff bezeichnet eine körperliche und seelische Anpassung von Lebewesen in Gefahrensituationen. Auch bei Tieren ist dieses „Konfrontations- oder Fluchtverhalten" in einer bedrohlichen Situation zu beobachten. Okay, okay, ohne noch tiefer in psychologische Definitionen zu gehen, soll dieser Modus dir helfen, selbst einmal auf dein Leben zurückzublicken, wie du in besonders herausfordernden Situationen reagiert hast.

In meinem Fall antwortete ich mit einem Fluchtverhalten, was ich natürlich erst viel, viel später verstand. Meine Welt war von einer Sekunde auf die andere plötzlich komplett auf den Kopf gestellt. Etwa zwei Jahre später bot meine Mutter, selbst Läuferin, mir an, sie mit auf ihre Laufrunde im Wald zu begleiten. Ich hatte weder das richtige Schuhwerk noch die Kondition dafür, folgte dennoch einfach ihrem Angebot.

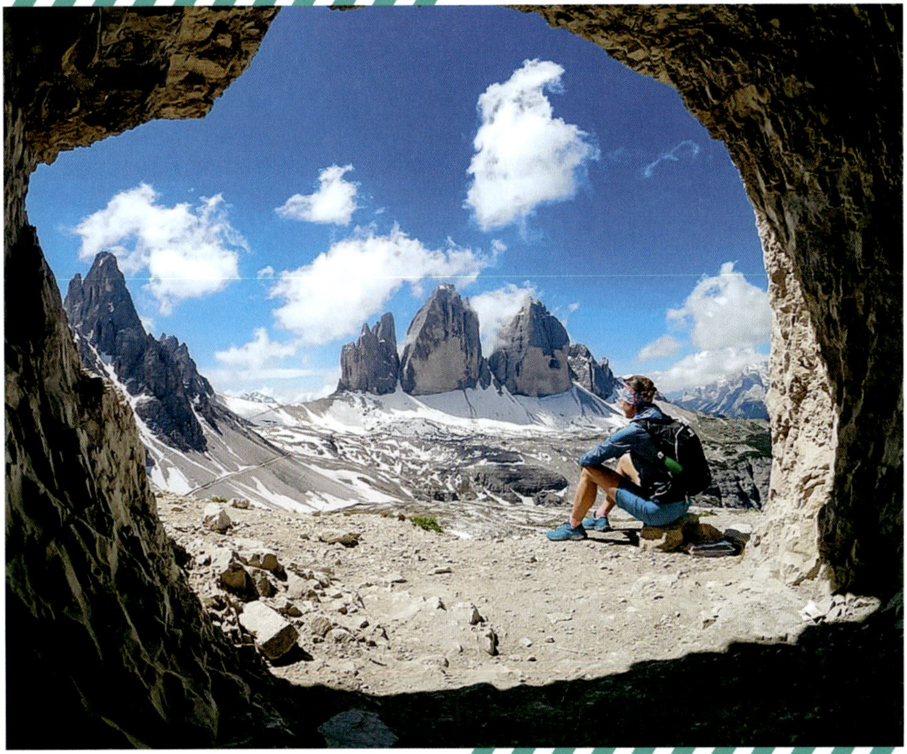

Nach einem knappen Kilometer gab ich auf, schlich zurück zum Parkplatz, wo ich auf sie wartete, und merkte deutlich, dass da etwas in mir entfacht war. Es war kein richtiges Feuer, aber eine Flamme, das war mir damals, mit 14 Jahren, in diesem Wald bewusst. Da war ein innerer Antrieb, ein Wissen, eine Stimme, die sagte: „Mache weiter. Das fühlt sich gut an."

Ich begann, mich schrittweise aus einer gewissen Starre zu lösen und wollte immer mehr vom Laufen. Schnell taten es langweilige Asphaltwege nicht mehr und schon damals liefen so viele Menschen fernab der Straßen, um in der Natur Kraft zu tanken oder sich dort zu messen. Damals nannte es noch niemand „Trail" und spätestens jetzt ist klar, dass Trailrunning kein Trendsport ist, sondern eine Art des Laufens, die es schon immer gab.

Eher noch wurden irgendwann die klassischen Straßenmarathons populär. Damals sagte man einfach, ich gehe im Wald laufen oder nehme den Feldweg.

Warum dennoch so viele Fragen ums Thema Trailrunning kreisen und dieses Buch dir genau dazu ja auch dienen soll – die verschiedenen Facetten dieses Sports unter die Lupe zu nehmen und zu verstehen –, erfährst du immer wieder in einzelnen Kapiteln, dazwischen gesprenkelt, wenn ich mal wieder eine kleine Geschichte aus meinem bunten Leben erzähle.

So war der Grundstein damals im Wald mit meiner Mutter für meine darauf folgende kleine „Trailrunningkarriere" gelegt. Nun gut, über die Definition von Karriere kann man sich bekanntlich streiten. Ich denke, du weißt, was gemeint ist. Ich kann einfach auf viele Jahre in diesem Sport und seiner Entwicklung blicken.

Das, auf das wir heute gemeinhin schauen und als Trailrunning verstehen wollen, ist es meist gar nicht. In dem Moment, wo halsbrecherische Aktionen über schmale Bergkämme, schmalste Wege am Abgrund gefilmt werden, ist kaum noch von Laufen zu sprechen.

Aber das, was du vielleicht schon praktizierst, das „einfache" Laufen auf Wald- und Feldwegen, macht dich bereits zu einer nennenswerten Trailläuferin. Auf den Trails in einem Stadtwald drehte ich also meine ersten, richtigen Laufrunden. Ich erinnere mich heute noch sehr gut an die Routen, die kleinen Anstiege und Bergabpassagen, gespickt mit kleinen und größeren Wurzeln, und das Glücksgefühl dabei, besonders auch danach.

Trailrunning war meine Energietankstelle und ist es bis heute. Und ich wünsche mir für dich, dass du genauso gern daran anzapfst. Durch sämtliche Situationen in meinem Leben hat mich das Trailrunning getragen. Und immer wieder hat sich dabei auch das Warum etwas verändert. Es ist eine flexible, sich wie ein Bambus im Wind windende Komponente.

2.3.2 Das Warum als Antreiber

Schauen wir noch einmal auf die Frage nach dem „Warum?". Eines bleibt immer in deinem Geist, deinem Körper eingebrannt: Was hat dir den ersten Schubs ins Laufen gegeben und wie hast du dich danach gefühlt? Dieses Gefühl ist es, worauf du dich stützen kannst, wenn es mal nicht so rund läuft. Du kannst darauf vertrauen, immer wiederdein Warum anzapfen zu können.

Ist dein Warum, dass du dich beim und durchs Laufen lebendig und stark fühlst, ist das der Kern deines Warums? Dein Warum ist nicht an Leistung geknüpft, sondern geht auf eine Art Metaebene.

Ich kann dir gar nicht oft genug sagen, wie wenig von Lauferfolgen und der Erbringung von Leistung übrig bleibt, wenn es einen mal lahmlegt. In meinem Läuferleben habe ich schon einige größere Verletzungen erfahren, die nicht immer innerhalb von wenigen Wochen wieder weg waren. Und ich lernen musste, aufs Laufen zu verzichten. In solchen Phasen fehlten mir nicht die Rennen, die großen Sachen, das Drumherum, die Leute, sondern das Gefühl, lebendig zu sein. Kein anderer Sport kann die Lebendigkeit ersetzen, möge es eine noch so nervenkitzelnde Angelegenheit sein.

Vielleicht macht es auch die Monotonie, die das Laufen gewissermaßen ausmacht, für dich aus. In einem trubeligen, mitunter stressigen Familien- und Arbeitsalltag kann genau das der Grund sein, warum dir das Laufen über Stock und Stein so viel Spaß macht und dich nährt.

Kaum etwas anderes, oder tatsächlich nichts schenkt mir dieses Gefühl, intensiv am Leben zu sein. Ich spüre es, sobald ich mich mit dem ersten Laufschritt in Bewegung setze und dann spielt es keine Rolle, ob ich fünf oder 50 Kilometer oder eine Distanz dazwischen laufe. Kannst du das nachempfinden?

Das Warum ist ein starker Antreiber. Nicht jemand oder etwas, der oder das mit der Peitsche in der Hand dasteht und dich antreiben muss. Es ist einfach da, dein Warum, es existiert in dir.

Und je mehr du in der Lage bist, über dein Warum ausgiebig nachzudenken und es dir im besten Fall aufzuschreiben, desto eher wirst du unabhängig von Motivation, die von außen kommst. Ob es tatsächlich möglich ist, jemanden von außen zu motivieren, darüber streiten sich ja schon länger die Experten. Ich glaube nicht, dass man von einer anderen Person angestoßen werden kann. Klar können schöne Landschaftsbilder, Trails, vielleicht auch Impressionen von Bergen ein Gefühl triggern, aber es bedeutet nicht, dass du gleich von der Couch aufspringst, um deine Laufschuhe zu schnüren.

Wegweiser:

Nimm dir nun Stift und Papier und schreibe dir alle Gedanken, die dir zur folgenden Frage in den Sinn kommen, auf:

„Laufen macht ...",

„Laufen ist/bedeutet für mich ...",

„Wenn ich laufe, ..."

Hier hast du ein paar Denkanstöße, wenn dir zu deinem Warum nichts auf Anhieb einfällt:

» Laufen hilft mir, mein Gewicht zu regulieren.

» Laufen hilft mir, Probleme besser zu lösen.

» Wenn ich laufe, fühle ich mich psychisch stark.

» Ich laufe, weil ich so viel Freude an Bewegung habe.

» Ich laufe, weil es so einfach ist und ich mich im Kopf nicht anstrengen muss.

» Laufen schenkt mir das Gefühl von Freiheit und Unabhängigkeit.

» Wenn ich in der Natur laufe, fühle ich mich mit mir sehr verbunden.

» Wenn ich laufe, wächst mein Selbstvertrauen.

» Beim Laufen finde ich zu klaren Entscheidungen.

» Laufen ist mein Anker im Leben.

» Laufen fördert und unterstützt meine Gesundheit enorm.

Schreibe dann, wenn du merkst, dass du vorerst alles zu diesem Thema notiert hast, dein Warum auf einen Post-it und befestige diesen an einem Ort, zum Beispiel an deinem Computer, wo du ihn oft siehst. Wie beim Kreieren eines Vision Boards sackt das, was du täglich betrachtest, immer weiter ins Unterbewusstsein ab. Es arbeitet in dir und dient dir dann ganz unbewusst.

Wegweiser:

Denke immer wieder daran, dass dein Warum die Grundlage für all die kommenden Jahre und Jahrzehnte ist, auf dem dein Trailrunning fußt. Ist das nicht ein Geschenk, dir das bewusst zu machen? Viel Spaß wünsche ich dir bei diesem intensiven Prozess.

2.4 Fünf Motivationskiller und wie du sie erlegen kannst

Es gibt sie wirklich, die Motivationskiller. Auch wenn das Wort vielleicht etwas radikal anmutet, so ist es gerade für uns Frauen in den meisten Fällen die größere Herausforderung, zu unseren Zielen und Plänen zu stehen.

Es liegt scheinbar in unserer DNA, dass wir in der Regel diejenigen sind, die dem Partner den Vorrang lassen, seine Dinge zu machen, bevor wir uns an die erste Stelle stellen. Wir haben dieses eingebaute, konditionierte Verhalten, es oft erst mal den anderen recht machen zu wollen, bevor wir anerkennen, dass wir ja auch noch wichtig sind.

Ich erinnere mich heute noch sehr genau an die Zeiten, in denen ich gefühlt immerzu Rücksicht auf andere genommen habe und meine Bedürfnisse hintangestellt habe. Das resultierte oft in großem Frust, der sich dann im Anzetteln von Diskussionen oder - schlimmer noch - in Streitigkeiten äußerte. Manchmal gibt es Phasen im Leben, da müssen wir zurückstecken. Gerade wenn beispielsweise ein Neugeborenes unser Leben auf den Kopf stellt, ist es klar, dass erst mal nicht der Sport oder der Friseurtermin Vorrang hat, sondern in erster Linie die Bedürfnisse des kleinen Erdenbürgers gedeckt sind.

Doch so wichtig dies auch ist, wenn wir uns über einen längeren Zeitraum hinaus zu sehr hintanstellen, verlieren nicht nur wir unsere Würde, sondern sind für unsere Mitmenschen auch nicht mehr wirklich von Nutzen. Das mag überspitzt klingen, meine ich an dieser Stelle aber genauso.

Es ist niemandem geholfen, Mutter Teresa auf allen Ebenen zu mimen und uns für andere permanent zu verausgaben. Gern nehme ich den Vergleich mit den Gläsern hinzu: Stelle dir vor, du stehst morgens auf und füllst dein Glas mit Wasser, nicht ganz bis zum Rand, aber fast. In diesem Glas ist deine frische Energieration für den Tag.

Mit jeder voranschreitenden Stunde und Tätigkeit des Tages leert sich dieses Glas. Im Job hast du vielleicht ein Meeting, das Energie verbraucht oder ein Kind ist krank und du musst von zu Hause aus alles koordinieren. Dann gilt es noch, Einkäufe zu erledigen, zu kochen und den Haushalt einigermaßen beieinanderzuhalten.

Am Nachmittag übermannt dich die erste Müdigkeit und du willst einfach nur die Welt um dich herum ausschalten. Doch dafür ist keine Zeit. Der nächste Termin wartet schon und abends dann, nach einem langen Arbeitstag, dein Partner, der im besten Fall dein frisch gekochtes Essen lobt oder es aber nur mit einem müden Augenzwinkern würdigt.

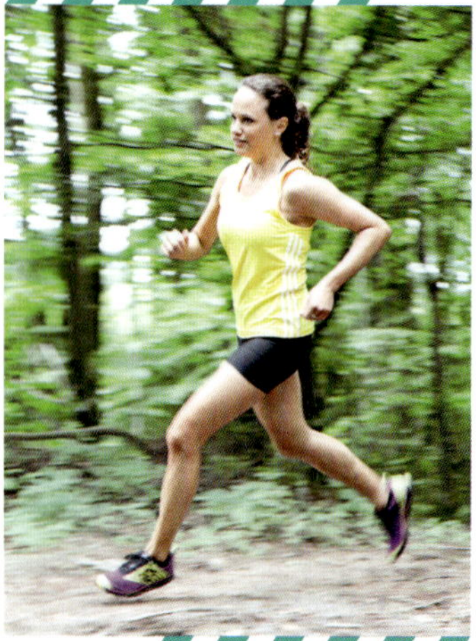

Fakt ist: Auch DU hast deine Bedürfnisse und wenn du diese nicht lernst, ernst zu nehmen, sie ignorierst und permanent wegdrückst, sind Probleme schon vorprogrammiert.

Verausgaben, ständiges Rechtmachen und Helfenwollen hilft niemandem, höchstens in dem Moment der Person am anderen Ende. Und das ist die Krux für uns Frauen: Die Grenze im rechten Moment zu ziehen und am besten schon vorher den Notanker werfen, bevor wir dann also krank, gerädert oder völlig genervt in der Ecke liegen.

Als meine Kinder noch sehr klein waren, war das mein größter Drahtseilakt:

» Wie bekomme ich alles unter einen Hut, ohne mich selbst zu vernachlässigen?
» Und wie könnte ich meine mir so heilige Lauferei, meinen Anker, aufrechterhalten?

Es galt, erfinderisch zu werden, denn die Not war tatsächlich groß. Als Mensch, der zwar einen gewissen Trubel um sich herum mag, aber mindestens genauso gern allein ist, wollte ich einen Weg finden, das Laufen als Lifestyle zu etablieren, also so in mein Leben als Mutter und Hausfrau zu integrieren, dass es dazugehört wie die Luft zum Atmen. Doch wie soll es funktionieren, wenn wir doch in erster Linie beigebracht bekommen und es oft auch so vorgelebt bekommen, dass wir für Mann, Haus, Kinder und Hof da zu sein haben?

Damals wohnte ich in einem kleinen Ort in der Schweiz in der Nähe der deutschen Grenze, hatte keine Familienmitglieder um mich herum, die mal schnell aushelfen konnten, sondern war mehr oder weniger tagsüber auf mich allein mit den Kindern gestellt. Wenn ich die Kinder für zweieinhalb Stunden zweimal pro Woche in einer Spielgruppe unterbringen konnte, fuhr ich sie, bereits in Laufklamotten steckend, dorthin und lief direkt von dort los.

Nach dem Training schaffte ich noch einen Sprung in den Supermarkt, um danach die Kinder abzuholen und erst dann andere Dinge zu erledigen. Wenn ich einen längeren Lauf machte, verschob ich die Einkäufe auf den Zeitraum, wenn ich die Kinder wieder aus der Spielgruppe holte.

Je älter meine Töchter wurden, umso leichter wurde es, das Laufen als essenziellen Bestandteil in den Alltag zu integrieren. Mal schaute eine Nachbarin für eine Stunde auf die Kinder oder mein Ex-Mann, wenn er abends von der Arbeit nach Hause kam. Als ich einige Jahre später für einige Jahre alleinerziehend war, einen Vollzeitjob angetreten hatte und alle Hände voll zu tun hatte, nahm ich mir trotzdem die Zeit fürs Laufen. Hauptsache, raus in den Wald, auf einsame Pfade, im Flow der Bewegung, die es mir ermöglichte, meinen Stress einfach zu vergessen.

Manchmal war es mir sogar so wichtig, dass ich einen Babysitter engagiert habe.

Wegweiser:

Finde Lösungen, anstatt dich in Ausreden zu winden! Es gibt auch in schier unmöglich erscheinenden Situationen Möglichkeiten, eine Betreuung fürs Kind zu finden und wenn du keine Kinder hast, sind es andere Aufgaben und Verantwortungsbereiche, um die du alles andere jonglieren musst.

2.4.1 Warum diese Vorgeschichte?

Weil es sich mit einem gefüllten Glas besser lebt, du deutlich ausgeglichener bist und auch dein Umfeld davon profitiert. Ein leeres oder nur halb gefülltes Glas nährt die Motivationskiller zusätzlich und genau das wollen wir vermeiden.

Dein Glas über den Tag einigermaßen gefüllt zu halten, heißt vor allem, alles zu eliminieren, was dir Energie abzieht:

» Menschen, die dir gegenüber ständig Bedenken und Skepsis äußern und kritisieren.
» Kein Ziel oder zu unrealistische (hoch gesteckte) Ziele zu haben.
» In die Vergleichsfalle (Vergleicheritis) zu tappen.

Laufen auf unbefestigten Wegen beflügelt auf so vielen Ebenen. Befreit den Geist, erschafft auf wunderbare Weise Lösungen zu Problemen, die man mit sich herumschleppt, hilft, das Gewicht zu regulieren und durchflutet den Körper mit Endorphinen (selten fühlt man sich nach einer Laufeinheit schlechter als vorher). Und dieses Gefühl auf so eine Art und Weise zu erschaffen und zu erleben, ist einfach klasse.

Wenn du morgens aufwachst, frage dich zuallererst:

» Was brauche ich heute, um mich wohlzufühlen und mein Glas mit guten Dingen und Menschen zu füllen?

Wenn dir die Beantwortung dieser Fragen eher schwerfällt, mache direkt nach dem Aufwachen eine Art Scan durch deinen ganzen Körper, von Kopf bis Fuß, und spüre kurz in deinen Körper hinein:

» Drückt oder schmerzt etwas?
» Fühlst du dich im Kopf ausgeruht oder eher müde?

Damit erkennst du schon einmal deinen Zustand und kannst eher bestimmen, was dir an diesem Tag besonders guttun würde.

Wegweiser:

Dein Glas soll möglichst lange, über den Tag verteilt, voll bleiben und was du brauchst, damit das so bleibt, kannst nur du wissen. Niemand anders kann es für dich tun und damit sind wir beim zweiten wichtigen Punkt, der zum Glasfüllen gehört.

Andere Menschen können dir Gutes tun und für dich sorgen, dir deinen Kaffee am Morgen und ein leckeres Frühstück zubereiten, aber beim Füllen des Glases geht es um die Taten, die du selbst für dich machst, quasi unabhängig von außen.

2.4.2 Wie fülle ich mein Glas?

Ich gebe dir ein paar Beispiele, wie ich mein Glas fülle und dafür sorge, dass es nicht nach einer Stunde schon wieder aufgebraucht ist.

Ich stehe etwa 20-30 Minuten vor dem Rest der Familie auf und mache mir eine Tasse Tee, um mich dann gemütlich aufs Sofa zu setzen, hinauszuschauen und ein paar Zeilen in mein Notizbuch zu schreiben. Nichts toppt diese Ruhe am Morgen. Danach kann der Tag richtig beginnen und ich fühle mich gewappnet und stark in mir, was auch des Weges kommt und kann dem Tag mit einer gewissen Ruhe und Gelassenheit begegnen.

Das gelingt nicht immer, aber eben oft. Natürlich schwirren auch nach dieser kleinen Morgenroutine Probleme im Kopf herum, aber deutlich abgemildert, als wenn ich mir nicht diese Zeit am Morgen nehmen würde.

Und genau das ist ein weiterer, wichtiger Punkt: Es geht nicht um den perfekten Tag und diese kleinen Routinen als Wundermittel zu sehen, sondern darum, sich täglich etwas Gutes zu tun. Mal ist es nur die Tasse Tee oder Kaffee am Morgen und ein paar Zeilen Handgeschriebenes, an anderen Tagen kommt vielleicht noch ein Telefonat mit der besten Freundin, ein Cafébesuch oder sonst etwas dazu, was das Glas gefüllt hält.

Hier sind noch weitere Ideen, wie du deinen Morgen gestalten kannst, um dein Glas mit frischen, guten Gedanken zu füllen:

- Mache ein paar Dehnübungen wie zum Beispiel „Die fünf Tibeter".
- Koche dir heißes Wasser und füge frischen Zitronensaft, eine Prise Meersalz und Ingwer hinzu, in kleinen Schlucken genießen.
- Mache ein paar Yogaübungen.
- Rolle mit einer Blackroll ein paar Mal über den Rücken und die Beine.
- Stelle dich aufrecht hin und richte den Blick nach draußen, atme dabei 3-5-mal ganz tief ein und aus.
- Setze dich fünf Minuten an einen gemütlichen Ort in deiner Wohnung oder Haus oder Camper(!), schließe langsam die Augen und stelle dir vor, was du Positives und Schönes an diesem Tag erleben möchtest und worauf du dich am meisten freust.
- Gehe ein paar Minuten barfuß über eine Wiese oder ein Stück Rasen.
- Schnüre deine Laufschuhe und laufe 15-20 Minuten um den Block.
- Dusche dich mindestens 30 Sekunden eiskalt ab.
- Lege einen Hauch Make-up auf, Wimperntusche und tupfe einen Hauch Farbe auf die Lippen – wirkt Wunder, wenn du das Gefühl hast, besonders müde auszusehen.

2.4.3 Was ist mit Affirmationen?

Es gab eine Zeit, da war ich begeistert von sämtlichen Gurus, die Affirmationen und positives Denken im Internet offenkundig propagierten. Ich begann, morgens nach dem Tagebuchschreiben laut einige Affirmationen aufzusagen, das Ganze verstärkt mit einer gen Himmel gestreckten Faust.

- „Ich bin gut!"
- „Ich schaffe alles."
- „Mein Leben ist super."
- „Ich laufe so schnell wie noch nie."
- „Ich bin erfolgreich."

Diese Aussagen sind im weiteren Sinn Bejahungen und dienen zur Verstärkung von etwas Positivem.

- Doch warum funktionieren Affirmationen nur selten?

Hinter diesen kurzen Sätzchen, die, oberflächlich gesehen, wunderbar klingen, stecken in Wirklichkeit unsere innersten Überzeugungen. Wenn du beispielsweise immer wieder Gedanken hegst von: „Ich schaffe das nicht", oder: „Ich glaube nicht wirklich an mich selbst", und dies eher unterbewusst geschieht, helfen die tollsten Affirmationen nichts.

Gemessen an dem Eisbergmodell befindet sich das, was wir im Leben haben (Beruf, Geld, Erfolg, Partnerschaft, Freunde, Gesundheit) oberhalb der Wasseroberfläche. Das sind die Ergebnisse aus allen Überzeugungen, die sich wiederum unterhalb der Wasseroberfläche tummeln. Diese machen sage und schreibe 93 Prozent aus.

Das, was du tatsächlich siehst, deine Realität, spiegeln die restlichen sieben Prozent wider, was im Grunde wenig ist.

Glaubst du oft, ein Ziel nicht erreichen zu können, zum Beispiel eines Tages einen Trailmarathon zu schaffen, so wirkt sich das auf deine Handlungen aus. Du tendierst dazu, nicht wirklich deinen Fähigkeiten zu vertrauen und unternimmst gar nicht erst den Versuch, dich bei einem Event anzumelden.

Dasselbe kannst du auf andere Lebensbereiche anwenden. Wenn du denkst, Geld wächst doch nicht auf Bäumen oder man müsse hart für seinen Lebensunterhalt arbeiten, ist die Wahrscheinlichkeit sehr hoch, dass du dich übermäßig viele Stunden pro Woche abrackerst und dein Konto eher wenig gefüllt ist oder du sogar Schulden hast. So einfach dieses Prinzip klingt, so wahr ist es tatsächlich. Und Affirmationen bringen an dieser Stelle wirklich nichts, außer dass du diese minutenlang laut und mit angeblich voller Überzeugung aufsagen kannst, diese aber ganz schnell wieder im Off verpuffen.

Ich merkte damals deutlich, dass die Schwingung der Worte und das, was ich da sagte, überhaupt nicht in Resonanz war und fing an, an meinem Mindset zu arbeiten, also daran, wie meine Einstellungen gegenüber den Dingen waren. Und erst, als ich begriff, dass die Krux im Geist und in den Gedanken liegt, stellte sich nach und nach mehr Zufriedenheit in meinem Leben ein.

Anstatt Affirmation rauf- und runterzubeten, nimm dir Zettel und Stift und notiere eine ungünstig wirkende Überzeugung, die dir sofort einfällt.

» „Ich bin mir nicht sicher, ob ich gut genug bin, um Distanz X zu laufen!"

Finde nun mindestens fünf Argumente, warum du gut genug dafür bist. Damit richtest du deinen Fokus mehr auf das, was du willst und was sein soll, als auf die Unsicherheit und die Zweifel.

Diese können, bezogen auf obiges Beispiel, lauten:

- „Ich weiß, dass ich genug Ausdauer in mir habe, um die Distanz X zu laufen."
- „Ich habe schon Herausforderung Y gemeistert, dann schaffe ich auch diese."
- „Ich habe unterstützende Menschen um mich herum, die auch an mich glauben."
- „Mit jedem Schritt, den ich auf mein Ziel hinarbeite, komme ich diesem näher."
- „In mir ist eine Urkraft, die mich befähigt, diese Distanz zu laufen."

So, wie dein Muskel mit regelmäßigem Hanteltraining wächst, funktioniert es auch mit deinen geistigen Einstellungen. Bleibe am Ball und lese dir deine Notizen am besten täglich durch, um bald eine Veränderung in deiner Haltung festzustellen.

Wegweiser:

Es sind nicht die großen Durchbrüche, die du erwarten solltest, sondern auch kleinste, positive Veränderungen bewirken etwas. Hauptsache, du bleibst dran!

2.4.4 Bedenkenträger

- Was tun, wenn du Menschen in deinem Umfeld hast, die dich für völlig verrückt halten, weil du läufst und mehr vom Leben willst?
- Oder dein Partner, der zwar alles cool findet, was du machst, aber doch letztlich wenig Verständnis für deine Lauferei hat?
- Vielleicht sogar, berechtigterweise, Angst um dich hat, wenn du ihm mit glühenden Augen von einem spannenden Trailevent berichtest, bei dem du unbedingt teilnehmen möchtest?

Menschen, die dich nicht verstehen wollen oder das, was du tust, kleinreden, haben wenig bis gar nichts in deinem Leben verloren. Okay, das ist wirklich eine radikale Aussage und soll nicht bedeuten, morgen deinen Partner zu verlassen oder andere Menschen aus deinem Leben zu verbannen, weil sie nicht genau verstehen, was dich um- und antreibt.

Was ich hier meine, ist, entweder eine gesunde Distanz zu solchen Menschen aufzubauen oder, im Falle eines etwas missgünstigen Partners, klar zu kommunizieren, was dir das Laufen bedeutet und was dich antreibt. Je mehr du bei dir bleiben kannst, desto mehr Verständnis sollte er zeigen. Vielleicht nimmst du ihn einfach bei der Hand und schleifst ihn einfach mit zu deinem nächsten Trailrun. Vielleicht überfällt ihn ja überraschenderweise das Trailrunningvirus.

Als ich mich Ende 2007 auf den Ultralauf in der Wüste vorbereitete, warf mir tatsächlich eine Freundin vor, ich würde da etwas Gefährliches tun und hätte doch zwei kleine Kinder, sollte doch möglichst nichts riskieren. Damals verunsicherte mich diese Aussage enorm und ich begann tatsächlich für einen Moment, mein Vorhaben infrage zu stellen.

Es war nicht leicht, gegen solche kleinen Stürme anzugehen und einen Umgang damit zu finden, aber diese Erkenntnis hat mir letztlich geholfen, seitdem gelassener zu sein, wenn andere Menschen meinen, was angeblich gut für mich ist oder mir schadet.

Niemand anderes kann für dich wissen, was richtig ist. Nur DU kannst das. Und es jedem recht zu machen, ist so unmöglich, wie aus einem Apfel eine Birne modellieren zu wollen. Gegenwind kann dich auf der anderen Seite noch mehr bestärken, bei dir zu bleiben, auf deiner Spur. Damals zog ich trotz einiger Verunsicherungen mein Training weiter durch und fokussierte mich auf die Menschen aus meinem Umfeld, die es gut meinten und gute Gedanken hegten.

Genau solche Menschen machen am Ende auch den Großteil aus. Mittlerweile ist es so, dass ich meine Pläne entweder mit den Zuhörern in meinem Podcast teile oder nur in den Kreisen derer, bei denen ich weiß, dass sie nicht mit Neid und Argwohn reagieren.

Ein paar Tage nach meiner Rückkehr aus Marokko lud ich besagte Freundin zum Kaffee ein. Sie wollte die Medaille sehen und ich meinte, bei ihr in diesem Moment eine gewisse Demut und Respekt zu erkennen. Bei allen darauf folgenden, nicht unbedingt minder extremen Läufen hörte ich nie mehr Kommentare oder Meinungen von ihr.

Wegweiser:

Also, höre auf deine Stimme. Immer. Und wenn dir jemand besserwisserisch in deine Ziele reinredet, wisse für dich im Inneren, dass du auf deinem für dich richtigen Weg bist.

2.4.5 Die Vergleichsfalle

Zurück zum gefüllten Glas und den Dingen, die es schneller leeren können, als du denkst. Du kennst das bestimmt: Du öffnest morgens und über den Tag verteilt immer wieder deine Social-Media-Apps, um darin zu scrollen. Vielleicht folgst du interessanten Menschen, die dich inspirieren oder findest Menschen, deren Kunst du beispielsweise besonders magst.

Aber um eins kommen die meisten von uns wohl nicht herum. Automatisch stellen wir Vergleiche mit anderen Personen an, ob wir es wollen oder nicht. Man muss schon halb erleuchtet und so in seiner Mitte ruhen, dass Beiträge und Storys neutral betrachtet werden können. In uns wohnt ein Teufelchen, das uns von einer Schulter aus klarmacht, dass andere besser und schöner sind, mehr können und erfolgreicher sind.

Gerade im Trailrunning ist in den letzten Jahren ein solcher Hype entstanden, der teilweise befremdliche Dimensionen angenommen hat. Auch Frauen filmen per GoPro® halsbrecherisch schmale Trails, auf denen sie mühelos zu tanzen - laufen - scheinen, so, als wäre es das Normalste der Welt. Leicht entsteht die Annahme, dass genau solche Wege Trailrunning ausmachen. Vergessen werden die normalen Feld- und Waldwege, auf denen sich die meisten von uns tummeln.

Nichts gegen aufregende, kleine Ausschnitte aus dem Alltag der Trailrunning-Profis, aber es kann ungünstige Folgen nach sich ziehen. Wenn sie das kann, kann ich das auch! So kann aus einer durch die sozialen Medien inspirierten Tour ein durchaus gefährliches Unterfangen werden. Jeden Sommer erlebe ich genau dieses Phänomen in Garmisch.

Auch Frauen trauen sich immer mehr, teilen ihre Erfolge und Gipfelerlebnisse auf Instagram®, Strava® und Co. Die Rekordjagd beginnt. Es geht um Sekunden, gar Minuten und der Ehrgeiz ist beinahe nicht zu bremsen, um sich die Krone zu sichern.

Natürlich sollen hier niemandem böse Absichten unterstellt werden, aber das, was wir zum Thema Trailrunning in den sozialen Medien sehen, hat oft gar nichts mit der Realität zu tun. Es sind kleinste Schnipsel, die dargestellt werden und oft sehen die Impressionen einer Tour viel dramatischer und aufregender aus, als sie in Wirklichkeit sind.

Zu Zeiten meiner extremeren Ultratrails, die ich zwischen 2008-2011 gelaufen bin, betrieb ich einen kleinen Blog und hatte Ende 2008 meine erste, damals noch englischsprachige Webseite ins Leben gerufen. Ich teilte dort wöchentlich meine Trainingswoche und lud Bilder hoch. Es war eine richtig aufwendige Angelegenheit und sich mit anderen zu vergleichen, fand bei Wettkämpfen statt, aber nicht unbedingt im täglichen Leben und Trainingsalltag.

Lange folgte ich dem Blog einer für mich auch heute noch zu den Großen in der Welt des Trailrunnings zählenden Frauen, der Engländerin Lizzy Hawker. Sie gewann mehrfach die Ultratrailweltmeisterschaften und hat dabei nie die Bodenhaftung verloren. In ihrem Blog teilte sie oft philosophische Ansätze übers Laufen über Stock und Stein und nahm uns Leserinnen mit durch all ihre Höhen und Tiefen, die das Laufen mit sich brachte. Sie teilte nie Zeiten, Höhenmeter oder genaue Distanzen.

Sie verkörperte Trailrunning wie kaum eine andere. Heute engagiert sich Lizzy in Nepal und hat vor einigen Jahren die Ultra Tour Monte Rosa (UTMR), ein Ultratrail-Event der Extraklasse, ins Leben gerufen.

2018 lief ich dort die 100-Kilometer-Strecke, und nirgendwo sonst habe ich je so eine perfekte Organisation und Streckenführung erlebt. Als mir Lizzy im Ziel persönlich die Medaille umhängte, weinte ich haltlos vor Erleichterung und Demut. Oft denke ich heute noch an dieses schwierige, mental sehr herausfordernde Rennen, das mir fast den letzten Stecker zog und mich gleichzeitig erfüllte wie kein anderer Lauf. Ich erfuhr trotz der überschaubaren Teilnehmerzahl so viel Zusammenhalt und Community, wie es vielleicht keine andere Veranstaltung hinbekommt.

Als Facebook® 2004 die sozialen Medien eroberte, gehörte ich eher zu den Spätzünderinnen und trat erst 2009 bei. Sporadisch lud ich Fotos hoch, aber ich erinnere mich noch an ein leicht mulmiges Gefühl, das ich dabei hatte. Es steckte kein großer Aufwand dahinter, etwas mit der Welt zu teilen oder, je nach Einstellung, nur mit den engsten Freunden. Doch so großartig dieses Medium am Anfang war, umso fataler waren später die Auswirkungen.

Wie in Trance findet man sich plötzlich im hirnlosen Durchscrollen sogenannter *Feeds* wieder. Bekommt gezielt das zugespielt, was den Interessengebieten entspricht und ist über kurz oder lang in einer eigenen Blase gefangen. Und darin spielen sich Vergleiche ab.

Natürlich werden andere Läuferinnen begutachtet, nicht selten auch insgeheim verurteilt, wie dünn oder ausgemergelt sie aussehen und dennoch einen Triumph nach dem anderen einfahren. Dies wiederum suggeriert, dass man es auch schaffen kann, wenn man nur genug Disziplin im Training und in der Ernährung zeigt.

Pustekuchen!

Wir alle sind wunderbare Individuen und Trailrunning ist der letzte Sport, in dem Vergleiche angestellt werden sollten. Im Wettkampf ist das noch nachvollziehbar, aber zu teilen, was man im Training wo und wie schnell gelaufen ist, ist im Grunde so unwichtig, als wenn in China irgendwo ein Reissack umfällt.

Denn du allein stehst an dem Punkt, an dem du jetzt bist. Was hilft es dir da, zu schauen, was Anna oder Lisa oder Michaela letztens für ein krasses Intervall gelaufen sind? Wir schauen immer auf das Ergebnis, wissen aber in den seltensten Fällen, welche Grundlage eine andere Läuferin mitbringt.

Stecke jegliche Vergleiche gezielt in die Tonne. Wie?

Indem du dir ein Limit setzt und nur für eine gewisse Anzahl an Minuten (hoffentlich nicht Stunden!) durch die sozialen Medien zappst. Und diese möglichst knapp bemisst. Oder gönne dir eine Pause von Instagram® und Co. Du wirst sehen, wie viel Zeit, über eine ganze Woche gesehen, frei wird und du plötzlich endlich anderen Dingen nachgehen kannst, von denen du immer dachtest, dafür keine Zeit zu haben.

Du hast Zeit! Und du verdienst es, diese damit zu gestalten, dein Glas schön gefüllt zu halten.

Scrollen ist ein geschicktes Ablenkungsmanöver von dir selbst und macht auf Dauer mürbe. Oder gehörst du zu den wenigen Ausnahmen, die sich danach energetisiert und richtig motiviert und inspiriert fühlen?

Ende 2019 überkam mich diese Social-Media-Müdigkeit. Ich wollte nichts mehr davon wissen, was andere taten und welche imposante Bergtour sie wieder gemacht hatten. Ich wollte herausfinden, wofür ich auf die Trails gehe, was ich wahrnehme und sich verändert, wenn ich nicht darauf aus bin, das Handy am nächsten Baum zu zücken, um ein möglichst aufsehenerregendes Bild zu erzeugen.

Schon nach wenigen Tagen stellte ich eine deutlich bessere, innere Ausgeglichenheit fest und spürte wieder mehr Freude beim Laufen. Diese einfache Bewegung über Steine, Wiesen, Feldwege, durch Wälder, über Wurzeln und Brücken, mal hoch, mal runter, die so viel Energie freisetzt. Echte Energie, wie sie kein Beitrag auf den Kanälen, keine Story jemals wiedergeben könnte. Ich war verbunden mit dem Moment und meinem Warum, dem inneren Antreiber, nicht zu verwechseln mit dem (inneren) Schweinehund. Den hatten wir uns schon vorgeknöpft.

Nach etwa sechs Wochen wagte ich den Schritt zurück in die Welt der Schönen und Erfolgreichen, installierte die Apps wieder und loggte mich ein. Was ich feststellte, war eine komplette Ernüchterung dessen, womit ich gerechnet hatte: jede Menge verpasst zu haben (FOMO – Fear Of Missing Out) und das Gefühl, nicht mehr dazuzugehören.

Ich hatte nichts, wirklich nichts verpasst. Und das nach einer relativ langen Zeit zu realisieren, bedenkt man die Kurzlebigkeit, durch die sich Instagram® und Co. auszeichnen, war eine enttäuschende Erfahrung. Plötzlich hatte ich einen Abstand mit den mir persönlich unbekannten Menschen, mit denen ich mich nur illusorisch verbunden fühlte, niemand hatte mich als vermisst gemeldet oder wunderte sich, wo ich abgeblieben war. Niemand.

Und das ist die Krux an der virtuellen Realität: Die angebliche Verbindung und Verbundenheit zu anderen Menschen fußt auf Sand, nicht auf einem starken Fundament, wo nichts so schnell hindurchrieselt.

Du bist allein für deine Motivation, die Fähigkeit, dich selbst aus dir heraus nach vorn zu bewegen, verantwortlich. Wenn es dir gelingt, Social Media ab und an in kontrollierter Manier zu nutzen, dich vielleicht auch ab und zu berieseln zu lassen (wir alle kennen wohl dieses Bedürfnis, mal nichts tun zu müssen oder zu wollen), bist du auf einem guten Weg.

Wegweiser:

Lasse dich nicht von Lieschen Müller verunsichern und beeinflussen, die ein Schnipsel aus ihrem ansonsten höchstwahrscheinlich ganz normalen Leben teilt. Sie ist genau wie du, ein Mensch mit Ecken und Kanten und hat genauso Herausforderungen zu meistern.

2.4.6 Sich zu hohe Ziele stecken

» Gehörst du auch zu denen, die sich gern hohe Ziele stecken?
» Die einfach beschließen, etwas Verrücktes zu machen und es dann durchziehen?
» Träumst du auch davon, mal eine Alpenüberquerung zu machen, einen Höhenweg in den Bergen abzulaufen oder deinen ersten Ultratrail unter die Füße zu nehmen?

Deine Ideen und Ziele haben absolut ihre Berechtigung. Nicht umsonst haben sie den Weg in deinen Kopf geschafft. So ein leicht verrückter Gedanke schlüpfte auch in meinen Kopf. Länger schon hatte ich die Idee, einen 100-Meilen-Lauf schaffen zu wollen. Wo ich diesen laufen würde, war mir schnell klar.

2011 war ich bereits beim Chiemgauer 100-Kilometer-Lauf gestartet und es war mir klar, dass ich dort auch den 100 Meiler würde bewältigen wollen. Wir schreiben das Jahr 2017 und ich hatte über die Jahre noch mehr Trailerfahrungen sammeln können, fühlte mich gewappnet für dieses Unterfangen. Es war schließlich nur eine 70-Kilometer-Schleife extra zu laufen. Und den ersten Teil der Strecke bereits zu kennen, beruhigte mich innerlich.

Es war gerade ein paar Monate her, dass ich in die Berge umgesiedelt war und hatte somit mein Training ganz anders und neu gestalten können. Klar gab mir das fast tägliche Laufen mit vielen Höhenmetern viel Aufwind und Selbstvertrauen. Es lag also nahe, mich auf einer längeren Distanz in einem Wettkampf auszutoben. Gesagt, getan. Ich tätigte die Anmeldung und fieberte dem Start schon entgegen.

Auf YouTube® teilte ich damals meinen „Weg zu 100 Meilen", was sich erst im Rückblick als etwas zu viel des Guten herausstellte und ich meine Herangehensweise, was Rennen betrifft, mittlerweile geändert habe. Schon in den Tagen vor dem Start war mir mulmig zumute.

Das Mentaltraining hatte ich zeitweise auch etwas vernachlässigt, die Kinder mussten untergebracht werden und mit meiner Rennverpflegung war ich mir bis zur letzten Minute unsicher. Es fehlte an Gelassenheit und an einer gewissen Sicherheit, die ich sonst aus vorherigen Wettkampfvorbereitungen kannte.

Ende Juli 2017 war es so weit und ich hatte mich für einen Start am späten Nachmittag entschieden, fand in den Stunden davor keinen Schlaf und war einfach nicht so richtig aufs Rennen eingestellt. Irgendwie würde ich es schon schaffen.

Schon kurze Zeit nach dem Start war mir klar, dass einsame Stunden auf mich warteten. Durch die Nacht lief ich ohne jeglichen anderen Läufer um mich herum. Sie waren alle schon am frühen Nachmittag gestartet und somit weit vor mir. In der stockdunklen Nacht kam hinzu, dass meine Uhr irgendwann den Geist aufgab und ich mich auf die rar gesteckten Markierungen verlassen musste.

Leider verlief ich mich ein paar Mal, wurde mit jeder Minute zunehmend demotivierter und wollte einfach nur aufhören. Mit jedem Kilometer, den ich lief, rückte mein Ziel in unerreichbare Ferne. Als ich nach 19 Stunden, weit abgeschlagen vom Feld, die 100-Kilometer-Marke erreichte, blitzte ein stechender Schmerz in mein rechtes, äußeres Knie. Fortan ging es bergab, nicht nur die Streckenführung, sondern auch mental und körperlich.

Mein Handy bekam keinen Empfang und der nächste Verpflegungspunkt lag in weiter Ferne. Ich benötigte Stunden, bis ich nach über 26 Stunden und 129 Kilometern im Ziel ankam. Es gab unterwegs keine Abkürzung und abgeholt werden konnte ich auch nicht.

» Was war passiert?

Erst Tage später, nachdem die erste große Enttäuschung und jede Menge Frust von mir abgefallen war, begann ich zu verstehen, warum ich dieses mir so hochgesteckte Ziel nicht erreicht hatte. Rückblickend auf die Gestaltung meines Trainings hatte ich so gut wie kein Kraft- und Core-Training gemacht, was gerade für solche Distanzen elementar wichtig war, um vor allem die Sehnen und Bänder richtig zu stärken.

Drei Wochen vor dem Start zum 100 Meiler war ich im Stubaital einen knapp 70 Kilometer langen Wettkampf mit über 5.000 Höhenmetern gelaufen, der mich mehr Körner gekostet hatte, als ich zugeben wollte. Ein weiterer Aspekt war, dass ich nicht genügend lange Läufe in der Vorbereitung gemacht hatte. Bis zu einer gewissen Distanz war mein Training ausreichend, aber das, was es für die Extrakilometer auf 100 Meilen braucht, hatte ich unterschätzt.

So ist es zwar das eine, sich Ziele zu setzen, die einem erst mal vor lauter Adrenalin die Schuhe ausziehen und enormen Antrieb verleihen können. Das andere ist, genau zu schauen, wo du gerade wirklich stehst.

» Steckt dir noch etwas in den Knochen, wie zum Beispiel eine länger auszukurierende Krankheit oder Verletzung?
» Hast du womöglich viel privaten und arbeitsbedingten Stress, der es dir nicht erlaubt, dich auf ein großes Ziel zu fokussieren?

Diese und weitere Fragen gilt es, ehrlich zu stellen und zu beantworten. Man kann zu viel auf einmal wollen und auch übermütig werden.

» Läufst du zurzeit überwiegend auf leichten Waldwegen ohne Auf und Ab, möchtest aber unbedingt in ein paar Monaten beim Transalpine Run mitmachen, wo du tagelang hintereinander lange Distanzen läufst und zigtausend Höhenmeter meistern musst?

Dann ist er vielleicht nicht dieses Jahr dran, sondern in 2-3 Jahren. Dann, wenn du sichergehen kannst, auch die Zeit und Mühen in ein Training dafür zu investieren und mit einem guten Gefühl am Start stehen kannst.

Wegweiser:

Auch wenn du einen gewissen Drang verspürst, dich auf den Weg zu höheren Zielen zu begeben, gibt es einen schmalen Grat zwischen Forderung und Überforderung. Und die gilt es wahrzunehmen und eben nicht zwingend mit dem Kopf durch die Wand zu wollen, sondern mit Bedacht auszuwählen, was für dich realistisch ist.

Eine Portion Ratio kann bei solchen Entscheidungen nicht schaden.

2.5 Finish vs. Performance

Schaue ich auf die vergangenen Jahrzehnte zurück, die ich mittlerweile laufe, habe ich erst im Frühling dieses Jahres, 2022, eine Erkenntnis gewonnen, die weder bahnbrechend noch revolutionär ist.

Sie könnte für dich jedoch von großer Bedeutung sein.

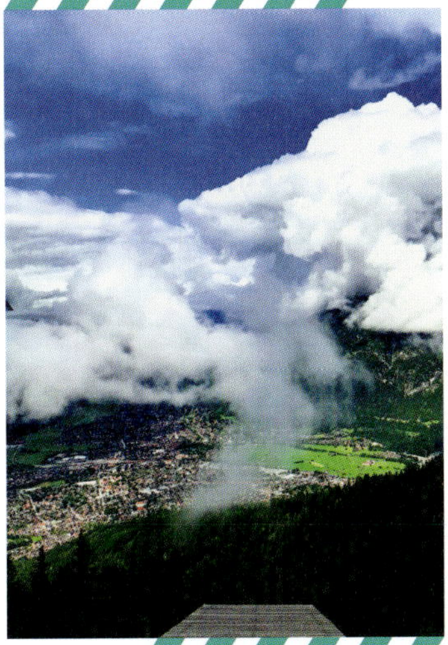

Im zarten Alter von 14, als ich das Laufen für mich entdeckt hatte, spürte ich schon im ersten Jahr, das ich meistens beim Bahntraining des Leichtathletikvereins zubrachte, diesen inneren Drang und Ehrgeiz, gut sein zu wollen. Das reichte mir oft nicht. Ich wollte nicht nur gut sein, sondern zu den Besten gehören und eher vorne mitmischen als mich im Mittel- oder gar hinteren Feld zu tummeln.

Ich erinnere mich in diesem Zusammenhang noch sehr genau an meine frühere Kindheit in der Grundschule. Jährlich fanden im Sommer die Bundesjugendspiele statt und ich war vor den 50-Meter-Sprints immer hoffnungslos aufgeregt, wollte unbedingt gegen den schnellsten Jungen aus der Klasse über mir gewinnen.

Selbstbewusst stellte ich mich als Neunjährige an den Start und lief für ein paar Sekunden gefühlt um mein Leben, verpasste nur knapp den Sieg. Dieses Szenario wiederholte sich jährlich, auch auf weiterführenden Schulen, bis ich in der Leichtathletik nach vielen gescheiterten Versuchen im Springen und Werfen zur Mittelstrecke fand.

Im 100- und 200-Meter-Sprint begann ich schnell, mich zu langweilen und ich tastete mich nach und nach an die 800-Meter-Distanz vor. Wenn die anderen noch auf dem Weg zum Training waren, lief ich mich bereits mit ein paar Extrarunden um das Stadion ein. In den damals noch eiskalten Wintern der 1990er-Jahre zog ich morgens um fünf Uhr meinen Trainingsanzug, Handschuhe und Mütze an, um im an unser Wohnhaus angrenzenden Stadion meine Ausdauer zu trainieren.

Selbst würde ich mir kein außergewöhnliches Talent attestieren. Da war ein innerer Antrieb, zu überleben und besser zu sein als die anderen. Und an die Läuferinnen, die vor mir waren, wollte ich ranreichen und mich dorthin vorarbeiten.

Fast jedes Wochenende fanden regionale Wettkämpfe statt, manchmal fuhren wir auch außerhalb der Stadt zu diesen sogenannten *Meetings*, um die Ehre des Vereins zu verteidigen. Es gelang mir nur mittelmäßig. Mein Kopf setzte jedes Mal vor dem Start meinen Körper schachmatt, sodass ich immer nur mittelmäßige Leistungen erbrachte. Ich wollte oft zu schnell und zu viel, um mich dann von Neuem zu enttäuschen.

In dieser Spirale war ich einige Zeit gefangen. Bei einem Auslandsjahr in Amerika 1996-1997 sammelte ich jede Menge Erfahrung auf der Fünf-Kilometer-Distanz, die querfeldein im Herbst bis in den Winter hinein gelaufen wurde. Dort war ich im sogenannten *Varsity-(= Uni-) Team* und sammelte ein paar Erfolge mit dem Team. Doch war ich stets der festen Überzeugung, immer ein bisschen mehr als die anderen machen zu müssen, um auf einem gewissen Level mithalten zu können.

Diese mentale Blockade, die es letztendlich war, schleppte ich mit mir herum, bis ich mit 28 Jahren am Start des Wüstenlaufs, Marathon des Sables, stand. Dort begann ich mich zu lösen von dem Gedanken, nur dann gut genug zu sein, wenn ich vorne mit dabei war, sondern zufrieden damit zu sein, gesund ins Ziel zu laufen.

» Kennst du ähnliche Situationen, in den du dir den Kopf zermarterst und dir das eigentliche Tun, in diesem Fall das Laufen, madig machst?

2.5.1 Was bist du dir selbst wert?

» Bist du nur gut, großartig, schön und anerkannt, wenn du einen Podiumsplatz ergatterst oder gar gewinnst?
» Und weniger wert als Mensch, Frau, Person, wenn du als Letzte ins Ziel kämst?

Beim Marathon des Sables wie auch bei anderen Trailrunningveranstaltungen danach bekam ich mit, wie die letzten Finisher einer Etappe oder des ganzen Rennens ins Ziel liefen, angefeuert und getragen von den Zuschauern und anderen Teilnehmern. Für mich sind das heute die wahren Helden. Die, die sich an die Linie stellen, wissend, dass es wahrscheinlich ein langer Tag werden wird und sie in Kauf nehmen, als Letzte einzulaufen.

Vor ein paar Jahren gab ich bei einer Trailrunningveranstaltung, die speziell auf Frauen ausgerichtet war, einen Blackroll-Kurs. Es fanden übers Wochenende verteilt drei Läufe statt. Am zweiten Tag sah ich im Zielbereich, lange, nachdem ich selbst eingelaufen war, die letzte Frau auf der Strecke auf der Zielgeraden. Wie die Wilden feuerten wir sie an und sie wurde gefeiert wie eine Heldin.

Beim Brunch in einem schönen Hotel am nächsten Tag unterhielt ich mich länger mit ihr und war neugierig auf ihre Geschichte. Es stellte sich heraus, dass sie extra aus Berlin nach Österreich gereist war, um die Stimmung zu genießen und sich zu fordern. Sie entsprach nicht dem Idealbild einer Läufergazelle, trumpfte mit Humor und echter Persönlichkeit auf.

Seitdem ziehe ich vor diesen Läuferinnen mehr den Hut als vor denen, die alles für einen Podiumsplatz geben und den kurzen Ruhm riskieren. Es braucht mehr Mut, sich einer Herausforderung zu stellen, von der man weiß, dass man höchstwahrscheinlich scheitern und im Falle einer Laufveranstaltung womöglich den Cut-off nicht schaffen wird, als sich hochtrainiert an derselben Startlinie aufzustellen.

Mut ist, eine Herausforderung trotz und mit Ängsten und Zweifeln anzunehmen und es zu versuchen. Und damit bist du schon einen Schritt weiter als diejenigen, die auf der Couch sitzen bleiben und lieber hoffen und wünschen, sie würden es tun.

Wenn wir Finisherinnen und Performerinnen einander gegenüberstellen, ist es keine Frage von: Wer ist nun die Bessere von beiden?

Vielmehr haben beide ihre Berechtigung, aber aus eigener Erfahrung und dazu meinen jahrelangen Beobachtungen der Trailrunningszene kann ich feststellen, dass diejenigen länger mitmischen, die ihre eigenen Ansprüche auch mal herunterschrauben und denen es gelingt, ihren Selbstwert nicht an Leistung im Allgemeinen festzunageln und den Spaß an die erste Stelle setzen.

2.5.2 Gar nicht so einfach, findest du?

Ich bin da ganz bei dir und befinde mich mit dieser Frage auch noch auf einem Weg. Je älter ich werde, desto mehr stelle ich mir die Frage nach der Wichtigkeit, eine Performance hinlegen zu wollen oder ob ich nicht auch zufrieden sein kann, zu laufen, um fit zu bleiben und mir eigene Ziele zu stecken, die nicht unbedingt mess- und vergleichbar sein müssen.

Ich habe hier keine eindeutige Antwort, sehe aber, dass die Läuferinnen, die sich eine gewisse Lockerheit bewahren, unterm Strich weniger verletzt sind, langfristig in der Lage sind, laufen zu können und mehr Selbstbewusstsein ausstrahlen als die, die bei jedem Rennen Vollgas geben.

Jede intensive Einheit, ob Tempotraining oder langer Lauf, hat Konsequenzen auf den Muskel-, Sehnen- und Bänderapparat. Forderst du dich immer mehr, willst immer mehr, wird der Bogen eines Tages überspannt sein und es einen Knall geben.

Solch einen Knall habe ich schon oft erlebt. Immer dann, wenn ich extra viel vom Laufen wollte und erwartet habe. Mein Selbstwert war an Leistung geknüpft. Früher oder später macht es dann peng und der Körper weist uns in die Schranken.

Bei mir äußerte sich ein Zuviel in Verletzungen wie Läuferknie, Sehnenreizungen sowie in einem hartnäckigen Fersensporn. Für eine Handvoll guter Performances war ich also über meine Grenzen gegangen.

2.5.3 Wie das Training optimal steuern?

» Wie also kannst du dein Training so steuern, dass du nicht nur 1-2 Saisons überlebst, sondern weit darüber hinaus Jahre, gar jahrzehntelang dem Laufen über Stock und Stein frönen kannst?

Ich erzähle dir wieder eine kleine Anekdote, die sich vor ein paar Jahren zutrug. Zusammen mit einem guten Freund bereitete ich mich auf einen anspruchsvollen Berglauf vor. Als Menschen, die sich selbst eher in die Kategorie der Performer einordnen würden, rechneten wir uns aus, was es brauchen würde, um in der Mixed-Team-Wertung vorn dabei zu sein.

Etwa neun Tage vor dem Start unternahmen wir eine Hochtour bei Chamonix und wollten uns auf diese Weise an die Höhe, die uns auch beim Rennen erwarten würde, akklimatisieren. Es lief wie am Schnürchen, besser als erwartet, während dieser langen, teils zehrenden Touren durch Schnee, etwas Eis und über Gletscher bis hinauf auf den Mont Blanc du Tacul auf 4.200 Meter. Auch eine Übernachtung auf einer Berghütte auf 3.600 Meter stellte für uns kein Problem dar.

Frohen Mutes kehrten wir nach ein paar Tagen wieder zurück ins Tal und in die Zivilisation. Ich hatte dank meines sehr erfahrenen Berg- und Laufpartners unterwegs viel gelernt über das Lesen von Wolkenformationen, das Einschätzen der Wetterlage, über den richtigen Einsatz eines Eispickels und dass man definitiv genug Wasser auf solche Touren mitnehmen sollte.

Ich war high von diesen Erfahrungen, sodass der eigentliche Wettkampf, der uns bevorstand, fast ein wenig in den Hintergrund rückte. Kurze Zeit später veränderte sich die Wetterlage so drastisch am Startort, dass wir entschieden, nicht zu starten, und dies nie bedauerten.

Ich kam mit einem Rucksack so lehrreicher und schöner Erfahrungen zurück nach Hause, dass ich sogar heute noch, fast drei Jahre später, davon zehre, weil es bei dieser Tour gar nicht um die Erbringung einer bestimmten Leistung ging, sondern darum, den Weg, jeden Schritt zu genießen und keine Grenze ausgelotet haben zu müssen, damit es also gut genug war.

Manchmal denke ich rückblickend, dass der Wettkampf vielleicht gar nicht so nach Plan gelaufen wäre, da die Vorbereitung schon das berühmte Tüpfelchen auf dem i darstellte.

Der Punkt ist, wirklich für dich zu schauen, um was es dir geht.

» Möchtest du Leistung erbringen?
» Bis zur Erschöpfung dein Potenzial ausloten?
» Dich vielleicht über deine Grenzen hinausbewegen?

Natürlich hast du die Wahl. Niemand zwingt dich zu einer Leistung. Oft kreiert man sich einen bestimmten Druck selbst, oder meint, andere drücken einem etwas auf. Du entscheidest selbst, was dir guttut und was nicht. Vielleicht bist du eine Leistungsmaschine und gehst erst richtig auf, wenn du im Rahmen eines Events auf die Tube drückst.

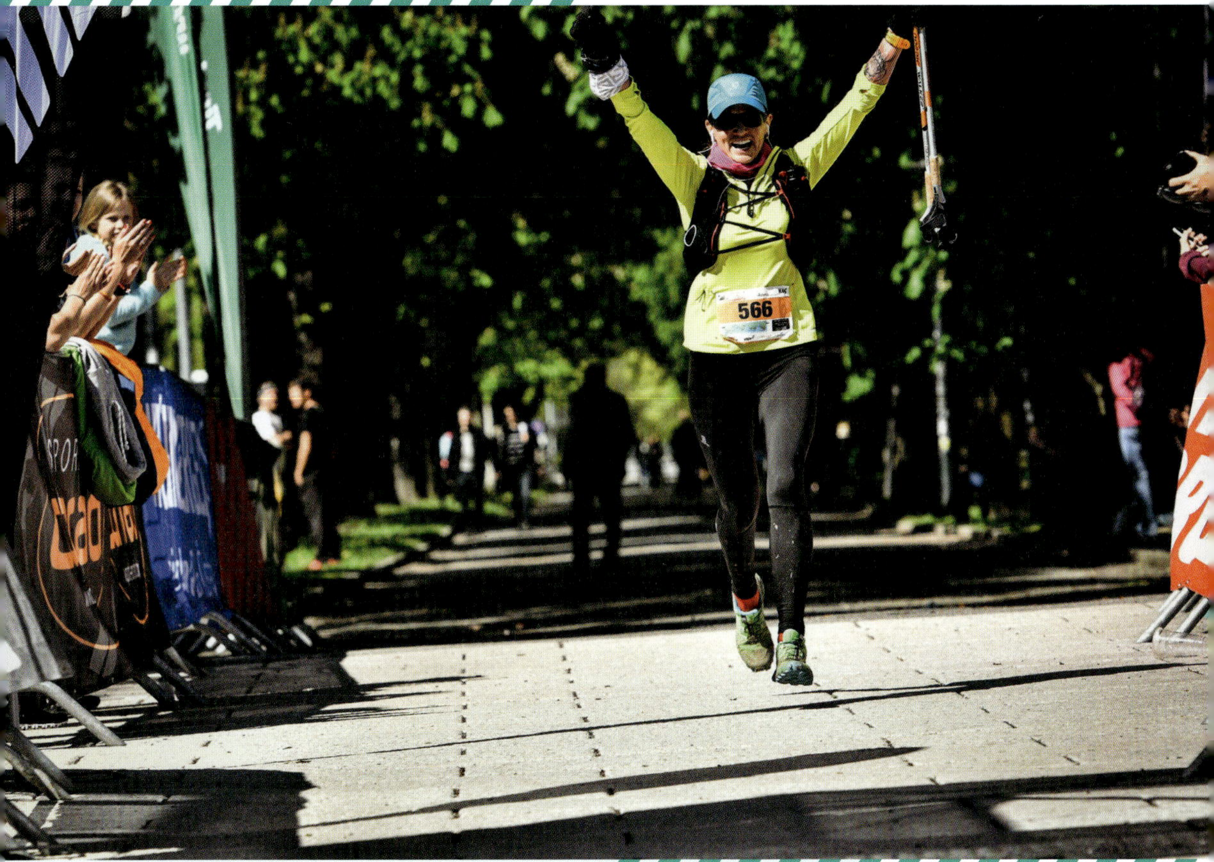

Zu denen gehörte ich auch mal, stelle nun fest, im reifen Alter von über 40, dass ich mehr Freude aus dem Trailrunning ziehe, wenn ich mein ehrgeiziges Ich ab und an in den Keller verscheuche. Da ist es manchmal sogar besser aufgehoben als im oberen Stockwerk deines Hirns, dort, wo es dir mitunter richtig Stress machen kann.

Seit der Hochtour vor ein paar Jahren habe ich einige spannende Projekte in den Bergen unternommen, war auf anspruchsvolleren Klettersteigen unterwegs, lief und ging einige Male auf unterschiedlichen Routen auf die Zugspitze, lief eigene Ultras ohne Leistungsdruck, sondern zog die Freude aus der Fitness, die ich für solche Vorhaben hatte.

Genau diese Dinge, Projekte, haben eine längere Überlebensdauer. Ein gelungenes Rennen bleibt sicher auch eine Weile im Kopf, aber die kurze Anerkennung von außen für etwas Geleistetes vergeht so schnell, wie sie kam.

» Was ist mit denen, die nie etwas auf den sozialen Medien teilen, aber topfit sind und spannende Projekte durchziehen?

Sie können fast die größeren Vorbilder sein oder sind es sogar schon.

Seit meinen Leichtathletikzeiten sind viele Jahre vergangen. Viele Jahre, in denen die Erbringung einer gewissen Leistung oft mehr im Vordergrund stand als die Freude am Tun. Man muss viele Opfer bringen, wenn man vorne mitmischen will und nicht immer ist es das wert.

Nach dem Finish in der Wüste war ich beseelt und gleichzeitig angefixt von der Welt des Ultralaufens.

» Was gab es wohl noch an interessanten Events, an denen ich teilnehmen konnte?

2.5.4 Performanceorientierung

Es folgten einige Jahre, in denen ich mich dem Trailrunning auf Basis der Performance verschrieb.

Tiefenpsychologisch betrachtet, kann ich erst heute erkennen, dass ich in mir gefangen war und nach Anerkennung gelechzt habe. Belegte ich den dritten Platz, dachte ich, es hätte doch noch mehr gehen können. Lief ich auf den zweiten Platz, war ich nur erste Verliererin. Schaffte ich es als erste Frau ins Ziel, meinte ich, dass ich noch eine bessere Zeit hätte laufen können.

Ich bin mir sicher, dass du so oder so ähnlich schon mal gedacht hast. Dabei ist Trailrunning an sich ein Sport, wo man sich so herrlich treiben lassen kann.

Wegweiser:

Wenn du dieses Buch liest, suchst du vielleicht auch nicht eine Guideline dafür, wo du als Nächstes die beste Performance abreißen kannst, sondern willst den Spirit dieses Sports durch diese Zeilen spüren. Ich empfehle dir an dieser Stelle, für den Anfang mit dieser Einstellung auf die Trails zu gehen. Nichts muss, alles darf!

Und auf einer soliden Grundlage lässt sich viel mehr aufbauen und entwickeln. Du liest schon richtig. Es darf sich ein Weg für dich abwickeln und neu ergeben. Mit jedem Lauf soll eine neue Schicht freigelegt werden. Du lernst dich von einer anderen Seite kennen, spürst ganz anders und neu in deinen Körper hinein, während du über Wurzeln und Steine hüpfst.

So beliebt das dir vielleicht schon bekannte „Ballern" auch ist: Hebe dir das schnelle Bergablaufen für einen späteren Zeitpunkt auf. Dein Körper gibt einen Rhythmus vor, dem du dich hingeben kannst, noch bevor es wichtig wird, Schnelligkeit ins Spiel zu bringen.

Ich verdeutliche dir durch meine Laufgeschichten, was möglich ist, wenn man in sich einen sehr ausgeprägten Ehrgeiz und Anspruch an sich selbst trägt. Und dass du gerade als vielleicht weniger ehrgeizige Frau durchaus glücklicher sein kannst beim Trailrunning, wenn du deine Ansprüche an dich selbst nicht allzu hoch schraubst. Dein Potenzial hast du nicht erst ausgeschöpft, wenn du alles gibst, sondern zufrieden sein kannst.

Denn in dem Moment, wo du „alles" gegeben hast, wird die nächste Frage gleich sein:

» Was wäre noch möglich?

2.5.5 Eigene Erwartungen

Sich selbst einem ständig hoch angesetzten Anspruch zu unterwerfen, kann ein enormer Druckzustand sein. Nicht immer kann man diesem standhalten. Je mehr vermeintlich auf dem Spiel zu stehen scheint, desto höher sind die eigenen Erwartungen und teils auch die des Umfeldes.

Ein wunderbares Beispiel, das mir hierzu einfällt, ist die Geschichte einer Läuferin, die eine besonders inspirierende Einstellung zum Trailrunning hat. Seit Jahren ist sie meist gehend, also wandernd, in den Bergen unterwegs gewesen und begann irgendwann, Teile ihrer Routen im lockeren Tempo zu laufen.

Hier geht es zum Podcast

https://download.m-m-sports.com/extras/Trailrunning_Frauen/Magdalena_Kalus.mp3

Eines Tages knöpfte sie sich ihren ersten Trailhalbmarathon vor. Im Vordergrund stand immer der Spaß an der Sache. Viele tönen mit einer ähnlichen Einstellung, leben es dann aber ganz anders. So nicht besagte Läuferin, die sich Zeit nimmt und den Weg als Ziel hat. Ihre Fotos sprechen Bände und man fühlt sich mittendrin, statt von außen auf eine verbissene, unnahbare Läuferin zu blicken, die sowieso unerreichbar scheint. Sie pflegt einen innigen Kontakt zu ihrer Community, pfeift regelrecht auf Zeiten und Platzierungen.

Angesprochen auf ihre Trainingsstrategie, winkt sie mit einem müden Lächeln ab, wenn es um Intervalltrainingseinheiten und andere, ähnlich anstrengende Trainingsläufe geht. Sie hat keine Lust, sich im Training kaputt und müde zu laufen, sondern priorisiert ihr eigenes Körpergefühl vor dem Ego. Ihre Ausfallquote kann sie so relativ niedrig halten und wird mit hoher Wahrscheinlichkeit viele Jahre, gar Jahrzehnte Ultratrails laufen können.

An meine eigene Nase gefasst, bin ich aufgrund meines übermäßigen Ehrgeizes oft in die Knie gezwungen worden. In dem Moment, wo nicht mehr der Weg als Ziel gilt, sondern Tempo und Platzierung, fällt viel vom Spaß weg, um den es doch eigentlich geht. Das Verletzungsrisiko steigt durch die erhöhte Anspannung in Körper und Geist und damit auch der Frust, der dann dazukommt, wenn der Körper streikt.

Gerade im Trailrunning finden wir oft eine ganz feine Linie, einen ganz schmalen Grat, an dem klar wird, ob es Zeit ist, weiter zu laufen oder etwas vom Gas zu gehen.

Maggy dient hier als hervorragendes Beispiel einer Influencerin, der es gelingt, sich vom Druck zu lösen und nicht ihr gesamtes Sein in eine Waagschale zu legen. Vielleicht zählt sie zu den Frauen im Trailrunning, von denen mehr nötig sind, um uns als Teil von etwas Großem zu fühlen anstatt von etwas Elitärem, was nur ganz wenigen Menschen vorbehalten ist, zu erreichen.

Wozu sich also in der Freizeit so viel Stress machen, wenn es um ein wenig Applaus und Anerkennung geht, die so schnell verpuffen wie eine aufgewirbelte Staubwolke!

» Wo findest du dich jetzt wieder?
» In der Sparte der leistungsambitionierten Läuferin oder derjenigen, die zufrieden ist, ihr Ding zu laufen?

Ab und zu ist ein bisschen Ambition nicht fehl am Platz, und die Lust, sich ein wenig zu quälen beim Laufen, ist auch per se nichts Verwerfliches.

Es gilt, eine gewisse Balance, ein inneres Gleichgewicht, zu definieren und zu finden, an dem wir uns orientieren können.

» Wann kippt dein Ehrgeiz und dein starker Wille in blanken Egoismus?
» Wann kannst du eine Portion gesunden Egoismus hinter dem Ofen hervorlocken und dich selbst ein wenig fordern?

Wegweiser:

Während ein gewisses Level an Anstrengung förderlich sein kann, im besten Fall dein Selbstbewusstsein stärkt, weil du entdeckst, zu was du fähig bist, kann ein übermäßiges Wollen genau das Gegenteil bewirken.

Das wichtigste Credo im Trailrunning und Ausdauerlaufen bleibt: Du bist auf lange Sicht dabei!

2.6 Wettkämpfe oder lieber eigene Laufprojekte?

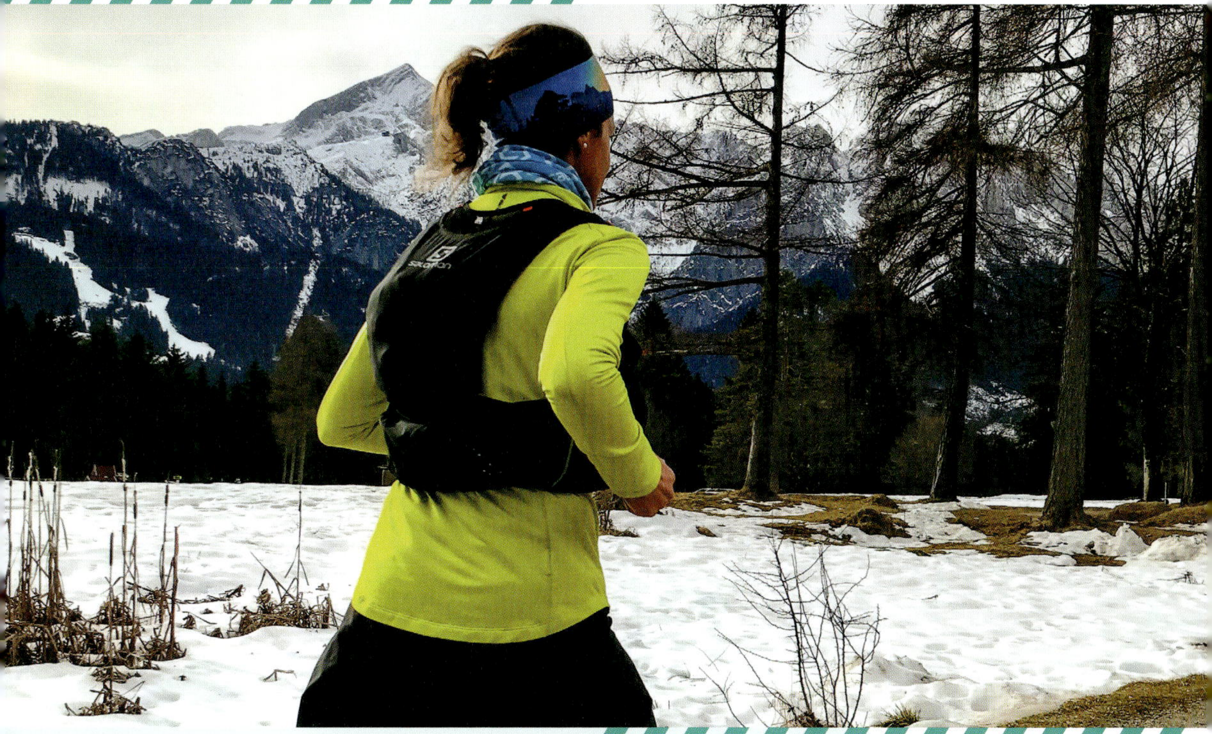

Im Laufe deines Trailrunninglebens wird sich dir sicher früher oder später einmal die Frage stellen: „Soll ich mal bei einem Wettkampf starten?"

Und diese Frage ist durchaus berechtigt, schließlich inspirieren so manche Fotoreportagen, Artikel in Zeitschriften und Beiträge auf Social Media auch in dieser Hinsicht. Fürs leibliche Wohl und die Streckenführung ist bei den meisten größeren und auch kleineren, privat organisierten Events gesorgt. Es kann jede Menge Spaß machen, mit Gleichgesinnten unterwegs zu sein und anschließend das Finish zu feiern.

Die meisten Frauen, die zu mir ins Coaching kommen, suchen eine klare Trainingsstruktur, einen Plan, um fit für einen bestimmten Wettkampf zu werden. Oft nennen sie als Grund, dass sie sich dann besonders unter Druck setzen würden und lieber allein für sich laufen anstatt in größeren Gruppen oder gar Massen, wie es durchaus bei Läufen wie beispielsweise dem IATF (Innsbruck Trail Festival), ZUT (Zugspitz Ultratrail), PAGT (Pitz Alpine Glacier Trail), Eiger Ultratrail, um hier nur einige zu nennen, möglich sein kann.

Doch es gibt auch solche Frauen, die von vornherein sagen, dass sie nicht an organisierten Events interessiert sind und wöchentliche Unterstützung benötigen, um motiviert und bei der Stange zu bleiben.

Es gibt keine richtige Antwort auf die Frage, ob das eine oder andere besser ist. Es sind zwei unterschiedliche Paar Schuhe. Läufst du bewusst bei einem Event mit, suchst du eine gewisse Messbarkeit, willst vielleicht aus dir das Beste herauskitzeln oder das Gefühl haben, Teil einer Community sein.

Du kannst auf unterschiedliche Weise an die Frage herangehen. Es spricht nichts dagegen, es einfach mal auszuprobieren, zu experimentieren, was am anderen Ende wartet, wenn du dich an eine Startlinie stellst. Viele Veranstalter bieten heute eine Vielfalt an unterschiedlichen Distanzen an. Du kannst meist wählen zwischen 15-100 Kilometern, dazu sind entsprechend unterschiedliche Höhenprofile im Angebot.

Ich spule an dieser Stelle noch einmal zurück, zu den guten alten Zeiten, die sich heute wirklich so anfühlen, alt wie Zwieback und doch zeitlos geblieben sind. Und nehme dich mit zum Spirit des Traillaufens, wie ich ihn seit 2008 erleben darf.

Nach dem Laufabenteuer in der Sahara öffnete sich mir eine vollkommen neue Welt. Unterwegs hatte ich mit diversen Leuten aus der deutschen Läufergruppe gesprochen. Viele von ihnen waren bereits sehr erprobt und hatten schon einige Ultramarathons auf dem Buckel.

Einige Monate später, im Sommer 2008, hatte ich mich zu einem 63-Kilometer-Traillauf angemeldet. Dieser wies etwa 1.100 Höhenmeter auf. Es fühlte sich schon an wie ein Brett, eine Herausforderung, die ich mir nicht einfach so aus dem Ärmel schüttelte. Es sprang ein zweiter Platz heraus und den größten Teil der Strecke war ich allein auf weiter Flur unterwegs.

Die Route, ein Rundkurs, den es dreimal zu laufen galt, ging über hügeliges Terrain, meist auf Wiesen- und Forstwegen. Es war eine lockere Organisation, an den Verpflegungspunkten gab es Cola, Saft, Wasser und ein paar der handelsüblichen Läufersnacks wie klein geschnittene Riegel, Bananenstückchen und Nüsse. Fertig, mehr brauchte es nicht. Heute werden die Läufer besonders bei großen Veranstaltungen größtenteils verwöhnt und können sich nach Lust und Laune von großen Büffets nehmen, die kaum Wünsche offenlassen.

Damals geschah alles ohne großen Aufwand. Im Start- und Zielbereich standen ein paar Leute, Angehörige, Freunde und freiwillige Helfer zum Applaudieren und Anfeuern und das reichte als Motivationsspritze, um auf die nächste Runde zu gehen.

Stöcke waren damals noch gar nicht verbreitet unter Trailläufern, diese rückten erst Jahre später ins Bild. Und so ging es dann eine Weile weiter mit diesen Trailläufen, die sich bis heute tief in meine Läuferseele eingebrannt haben. Ich spürte vor allem, dass es eigentlich nur darum ging, eine gute Zeit draußen zu haben, fernab des Trubels. Knallbunte Outfits waren damals eher verpönt, man zog sich einfach eine Laufhose und ein Baumwoll-T-Shirt über und lief los. Auch eine Pflichtausrüstung musste nicht mitgeführt werden. Es wurde mit mehr Eigenverantwortung gelaufen.

Im Sommer 2011 sammelte ich beim Chiemgauer 100 ähnliche Erfahrungen, eine im Vergleich kleine, überschaubare Veranstaltung, die einem als Trailläufer jedoch einiges abverlangt. Oft sorgt das, was wir im Außen wahrnehmen, für einen gewissen Druck und Erwartungen an uns selbst.

Das Interessante an Trailrunningwettkämpfen ist, dass sie nie miteinander vergleichbar sind, obwohl wir uns mit einem Start vergleichbar machen, Zeiten abgleichen, das eine Event mit einem anderen vergleichen. Doch genau dieser Aspekt ist hinfällig, denn kein Trail ähnelt dem nächsten und genau das macht diesen Sport so einzigartig. Auch wenn die Rennen immer noch aus dem Boden sprießen wie Pilze, geht es am Ende um die eine Sache: Spaß daran zu haben, die Erde, Steine, Wurzeln, Geröll und Gras unter den Füßen zu spüren.

Kein Sport lädt so dazu ein, immer wieder zwischendurch anzuhalten und im Moment zu verweilen, Ausblicke zu genießen und sich des Lebens, der Möglichkeiten, zu erfreuen.

Wettkämpfe kannst du auch so angehen, dass du dir von Anfang an Zeit nimmst, nicht hektisch losstürmst, sondern dich in einem Tempo einpendelst, das sich locker anfühlt. Einen Wettkampf zu laufen, bedeutet nicht automatisch, dass du bis an deine äußersten Grenzen gehen musst, damit der Lauf unter „gelungen" abgebucht werden kann. Leider spielen hier die sozialen Medien eine nicht unbedeutende Rolle, dass der innere Druck wächst und andere alles immer vermeintlich locker wuppen.

2.6.1 Sein Ding machen

Man muss ein bestimmter Typus Mensch sein, der sich vom Rummel um einen herum nicht beeindrucken lässt und geradlinig sein Ding macht. Ich kenne allerdings wenige solcher Menschen, die mit dieser Haltung in einen Wettkampf starten. Genau einmal ist es mir gelungen, mit dieser Strategie einen Trailwettkampf zu bestreiten.

2018 hatte ich mich im Rahmen einer Vorbereitung auf einen 100-Kilometer-Lauf zu einem wunderschönen Event im Stubaital angemeldet. Die Vorgabe meines Coaches damals war, so gut wie möglich in einem bestimmten Pulsbereich zu laufen. Die Intention war, mein Ding zu machen, ohne Fokus auf Platzierung, sondern die Höhenmeter und 35 Kilometer in die Beine zu bekommen.

Ich war überrascht, wie gut es mir gelang, auch wenn ich nicht immer ein Befürworter davon bin, im Wettkampf nach Puls zu laufen. Aber ich pendelte mich vom Start weg in einem lockeren Tempo ein, von dem ich wusste, dass ich es eine Weile so würde halten können, sah Läuferscharen an mir vorbeiziehen und genoss die faszinierende Landschaft des Stubaitals. Ab und zu ergaben sich kurze Gespräche und von Platzierungen und einer prognostizierten Zielzeit wollte ich nichts wissen. Erst als die Ziellinie überquerte, sah ich, dass ich mich im vorderen Feld platziert hatte.

Die Erfahrung zeigte mir, dass es möglich ist, mit einer gewissen Lockerheit an Events zu gehen, indem man sich eine andere Intention setzt, die nicht unbedingt auf eine gewisse Performance abzielt, sondern das Erlebnis in den Vordergrund rückt.

Auch wenn du eher der schnell aufgeregte Typus Mensch bist, eine Läuferin, die schnell das Gefühl hat, vielleicht nicht mithalten zu können, empfehle ich dir, es einfach mal zu versuchen und dir eine kurze Distanz im Rahmen eines Wettkampfs vorzunehmen. Einfacher und schöner kann es auch sein, mit deiner besten Lauffreundin oder deinem Partner dieses Erlebnis zu teilen. Rücke dabei das Erlebnis in den Vordergrund und die Neugier, eine neue Landschaft kennenzulernen.

2.6.2 Vorteile der lockeren Performance

Ich liste dir hier ein paar Aspekte auf, die für einen Trailwettkampf sprechen können:

» Du lernst neue Landschaften und Umgebungen kennen.
» Du lernst, mit Aufregung in einem solchen Setting umzugehen.
» Du kreierst einen Fokus im Training.
» Du schaffst dir ein Erlebniswochenende in Kombination mit einem Start bei einem Event.
» Du hast die Möglichkeit, herauszufinden, was alles in dir steckt, auch ohne bis ans Äußerste zu gehen.
» Du lernst dich auf dem Weg ein Stück besser kennen und wie dein Kopf tickt.
» Du findest heraus, dass dir Wettkämpfe doch mehr liegen, als du angenommen hast und leckst Blut.
» Du findest heraus, dass es eine nette Erfahrung war, aber du keine weiteren Ambitionen hast.

So oder so: Du kannst nur gewinnen und an Erfahrungen reicher werden. Begegnest du einem Event offen und mit Neugier, können sich daraus im besten Fall auch wunderbare Freundschaften entwickeln.

In einem meiner Trailrunningcamps fanden sich ein paar Frauen zusammen, um bei einem größeren Trailrunningevent auf teils unterschiedlichen Distanzen zu laufen. Sie feierten dort ein großes Wiedersehen, ganz ohne Konkurrenzdenken und Druck, besser zu sein als die andere. In solchen Fällen ist Trailrunning eine besonders schöne Welt, in der man sich in der Regel wohlwollend und wertschätzend begegnet.

2.6.3 Wann eigene Laufprojekte sinnvoll sein können

Ganz klar, es ist dein (Läufer-)Leben und es sind deine Entscheidungen. Nichts muss, vieles kann und darf ausprobiert werden. Aus diesem Grund biete ich dir in diesem Kapitel ein großes Potpourri an Möglichkeiten an und lade dich ein, möglichst viele Facetten im Trailrunning zu erkunden. Nur das, was wir ausprobieren, macht uns schlauer.

Ob es nun regelmäßige Teilnahmen an Wettkämpfen sind oder du einfach gern für dich weiterläufst, bleibt ganz klar dir überlassen. Meine Feststellung ist die, dass es der Mix macht. Mal ohne Uhr, Zeit und mal frei nach Schnauze zu laufen, kann genauso erfüllend sein und Spaß machen, wie hier und dann ein kleines oder größeres Event einzustreuen, um ein wenig über den eigenen Tellerrand zu blicken. Und vielleicht reizt dich auch einfach mal ein Laufprojekt in Eigenregie.

Du bestimmst Distanz, Profil und alles, was dazugehört. Das muss kein Mehrtagesevent im Sinne einer klassischen Hüttentour sein, an die du jetzt womöglich gedacht hast. Klar, auch das ist eine Möglichkeit, neue Wege und Landschaften zu erlaufen und keinen punktgenauen Plan zu haben, wie lange alles dauert. Deiner Fantasie sind hierbei keine Grenzen gesetzt. Wenn du jetzt für einen Moment die Augen schließt und ein paar tiefe Atemzüge nimmst und dabei die Bilder in deinem Kopf wahrnimmst:

» Was kommt dir zuallererst in den Sinn bei dem Gedanken an die Frage: *Wo würde ich gern mal für mich laufen?*

Es gibt Tagestouren, Höhenwege, Querungen, Städtetouren von A nach B abseits des Asphalts und, und, und ...

Ich bin mir sicher, dass mindestens eine kleine Idee, ein Bild, durch deinen Kopf schießt. Versuche, die Grenzen, die nach diesem Gedanken kommen, aufzulösen und dich freizumachen von: „Das geht nicht, wie ich mir das vorstelle." Oder: „Das ist viel zu hoch gegriffen."

Ich nenne dir ein banales Beispiel für ein eigenes Laufprojekt, das nur etwa einen halben Tag beansprucht. Okay, vorausgesetzt, du lebst auch hier in den Voralpen, wo der Zugang zur Zugspitze allein schon dadurch erleichtert ist. Im Frühsommer 2019 wollte ich, nachdem das Rheintal frei von Schnee war und auch keine Lawinengefahr mehr bestand, von zu Hause aus auf die Zugspitze laufen und auf demselben Weg wieder zurück. Im Winter hatte ich bereits eine gewisse Grundlagenausdauer aufgebaut, sodass ich nur noch ein gutes Wetterloch unter der Woche abwarten musste, um zu starten.

Mitte Juni war es dann so weit. Am Vorabend packte ich alles, was ich brauchte und startete in den frühen Morgenstunden des neuen Tages. Die Stimmung war gigantisch schön, die Temperaturen recht mild und mental fühlte ich mich guter Dinge. Die Route übers Rheintal auf die Zugspitze zieht sich an einigen Stellen sehr, aber ist durch etwas Felskletterei und Restschneefelder um diese Jahreszeit sehr abwechslungsreich.

Nach 26 Kilometern und etwas über 2.000 Höhenmetern im Aufstieg erreichte ich den Gipfel, trank genüsslich einen Cappuccino, aß ein paar meiner Snacks aus dem Laufrucksack und machte mich nach einer Pause wieder auf den Rückweg. Das Gefühl zu Hause war überwältigend, denn weder scherte ich mich um die gelaufene Zeit noch darum, ob ich etwas geleistet hatte.

Ich war rundum glücklich, dass der Tag ohne Stürze und Energieeinbrüche gelaufen war und hatte unterwegs immer wieder angehalten, um ein paar der vielen Eindrücke mit der Kamera festzuhalten.

Du siehst, es muss nicht eine exotische Destination sein, die dein eigenes Projekt definiert. Gerade während der ersten coronabedingten Lockdowns haben sich viele Läufer etwas ausgedacht, was in der Nähe des Wohnorts stattfinden konnte. Sei so frei und spinne dir etwas Spannendes in deinem Kopf zurecht.

Bei einem Laufprojekt, das sich über mehr als einen Tag erstreckt, könntest du ein paar Freunde oder sogar deine Familie als Supporter engagieren. Träumt zusammen, plant gemeinsam und am Ende kommt etwas Großartiges dabei heraus. Was ich auch schon öfters gemacht habe, ist, von zu Hause loszulaufen, ein paar Trails und Berge mitzunehmen und in der nächsten Stadt den Zug nach Hause zu nehmen.

So eröffnen sich dir andere Welten, ob mittels eines Wettkampfs oder im Rahmen eines eigenen Projekts, und du hast eine Erfahrung mehr in deinem Rucksack stecken.

Wegweiser:

Erweitere deinen Laufradius von innen nach außen und beginne mit dem Weg des geringsten Widerstands. Es kann, aber muss nicht gleich eine Fahrt durch die halbe Republik oder eine Flugreise sein, um ein Rennen zu bestreiten. Mittlerweile finden sich so viele kleine Veranstaltungen in allen Teilen des Landes, wo du sicher etwas Ansprechendes finden kannst.

Und, hey, vielleicht steckt in dir ja eine Trailrunningmaschine, die vom Wettkampffieber heimgesucht wird und abräumt. Dann, Glückwunsch und auf zu neuen Zielen!

2.7 Wenn Laufen zur Sucht wird

„Ein Zustand, in dem sich das Ego auflöst und die Zeit zu fliegen beginnt. Jede Handlung, jede Bewegung, jeder Gedanke folgt unausweichlich auf das Vorausgegangene. Das ganze Sein ist aufgesogen, und das Können auf die Spitze getrieben." So definiert der Psychologe Mihaly Csikszentmihaly den Zustand des Flows (Quelle: All Mountain Magazin, Ausgabe Winter 02/16, Seite 85: Lebenslänglich: Flow!).

In der Läuferszene wird gern vom *Runner´s High* (zu deutsch: Läuferhoch) gesprochen. Jedoch kann bei allzu ehrgeiziger Jagd nach dem High schnell eine Sucht entstehen. Gerade in Läuferkreisen kein unbekanntes Phänomen, aus dem nicht selten die besagte Laufsucht entsteht. (de Jonge, 2020) (Quelle: https://psylex.de/sucht/laufsucht/).

Die Ausmaße des Strebens nach dem eigenen Ideal, eben auch die Illusion vom ultimativen Kick durch mehr Sport, kann fatale Auswirkungen haben. Gerade beim Laufen ist es schwer, auszumachen, wann von Sucht und wann von echtem Vergnügen gesprochen werden kann. Ein erstes Anzeichen kann sein, dass es jeden Tag ein bisschen mehr sein muss. Der höhere Berg, das schnellere Tempo, noch mehr Höhenmeter zu sammeln als am Tag zuvor, der noch extra drangehängte Kilometer. Vielleicht kommt dir das bekannt vor:

» Du verschiebst Termine oder erscheinst gar nicht zu Verabredungen.
» Du flüchtest dich vor deinem Partner in Ausreden, Stress abbauen zu müssen.
» Oft läufst du trotz Verletzungen und Schmerzen weiter.
» Du hast ein schlechtes Gewissen, wenn du nicht läufst und das Laufen ist bereits zum Zwang geworden.
» Freunde, Bekannte, Familie und Kollegen fragen besorgt nach deinem Befinden, du weichst aus.
» Du kannst dir nicht vorstellen, mal ein paar Tage oder gar Wochen nicht zu laufen.

Die Grenzen sind oft fließend, wenn aus einer ursprünglichen Absicht, sich Gutes tun zu wollen, das Laufen zur Waffe gegen sich selbst wird. Laufen gegen die Überzeugungen im Inneren, nicht gut genug zu sein, nicht schlank genug, nicht stark genug, nicht erfolgreich genug. Der Zwang, sich selbst zu kontrollieren und im Griff haben zu müssen, überwiegt. Doch nur im Flow-Zustand bist du wirklich frei.

» Bin ich nun schon süchtig, wenn ich fünfmal pro Woche trainiere, aus Spaß und Freude an der Bewegung?

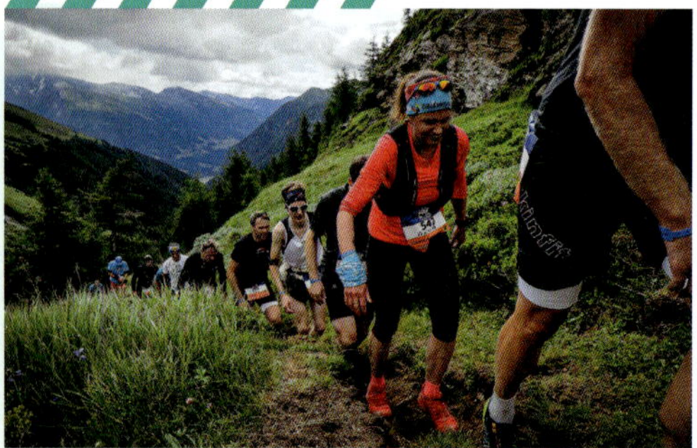

Vor vielen Jahren fiel mir das Buch *Vom Junkie zum Ironman* von Andreas Niedrig, einem der besten deutschen Langstreckentriathleten, in die Hände. Schon sehr lange begeistern mich immer wieder wahre Geschichten von Menschen, die sportlich extreme Leistungen erbringen und sich von ganz unten, aus einem persönlichen Leiden heraus, nach oben trainiert und mehr als einmal gequält haben.

Ein verbreitetes Phänomen – vor allem unter Männern. Geschichten, die polarisieren und immer aktuell bleiben. Wenn es von der Nadel, der Flasche, dem Glimmstängel oder vom kompulsiven Essverhalten in die Laufschuhe geht. Andreas Niedrig gelang nach dem Ausstieg aus der Heroinsucht nach nur drei Monaten Training der Einstieg in eine andere Welt.

Er legte eine Marathonzeit in außerirdischen – basierend auf seiner Vorgeschichte – 2:43 Stunden hin. Seit einigen Jahren unterstützt er nach einer international erfolgreichen Triathlonkarriere das Projekt *Traumwärts*, „welches Menschen auf emotionale Weise anregen und unterstützen soll, persönliche Träume und Ziele umzusetzen"
(Quelle: Website www.andreas-niedrig.com).

» Doch was verbirgt sich dahinter, wenn Menschen nicht mehr ohne können, ohne Laufschuhe und Dauertraining?

Knapp ein Prozent der Bevölkerung ist hierzulande von einer Sportsucht betroffen. Gerade bei Läuferinnen ist die Tendenz groß, ein paar Pfunde schwinden zu lassen, beispielsweise nach Schwangerschaften. Der Erfolg des Trainings ist schnell sichtbar, es hagelt womöglich Komplimente aus dem Umfeld, die eigene Motivation ist angefeuert. Jeder Gedanke kreist plötzlich ums Training.

Nur noch einen Lauf, ab morgen ändere ich das. Junkies geht es da nicht anders und sagen sich in ihrer Verzweiflung: „Nur noch einmal, dann ändere ich alles." Bis der nächste Tag herannaht und das Spiel von vorne losgeht, die innere Stimme ruft: Ich muss. Ich kann nicht anders. Je mehr ich laufe, desto mehr kann ich mich spüren, verbessern, mir beweisen, dass ich doch gut genug bin und damit das Gegenteil meiner inneren Überzeugung attestieren, eben nicht gut genug zu sein.

Schauen wir zurück auf den Ursprungsgedanken des Flows.

» Wie gut fühlt es sich an, wenn ich mich aus freien Stücken bewege, meinen Körper spüre, die Umgebung genießen kann, ohne an die Schmerzgrenze zu gehen und mich zu verausgaben?
» Wenn ich mich nicht aufs Müssen fokussiere, sondern mich entscheide, in erster Linie aus Spaß zu laufen und „ganz im Sein aufgesogen bin"?

Diesen Zustand zu spüren, wo Körper, Geist und Seele im Einklang sind, ist jeden Schritt wert. Versuche es mal mit Gemächlichkeit und an dieser Stelle soll keinesfalls eine Laufsucht verharmlost werden. Wenn du dich in diesen Zeilen wiederfindest oder dich mit einzelnen Aspekten daraus identifizieren kannst, ist es ratsam, dir professionelle Hilfe zu suchen.

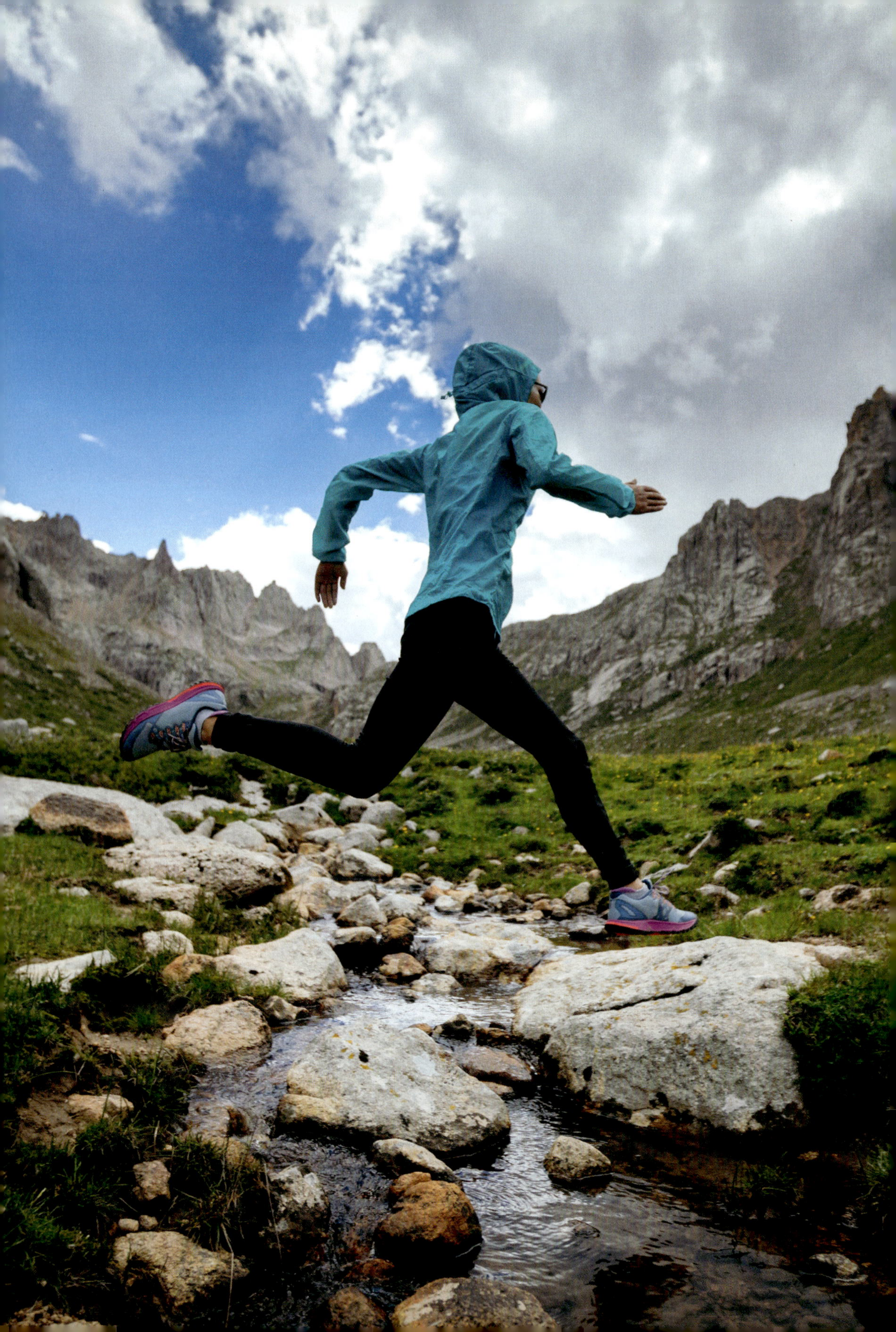

TEIL 3

IN DEN TRAININGS-FLOW KOMMEN

3.1 Spagat zwischen Training und Erholung

Als junges Mädchen tanzte ich einige Jahre Ballett, mehr zum Spaß, als dass ich echte Ambitionen als Primaballerina gehabt hätte. Es war früh mein Ziel, locker flockig in den Spagat hinabzugleiten, so wie ich es oft bei den anderen Tänzerinnen gesehen hatte. Zu Hause hatte mein Vater mir eine Ballettstange an einen zimmerhohen Spiegel montiert, und dort übte ich stundenlang für mich allein sämtliche Aufwärmübungen, um den Spagat endlich zu schaffen. Der Spagat war für mich der Inbegriff von perfekter Körperhaltung und Dehnbarkeit. Das sollte ich doch schaffen können.

Doch es gelang mir nie und irgendwann gab ich frustriert auf. Vielleicht war ich zu ungeduldig, wollte zu viel auf einmal, oder ... das Training reichte noch nicht aus. Ich kam immer nur so weit, dass noch eine Handbreit Platz bis zum Boden war.

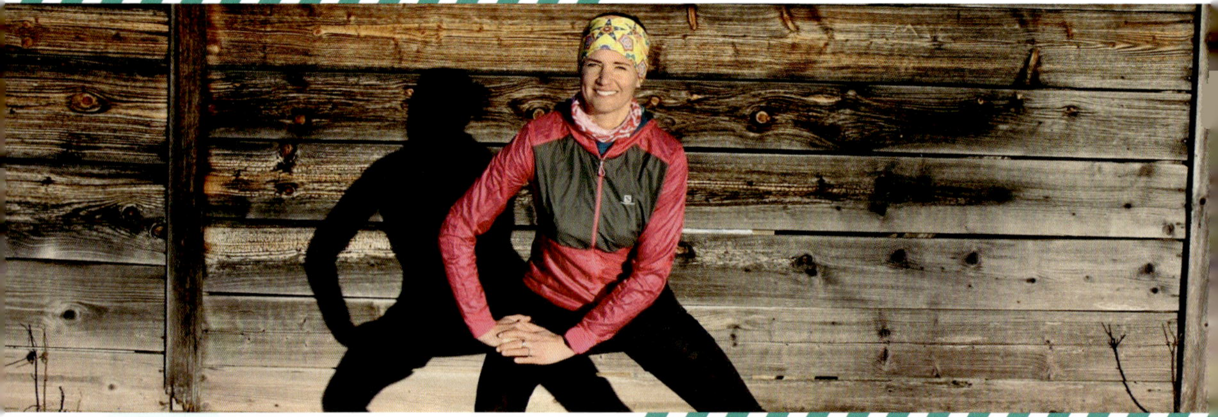

Die Moral von der Geschichte: Auch der Spagat zwischen deinem Training und der nötigen Erholung gelingt nicht immer. Wie sehr du dich auch in deinem Alltag bemühst, alles perfekt hinzubekommen, sollte immer eine Handbreit übrig sein für Improvisation und Flexibilität.

Jede von uns hat ihren eigenen Spagat zu meistern. Manchen gelingt er mehr, anderen weniger. Es ist vielleicht sogar gut, nicht immer alles bis zum Maximalen auszuschöpfen, sondern wie in Kap. 3.4 zu schauen, dass es okay ist, an manchen Tagen den täglichen Spagat aus beruflichen und familiären Verpflichtungen sowie das Training nur halb zu schaffen und auch damit zufrieden zu sein.

Und dann gibt es da noch den Begriff „Übertraining", der dir sicher geläufig ist.

3.1.1 Übertraining

Das ist das Phänomen des überdehnten Spagats und passiert, wenn wir mit einer Kombination aus Druck und übermäßigem Ehrgeiz den Bogen überspannen und uns in den Spagat begeben, bis es schmerzt. Genau dann ist es schon zu spät.

Öfters war ich als junges Mädchen an dem Punkt, mich beim Üben des Spagats einfach weiter in Richtung Boden zu zwingen. Doch mein Körper signalisierte mir rechtzeitig, dass dies keine gute Idee war. Ich trug keinen Schaden aus dieser Zeit davon. Der Spagat dient uns hier als Metapher.

Die häufigsten Ursachen für ein Übertraining, zu viel zu wollen und dich zu mehr zu zwingen, als dein Körper bereit ist, sind:

- zu schnelle Steigerung des Umfangs und/oder der Intensität;
- Schlafmangel über einen Zeitraum von mehr als zwei Wochen;
- kontinuierlich schlechte, mangelhafte Ernährung und ungenügende Zufuhr an Nährstoffen;
- beruflicher Stress sowie
- private Belastungen, zum Beispiel finanzieller oder gesundheitlicher Natur.

An den folgenden 12 Symptomen erkennst du, dass du ins Übertraining geschlittert bist:

- Du fühlst dich schnell gereizt und genervt.
- Du hast wenig bis keinen richtigen Appetit mehr, verlierst Gewicht.
- Du bekommst den Puls beim Laufen nicht richtig hoch.
- Du grübelst vor allem nachts über deine Probleme.
- Dein Ruhepuls ist um einige Schläge höher als sonst.
- Du bist antriebslos und wenig bis gar nicht motiviert.
- Du findest innerlich keine Ruhe und bist rastlos.
- Du spürst muskuläre Schmerzen deutlich intensiver als normalerweise.
- Du bist oft verstimmt, leicht depressiv.
- Du kannst deine gewohnte Leistung, z. B. beim Tempotraining, nicht mehr abrufen.
- Du fühlst dich ständig müde.
- Du wachst nachts oft auf und tust dich schwer damit, wieder einzuschlafen.

Als erste Maßnahme kannst du versuchen, eine Trainingspause von 7-14 Tagen einzulegen. Gar nicht so einfach, ich weiß! Aber so schenkst du deinem Körper erst einmal eine Portion Ruhe und Erholung, die unter Umständen in der letzten Zeit zu kurz gekommen ist. Suche nach Möglichkeit deinen Hausarzt auf und lasse ein großes Blutbild erstellen. Auch ein Mangel an gewissen Nährstoffen kann obige Symptome begünstigen.

Das Problem mit der Thematik des Übertrainings ist, dass die Grenzen zwischen dem Setzen gewisser Trainingsreize bis in einen Anstrengungsbereich hinein und dem, was dann zu Übertraining führt, schwer auszumachen sind. Es ist ein sehr schmaler Grat.

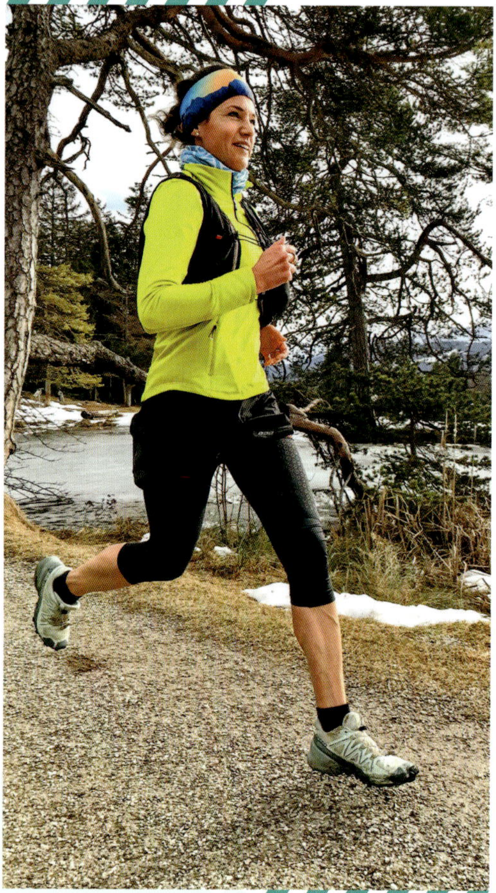

Übertraining entsteht nie über Nacht, sondern schleicht sich über einen Zeitraum von mehreren Wochen an. Zuletzt war ich davon Ende 2017 betroffen und achte seitdem noch mehr auf ausgewogenes Training und nutze dazu das Trailrunning als Anker im Alltag, nicht immer dafür, auf einen Wettkampf zu trainieren.

Ich merkte von Tag zu Tag, dass ich mich mehr aufraffen musste, um laufen zu gehen, als mir recht war. Normalerweise kannte ich solche Probleme nicht, sondern freute mich in den meisten Fällen darauf, die Schuhe wieder zu schnüren und durch die Wälder zu laufen. Hinzu kam, dass ich auf meinen Standardrouten deutlich länger benötigte als sonst, obwohl ich subjektiv den Eindruck hatte, recht flott unterwegs zu sein. Auch verzeichnete ich eine stärkere Gereiztheit und fühlte mich mit vielen Dingen im Alltag überfordert. Normalerweise wuppte ich diesen oft recht gut, nicht so zu diesem Zeitpunkt.

Du kennst sicher auch eine gewisse Neigung zur Weinerlichkeit in den Tagen vor den Tagen. Bei Übertraining tritt diese Weinerlichkeit auch einfach so zwischendurch auf. Definitiv kein gutes Zeichen. Ich nahm mir also notgedrungen eine Zwangspause und wartete ab, was passierte.

Es gibt Formen von Übertraining, von denen man sich im schlimmsten Fall nicht mehr erholt oder nur sehr, sehr langsam. Das traf zum Glück in meinem Fall nicht zu, dennoch nahm ich dies als deutliches Warnsignal, ein bisschen kürzer mit meinen Ambitionen zu treten.

Es war in dem Jahr, als die beschriebenen Symptome auftraten, auch viel in meinem privaten und beruflichen Leben losgewesen. Ich hatte einige Ultras in den Beinen, fünf Etappen des Transalpine Runs geschafft - aufgrund von Problemen meines Laufpartners war die gemeinsame Entscheidung gefallen, bei Etappe 5 auszusteigen - und viel Druck mit meiner Selbstständigkeit. Und es machte irgendwann peng.

Damit du einen solchen Knall nicht erst hören musst, um kürzer zu treten, versuche wirklich, so gut es geht, auf dich zu achten. Mehr Training geht eigentlich immer. An den einen Lauf hängst du 15 Minuten extra dran, an den nächsten vielleicht gleich eine halbe Stunde und schwups stehst du da mit den ersten Anzeichen von Übertraining.

Übe dich darin, deinen Körper beim Laufen wahrzunehmen. Eine einfache Übung ist, mit dir ganz in Kontakt zu kommen. Laufe dich zunächst 10-15 Minuten warm und lenke dann den Fokus ganz auf die Atmung und deine Körperbewegungen.

» Könntest du dich noch einigermaßen locker unterhalten, ohne in Schnappatmung zu verfallen?

Solche Läufe sollten den Großteil, etwa 80-85 Prozent, deiner gesamten Trainingszeit ausmachen.

Während viele Pulsuhren mit ihren integrierten Pulsmessern irritierend oft danebenliegen können, kann dich deine Atmung nie täuschen. Bleibst du mehr der Methodik treu, dich mehr auf deine Atmung zu verlassen und dich daran zu orientieren, kannst du kaum in ein Übertraining rasseln.

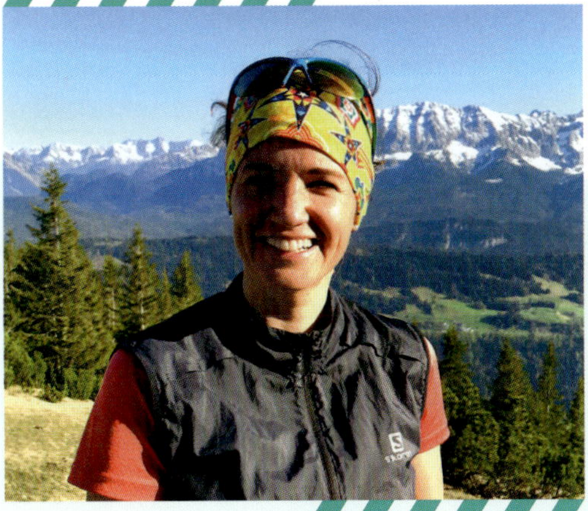

Zum Glück legten sich die Symptome innerhalb von wenigen Wochen. Die kleine Auszeit von der Trainingsroutine wirkte ein kleines Wunder, die Batterien konnten wieder aufgeladen werden und spätestens, wenn die innere Motivation sich wieder zeigt und laut „juhu" ruft, weißt du, dass du mit gutem Gewissen wieder laufen kannst.

Im Jahr darauf lief ich zunächst den Basetrail im Rahmen des ZUT (Zugspitz Ultratrail), einen 35 Kilometer langen Trailrun im Stubai mit und im Herbst einen 100-Kilometer-Ultratrail im Monte Rosa. Die Vorbereitung darauf schaffte ich mit einem Trainingsaufwand von durchschnittlich nicht mehr als acht Stunden und platzierte mich als vierte Gesamtfrau und Erste in meiner Altersklasse.

Wegweiser:

Das meine ich damit, wenn es darum geht, den Spagat zwischen Training und Erholung zu meistern. Es ist manchmal besser, du zwingst dich nicht ganz bis zum Boden, über deine Grenze hinaus und hast so viel bessere Chancen, langfristig fit und gesund zu bleiben.

3.2 Zyklusgesteuertes Training: Was du tun kannst, wenn du rot siehst

Vor Jahren drückte mir eine enge Freundin ein Buch in die Hand. Sie schwärmte davon, wie sehr es ihr geholfen habe, sich und ihren Körper endlich besser zu verstehen. *Der Weg der Kaiserin* von Christine Li und Ulja Krautwald beschreibt die wahre Geschichte einer Konkubine, die in China zur mächtigsten Frau aufstieg. Lange weilte sie als Kaiserin neben ihrem Mann, nachdem sie über die Kraft und die Magie des weiblichen Zyklus gelernt hatte, wie sie ihre Energien einsetzte.

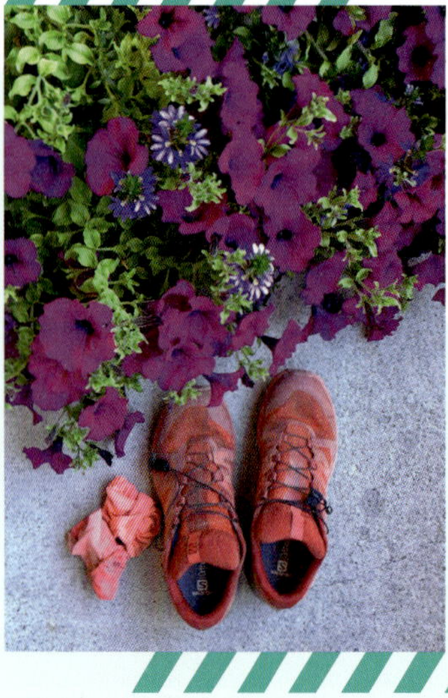

» Was hat jetzt eine chinesische Konkubine mit diesem Buch, geschweige denn, Trailrunning zu tun?

Der Weg der Kaiserin ist insofern auch übertragbar fürs Trailrunning, als es hilft, die unterschiedlichen Zyklusphasen mit den Anforderungen einer Trainingsstruktur in Einklang zu bringen. Es eröffnet eine andere, neue Perspektive, über dich als Frau und deinen Zyklus nachzudenken.

In einigen Laufmagazinen und Büchern wird der Zyklus der Frau immer wieder thematisiert. Wie die Menstruation auch in der Trainingssteuerung eine wichtige Rolle spielen kann, erfährst du hier. Und natürlich will ich dir hier nichts vorwegnehmen, denn es ist sehr wahrscheinlich, dass du dich schon öfters oder sogar regelmäßig damit auseinandersetzt, welchen Einfluss dein Zyklus auf deine körperliche Leistungsfähigkeit hat. Oder du gehörst vielleicht zu den ganz wenigen Läuferinnen, die der Zyklus überhaupt nicht beeinflusst. Auch das soll es geben!

Bisher kenne ich nur eine Trailläuferin, die behauptet, und ich nehme es ihr auch ab, dass sie keinerlei Probleme mit ihrem Zyklus hat und sie lange nicht wusste, was PMS (prämenstruelles Syndrom) bedeutet.

Doch nur ein kleiner Teil der Frauen ist damit gesegnet, vor, während und nach der Blutung keine Unterschiede an sich festzustellen. Viele haben monatlich mal mehr, mal weniger ausgeprägt mit Symptomen zu tun, die einem schon mal einen Strich durch die Rechnung machen können.

» Das Gefühl von Watte im Kopf?
» Nebel in der Birne, alles fühlt sich diffus an, kaum ein klarer Gedanke ist möglich?
» Entscheidungen zu treffen, fällt schwer, du bist vielleicht tollpatschig und vergesslich unterwegs?

Ich melde mich freiwillig und stimme allen Empfindungen so zu. Es ist oft eine schwierige Phase in den Tagen vor den Tagen. Der Partner, die Kinder, auch Freunde und Arbeitskollegen sollten dann lieber einen größeren Bogen ziehen. Das Nervenkostüm kann äußerst zart sein, die Bandbreite der Emotionen verstärkt empfunden werden.

Oft fühlen wir uns dann schuldig, wenn wir genervter, gereizter und weniger belastbar als sonst sind. Und kämpfen mit einem inneren Dämon darum, alles im Zaum zu halten. Doch in diesen Ausläufern an Gefühlen und Wahrnehmungen liegt auch eine große Chance. Nämlich die, sich den Zyklus auch im Lauftraining zunutze zu machen, anstatt vor allem davonzulaufen und sich zu zwingen, alles wie gehabt durchzuziehen.

Wir Frauen sind gesegnet mit einem so ausgeklügelten, perfekten System in unserem Körper. Bauen wir Widerstand auf und arbeiten gegen uns mit destruktiven Gedanken und Glaubenssystemen wie: „Mist, ich habe so ein ekliges Körpergefühl, bin dick wie ein Michelin-Männchen", oder: „Oje, heute bin ich die lahmste Schnecke der Welt", leiden wir unter dem Strich noch mehr.

Je besser du nun Bescheid weißt, was hormonell abläuft, desto klüger kannst du handeln und weißt eher einzuordnen, was dir guttut. In diesem Kapitel stelle ich dir detailliert vor, was sich in welcher Zyklusphase ereignet und welche Art von Läufen in welcher Zyklusphase am dienlichsten sind.

Denn wenn du in den heißen Phasen deines Zyklus, in denen sowieso schon alles viel extremer wahrgenommen wird, auch noch gegen dich arbeitest und dann erst recht ein anstrengendes Training einbaust, geschehen gleich zwei Dinge auf einmal: Die Qualität deines Laufs ist ziemlich mies UND du bist schlecht drauf.

Wegweiser:

Wenn es dir gelingt, achtsamer und gütiger mit dir umzugehen, kannst du klarere Entscheidungen treffen und rechtzeitig erkennen, was gerade in deinem Körper passiert. Arbeite mit ihm, nicht gegen ihn, schließlich begleitet dich die Periode ein paar Jahrzehnte, da macht es doch Sinn, sich die Zeit bewusst und möglichst schön zu gestalten.

Das Laufen kann dich, je nach Zyklusphase, noch mehr beflügeln oder dich sogar zu richtigen Höhenflügen befähigen.

Wir gehen auch einer Studie (Kishali, 2006) auf den Grund, die der Frage nachgeht, ob sich der menstruale Zyklus auf die Leistungsfähigkeit im Sport auswirkt. Und: Gib dieses Kapitel unbedingt deinem Partner, es kann helfen, in einen Dialog zu kommen und er wird dich besser verstehen. Ich gehe detailliert auf die Probleme ein, mit denen viele Ausdauersportlerinnen zu tun haben und biete Lösungen an, die helfen können, in eine bessere Harmonie und Ausgeglichenheit mit deinem Körper zu kommen. Am Ende sitzen wir doch alle im selben Boot.

3.2.1 Die vier Zyklusphasen im Überblick

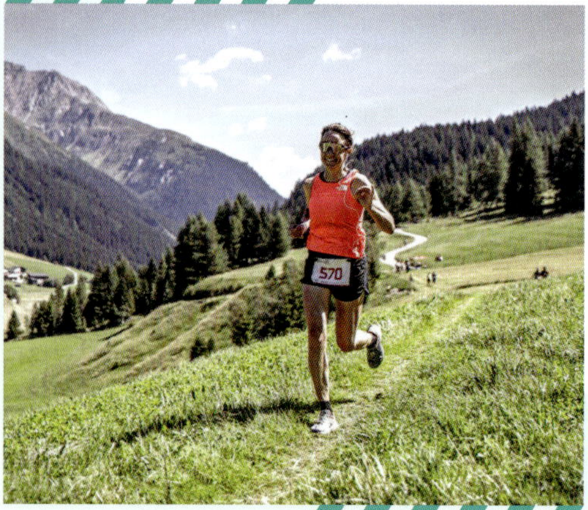

Du erfährst nun, wie du die einzelnen Phasen des Zyklus für deine Trainingssteuerung nutzen und worauf du allgemein achten kannst, um in Balance zu kommen. Denn das Ausbleiben der Regelblutung ist nicht normal, und auch, wenn dein Zyklus vielen Schwankungen unterliegt, hast du Möglichkeiten, wieder in einen geregelten Rhythmus zu kommen.

Die vier Phasen im Überblick

Phase 1: Ende der Menstruation bis Eisprung

Du fühlst dich in dieser Phase eher ruhig, stabil und mitunter nach innen gekehrt. Du machst dir Gedanken übers Leben, hinterfragst Dinge. Neigst du zu dicken Beinen, einem Schweregefühl und Bindegewebsschwäche, so macht sich dies alles mehr in dieser Phase bemerkbar. Beim Laufen könnte es sein, dass du nicht ganz in deiner Kraft stehst.

Trainingstipp: Während der Periode rotiert es ganz schön in unserem Körper, sodass sehr intensives Training eher kontraproduktiv ist. Es kann, wenn du übertreibst, auch den Hormonspiegel beeinträchtigen, da der Östrogenspiegel sehr niedrig ist und das schützende Estradiol, mit das wichtigste weibliche Östrogen, fehlt. Gönne dir lockere Läufe, bewusst ohne Pulsmessung und genieße die wohltuende Bewegung in dieser Phase.

Phase 2: Vor dem Eisprung

In dieser Zeit fühlst du dich attraktiv und übst eine Anziehungskraft aus, verspürst Lebenslust und Energie. Es kann auch sein, dass du hier zu mehr Planung tendierst. Die Energie und Spritzigkeit ist da. In der Hirnanhangdrüse wird vermehrt das follikelstimulierende Hormon FSH produziert, was wiederum die Follikel anregt, mehr Östrogen zu produzieren. Estradiol ist auch wieder mehr vorhanden, was sich in besserer körperlicher Stärke äußert.

Trainingstipp: In dieser Zyklusphase kannst du das Mehr an Energie nutzen, um intensivere Einheiten zu laufen, zum Beispiel Intervalle oder Tempoläufe. Auch Krafttraining kommt dir hier zugute und mit hoher Wahrscheinlichkeit gelingt es dir, mehr Gewicht zu stemmen oder beim Core- und Stabilisationstraining die Anzahl der Sets und Wiederholungen zu erhöhen. Ganze 7-10 Tage kann dieses Leistungshoch anhalten.

Phase 3: Nach dem Eisprung bis zur Menstruation

Die Körpertemperatur steigt bis zum ersten Tag der Menstruation an, du bekommst vielleicht Hitzewallungen und auch dein Gemüt ist generell hitziger. Du kannst gereizter sein, gleichzeitig mental eine Klarheit haben, Wichtiges von Unwichtigem viel besser als sonst zu unterscheiden. Auseinandersetzungen lassen sich leichter meistern als sonst.

Die Produktion von Estradiol wird nach dem Eisprung schnell eingestellt, stattdessen wird die Produktion von Progesteron und Östrogen verstärkt angeregt. Generell stellst du bei genauer Wahrnehmung fest, dass dein Energielevel niedriger ist als in Phase 2.

Trainingstipp: Läuferisch fühlst du dich bis 2-3 Tage vor Beginn der Blutung schwungvoll und flott, dann eher langsam, aufgedunsen und schwer, sodass es ratsam ist, locker zu laufen, die Natur als wunderbaren Rückzugsort zu nutzen. Es ist auch in dieser Phase normal, dass dein Unterleib zu Schmerzen und Krämpfen neigen kann.

Versuche beim Laufen, dich nicht komplett zu verausgaben und setze lieber kurze Trainingsreize. Das kann beim Intervalltraining zum Beispiel bedeuten, ein paar 400-Meter-Wiederholungen zu laufen. Quäle dich nicht unnötig mit 3-4-mal 20 Minuten im schnellen Tempo am Berg! Wenn dir nach einem Krafttraining zumute ist, dann genügt dies einmal pro Woche, um einen Nutzen daraus zu ziehen.

Phase 4: Menstruation

Kurz gesagt, kocht deine Energie über, unter anderem mit Schweißausbrüchen und Erschöpfung an diesem Punkt, die Blutung beginnt. Doch anstatt in Begeisterung auszubrechen, leiden viele Frauen unter Schmerzen und Kälte, benötigen heiße, lindernde Bäder und besonders in den Wintermonaten eine Wärmflasche. Meist versuchen wir, die Contenance zu bewahren, uns nichts anmerken zu lassen, weiter zu funktionieren. Auf der mentalen Ebene nimmst du alles klarer wahr, die Intuition ist sehr ausgeprägt.

Körperlich nimmt die Kraft mit jedem weiteren Tag der Blutung zu, bis ein neuer Zyklus beginnt.

Trainingstipp: Je näher der Beginn der Periode rückt, desto höher ist die Wahrscheinlichkeit, dass du dich aufgebläht und schwer fühlst. Das Estradiol mit seiner auf Bänder und Sehnen schützenden Wirkung fehlt nach wie vor, sodass du auch in dieser Phase besser dran bist, eher locker zu laufen und nicht auf die Jagd nach einer neuen Bestzeit gehst. Die Trainingsintention kann sein: „Ich laufe fürs gute Gefühl und genieße die Natur."

3.2.2 Leben im Zyklusrhythmus

So bewegen wir uns in einem natürlichen Rhythmus, den wir möglichst zulassen sollten. Ich leide immer unter starker PMS und male mir meine Welt ein paar Tage vor der Regelblutung schwarz. Das Chaos ist dann kaum auszuhalten und nicht immer befindet man sich in einem Umfeld oder Kontext, in dem es möglich ist, diese Phasen so auszuleben und zu akzeptieren.

Was mir sehr geholfen hat, diese Zeiten immer wieder einigermaßen zu überstehen, ist, nicht gegen mich zu steuern und zu wissen, es geht bald vorbei. Ich unterschreibe dann beispielsweise keine Verträge oder führe langwierige Gespräche. Diskussion versuche ich zu vermeiden und ich treffe keine lebenswichtigen Entscheidungen. All das hat dann Zeit, wenn der Nebel im Kopf verschwunden ist und die körperliche Kraft und Energie wieder da ist.

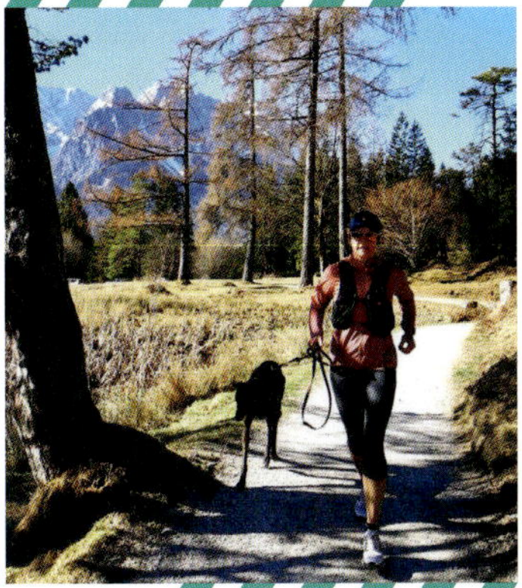

Ich habe auch über die vielen Jahre gelernt, mit meinen Liebsten offen und ehrlich zu kommunizieren, wenn es wieder so weit ist. Die Güte zu sich selbst und Transparenz hilft, nicht in ein Drama zu kommen und Streitigkeiten anzuzetteln.

Wenn du also das nächste Mal merkst, dass dir ein Pups quer liegt und du dir sicher bist, dass dies nur an der Periode liegen kann, spreche mit den Menschen in deinem engsten Umfeld und erkläre ihnen, dass du mehr Ruhe und Rückzug brauchst. Das ist völlig legitim. Lasse dir ein Entspannungsbad ein, tue alles, was sich gut anfühlt.

3.2.3 Wie plane ich einen Wettkampf um meine Periode?

Der Horror ist, wenn du weißt, dass du genau am Tag X, dem du schon länger entgegenfieberst, deine Tage bekommst. Und meist ist es wie verhext und ausgerechnet dann, wenn du die Blutung am wenigsten brauchst, kündigt sie sich an.

Vor dem Wüstenmarathon in Marokko hatte ich mir ausgerechnet, dass die Tage um den Dreh vom Start kommen würden, was mich in eine leichte Panik versetzte. Ich hatte zuvor mit meinem Frauenarzt darüber gesprochen, was es für Möglichkeiten gäbe. Damals wie heute habe ich die Kupferspirale, welche immer wieder gute Dienste leistet und die ich super vertrage.

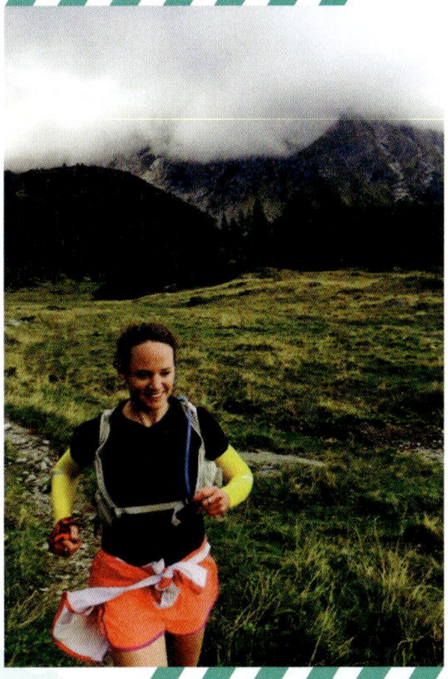

Der Arzt klärte mich auf, dass es eine spezielle Pille gäbe, mit der man die Periode verschieben könne. Das war gut zu wissen und ich behielt diese Option im Hinterkopf. Und dann setzte sie sogar noch vor dem Abflug ein, ganz so, als hätte mein Körper es geahnt. Ich war sehr dankbar und ging mit guter Energie an den Start.

Klar gilt es, bei solchen Optionen immer zu berücksichtigen, welches Verhütungsmittel du nutzt. Bitte lasse dich zum Thema Periodenverschiebung ausführlich von einem Arzt aufklären und beraten. Ich habe nicht genug Fachwissen und damals lediglich den Tipp von meinem Arzt bekommen, dass eine Steuerung und Verschiebung so möglich gewesen wäre. Inwiefern sich diese Pille mit der Anti-Baby-Pille verträgt, ist im Fall der Fälle mit einem Experten abzuklären.

3.2.4 Was tun bei unterschiedlichen Verhütungsmethoden?

Diese Frage spielt auf jeden Fall eine große Rolle, wenn es darum geht, das Training in gewisser Weise zu steuern und nach dem Zyklus auszurichten.

Im Buch *Der Weg der Kaiserin* wird die Einnahme der Anti-Baby-Pille so gesehen, dass damit die Entfaltung des Zyklus unterbunden wird. So falsch ist dies nicht, denn dem Körper wird permanent etwas vorgegaukelt, auch wenn das regelmäßige Einsetzen der Blutung für viele als Vorteil gesehen wird. Vielleicht kannst du dich hier etwas öffnen für die Option, deinen Körper zurück in seinen natürlichen Rhythmus zu bringen.

Immer wieder habe ich in meinen Coachings mit Frauen erlebt, dass sie die Einnahme der Pille durch das angeleitete Training irgendwann nicht mehr als sinnvoll angesehen haben. Durch die entstandene Verbundenheit mit sich und der Natur ist die Achtsamkeit auf den Körper gewachsen und nach dem freiwilligen Absetzen der Pille durfte sich der Körper neu ausrichten und ordnen.

Interessanterweise ist die Leistungsfähigkeit eher angestiegen, nachdem das normale Körpergefühl wieder da war. Wirklich faszinierend und ein Thema, das du dir zu Herzen nehmen solltest. Zwar ist es praktisch, keine richtigen Menstruationsprobleme mehr zu haben, aber du verlierst vollkommen deine Kräfte, die oben in den einzelnen Phasen beschrieben sind.

Vor einiger Zeit habe ich mit Lea Feder, Gründerin und ehemalige Leistungssportlerin, eine Podcast-Folge über zyklusgesteuertes Training aufgenommen. Im Gespräch berichtete sie unter anderem, worauf wir Frauen besser im Training achten können.

Hier geht es zum Podcast

https://download.m-m-sports.com/extras/Trailrunning_Frauen/Lea-Feder.mp3

Wegweiser:

Wenn es uns gelingt, unseren Zyklus als etwas zu sehen, was zu uns gehört und nicht als etwas Lästiges zu sehen, sondern als einen Teil von uns, bringen wir uns, energetisch gesehen, besser in Einklang, können mit dem, was uns der Körper aufzeigt und signalisiert, „arbeiten", anstatt dagegenzusteuern.

3.2.5 So kannst du mehr Harmonie und Ausgeglichenheit herstellen

Achte besonders in der sensiblen Phase, also dann, wenn du dich besonders dünnhäutig fühlst, darauf, dass du wenig Anregendes zu dir nimmst in Form von Alkohol oder allzu viel Koffein.

Gönne dir beispielsweise gekochten Fenchel mit Pfeffer, lasse dir ein heißes Bad und nutze Weihrauch und Myrrhe als ätherische Öle mit lindernder Wirkung.

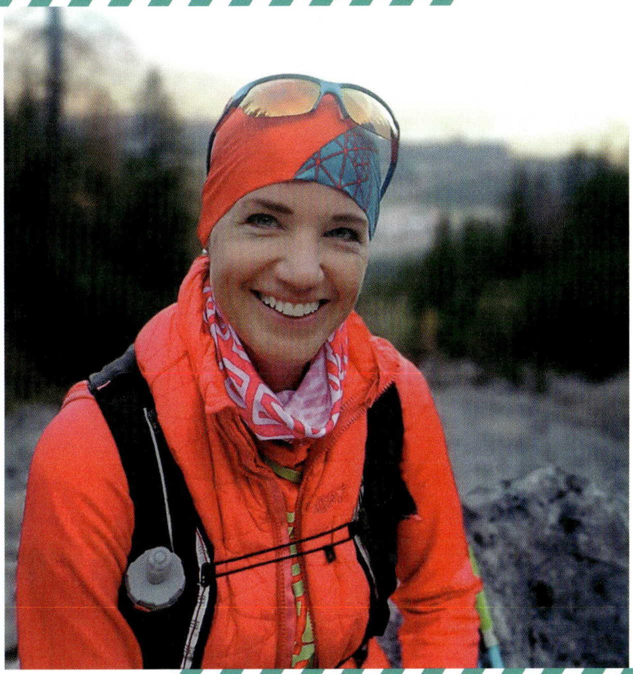

Suche ruhige Gespräche mit deinem Umfeld, gute Lektüre und lasse die Seele mehr baumeln, als du es dir normalerweise gestatten würdest. Es gibt auf dem Markt noch jede Menge wertvoller Tipps und Möglichkeiten, was helfen kann. Probiere einfach verschiedene Dinge aus. Das eine Geheimmittel bei starken Unterleibsschmerzen oder extremer Müdigkeit gibt es sowieso nicht. Eine Linderung kann auch erfolgen, indem du dir kleine Zeitinseln nur für dich schaffst und Dingen nachgehst, die dich erfüllen und inspirieren.

Verzichte in der heiklen Phase, den Tagen vor den Tagen, auf intensive und sehr lange Trainingseinheiten. Du verlierst dann keinesfalls Fitness, sondern verlegst solche Einheiten einfach in eine andere Zyklusphase.

3.2.6 Was tun, wenn die Regel ausbleibt?

Ausnahmen bestätigen doch bekanntlich die Regel. Nicht umsonst sprechen wir von Regelblutung. Sie sollte die Regel sein und monatlich auftreten. Die sogenannte *Amenorrhö* – das Ausbleiben der Regel – ist unter Läuferinnen keine Seltenheit. Gern wird damit auch auf den sozialen Medien kokettiert, wie praktisch es sei, keine Regel mehr zu bekommen. Weit gefehlt! Wenn das öfters und hintereinander auftritt, stimmt definitiv etwas nicht.

Bei mir setzte 2009 für drei Monate die Regel aus, dann noch einmal für zwei Monate ein Jahr später. Es war eine sehr fordernde, stressige Zeit in meinem Leben und ich zog Parallelen, dass nicht nur ein Übermaß an Training zum Ausbleiben führt, sondern auch privater sowie beruflicher Stress dieses feine System beeinflussen kann.

Permanent verlangte ich mir viel ab und trainierte auch manchmal übers gesunde Maß hinaus. Ich wollte damals höher, schneller und weiter kommen. Auch meine Ehe zerbröckelte vor meinen Augen. Es war keine große Überraschung, dass keine Blutung mehr kam, und ich bekam Panik, erneut schwanger zu sein. Als sich mehrere Tests als negativ herausstellten, war ich zunächst erleichtert, gleichzeitig fragte ich mich, wie ich die Balance in meinem Körper wiederherstellen konnte.

Über mehrere Wochen hinweg drosselte ich das Training und begann, wieder regelmäßiger zu essen und so gut es ging, eine gewisse Last und Druck von mir zu nehmen. Dann endlich regulierte sich der Zyklus wieder, bis die Tage Monate später erneut ausblieben. Ein weiteres Alarmsignal meines Körpers. Ich konnte damals nicht erkennen, woran es lag und vermutete mehr psychischen als physischen Stress. So begann erneut die „Arbeit" am inneren und äußeren Gleichgewicht.

Stellt dein Körper die Regelblutung ein, ist das ein Zeichen von einem großen Ungleichgewicht im Körper.
Die häufigsten Ursachen einer Amenorrhö sind:

- seelischer Stress,
- Untergewicht,
- Verhütungsmittel,
- Übertraining,
- Schilddrüsenprobleme,
- Wechseljahre und
- polyzystisches Ovarialsyndrom.

Kläre am besten mit deinem Hausarzt ab, ob organisch alles im grünen Bereich ist und lasse ein großes Blutbild erstellen. Sorge für mehr Ruhe in deinem Leben, fahre das Training um mindestens 50 Prozent herunter und verzichte für eine Weile auf hohe Intensitäten. Versuche, regelmäßig nahrhafte Mahlzeiten zu dir zu nehmen und - das mag jetzt etwas spirituell klingen - schenke dir viel Selbstbeachtung und Güte.

Stelle dir vor, wie dein Körper wieder in sein natürliches Gleichgewicht finden kann und reserviere dir täglich ein paar Minuten, die du in Stille verbringst. Vielleicht meditierst du oder du machst ein paar Atemübungen.

Das Ausbleiben der Regel ist eine rote Ampel für dich, und überhaupt nicht praktisch oder hilfreich. Bei längerem Ausbleiben der Blutung kann das Risiko bestehen, nicht (mehr) schwanger werden zu können. Solltest du unter einer Essstörung wie Anorexie oder Bulimie leiden, kann die Amenorrhö eine Konsequenz daraus sein. Suche dir in einem solchen Fall möglichst schnelle professionelle Hilfe. Ermüdungsbrüche und andere Verletzungen können außerdem das Ausbleiben der Monatsblutung begünstigen.

3.2.7 FAQ zum Thema Zyklustraining

Thomas Leuchten, mein ehemaliger Trainer und guter Freund, der mich über vier Monate auf den 100-Kilometer-Lauf im Monte Rosa (UTMR) vorbereitete, teilt hier folgende Erfahrungen, die er mit seinen Läuferinnen gemacht hat:

Welche Erkenntnisse hast du bisher in der Arbeit mit weiblichen Sportlerinnen darüber gewonnen, inwieweit die Zyklusphasen einen Einfluss aufs Training haben?

Meiner Erfahrung nach gibt es keine pauschale Aussage. Es gibt weibliche Sportlerinnen, die weniger hartes Training während des Zyklus präferieren, andere, die nicht die Leistung abrufen können, die sie normalerweise abrufen können und wieder andere, die überhaupt keine Nachteile melden; es ist also komplett individuell.

Wie sprichst du als Coach dieses Thema mit den Athletinnen an?

Wenn ich anfange, mit Athletinnen zu arbeiten - vor allen Dingen als Mann - spreche ich es sofort an als Teil des Feedbacks. Ich gebe den Athletinnen die Wahl, diese Thematik zu teilen und in welchem Detail und stelle nur heraus, dass ich auf physische Bedürfnisse mit Training eingehen kann und es unter Umständen einen positiven Einfluss auf die Leistung haben kann - ebenso wie die richtige Ernährung und Schlaf. Frauen haben, meiner Erfahrung nach, wenig Probleme, über den Zyklus und Auswirkungen zu reden.

Wie empfindest du das Bewusstsein der Athletinnen zu diesem Thema: Machen sie sich Gedanken und kommunizieren sie diese oder ist es eher ein Tabuthema?

Es gibt beides. Es gibt Athletinnen, die nicht darüber reden, weil sie denken, es gehöre sich nicht und wäre nicht erwähnenswert und andere, die ganz klar sagen, dass es so nicht geht, weil sie Probleme durch den Zyklus haben.

Etwa wie viel Prozent deiner Athletinnen berichten, dass sie keine Periode mehr bekommen?

Keine, also null Prozent.

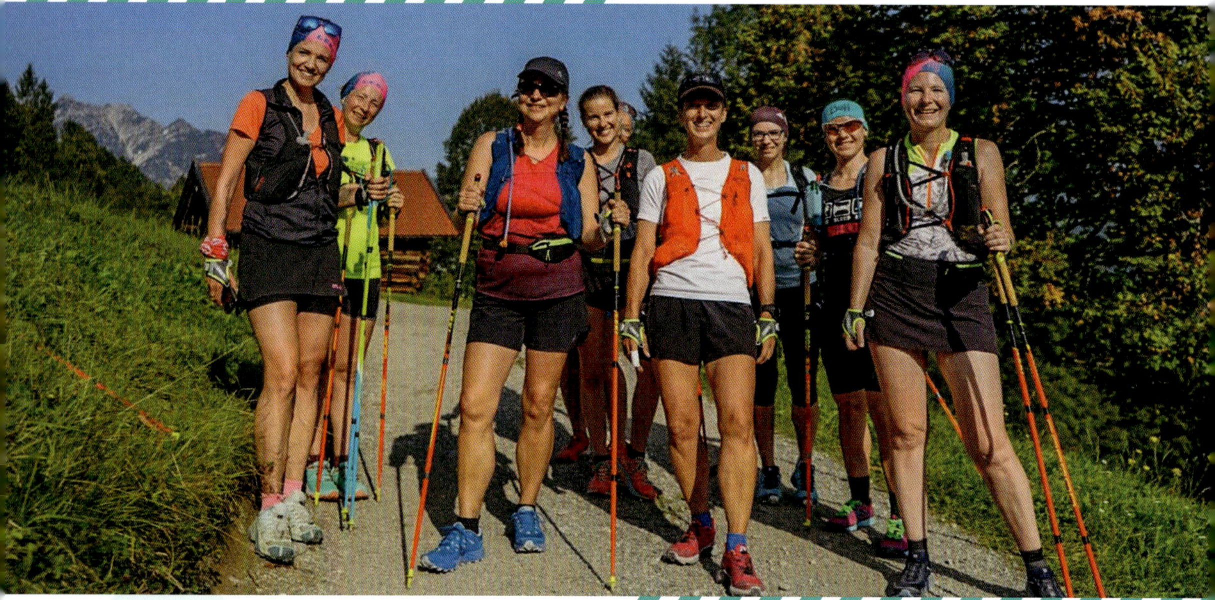

Wie steuerst du in solchen Fällen das Training?

Wenn die Periode ausbleibt, ist der Körper komplett runtergefahren. Da ist es schon fünf nach 12. Auch wenn es bei meinen Athletinnen nicht vorkommt, habe ich mit Athletinnen gesprochen, bei denen es vorgekommen ist und erklärt, dass Erholung, Ernährung und Schlaf verbessert werden müssen und das Training im Volumen und/oder Intensität heruntergefahren werden muss. Ausbleibende Periode ist ein Warnzeichen, dem Körper zu viel abzuverlangen.

Welche Gewichtung bzw. Stellenwert misst du in der Trainingssteuerung dem Zyklus bei?

Je nach Athletin und Einfluss der Beschwerden. Es macht keinen Sinn, jemandem hartes Training zu verabreichen, wenn die Person schon angeschlagen ist. Bei der Art: sehr hoher Stellenwert. Eine andere Athletin, die keine Probleme zeigt, braucht auch keine Veränderung.

Welchen Unterschied siehst du zwischen Frauen und Männern im Ausdauerlaufen/Trailrunning und in der Umsetzung des Trainings?

Frauen scheinen wissensbegieriger zu sein und liefern das Training nach Plan ab. Sie scheinen häufiger negativ im Selbstbild („das war nicht gut/schnell genug"). Männliche Athleten laufen zu schnell/hart, halten sich nicht an Grenzen und tun sich schwer, das Ego abzulegen bis hin zur Diskussion mit dem Trainer. Man bezahlt, um das zu machen, was man will und zu sagen, man hat einen Trainer. Wenn der Trainer ein anderes Training fährt, als erwartet, macht man, was man will oder wechselt den Trainer. Frauen scheinen da eher auf Geduld zu setzen.

3.3 Intervalltraining für die Trails: Top oder Flop?

Intervalle zu laufen, kann eine richtig feine, Spaß machende Angelegenheit sein, und ist für dich geeignet, auf welchem Level du auch läufst. Ich sage immer: Intervalle zu laufen, ist wie eine gute Portion Pfeffer übers Essen, in diesem Fall, dein Training zu streuen. Es peppt deine Kraftausdauer auf, schult das Mentale ganz gut und hilft dir, deinen Körper resilienter zu machen, was dir wiederum beim Trailrunning zugutekommt.

Wieder mal ehrlich aus dem Leben gesprochen, habe ich mit Intervalltraining immer wechselnde Phasen. Kommt eine kleinere Verletzung ins Spiel, ist Intervalltraining in der Regel das Erste, was aus meiner Trainingsstruktur fliegt. Es ist deshalb wichtig, sich an Intervalle heranzutasten und nicht gleich 30-mal eine Minute Berganläufe zu machen oder 20-mal 400 Meter im Stadion zu absolvieren.

Wegweiser:

Wie beim Grundlagenausdauertraining auch, spielt die Kontinuität eine bedeutende Rolle, *wenn* du dich flinker auf Trails bewegen möchtest.

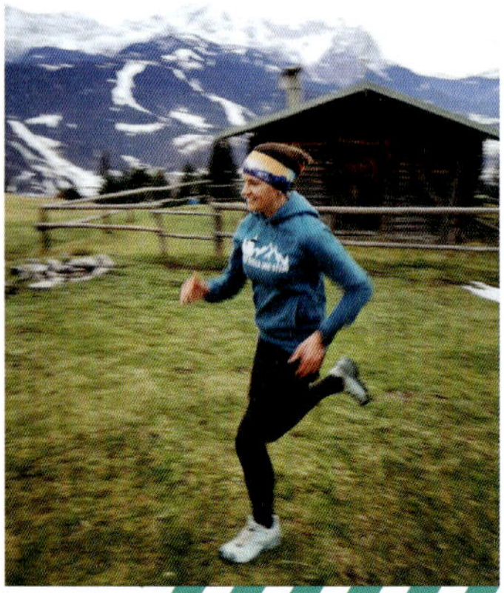

Wenn du jetzt denkst, dass du sowieso zu langsam bist und es dir gar nicht darauf ankommt, schneller zu werden, traue dich dennoch, regelmäßig schnellere Laufeinheiten mit einer gewissen Struktur zu machen. Intervalle sind auch deshalb eine gute Sache, da sie so vielseitig gestaltet werden können. Was ein solches Training kennzeichnet, ist auch, dass Intervalle Läufe mit System sind.

Langeweile weit gefehlt.

Meine Klientinnen fahren fast alle auf die Pyramide ab. Nein, natürlich sind nicht die Pharaonen aus dem alten Ägypten gemeint, sondern eine Art von Intervalltraining, das richtig viel Spaß macht und viel Abwechslung bietet.

Denke daran, dich vor jedem schnelleren Training ausreichend einzulaufen, mindestens 15 Minuten lang, und zum Ende nicht an der Auslaufphase zu sparen. Auch hier ist es ratsam, sich 10-15 Minuten lang Zeit zu nehmen, um dem Körper zu signalisieren, dass die Arbeit für heute getan ist. Bei einigen Intervalltrainingseinheiten ist es sinnvoll, ein kleines Lauf-ABC einzubauen und kurze Steigerungsläufe zu machen.

Achtung vor Sprints: Damit kannst du dir schnell kleinere Verletzungen zuziehen, wenn der Körper nicht an solche schnellen Bewegungen gewöhnt ist. Bleibe am Anfang lieber bei 3-5 Steigerungen über eine Distanz von etwa 70-80 Metern.

Wenn du jetzt immer noch denkst, Intervalle seien garantiert nichts für dich, bedenke, dass du diese auch prima auf einem Wald-, Forst- oder Wiesenweg laufen kannst. Schnelligkeitstraining heißt nicht unbedingt, langweilige Runden in einem Stadion zu laufen und dabei einen Drehwurm zu bekommen. Du kannst die Natur mindestens genauso dafür nutzen. Auch kleine Anstiege auf einer Wiese und Rampen sowie Halden eignen sich für Intervalltrainingseinheiten.

Natürlich bringt es ein schnelleres Training mit sich, dass du an ein gewisses Limit läufst, dies muss allerdings nicht zwingend messbar an einem bestimmten Pulswert auf deiner Uhr gemacht werden. Die Pulsanzeige auf deiner Uhr hinkt immer etwas hinterher, während deine Atmung immer genau das widerspiegelt, was ist. Der Puls dient dir im besten Fall zum Abgleich.

Wegweiser:

Du kannst, wenn es dir lieber ist, Intervalle auch nach Gefühl laufen. Dabei lauschst du deiner Atmung und merkst sehr genau, wenn du in Schnappatmung gerätst.

3.3.1 Beispiele für Intervalltrainingseinheiten

Ich möchte dir nun Beispiele von Intervalleinheiten mit auf den Weg geben. Da ist sicher etwas dabei, was dir ins Auge sticht:

Kurze Intervalltrainingssessions – von 30 Sekunden bis zwei Minuten Länge, Pyramiden

1. 10-30-mal je 30 Sekunden im Wechsel schnell, 30 Sekunden langsam traben oder gehen.
2. 10-mal eine Minute schnell, eine Minute langsam im Wechsel.
3. 5-8-mal zwei Minuten recht zügig, 60-90 Sekunden Trab- oder Gehpause.

Mittlere Intervalltrainingssessions – von 3-6 Minuten Länge

1. 4-7-mal drei Minuten im zügigen Tempo, danach 90-140 Sekunden locker traben.
2. 3-5-mal 4-5 Minuten im mittelschnellen Tempo, danach 50-75 Prozent der Belastungszeit locker traben.
3. 3-4-mal sechs Minuten zügig, danach 3-4 Minuten im lockeren Tempo weitertraben.

Lange Intervalle – 8-20 Minuten plus lange Berganläufe 30 Minuten

1. 2-4-mal acht Minuten an einem Anstieg oder im Flachen bei flottem Tempo laufen oder schnell gehen, danach locker den Abschnitt hinuntertraben bzw. im Flachen locker weiterlaufen.
2. 2-3-mal 15 Minuten an einem Anstieg oder im Flachen bei flottem Tempo laufen oder schnell gehen, danach locker den Abschnitt hinuntertraben bzw. im Flachen locker weiterlaufen.

3. Zweimal 20 Minuten an einem Anstieg oder im Flachen bei flottem Tempo laufen oder schnell gehen, danach locker den Abschnitt hinuntertraben bzw. im Flachen locker weiterlaufen.

TIPP:

Wenn du eine Belastungsdauer von X Minuten hast, nimm als Faustregel, die Erholungsphase zwischen 50-75 Prozent zu planen. Wichtig ist auch, zu schauen, worauf du spezifisch trainierst und dies zur Orientierung für eine optimale Gestaltung deiner Intervalltrainingseinheiten nimmst.

Wenn du dir nicht sicher bist, wie viele Wiederholungen nun am besten sind, beginne, gerade wenn Intervalltraining noch neues Terrain für dich ist, mit weniger Wiederholungen als mit dem angegebenen Maximum. Es dauert etwas, bis sich der Körper an intensivere Belastungen gewöhnt, gerade auch der Bänder- und Sehnenapparat. Übertreibe es am Anfang nicht, und mache solche Trainingssessions erst mal maximal nur einmal pro Woche.

Steigern geht immer, daher ist am Anfang etwas Geduld gefragt und der Aufbau einer gewissen Regelmäßigkeit im Intervalltraining wichtiger, als einmal richtig Gas zu geben und zu riskieren, dich zu verletzen.

Eine weitere interessante Einheit bildet die Pyramide. Meine Laufkundinnen lieben sie!

Beispiel einer Pyramide 1-1-2-2-3-3-2-2-1-1

Laufe dich mindestens 15 Minuten lang ein und mache 3-4 kurze Steigerungsläufe (KEINE Sprints, einfach aus dem lockeren Tempo heraus beschleunigen).

Laufe eine Minute schnell, danach eine Minute sehr locker.

Laufe zwei Minuten schnell, danach zwei Minuten sehr locker.

Laufe drei Minuten zügig, danach drei Minuten sehr locker.

Laufe zwei Minuten schnell, danach zwei Minuten sehr locker.

Laufe eine Minute schnell, danach eine Minute sehr locker.

Immer daran denken, mindestens 10-15 Minuten lang locker auszulaufen.

Die Angaben „schnell" und „sehr locker" bedeuten in der Praxis, dass du in den Belastungsphasen deutlich spüren solltest, dass du dich anstrengst und an der Atmung merkst, dass du kurzatmiger wirst. In den Entlastungsphasen hingegen kannst du auch gehen, wenn es sich besser anfühlt.

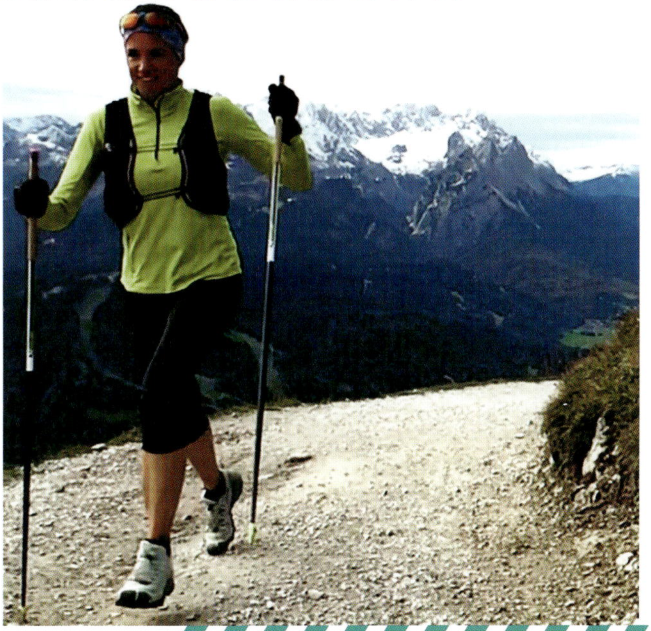

Läufst du strikt nach Herzfrequenzzonen, wird die Pyramide idealerweise in Zone 4 oder an der Schwelle (BE-lastung) und in Zone 2 (ENT-lastung) gelaufen.

Es ist sinnvoll, genügend Abwechslung in deine Intervalle zu bringen. Wenn du beispielsweise eine Pyramide alle 2-3 Wochen wiederholst oder auch Einheiten wie Berganläufe, siehst du recht gut und schnell, welche Verbesserungen du gemacht hast. Selbst wenn du nicht stoisch nach Puls, sondern mehr nach der Atmung läufst, kannst du feststellen, dass du entweder schneller bei gleicher Anstrengung laufen kannst oder dir generell die Einheiten leichter fallen.

3.3.2 Keine Anstiege oder Berge vor der Tür, was tun?

Weiche auf ein Laufband aus oder suche dir Treppenstufen aus, werde kreativ und improvisiere.

Das Intervalltraining kannst du auf Asphalt oder auch auf Feld- und Forstwegen absolvieren.

Hast du das Glück, in der Nähe von Gebieten zu leben, wo du Trails vor der Haustüre hast, kannst du natürlich auch die oben vorgeschlagenen Intervalltrainingseinheiten dort ausführen.

Hier kannst du beispielsweise die Zwei-Minuten-Variante so umsetzen, dass du einfach entlang eines Trails zwei Minuten etwas Gas gibst, danach locker weitertrabst und einfach aus den Gegebenheiten etwas zauberst, die du vor der Nase hast. So bewahrst du dir auch eine gewisse Portion Lockerheit.

3.3.3 Das Fahrtspiel

Hier haben wir es mit einer besonderen Spielart zu tun. Das Fahrtspiel ist auch ein Tempotraining, allerdings ohne System. Dabei suchst du dir beliebige Punkte auf deiner Route aus und läufst diese abwechselnd in schnellerem und danach in langsamerem Tempo ab. Das kann ein schnell gelaufener Abschnitt von Baum zu Baum sein oder auf einem Feldweg bedeuten, von einer Ecke zur nächsten das Tempo anzuziehen, um dann wieder locker zu traben.

Beim Fahrtspiel sind deiner Kreativität keine Grenzen gesetzt. Daher trifft es das Wort „Spiel" auch so gut. Es soll dir vor allem Spaß machen, dich auf eine spielerische Art zu fordern, ohne dich mit verbissenem Blick zu quälen.

Bäume, Schilder, Felder, Zäune, Häuser ... alles kann für ein Fahrtspiel herhalten. Du bestimmst, wie lange du auf die Tube drückst und wie lange du locker läufst. Es geht um das ständig abwechselnde Tempo und eine unterschiedliche Dauer der einzelnen Abschnitte. Lege dir vorab einen Zeitrahmen fest, zum Beispiel 15 Minuten, innerhalb dessen du dein Fahrtspiel läufst. Du kannst dies beliebig ausweiten, jedoch reichen hier schon 20-30 Minuten aus, um deine Leistungsfähigkeit zu verbessern.

Wegweiser:

Du kannst auch beide Arten des Tempotrainings regelmäßig in deine Trainingsroutine einfließen lassen und zusätzlich zu einem Intervalltraining mit einem Abstand von 2-3 Tagen ein kurzes Fahrtspiel einbauen oder umgekehrt.

Ich mache das oft spontan, dass ich während eines Laufs entscheide, gerade wenn die Tagesform ohnehin passt, ein wenig mit dem Tempo zu spielen, Stufen auf der Route schneller nehme oder auf Bergabpassagen mal Gas gebe. Hauptsache, Spaß ist dein wichtigster Begleiter!

3.4 Qualität vor Quantität

» Weniger ist mehr?
» Trifft das auch aufs Trailrunningtraining zu?

Aus dem Straßenlauf gilt gemeinhin die Methodik, in Vorbereitung auf Marathons und auch Halbmarathons hohe Umfänge zu laufen. Bereits Marathon-Rookies laufen sich mitunter schon mal in Grund und Boden in der Hoffnung, wenigstens die heilige Vier-Stunden-Marke zu knacken. Und nehmen alle Qualen eines 35-Kilometer-Vorbereitungslaufs auf sich.

Rückblick auf das Jahr 1998: Ich hatte mir mit 18 Jahren, noch während meiner Schulzeit, in den Kopf gesetzt, meinen ersten Marathon zu laufen, in keiner geringeren Stadt als Berlin, damals schon gern gesehenes Läuferhighlight mitten im Herbst.

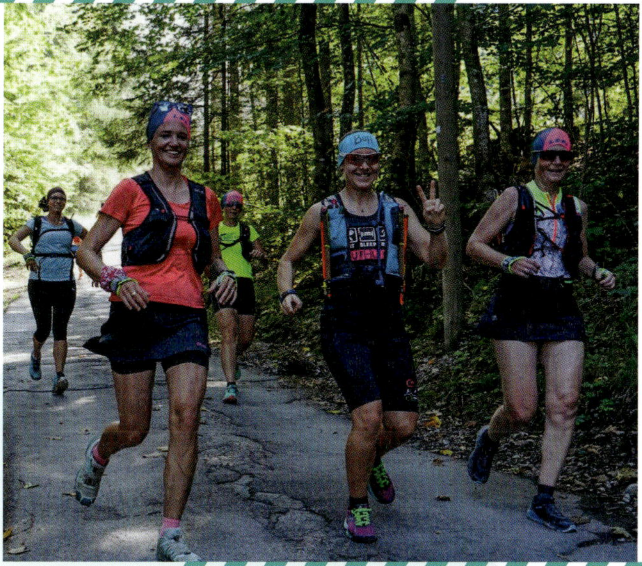

Da ich bereits auf eine gewisse Grundlagenausdauer zählen konnte, musste ein 12-Wochen-Trainingsplan aus einer bekannten Laufzeitschrift herhalten. Ich befasste mich mit Abkürzungen wie GA 1, GA 2, loDL, laDl und verstand schnell den an sich simplen Aufbau des Marathontrainings.

Damals war es unvorstellbar, sich extra für einen Marathon einen Coach oder professionellen Trainer zu nehmen und so musste ich mich auf das Wissen und die Expertise einer Handvoll Koryphäen auf dem Gebiet des Marathonlaufens verlassen. Was da geschrieben stand, musste schon richtig sein. So zumindest mal die Theorie.

Ehrgeizig und damals übrigens im Team mit meiner Mutter, folgte ich möglichst genau dem Plan. Mein erster richtig langer Lauf in etwa Woche 6 (ich erinnere mich nicht mehr an alle zeitlichen Details des Plans) von 2,5 Stunden zog mir beinahe die Schuhe aus. Mein Magen begann nach zwei Stunden verrückt zu spielen und ich brauchte Tage, um mich von diesem langen Lauf vor allem muskulär zu erholen.

Nebst diesem langen Lauf, der sich Woche für Woche auf über drei Stunden ausdehnte, mussten ein Tempotraining und weitere lockere Läufe absolviert werden. Ich hatte den Eindruck, viel Aufwand in diese Vorbereitung gesteckt zu haben und fiel dennoch dem berühmt-berüchtigten Mann mit dem Hammer, den man übrigens im Trailrunning vergebens sucht, zum Opfer und schlappte nach über 4:30 Stunden über die Ziellinie. Dieser Marathon war ein großartiges Erlebnis, aber angefixt vom monotonen Laufen auf dem Asphalt war ich nicht. Der Berlin-Marathon war mein erster und bis dato letzter Straßenmarathon.

Ich hatte die nüchterne Erkenntnis, dass ich mich noch viel mehr mit der Ernährung unterwegs befassen sollte und dass das Training nicht für ein Finish um die vier Stunden ausgereicht hatte.

Was war schiefgelaufen? Ich hatte doch so viele lange Läufe gemacht?

» Erkenntnis #1: Die langen und auch die lockeren Läufe bin ich viel zu langsam gelaufen.
» Erkenntnis #2: Das Intervalltraining war ich in einem zu langsamen Tempo gelaufen.
» Erkenntnis #3: Ein Plan von der Stange kann ein Glücksgriff sein, aber ist kein Garant für das gewünschte Ziel.
» Erkenntnis #4: Hohe Umfänge zu laufen, bedeutet nicht immer, sich zu verbessern und ein gutes Rennen hinzulegen.
» Erkenntnis #5: Die Ernährung vor dem Training, währenddessen und danach spielt eine ganz entscheidende Rolle für die Erholung unseres Körpers.

Nun ist es im Trailrunning eine etwas andere Nummer. Mental gesehen, ist es wichtig, uns vom oben erwähnten Prinzip des „Viel bringt auch viel" zu verabschieden und uns eher zu fragen:

» „Was will ich mit der Einheit X erreichen und spezifisch trainieren?"

Wegweiser:

Hohe Umfänge auf Trails zu laufen, erfordert viel von Körper und Geist, weshalb es oft möglich ist, schon mit einem relativ geringen Aufwand einen gewünschten Effekt zu erzielen.

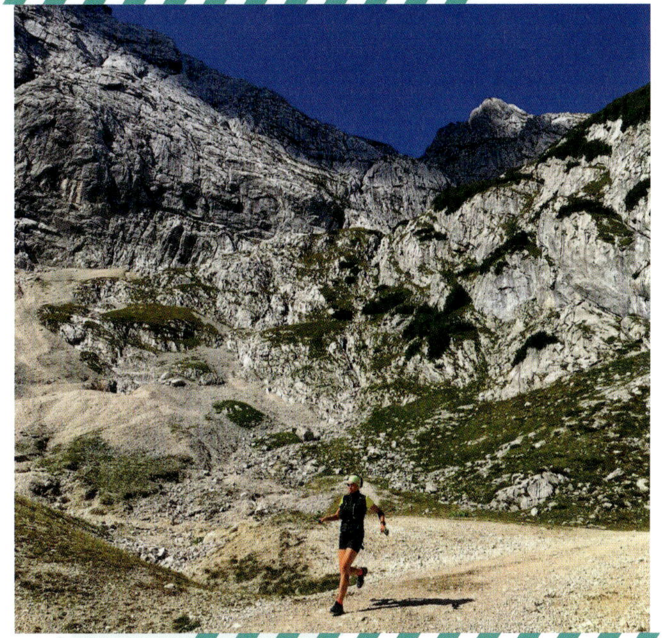

Ein lockerer 10-Kilometer-Trainingslauf auf Asphalt fordert dem Körper nicht so viel ab wie ein Traillauf derselben Distanz. Wenn ich meine Standardrunden hier in Garmisch laufe, habe ich selten nur reine Trailstrecken und ein Teil meiner Routen beinhaltet immer auch ein paar Kilometer Asphalt, um auf einen Trail zu gelangen. Die Qualität habe ich dennoch auch bei kürzeren Trailruns.

Vergleiche bitte niemals auf der Straße gelaufene Halbmarathons, Marathons und Ultras auf der Straße mit Trailläufen. Das ist so, als würde man Äpfel mit Birnen vergleichen. So kannst du mit einem wöchentlichen Umfang von beispielsweise 30-40 Kilometern auf Trails schon von einem soliden Training sprechen und damit sogar ein Finish anstreben, würdest du ein Rennen bis zur Marathondistanz anstreben.

Was die langen Läufe betrifft, kannst du aus einem Zwei-Stunden-Trailrun viel rausholen und musst nicht zwingend erst drei Stunden laufen, um zu denken, dass es ein echter *Long Run* war.

Wegweiser:

Die Zeit, die du auf den Beinen verbringst, zählt im Trailrunning mehr als die gelaufenen Kilometer und Durchschnitte. Gestalte dein Training zudem so, dass du jeweils über drei Wochen Umfang und Intensität steigerst und in der vierten Woche einen Gang zurückschaltest, um eine Erholungswoche einzulegen.

Die 3:1-Methode hat sich über viele Jahre bewährt. Achte darauf, dass du von Woche zu Woche sanft steigerst, also nicht von 40 auf 80 Kilometer hochfährst oder anstatt einem Intervall plötzlich drei intensive Einheiten läufst. Kleine Faustformel: Steigere maximal um 15 Prozent den Umfang und fahre ihn in der Erholungswoche um bis zu 50 Prozent herunter.

Trailrunning bedeutet, und das ist so ein schöner, lohnender Aspekt dieses Sports - nein, es ist ein Lifestyle -, einfach mal drei gerade sein zu lassen und sich nicht abzuhetzen, Zeiten und Kilometern hinterherzujagen, sondern die Natur um dich herum und unter deinen Füßen wahrzunehmen.

Ich hatte hier in den Bergen Zeiten, da bin ich in den Wintermonaten teilweise 10-15 Stunden in der Woche gelaufen und hatte so eine solide Grundlage und Kraftausdauer, um an ein paar Ultratrails teilzunehmen. Hätte ich mich auf einen bestimmten Kilometerumfang fokussiert, hätte ich deutlich mehr Stunden gebraucht, damit wäre die Müdigkeit angestiegen und damit auch das Verletzungsrisiko. So gerät man mitunter schnell in eine Abwärtsspirale, aus der es dauern kann, sich wieder hinaufzuwinden.

Hast du beispielsweise 40 Minuten Zeit, dann nutze diese und hüpfe auf die Trails, ob du in dieser Zeit fünf oder acht Kilometer schaffst - was zählt, ist die Zeit auf deinen Beinen.

Und genau dieses Prinzip entspricht so gar nicht dem, was man aus gemeinen Laufbüchern kennt: möglichst hohe Umfänge zu laufen, um einen guten Halbmarathon oder Marathon hinzulegen. Immer wieder treten solche „Fälle" in meinen Coachings auf. Es geht in der

Vorbereitung auf ein Trailrunningprojekt, ob in Eigenregie gelaufen oder ob ein spezifisches Event ansteht, stets um die Qualität, nie darum, möglichst viele Kilometer abzureißen.

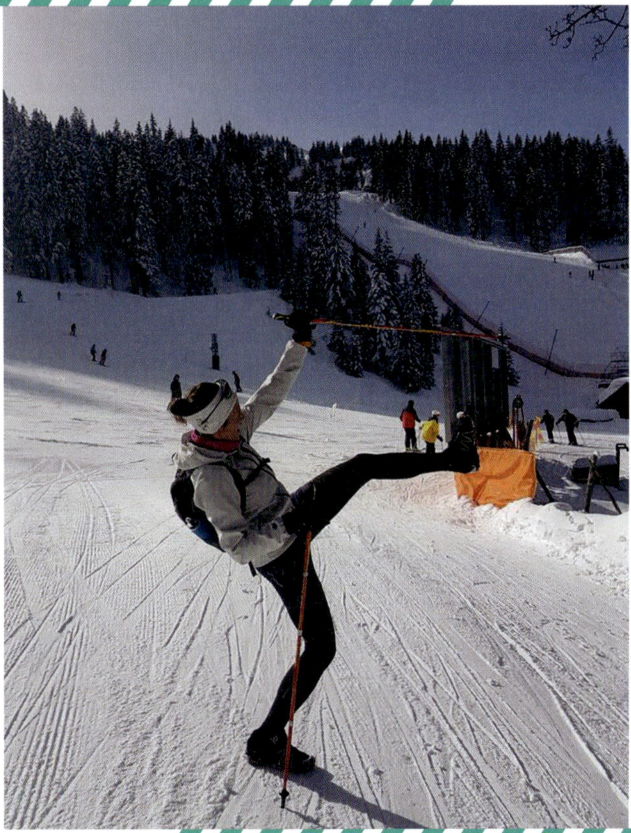

Mit dem Fokus auf der Qualität bei deinen Läufen erreichst du langfristig mehr, als dich darauf zu fixieren, unbedingt noch einen 35 Kilometer langen Lauf einzutüten.

Das Laufen über Stock und Stein fordert dem gesamten Muskel-, Sehnen- und Bänderapparat viel mehr ab als das Laufen auf befestigten Wegen, also Asphalt. Deswegen dosiere deine Läufe gut und stelle dir immer wieder auch die Frage:

» Was ist meine konkrete Intention mit dem Lauf, den ich heute vorhabe?

Gern wird bevorzugt im Sommer auf den Trails in den Mittelgebirgen und den Voralpen „geballert", was das Zeug hält. Jeden Tag meint man, sich mit einer noch tolleren Tour als am

Vortag übertrumpfen zu müssen und zeigt dann stolz die gelaufenen Kilometer und krassen Höhenmeter dazu. Bis eines Tages die Quittung kommt – und sie wird kommen. In Form von Stürzen, Verletzungen, resultierend aus Übermut und zu viel des Guten.

Wenn du lange den Trailrunninglifestyle leben willst, finde heraus, wie viele Stunden Training dein Körper gut wegsteckt und du dich gut dabei fühlst. Für die eine bedeutet das vier Stunden pro Woche, für andere unter Umständen sieben, acht oder mehr Stunden, je nachdem auch, wie erfahren du bist und vielleicht einen längeren Hintergrund im Straßenlauf hast, der es dir ermöglicht, ein gewisses Pensum beim Trailrunning aufrechtzuerhalten.

Viele denken immer nur eine Saison weit, also das, was sie die kommenden Monate alles laufen wollen, ohne das große Ganze im Auge zu behalten. Das soll kein Vorwurf sein. Wenn es dir gelingt, immer leicht unterhalb der Schwelle zu bleiben, an der du dich noch gut fühlst, steht einem langen Trailrunningleben nichts im Weg.

Ich gehe davon aus, dass du bei der Auswahl von Lebensmitteln, deiner Urlaubsziele und Kleidungswahl auch bedacht bist auf Qualität und möglichst viel daraus ziehen willst, anstatt dich mit Dingen zu ernähren, die minderwertig sind.

» Warum also beim Training daran sparen und die Zeit mit unnötigen, leeren Kilometern füllen?

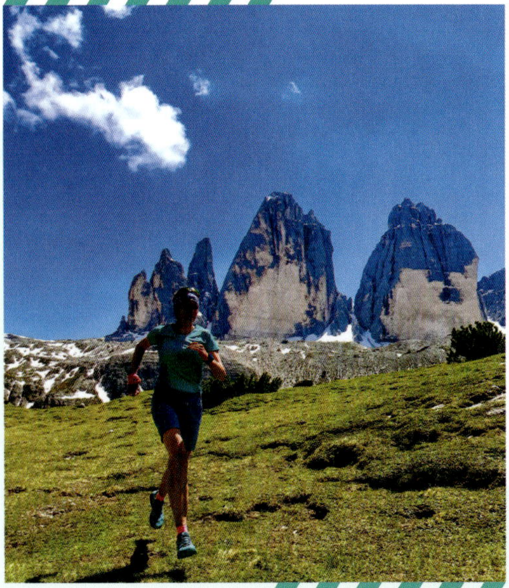

Nach fast 30 Jahren im Laufsport und rund zwei Dritteln davon auf Trails, bin ich immer noch hier, trage noch keine künstlichen Knie- und Hüftgelenke in meinem Körper spazieren. Und das nicht, weil ich großartig bin und alles weiß. Nein, ich habe auch erst durch eine lange Kette an Fehlern gehen müssen, um zu erkennen und zu differenzieren, was diesen Sport ausmacht, nicht nur für den Geist und die Seele, sondern wie man das Training spezifisch gestalten kann, um möglichst noch mit 80 als sportliche Lady die Trails unter die Füße zu nehmen.

Es ist möglich und meine Mutter dafür vielleicht ein gutes Beispiel. Mit Ende 60 läuft sie gemeinsam mit ihrem Mann, schon Mitte 70, noch regelmäßig gut koupierte Runden auf Waldwegen und nimmt dabei gern auch ein paar Hausberge auf Single Trails mit. Dass das noch geht, liegt auch daran, dass beide nie sehr hohe Umfänge trainiert haben, sondern immer in einem Bereich geblieben sind, der es ihnen ermöglicht, gesund und fit zu bleiben. Schneiden wir uns also ein Scheibchen Disziplin und Gelassenheit von ihnen und allen anderen Läufern ab, die zu den Senioren zählen.

Gehörst du, liebe Leserin, eher einer sehr jungen Generation an und denkst dir jetzt, oje, das ist doch viel zu weit in die Zukunft, verstehe ich das. Dann kannst du dir klarmachen, dass du in deinen jungen Jahren noch am Anfang stehst und dir wirklich Zeit geben solltest mit den ganzen langen Kanten im Trailrunning. Finde Freude und Spaß an kürzeren Strecken, gib deinem Körper die Zeit, die er braucht, um sich genügend anzupassen und dann mit jedem Jahr, das mehr vergeht, aus dem Vollen zu schöpfen.

Wegweiser:

Wer weise seine Saat sät, kann reichlich ernten. Wer die Samen zu früh aus dem Boden zieht, entzieht sich selbst den starken Wurzeln, die es für das Trailrunning braucht.

3.5 Uphill und Downhill

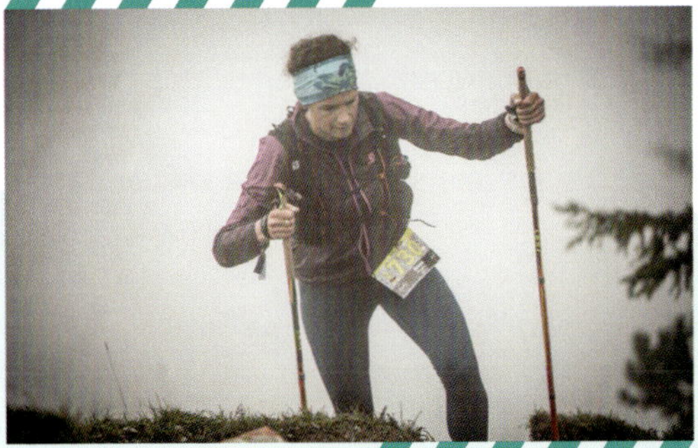

Uphill ist eine Art Fachwort im Trailrunning und bezeichnet sämtliche Formen des Hochlaufens an einem Berg bzw. einem vergleichbaren Anstieg. Ob es nun eine kleinere Forstwegrampe im Wald ist oder es einen steilen Berg hochgeht – es bedarf einer gewissen Fertigkeit und Technik, um (fast) jeder Steigung gewachsen zu sein. Und auch *du* kannst das lernen.

Herbst 2016. Gerade einmal ein paar Tage wohnte ich in Garmisch und blickte jeden Morgen vom Balkon aus fasziniert in die Bergwelt um mich herum. Besonders das Zugspitzmassiv so nah vor der Nase zu haben, ließ mein Herz höherschlagen. Die Frage war nur: Welcher Berg darf es heute sein? Ich musste mich immer kneifen, um zu verstehen, dass ich nicht mehr nur auf ein Urlaubswochenende hierherkommen konnte, sondern wirklich hier wohnen durfte.

Ich stand zunächst wie der Ochs vorm Berg und hatte keine Ahnung, wie ich jemals auch nur einen dieser krassen Berge locker hochkommen würde. Das war nicht vergleichbar mit den drei Hügelchen, die ich aus Baden-Baden kannte, allen voran der in der Gegend bekannte Merkur auf immerhin 670 Meter Höhe.

Das war eine neue Dimension in Garmisch. Ich bereitete also meine Laufweste (mehr dazu in Kap. 4.4) vor und wärmte mich eine gute Viertelstunde auf, bevor der lange Anstieg hinauf zum Wank begann.

Schon nach wenigen hundert Metern war ich ziemlich aus der Puste und wusste nicht, wie ich den ganzen Weg bis zum Gipfel überhaupt schaffen sollte. Es lagen noch knapp 1.000 Höhenmeter vor mir.

Atemlos verlangsamte ich mein Tempo und wechselte in einen flotten Gehschritt. Siehe da, neue Kraft kam in mir auf. Ich war in der Lage, zügig hochzugehen und schaffte so die ganze Strecke.

Beseelt setzte ich nach einer kurzen Trinkpause am Gipfelkreuz zum Rückweg an (denn wo es hochgeht, geht es ja bekanntlich auch wieder hinunter) und wurde mit einem tagelangen Muskelkater belohnt. Notgedrungen musste ich mir also überlegen, wie ich zukünftig auch steilere Anstiege laufen konnte, ohne frustriert und atemlos zu sein. Denn das Ziel ist es, möglichst entspannt und ausdauernd einen Anstieg zu laufen und Spaß zu haben. Wer nach wenigen hundert Metern schon genauso frustriert ist, wie ich es damals war, gibt irgendwann auf.

Es gibt ein paar Techniken und Tipps, die dir das Uphill Running erheblich erleichtern können.

Suche dir aus den Möglichkeiten ein oder zwei Tipps heraus und setze diese in kleinen Schritten auf den Trails um.

Sobald du merkst, dass du schon leichter einen Anstieg hochkommst, mache mit dem nächsten Tipp weiter.

Überfordere dich nicht und sei einfach neugierig und offen dafür, Neues zu erleben und erlernen. Selbst noch heute, nach so vielen Jahren, die ich schon auf Trails laufe, lerne ich Neues dazu. Das kann auch bedeuten, eine bereits erlernte Technik zu verfeinern und zu vertiefen. Das Gute am Trailrunning ist: Man lernt nie aus!

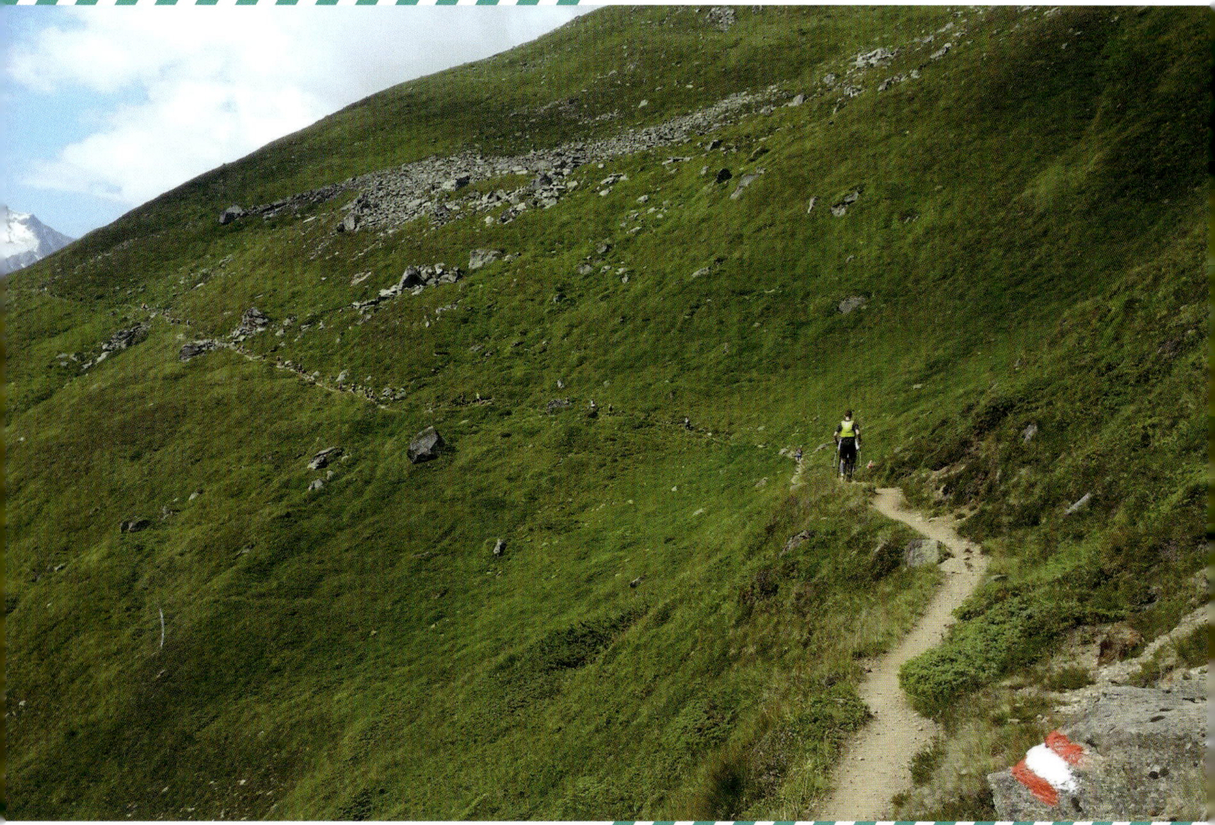

- Suche dir am Anfang einen Anstieg, der ein paar hundert Meter aufweist und nicht so steil ist, dass du gar nicht mehr laufen kannst.
- Laufe dich immer mindestens 15 Minuten lang ein, damit die Muskeln warm sind. Ein Kaltstart, einen Lauf direkt mit einem Anstieg zu beginnen, ist keine gute Idee.
- Gehe diesen Anstieg für die ersten 2-3 Wochen flott hoch und übe die schnelle Gehtechnik, bevor du ins Laufen übergehst. Gehe ein paar Mal flott hinauf und trabe locker wieder hinunter.

Wegweiser:

Mit der flotteren Gehtechnik vermeidest du vor allem einen zu schnellen Anstieg deines Pulses, was kontraproduktiv wäre, da du zu schnell übersäuern und irgendwann die Freude am Trailrunning verlieren würdest. Bleibe geduldig und am Ball.

3.5.1 In vier Schritten zum Uphill-Running-Erfolg

SCHRITT 1

Beim Uphill Running werden ganz andere Muskeln beansprucht, die beim normalen Straßenlaufen nicht so sehr mit einbezogen sind.

Durch längere Schritte am Anstieg trainierst und stärkst du wunderbar deine Wadenmuskulatur und die der hinteren Oberschenkel. Beide Bereiche werden bei Verlängerung des Schritts auch gedehnt. Durch das Fehlen der Schläge, die man beim Laufen ja automatisch hat, schonst du einen gewissen Teil deines Apparats.

Hast du nun also eine 10 Kilometer lange Laufrunde, die überwiegend aus Trails besteht, bist du durch das zeitweilige Gehen am Anstieg insgesamt deutlich schonender unterwegs, als wenn du dieselbe Distanz auf der Straße läufst.

SCHRITT 2

Der Oberkörper sollte beim Uphill leicht nach vorn geneigt sein, aber nicht so übertrieben, als würdest du gleich überkippen. Achte darauf, dass du dich aus der Hüfte heraus nach vorn beugst. Die Hände kannst du leicht auf den Oberschenkeln auflegen, kurz oberhalb der Knie, und dich bei jedem Schritt etwas abdrücken. Vermeide es, die Arme zu weit oben zu halten oder im unteren Rücken oder seitlich am Körper abzustützen. Es ist wichtig, dass du eine gewisse Dynamik in der Bewegung hast und alles ineinander spielt.

Es kann gut sein, dass du nach dem Üben dieser Technik etwas Muskelkater hast. Aber mit regelmäßigem Üben wirst du schnell Fortschritte sehen und merken, wie du leichter einen Anstieg hochkommst, und das sogar recht flott.

SCHRITT 3

Richte den Blick ein paar Meter nach vorn, so, als würdest du vorausschauend Autofahren. Den Kopf dabei aufrecht halten, ohne zu verkrampfen und deinen Rhythmus finden, indem du, ohne atemlos zu werden, flott gehen kannst. Sollte der Trail Kurven aufweisen, schaue auch da voraus.

» Wo sehe ich einen großen Stein oder Wurzeln?
» Wie kann ich eine ideale Linie finden, um die ich laufen/gehen kann?

SCHRITT 4

Sobald du eine solide Grundlage im schnelleren Gehen aufgebaut hast, mache mit kurzen Laufpassagen weiter. Du kannst auch zwischen Laufen und Gehen wechseln und ein kleines Fahrtspiel daraus machen. Beim Uphill Running ist es wichtig, dass du auch hier erst deinen Rhythmus findest, bevor du an Schnelligkeit denkst.

Um abzuwägen, ob eine Steigung noch laufbar ist, kannst du es testen und etwa 100 Meter hoch-„traben", um zu schauen, ob du noch weiterlaufen könntest oder ob du merkst, dass du mit flottem Gehen genauso schnell wärst.

Wegweiser:

Wenn du bei einer Steigung, die du langsam hochläufst, genauso schnell bist wie im flotten Gehschritt, bleibe beim Gehen, da man muskulär deutlich an Kraft spart, den Puls erst einmal unten hält und unterm Strich länger und ausdauernder unterwegs sein kann, da noch Körner zum Laufen im Flachen und beim Downhill übrig bleiben.

3.5.2 DOWNHILL

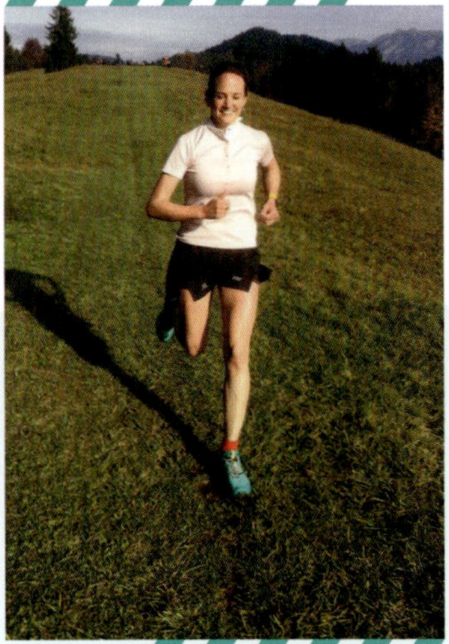

Das Bergablaufen, auch ganz einfach *Downhill Running* genannt, unterscheidet sich in einigen Punkten vom Uphill Running. Im Wesentlichen geht es beim Downhill Running auch darum, seinen ganz eigenen Rhythmus zu finden und vorausschauend zu laufen. Wie das geht, kannst du gleich in den einzelnen Schritten nachlesen.

Genau wie beim Uphill Running tastest du dich Schritt für Schritt an die neue Herausforderung heran.

Dass du zu Beginn vielleicht etwas unsicher bist und nicht genau weißt, wie du jemals locker einen Anstieg hinunterlaufen kannst, ist normal. Die meisten von uns haben einen automatischen Reflex eingebaut, eher zurückgelehnt und etwas gebremst einen Berg hinunterzulaufen oder zu gehen. Mir ging es da nicht anders.

Das Downhilllaufen erfordert etwas mehr Fokus und Koordination als das Uphill Running. Die Gefahr, sich zu verletzen, z. B. umzuknicken oder zu stolpern, ist etwas größer, da man den Fuß anders aufsetzen muss und den Körper mehr ausbalancieren muss. Allerdings gibt es ein paar Kniffe, die du beherzigen kannst und die sogar helfen, das Risiko, umzuknicken, zu mindern.

Los geht es mit den einzelnen Schritten, um locker-flockig einen Downhill zu meistern.

SCHRITT 1

Lehne dich leicht nach vorn, quasi in die Steigung, sodass du im Schwerpunkt bist und nicht dahinter. Der natürliche Reflex ist, sich nach hinten zu lehnen, um abzubremsen, aber dadurch erhöht sich das Risiko, vorzeitig in den Oberschenkeln zu ermüden und umzuknicken. Achte darauf, dass Hüfte, Knie und Knöchel eine Linie bilden.

Klar kannst du dies nicht messen, aber ein Gefühl dafür entwickeln, ob du im Schwerpunkt bist, dich zu weit nach vorn lehnst oder eben unter den Schwerpunkt gleitest. Die Schritte sind erst einmal eher kurz als lang, da du langen Bodenkontakt vermeiden solltest. Kurz aufkommen und wieder abheben in hoher Frequenz, so lautet die Devise.

SCHRITT 2

Mache kleine Schritte nach vorn und versuche, möglichst auf dem Mittel- oder Vorderfuß zu landen. Richte den Blick ein paar Meter vor dich und schaue, ob eventuell kleine Hindernisse wie Wurzeln, Stufen, Gesteinsbrocken oder große Pfützen mit schlammigen Abschnitten im Weg sind.

Downhill Running bedeutet, eine eigene Linie zu finden, die nicht unbedingt gerade ist, sondern sich den Gegebenheiten anpasst, also eher kurvenförmig ist. Frage dich, wo es sinnvoll ist, aufzukommen und vermeide es, auf nassen Wurzeln oder größeren, rutschigen Platten zu landen. Setze in einem solchen Fall lieber auf dem Bereich daneben auf oder hüpfe sogar über Pfützen.

Downhill Running ist gespickt mit ganz viel Spaß. Voraussetzung dafür ist, eine mentale Sicherheit aufzubauen und dann in der Lage zu sein, etwas kopfloser und unbekümmerter unterwegs zu sein. Und das geht, indem du immer wieder solche Abläufe übst.

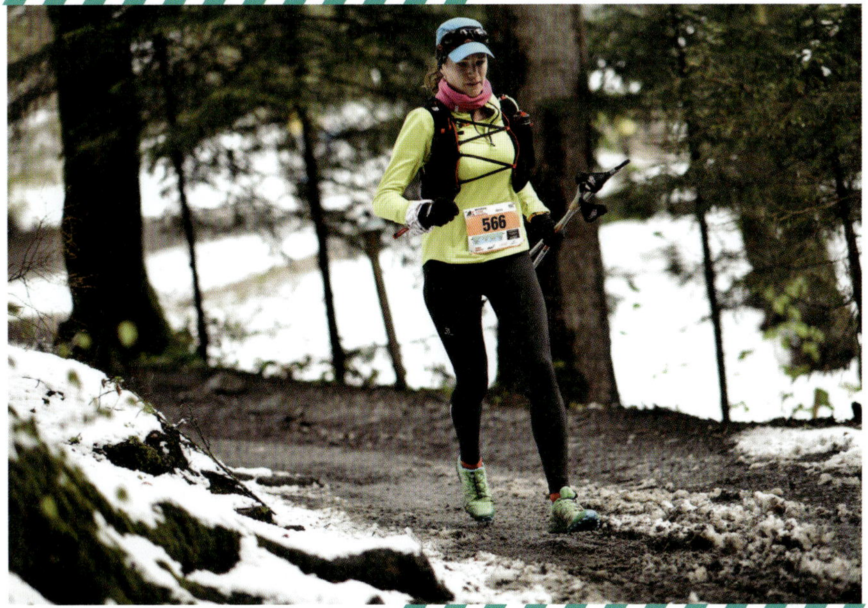

Nimm dir immer nur so viel vor, wie du schaffen kannst. Du musst nicht jedes Mal aus deiner Komfortzone gehen. Taste dich in Häppchen an den Downhill und laufe beispielsweise nur einen bestimmten Abschnitt. Beim nächsten oder übernächsten Mal läufst du ein Stück weiter. Je öfter du übst, desto schneller wächst auch deine Sicherheit und Selbstvertrauen am Downhill.

SCHRITT 3

Die Arme funktionieren wie kleine, aufgespannte Ruder neben dem Körper und schwingen anders als beim Laufen in der Ebene. Sie haben die Aufgabe, den Körper auszubalancieren, abzufedern und mit der Rotation beim Downhill mitzugehen, denn im Downhill sind deine Knie und der ganze Körper insgesamt noch aktiver. Am Anfang kann die Ruderbewegung der Arme aussehen wie ein Hampelmann, aber das spielt keine Rolle. Es geht darum, sicher zu laufen, anstatt gut dabei auszusehen.

Öffne den gesamten Schulter- und Oberkörperbereich, damit du auch genug Luft bekommst, denn viele Läuferinnen machen beim Downhill Running den Fehler, vor lauter Konzentration die Luft anzuhalten und verspannen dann, bekommen sogar Seitenstechen. Stelle dir im Kopf vor, du würdest leicht wie ein Adler über den Trail gleiten und deine Richtung genau kennen. Folge deiner Linie!

Mit diesen Tipps bzw. Schritten solltest du gut ausgerüstet sein und deinem Downhillspaß nichts groß im Weg stehen. Wie beim Uphill Running auch, übe die ersten 2-3 Wochen erst auf kürzeren Passagen, gehe dann ein Stück, atme tief durch und nimm dir dann den nächsten Abschnitt vor. Und ganz bald wirst du schon einen längeren Downhill meistern.

Wegweiser:

Denke daran, insbesondere nach dem Bergablaufen, deine Beine gut auszurollen und etwas zu dehnen, um die Faszien zu lockern und die Muskulatur zu entspannen.

Dein Körper leistet Großartiges für dich!

3.6 Praxisbeispiel – von null auf 10 Kilometer

Ob ambitionierte Freizeitläuferin oder Leistungssportlerin – als Läuferin wollen wir doch im Grunde durchs Laufen nicht nur glücklichere Menschen sein, sondern auch schneller werden und merken, wie sich die Fitness Schritt für Schritt steigert. Wir wollen merken, dass sich unsere Mühen auch auszahlen und von dem, was wir ernten, also trainieren, auch die Blüte erleben. Damit ist nicht gemeint, das Podium als erste Frau bei einem Rennen zu erklimmen, sondern ich meine, dass du in erster Linie für dich Fortschritte verzeichnen kannst.

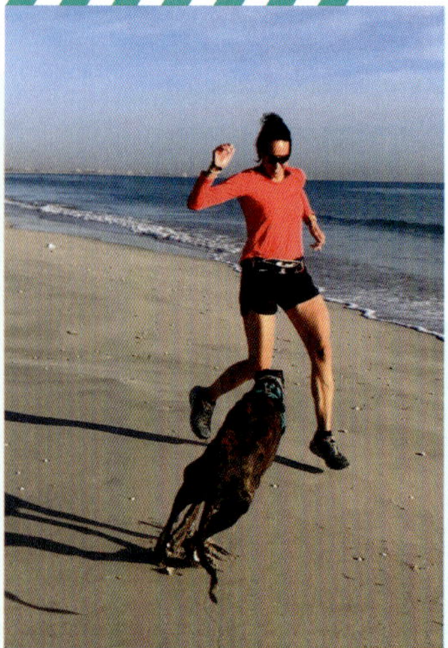

Auch nach über 25 Jahren als Ausdauerläuferin und einigen zehntausend Kilometern in den Beinen bin ich immer noch motiviert, meine Zeiten zumindest etwas zu verbessern. Herausforderungen machen Spaß. Sie fördern den inneren Antrieb und geben so manchem Training einen Sinn.

Vielleicht denkst du jetzt: Ja, aber was ist denn so wichtig daran, ob ich nun die 10 Kilometer in 50 Minuten oder in einer Stunde laufe? Erst einmal gar nichts. Denn etwas wird erst dann wichtig, wenn wir dieser Sache Bedeutung beimessen. Selbst wenn du nach außen hin meinst, es sei dir nicht wichtig, wie schnell du bist. Hand aufs Herz: Der Mensch strebt nach Weiterentwicklung und Verbesserung seiner Leistungen, ob nun im Sport, im Beruf oder in persönlichen Beziehungen.

Heute erzähle ich eine schöne, hoffentlich inspirierende Erfolgsgeschichte, direkt aus dem Leben gegriffen, so, wie es dir gehen kann, wenn du ein Ziel verfolgst und es auch erreichst.

Lisa kam an einem kalten Januartag auf mich zu. Sie fasste sich in kurze Worte, als wir bei einem Kaffee zusammensitzen, um herauszufinden, ob mein Coachingangebot auf sie passen könnte, dies konkret im Rahmen eines Personal Trainings, also persönlicher Laufbegleitung.

„In drei Monaten will ich 10 Kilometer am Stück und ohne Pause durchlaufen", sagte sie. „Bekommen wir hin", antwortete ich.

Bis zu jenem kalten Wintertag konnte Lisa gerade mal fünf Minuten am Stück durchlaufen. Schnell gingen ihr Kraft und Puste aus. Sie war es gewohnt, mit ihrem Hund täglich lange Spaziergänge zu machen. Eine gewisse Grundkondition brachte sie zwar mit, doch die Zweifel im Kopf hatten sich ausgebreitet. Aber sie war fast besessen von der Idee, einmal diese Distanz bewältigen zu können. Zum damaligen Zeitpunkt brachte Lisa auch noch einige Kilos mehr mit auf die Waage, als ihr recht war. Sie steckte voller Selbstzweifel und um ihr Selbstvertrauen war es nicht gerade gut bestellt.

Wir trafen uns ein paar Tage später zur ersten Trainingseinheit: Ich merkte ihr eine gewisse Aufregung an oder einen gewissen Druck. Der Start ins Unbekannte, ins Neue. Einlassen auf Veränderung. Die meisten scheuen davor zurück. Schnell sehe ich Lisa an, dass sie wirklich ihr Ziel erreichen will und bereit ist, Energie, Zeit, Geld und gute Nerven ins Training zu investieren. Wir laufen sehr langsam entlang eines Flusses, wenige Minuten, legten dann wieder Gehpausen ein und beendeten das Training.

Für die verbleibende Woche erhielt Lisa einen Trainingsplan, der wie folgt aussah:

- **Zweimal Easy Run:** Auf zweimal 10 Minuten verteilt wechseln zwischen ganz lockerem Traben und schnellem Gehen nach Gefühl, dazwischen fünf Minuten gehen.
- **Ein Intervall:** Dreimal vier Minuten laufen mit je zwei Minuten gehen - dazwischen ein Intervall: einmal sieben Minuten laufen, fünf Minuten gehen, einmal drei Minuten laufen, drei Minuten gehen, eine Minute laufen, eine Minute gehen.

Notiz am Rande: Bei allen Einheiten gilt es, die Geduld und den Fokus auf den Moment zu richten. Die Zeit ist nicht das Ziel, sondern nur ein Anhaltspunkt.

In der dritten Woche und mit kontinuierlichen Erfolgserlebnissen standen folgende Einheiten auf dem Plan:

» **Zweimal Easy Run:** Auf 30 Minuten verteilt wechseln zwischen 10 Minuten lockerem Joggen, dann 10 Minuten laufen, danach 10 Minuten wieder locker joggen.
» **Ein Intervall:** Fünfmal vier Minuten laufen mit je zwei Minuten gehen dazwischen; das Intervall in zügigem Tempo laufen, die zwei Minuten in schnellerem Gehschritt.
» **Einmal Wochenziellauf:** 17 Minuten durchlaufen >> EXTRA: noch einmal 12 Minuten durchlaufen (aber an zwei verschiedenen Tagen, nicht am selben Tag).
» **An Anstiegen auf die Technik achten:** Die Arme von der Hüfte nach vorn ins Dreieck schwingen. Sich leicht nach vorn lehnen. Die Beine leicht gebeugt lassen, auf den Mittelfuß achten. Und nach und nach auf dem Zeh abrollen.
» **Sich die „liegende Acht“** immer wieder im Kopf vorstellen. Dynamische, schwungvolle Bewegung in den Schultern.

Bei Lisa waren nicht nur im Laufen enorme Fortschritte sichtbar. Sie verlor nach und nach, ganz ohne spezifische Diät, Gewicht und reduzierte ihren Körperfettanteil. Beruflich nahm sie ebenfalls Veränderungen wahr, konnte sich besser positionieren und trat selbstbewusster gegenüber dem Chef und Kollegen auf.

Ende April war es dann so weit. An einem sonnigen Tag liefen wir zusammen ihre ersten 10 Kilometer am Stück auf einem sanften Trail, in unter einer Stunde inklusive fast 200 Metern Anstiegsmetern. Überglücklich sagte sie danach: „Das war erst der Anfang. Im Sommer laufe ich 18 Kilometer auf die Hütte meines Bekannten.“

Das Geheimnis ihres Erfolgs war, dass es gar keins gab. Ich kann als Coach das Rad nie neu erfinden und mir anmaßen, zu behaupten, dass ich alles weiß, sondern nur Anstöße geben und Methoden weitergeben, die aus Erfahrung bisher nicht nur mich, sondern auch zahlreiche Läufer und Läuferinnen weitergebracht haben.

Im Folgenden stelle ich dir Trainingseinheiten vor, die dich weiterbringen können, wenn du am Ball bleibst. Es ist ein grober Umriss, und kein Plan passt auf alle.

Wegweiser:

Nutze die Einheiten als groben Leitfaden, als Inspiration. Oberste Devise dabei: Höre gut auf dein Bauchgefühl. Zwickt mal etwas oder merkst du, dass sich eine Erkältung anbahnt, dann lege lieber einen Ruhetag ein.

3.6.1 Beispieltrainingsplan

Du willst in 30 Jahren auch noch laufen und dir nicht in ein paar Wochen die Haxen verbrannt haben, oder?!

Intervalle:

- 4-5-mal 2-3 Minuten flott mit gleicher Entlastungsdauer
- 4-8-mal Berganlauf circa 30-45 Sekunden lang, nach jedem Intervall eine Minute Pause.

Stufentraining, falls du keine Berge vor der Haustür hast: Im Stadion oder wo du Treppen findest, mehrmals hintereinander Treppen laufen.

Steigerungen: Am Ende eines lockeren Laufs 3-5-mal 20 Sekunden aus dem lockeren Tempo steigern, danach jeweils 60 Sekunden locker traben oder gehen.

Long Run: Nicht zu verwechseln mit dem Long Jog. Fordere dich heraus und laufe einen längeren Lauf zügiger als im Joggingtempo. Lasse die Pulsuhr ruhig weg und übe mehr und mehr, dein Tempogefühl zu schulen und dich an deiner Atmung zu orientieren.

Pyramide: Nach einer Aufwärmphase erst eine, dann zwei, ... bis fünf Minuten, dann wieder vier, drei, zwei, eine Minute im zügigen Tempo laufen und nach jedem Intervall die gleiche Zeit locker traben.

Blocktraining 3:1: In der Erholungsphase wirst du schneller, wenn die entsprechend gesetzten Trainingsreize verarbeitet werden. Bedeutet, dass du über drei Wochen hinweg stetig dein Training steigerst, also Intensität und Umfang, und in der vierten Woche ruhige Läufe machst.

Genieße deinen Prozess, denn DEIN Weg ist das Ziel.

3.7 Allein oder in der Gruppe laufen?

Ich gebe zu, dass ich im Grunde sehr einzelgängerische Tendenzen habe und diese auch fast mein ganzes Leben lang besonders im Sport ausgelebt habe. Ich bin gern mit mir unterwegs und genieße meine eigene Gesellschaft, kann vom Trubel des Alltags so oft am besten abschalten.

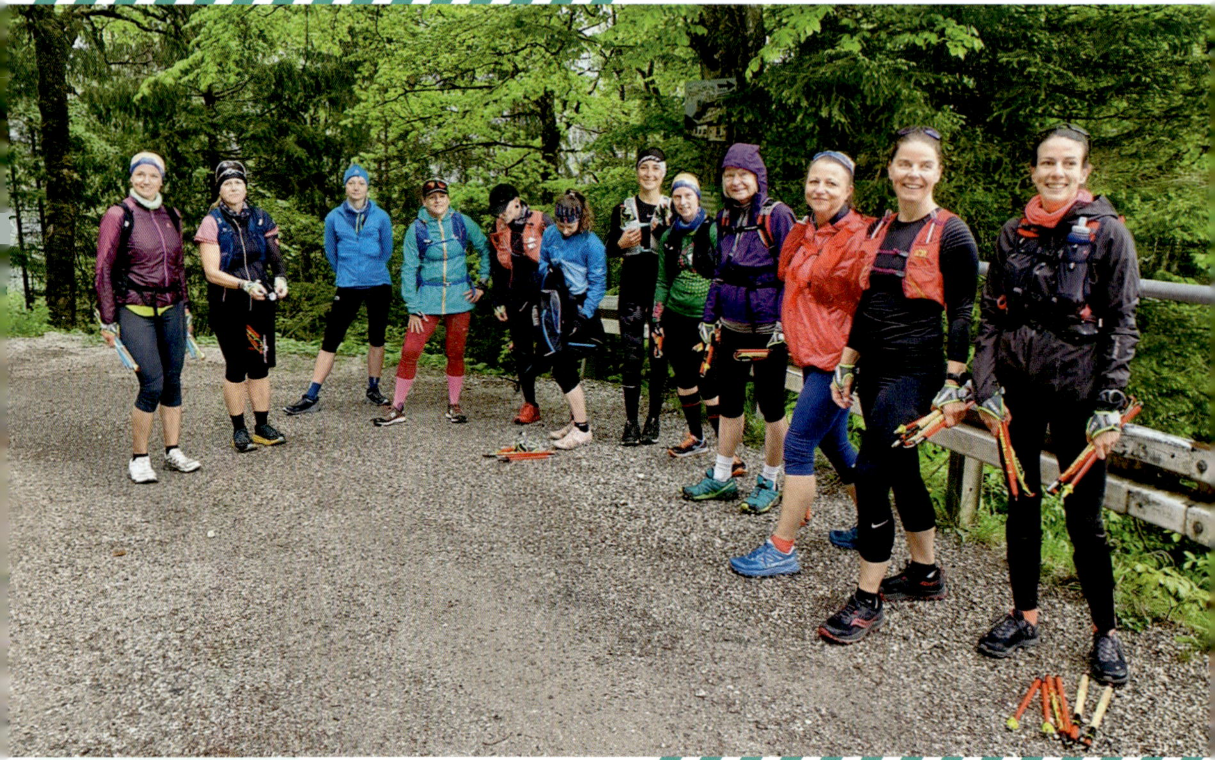

Vielleicht tickst du ähnlich und das Laufen in der Natur lädt dich so positiv auf, dass du kaum oder gar kein Bedürfnis danach hast, mit anderen Läuferinnen (oder natürlich Läufern) unterwegs zu sein. Das ist völlig berechtigt. Als meine Kinder noch sehr klein waren, waren die Läufe immer meine Energie-Auftankstation und die Ruhe, die ich beim Laufen in der Natur fand, umso schöner.

Natürlich gab es in den vielen Jahren, die ich nun schon auf Trails unterwegs bin, auch Phasen, in denen ich mich oft zum Laufen verabredete und es genießen konnte, gute Gespräche in Bewegung zu führen, einfach nur zuzuhören oder selbst ein paar Themen loszuwerden.

Das viele Laufen allein prägte auch meine Wettkampferfahrungen auf den sehr langen Ultratrails, die ich gelaufen bin. Ich war es so gewöhnt, mich auf mich selbst zu verlassen, dass ich mit den Unwägbarkeiten, die nun mal passieren, wenn man eine gefühlte Ewigkeit läuft, relativ gut zurechtkam. In heiklen Momenten war ich in der Lage, mir Lösungen zu einem jeweiligen Problem, das sich auf der Strecke auftürmte, zu überlegen.

Vielleicht rührt es tiefenpsychologisch auch daher, dass ich schon früh auf mich allein gestellt war und lernen musste, Verantwortung zu übernehmen.

3.7.1 Verlasse dich auf dich selbst

Und diese Eigenverantwortung ist ein wichtiger Punkt im Trailrunning. Wir können uns auf niemand anderen verlassen, oder sollten es nicht tun. Wie oft bin ich blind anderen Läufern hinterhergetrabt in der Annahme, auf dem richtigen Weg zu sein. Solche unbequemen Situationen habe ich umso mehr hier in den Bergen erlebt.

Ab ging es auf eine neue Route, vor mir tummelten sich andere Läufer und Wanderer, „die werden es schon wissen", nur um dann erst viel später festzustellen, auf der völlig falschen Fährte zu sein. Trailrunning lehrt dich, dein eigenes Navigationssystem zu nutzen und mehr auf deine Intuition zu vertrauen.

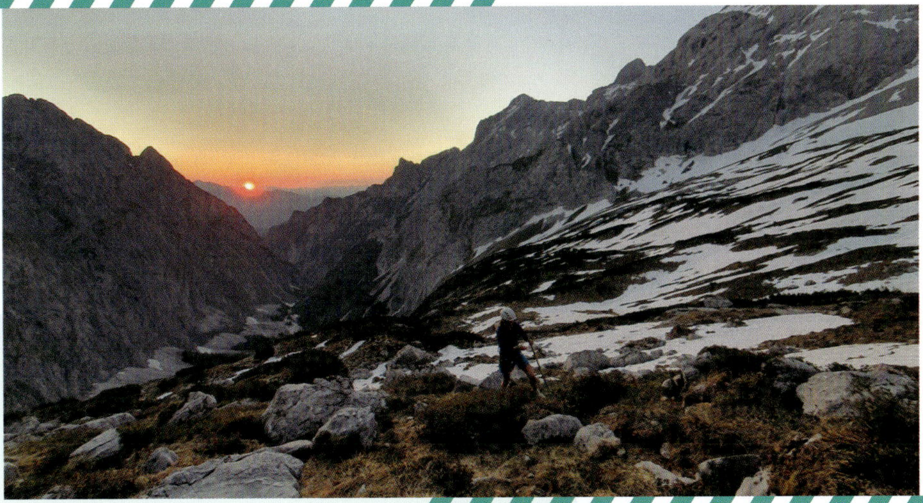

Abgesehen davon, dass nicht jede Trailläuferin automatisch in sehr bergigem Gelände wohnt, trifft der Aspekt der Eigenverantwortlichkeit auch auf all jene zu, die als höchste Erhebung eine 65 Meter hohe Halde vor der Nase haben. Selbst in harmloserem Gelände können kleinere und größere Malheurs passieren. In einer Gruppe zu laufen, kann eine wunderbare Erfahrung sein, genau wie der Aspekt, dass man gemeinsam ein großartiges Erlebnis schafft. Bleibe dennoch unabhängig und gehe immer vorbereitet auf einen Traillauf.

Läufst du überwiegend allein, weil es eher deinem Naturell entspricht, du aus Zeitgründen nicht mit anderen laufen kannst oder du niemanden um die Ecke hast, der oder die auf einem ähnlichen Fitnessniveau ist, beachte Folgendes:

Nimm immer etwas Wasser und einen kleinen Snack mit, wenn du eine neue Route planst oder dir vorbehältst, eine dir bekannte Route unterwegs spontan zu verlängern. So beugst du einem Hungerast vor. Außerdem wichtig, sollte das Wetter kippen: eine dünne Windjacke oder Weste mit im Gepäck zu haben sowie etwas Geld und das Handy.

Klar, es ist immer abhängig davon, wo du dich aufhältst und wenn du dich ohne oben genannte Utensilien auch wohlfühlst, fein. Es sind hier Erfahrungswerte, die ich mit dir teile, und die in den vergangenen Jahren einen großen Unterschied gemacht haben.

Trailrunning hilft, den Fokus auf das Wesentliche zu lenken.

» Wie ist meine Atmung, mein Hunger- und Durstgefühl, mein Energielevel?

Wegweiser:

Läufst du überwiegend allein, hilft dir das enorm, dich besser kennenzulernen und dich auf dich zu verlassen. Diese Erfahrungen wiederum stärken dein Selbstbewusstsein und du kannst auch Herausforderungen im Alltag anders bewältigen, wenn du immer wieder in deinem Kopf die Verbindung zwischen Trailrunning und anderen Lebensbereichen herstellst.

3.7.2 Gruppentraining

2017 begann ich, in Garmisch ein paar Jahre lang als Meinungsbildner für eine bekannte Trailrunningmarke im Frühling und Herbst Workshops zu veranstalten, da erkannte ich, wie wichtig es gerade im Trailrunning sein kann, sich mit anderen Menschen zusammenzutun. Unter dem Motto „How To Trailrun" kamen Läufer und Läuferinnen sogar aus München und dem Allgäu, um den Spirit in der Gruppe zu erfahren und nebenbei ausreichend Tipps und kleine Kniffe im Techniktraining abzustauben.

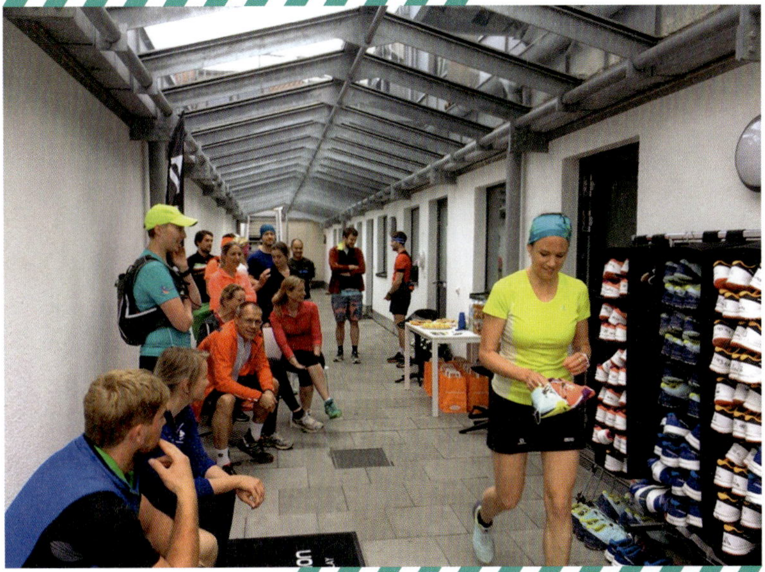

Was mir am meisten aufgefallen ist und mir vorher ehrlich gesagt gar nicht so bewusst war, ist, dass Trailläufer untereinander viel umgänglicher und weniger konkurrenzorientiert sind als reine Straßenläufer. Natürlich gibt es hier, wie auch da, Ausnahmen, die die Regel bestätigen. Aber die Tendenz, weniger auf Zeiten und Geschwindigkeiten zu achten, setzt sich bei Trailläufern eher durch.

Und mir ist zusätzlich aufgefallen, dass unglaublich viele Fragen über das Trailrunning kursieren, es viele als gar nicht leicht empfinden, einen Einstieg zu finden. Und genau dafür empfiehlt es sich, an einem Workshop unverbindlich und kostenlos teilzunehmen. So kann es gelingen, eine gewisse Scheu abzulegen, die meist dadurch entsteht, dass Trailrunning fälschlicherweise oft als Extremsport wahrgenommen und dargestellt wird.

Klar, dass man als Otto Normalverbraucher den Gedanken hegen könnte, nie so leicht und beschwingt über Wurzeln und Steine zu hüpfen, ohne sich gleich beide Haxen zu brechen. So wuchs nicht auch zuletzt durch die Workshops eine kleine, feine Community in Garmisch heran.

Parallel dazu rief ich einen Lauftreff ins Leben, trommelte meine Kontakte zusammen und bot wöchentliche Laufrouten über Stock und Stein an. Es waren meist leicht laufbare Wege mit dem Fokus auf Gemeinsamkeit und Geselligkeit. Niemanden kümmerte es, wie schnell wir unterwegs gewesen waren.

Wir hatten einfach Spaß daran, unterwegs zu sein und für den Moment alle Alltagssorgen hinter uns zu lassen. Bei einer anschließenden Saftschorle oder einem Radler in der Kneipe um die Ecke wurden kunterbunte Geschichten ausgetauscht und über sinnvolle Trainingsgestaltung debattiert.

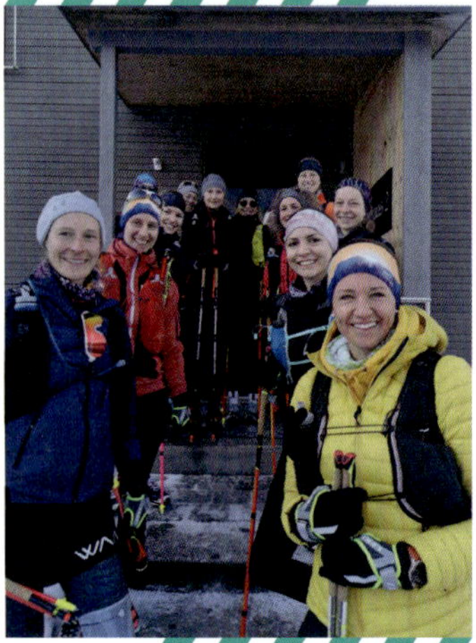

Im Herbst 2020, im Jahr der zweiten oder dritten Covid-19-Welle, entschied ich, angeregt durch die Idee einer Freundin (danke an Nora an dieser Stelle), Trailrunning-Erlebniswochenenden speziell nur für Läuferinnen anzubieten. Im Nu war ein Programm erstellt und mit acht Teilnehmerinnen startete ich in eine Serie von Camps. Und fand den allergrößten Spaß darin, auf eine nahbare Weise das, worauf es im Trailrunning ankommt, zu vermitteln.

Das, was wir auf Social Media so oft sehen – topgestylte Sternchen, spärlich bekleidet in ultrakurzen Shorts und Sport-BHs – entspricht nicht dem Bild der gemeinen Trailläuferin, die im Alltag so viele Bälle in der Luft jonglieren muss.

Nein, es sind Frauen, die mitten im Leben stehen und froh sind, sich eine Stunde fürs Laufen aus dem Tag schneiden zu können. Frauen, die keine Lust darauf haben, sich auch noch in ihrer Freizeit zu messen, sich Druck zu machen, mithalten zu müssen. Es sind Frauen, die einmal mehr unterwegs stoppen wollen, um den nächsten großartigen Ausblick zu erhaschen und die frische Luft zu inhalieren. Frauen, die es genießen, dass ihr Körper zu so viel mehr imstande ist, als sie es sich vorher zugetraut haben. Da bricht der ganze Mut aus ihnen heraus, schon beim ersten Lauf und spätestens beim ersten langen Downhill, wo die Leinen losgelassen werden, und sie merken, es läuft.

Wegweiser:

Trailrunning kann dir ein Gefühl von purer Freiheit schenken, und dies in einer Gruppe aus Gleichgesinnten zu erleben, ist gleich doppelt schön und wertvoll. Es schweißt zusammen und kann dich eine ganze Weile tragen.

Du siehst, es ist weniger eine Frage von entweder-oder, sondern davon, eine Balance zu finden zwischen dem, was dir entspricht und gleichzeitig etwas Neues auszuprobieren. Bis heute gehören die Workshops und Camps zu meinen schönsten Erfahrungen im Trailrunning. Genau das anzubieten, was zu meinen frühen Zeiten im Trailrunning 2008 und danach überhaupt nicht im Angebot war und mir vielleicht auf die eine oder andere Art auch geholfen hätte, mehr das Gefühl einer Laufgemeinschaft zu erleben, die nicht dem klassischen Laufsportverein entsprochen hat.

Gehe also, wohin der Weg dich trägt, trommle ein paar Freundinnen zusammen und erkundet eure Gegend gemeinsam. Selten trifft man in der Regel auf so wohlgesonnene Menschen wie in diesem Sport.

3.8 Was tun als Flachländerin?

» Wohnst du in einem flachen Gebiet, wo die höchste Erhebung eine Halde oder deine Garagenauffahrt ist?

Kein Problem.

Trailrunning ist nicht nur dann Trailrunning, wenn ein Pfad mit möglichst vielen Steigungen gespickt ist und man in Gegenden unterwegs ist, wo es seitlich tausende Meter in die Tiefe geht. Alles andere als das.

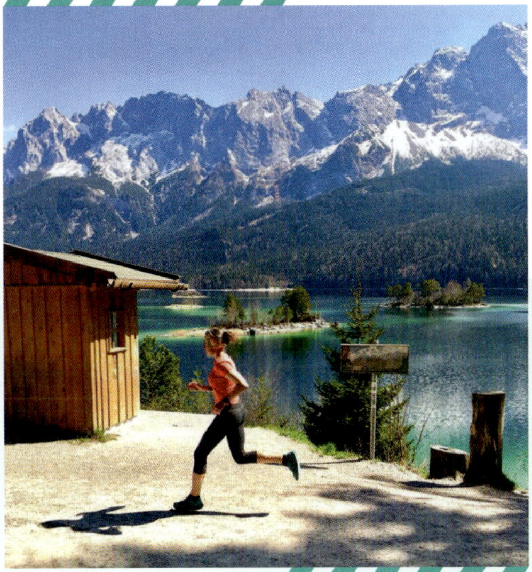

Denn hochalpine Trails versprühen zwar einen ganz besonderen Charme, eine Magie, von der jedes Jahr immer mehr Läuferinnen angezogen werden, aber die wenigsten schaffen es, regelmäßig auf solchen Wegen zu laufen.

Die meisten von uns gehen einem ganz „normalen" beruflichen Alltag nach, wohnen in kleineren oder größeren Städten wie Frankfurt, Köln, Hamburg, Stuttgart, München, Dortmund – um nur ein paar zu nennen.

Vielleicht wohnst du auch außerhalb einer größeren Stadt und bist gesegnet mit weitläufigen Wäldern um dich herum oder hast sogar ein Mittelgebirge oder ähnlich hohe Erhebungen um dich herum, wo du relativ gut hinkommst. Wenn du aber tatsächlich so richtig im Flachland lebst und denkst, wo soll ich denn jetzt einen Trail herzaubern, lasse dir gesagt sein, dass es auch in solchen Gebieten Möglichkeiten gibt.

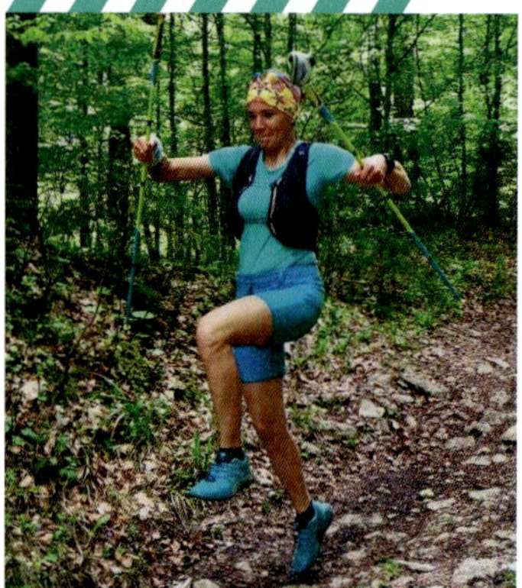

Erinnerst du dich noch an die Definition eines Trails am Anfang des Buchs? Schon der gemeine Waldpfad, Feldwege, Parks und andere Grünanlagen können perfekt fürs Trailrunning herhalten.

Und geboren ist dein *Urban Trailrunning*. Es gilt, etwas erfinderisch zu werden.

Blicke in deiner Umgebung einmal um dich.

» Wo befindet sich ein grünes Stück Natur?
» Wo könntest du hinfahren, um einmal abseits der Straße zu laufen?

Du findest sicher mindestens eine Möglichkeit. Ich bin im Ruhrpott aufgewachsen und lebte lange in wenig bis gar nicht hügeligen Gefilden. Erst als ich einige Jahre in der Schweiz lebte, entdeckte ich auch Trails in den Bergen und nahm regelmäßig eine längere Autofahrt in Kauf, um von Luzern aus auf den Pilatus und wieder hinunterzulaufen. Damals interessierten Höhenmeter wenig, es galt, sich auf den Weg zu machen und sich bis zum Gipfel anzustrengen, um dann die sagenhaften Ausblicke zu genießen.

Auch später, als ich 2011 mit meinen Kindern nach Baden-Baden zog, drehte ich oft im weitläufigen Kurpark und den angrenzenden Wäldern meine Runden. Hauptsache, weg vom Asphalt. Weg von lärmenden Autos und Abgasen. Weg von allzu vielen Menschen.

Auch du kannst in deinem Wohnort auf die Suche nach neuen Wegen gehen. Deutschland punktet zudem mit über 20 Mittelgebirgen. Der nächste Trail sollte also gar nicht allzu weit von dir entfernt sein.

3.9 Die wichtigsten Phasen beim Laufen

» Kennst du das?
» In der Mittagspause hast du ein Zeitfenster von 45 Minuten und weißt, du musst schnell 30 Minuten nutzen und möglichst viel aus deinem Lauf rausholen?
» Stöpselst dir Musik in die Ohren und düst los?

Wer kennt es nicht? Gerade wenn wir durch kleine Kinder, die gebracht und wieder abgeholt werden müssen, in einem strengen Zeitplan stecken, ist es umso wichtiger, gerade auch bei kurzen Läufen von bis 30 Minuten bestimmte Phasen zu berücksichtigen.

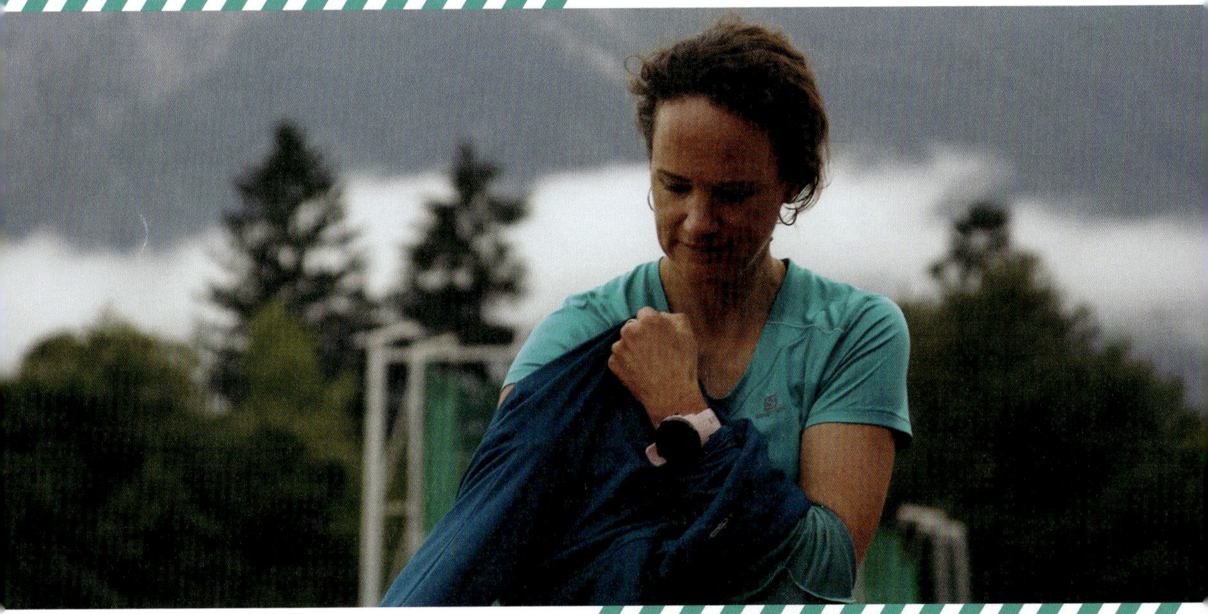

Es ist ein Unterschied, ob du eine Dreiviertelstunde oder länger Zeit hast, auf die Trails zu stürmen. Viele von uns sind auf dem Optimierungstrip, alles soll möglichst mit höchstmöglicher Effizienz geschehen. Doch gerade beim Laufen kannst du dir das so vorstellen, dass der Körper, so wie der Motor eines Autos, auch eine Anlaufzeit braucht.

Je mehr Zeitdruck wir uns aussetzen, desto höher ist das Risiko, uns durch ein zu hoch gewähltes Tempo zu verletzen, eben weil wir möglichst viel in diese 20 oder 30 Minuten stecken wollen. Und am Ende womöglich gestresster sind als vorher.

Ich umreiße dir nun die wichtigsten Phasen beim Laufen, sodass du mit mehr Achtsamkeit deine Einheit gestalten kannst und nicht das Gefühl haben musst, möglichst viel in wenige Minuten zu stecken.

Hast du nur 30 Minuten Zeit, kannst du dich entscheiden, ob ein kurzes Intervall- oder Tempotraining sinnvoll ist oder dir mehr danach ist, den Kopf auszulüften und mit dieser Intention einen eher lockeren Lauf zu gestalten.

Für welche Option du dich auch entscheidest, am wichtigsten sind die Einlauf- und Auslaufphase.

3.9.1 Ein kurzes Intervall- oder Tempotraining

Bleiben wir bei oben genannter erster Variante.

Deine Intention ist, etwas Pfeffer in den Lauf zu streuen, um an deiner Form und Schnelligkeit zu feilen.

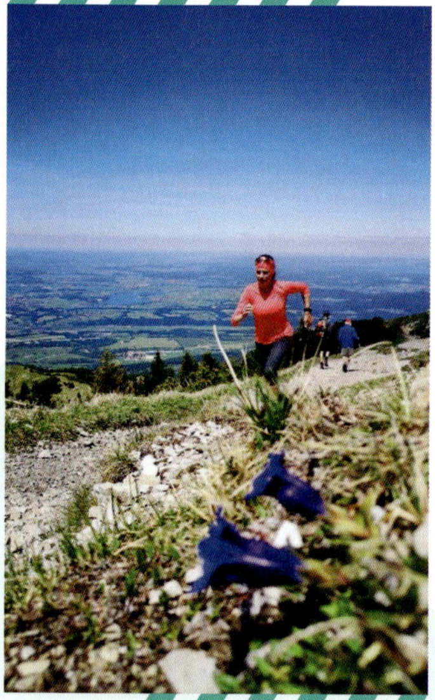

Plane mindestens 10 Minuten fürs Einlaufen ein. Das bedeutet, ein Tempo zu wählen, bei dem du dich noch locker unterhalten könntest.

Gestalte die folgenden 10 Minuten zum Beispiel so:

» Viermal zwei Minuten im schnelleren Tempo mit jeweils 30 Sekunden Trab- oder Gehpause.
» Einmal 10 Minuten im schnelleren Tempo, bei dem du deutlich merkst, dass du aus der Puste kommst.
» 10-mal 30 Sekunden Sprint mit jeweils 30 Sekunden Trab- oder Gehpause.
» Kreiere ein Fahrtspiel und laufe schneller bis zur nächsten Weggabelung, Laterne, Schild oder Baum und reduziere das Tempo etwas um dieselbe Dauer.

Nach diesem zweiten 10-Minuten-Block bleiben dir weitere 10 Minuten, um dich auszulaufen.

Der Körper sollte klare Signale bekommen, durch Minderung des Tempos, dass die Kernarbeit erledigt ist. In dieser Phase deiner kurzen Laufeinheit weicht die Spannung aus den Muskeln und auch im Kopf dürfen die Gedanken einfach frei sein. Lenke in der Auslaufphase deinen Fokus auf die Atmung, schaue möglichst wenig auf die Uhr. Spüre, wie dein Atem fließt, du mit jedem Einatmen das Gute hineinlässt und eventuellen Stress mit jedem Ausatmen ziehen lässt.

Wegweiser:

Vertraue, dass auch kleine Akzente für das große Ganze viel bewirken können. Wer denkt, so ein kurzes Läufchen wäre die Zeit nicht wert, liegt falsch.

Machst du diese Art von Training 2-3-mal pro Woche, trägt das positiv zu deiner wöchentlichen Kilometerbilanz bei und in Sachen Qualität hast du gleich gepunktet. Kommen wir zu einem weiteren Beispiel, wie du einen kurzen Lauf nutzen kannst: Als zusätzliche Möglichkeit, den Körper an mehr Belastung zu gewöhnen.

3.9.2 30 Minuten aktive Erholung

Angenommen, du warst morgens schon eine Stunde im Wald unterwegs, dann kannst du die 30 Minuten dazu nutzen, in aktiver Erholung zu bleiben. Dies kannst du mit einer solchen Intention prima umsetzen.

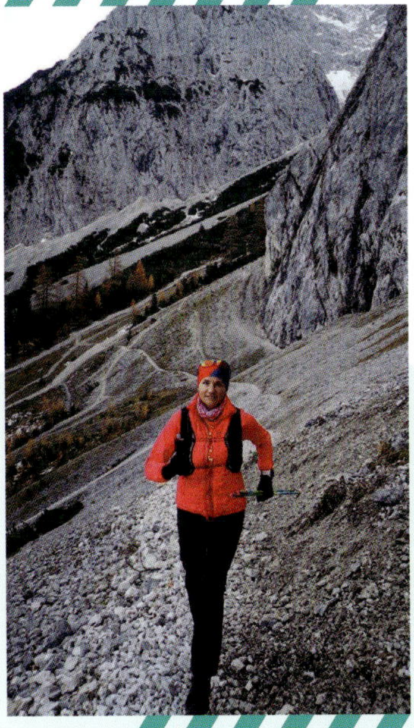

Hierbei ist wichtig, ein Tempo zu wählen, das langsam genug ist, um die Muskeln zu lockern, aber du gleichzeitig nicht in einen totalen Trott abdriftest. Die Atmung fließt und du kannst ergänzend versuchen, ein paar Atemzüge lang nur durch die Nase ein- und auszuatmen. Ist dies möglich, hast du dich im perfekten Tempo für einen Erholungslauf eingependelt.

Hierbei ist es weniger wichtig, genau auf die Ein- und Auslaufphase zu achten, da das Tempo bei dieser Variante weitestgehend gleichbleibend ist.

Ein schöner Nebeneffekt eines solchen Laufs ist, dass du auf diese Weise noch ein paar Kilometer zusätzlich und auf einfachem Weg sammelst und den Körper an ein Extrabonbon in Form einer kurzen Belastung gewöhnst, sollte auf deiner Wunschliste ein längerer Traillauf über die Marathondistanz stehen.

3.9.3 Tempolauf mit Variation

Die letzte Variante ist, ein kurzes Zeitfenster zu nutzen und das Tempo zu variieren.

Wärme dich hierzu wieder 10 Minuten lang auf und laufe ganz locker in einem für dich entspannten Rhythmus.

Nach diesem kleinen Block beginnst du, wie beim Nutzen der Gangschaltung in einem Auto, in den dritten Gang zu schalten. Deine Atmung hört sich nach Anstrengung an und es wäre noch möglich, ein paar Worte zu reden. Halte dieses Tempo zwischen locker und schnell für 10 Minuten. Schalte danach wieder zurück in den zweiten Gang und merke, wie sich der Puls nach wenigen Minuten beruhigt und gefangen hat. Laufe die verbleibenden fünf Minuten entspannt, sodass dein Körper das Signal von Lockerheit klar empfängt.

Du siehst, 30 Minuten können durchaus etwas taugen, wenn du weise wählst, was in deine Trainingsstruktur passt. Nicht immer ist dann auch direkt ein Trail vor deiner Nase, beispielsweise wenn du mitten in der Stadt in einem Bürokomplex arbeitest und nur Asphaltwege vor der Tür hast.

Wegweiser:

Stelle die Freude am Laufen sowie eine klare Absicht in den Vordergrund. Das Mindset hierfür kann lauten: „In der Kürze liegt die Würze."

3.9.4 Läufe ab 45 Minuten Länge und länger

Läufe ab 45 Minuten und länger folgen demselben Prinzip.

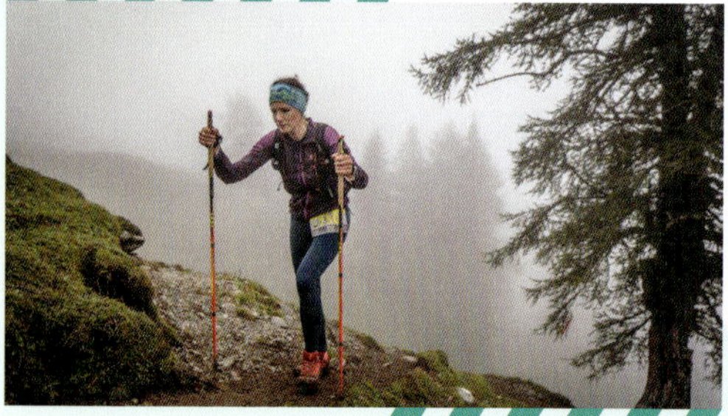

Die Aufwärmphase sollte mindestens 10 Minuten dauern. Gehörst du eher in die Kategorie der Dieselmotoren, die ihre Zeit brauchen, bis sie einsatzfähig sind, verlängere diese Phase um ein paar Minuten. Hauptsache, du spürst, dass die Muskeln warm sind und auch der Kopf bei der Sache ist.

Hast du einen längeren Lauf in lockerem Tempo geplant und möchtest keine Tempovariationen einbauen, nutze dennoch bewusst diese ersten Minuten, um in Schwung zu kommen und Signale an den Körper zu senden, was jetzt dran ist.

Genauso in der Auslaufphase. Auch wenn du eine Stunde locker gelaufen bist, kannst du in den letzten Minuten des Laufs einen Gang rausnehmen. Es geht um kleine, feine Nuancen und um eine gewisse Achtsamkeit, wenn du läufst, weniger darum, einen Haken unter eine Einheit zu machen. Sei dir besonders in der Ein- und Auslaufphase eines jeden Laufs bewusst, was dein Körper für dich leistet, unabhängig davon, ob du 30, 120 Minuten oder länger läufst.

3.10 Wie viel Schmerz ist normal?

Widmen wir uns einem heiklen Thema. Vor ein paar Jahren stellte mir jemand die Frage:

» Wie viel Schmerzen sind eigentlich normal beim Laufen?

3.10.1 Schmerz ist nicht gleich Schmerz

Als Erstes ist es wichtig, zu erwähnen, dass generell zwischen einem Muskelschmerz, der durch ein intensiveres Training verursacht werden kann, und einem solchen, der eine Verletzung nach sich ziehen kann, unterschieden werden muss. Schmerz ist nicht gleich Schmerz.

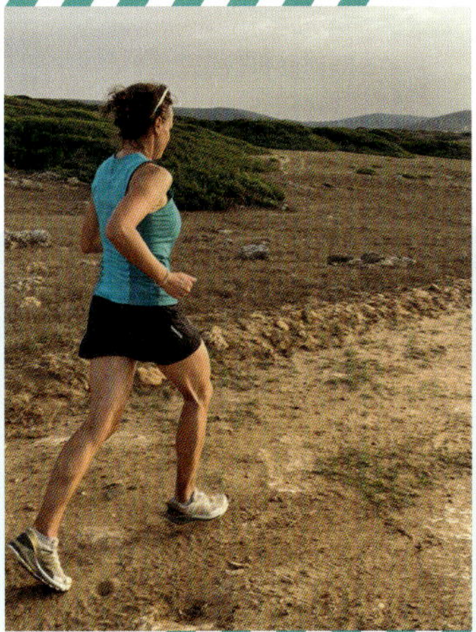

In meinem Läuferleben durfte ich, leider oder zum Glück, einige unschöne Erfahrungen mit Schmerzen machen. Zum Glück deshalb, weil der Körper ein ausgeklügeltes System besitzt, das es uns ermöglicht, die Warnlampen rechtzeitig zu erkennen. Fahren wir trotz des orangefarbenen Blinkers drüber, wird es in der Regel nicht besser, sondern in fast allen Fällen schlimmer mit dem Schmerz. Doch man kann ihn sich auch zum Freund machen. Wie und warum, dazu später mehr.

In den vergangenen Jahren, bedingt durch das viele Laufen in den Bergen, habe ich einiges an Schmerzen erfahren. Da gab es 2017 diesen stechenden Schmerz im rechten Außenband des Knies (ITB-Syndrom),

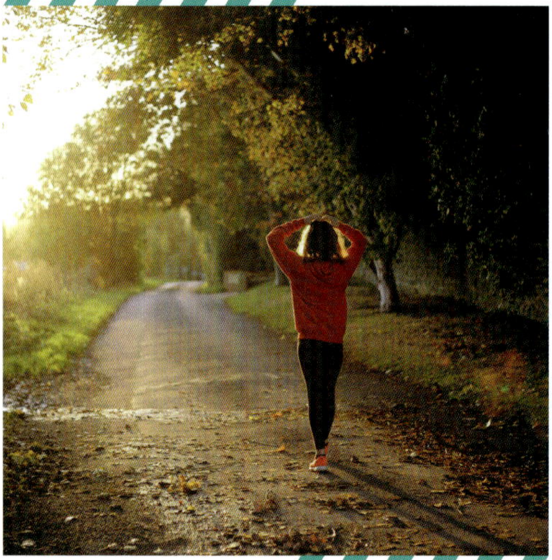

der mich bei Kilometer 100 von 170 zu laufenden Kilometern bei einem Ultratrailwettkampf im Chiemgau überrollte. Es dauerte einige Wochen, bis ich wieder normal laufen konnte, ohne ständig mein Schmerzgedächtnis in Alarmbereitschaft zu versetzen.

Denn das Biest, das Schmerzgedächtnis, ist das, was dir oft länger im Weg stehen kann, als nötig ist.

» Wäre doch gelacht, wenn es da nichts gäbe, mit dem man diesem Gedächtnis den Garaus machen könnte, oder?

2019 folgte infolge eines Übertrainings und einer Überbelastung durch mehrmaliges Crossfittraining pro Woche eine Sehnenentzündung im linken Fuß. Hier dauerte es viele Wochen, bis ich wieder längere Läufe machen konnte. Der linke Fuß hatte schon 2010 zu leiden, als sich ein Fersensporn breitmachte und erst nach vielen Monaten ausheilte. So könnte ich noch eine Reihe anderer Schmerzbilder aufzählen. Die häufigsten Laufverletzungen werden in einem Extrakapitel behandelt.

Bleiben wir dabei, wie du Schmerz richtig einordnen kannst und wie viel davon nun irgendwie auch dazugehört, wenn man den Tanz auf den Trails wagt.

» Bist du vielleicht schon an einen gewissen Grad an Schmerz gewöhnt, der von einer anderen Sportart herrührt?
» Und du hast einen Weg gefunden, den Schmerz zu akzeptieren und weiter zu laufen?

Das geht sicher eine Weile gut, wenn es ein Schmerz ist, der nicht schlimmer durchs Laufen wird. Alles, was sich verstärkt, wird schnell chronisch und sollte längerfristig behandelt werden.

Trägst du von einem Tempo- oder Intervalltraining oder auch einfach von einem längeren Lauf Muskelschmerzen davon, sollten sich diese nach spätestens 2-3 Tagen wieder aufgelöst haben. Bleiben sie bestehen, sollte unbedingt eine Pause eingelegt werden.

Mit dieser Differenzierung und Ehrlichkeit dir gegenüber sollte es dir möglich sein, rechtzeitig Schlimmeres zu verhindern, indem du stoppst und eine Pause einlegst sowie zu weiteren

Maßnahmen greifst. Schlägt dir dein Ego jedoch ein Schnippchen, kann aus einem: „Ach, das geht gleich wieder vorbei, da beiße ich mich durch", leicht und schnell etwas viel Größeres werden, das dich dann unter Umständen auch länger lahmlegen kann.

Wegweiser:

Lerne, genau zu unterscheiden, ob du einen Hauch von Schmerz hast, in Form eines verärgerten Muskels zum Beispiel, oder eben richtigen Schmerz spürst, welcher sich in einem Stechen oder Pumpen äußern kann.

Alle permanenten Schmerzen, die du beim Laufen, davor oder/und danach spürst, haben ihre Ursache darin, dass die Warnsignale des Körpers länger ignoriert wurden und es dann zu einem größeren Peng kommt.

Und ich kenne es zu gut, wenn man sich gerade gut fühlt und motiviert ist, doch ein kleines Umknicken über eine Wurzel oder einen Stein passiert und munter weitergelaufen wird. Und manchmal ist das durchaus eine Strategie, mit der man eine Weile gut fahren kann, wenn man sich gut kennt und einschätzen kann. Auch in einer Wettkampfsituation, wo plötzliche Schmerzen auftreten, kann man sich ein ganzes Stück durchbeißen.

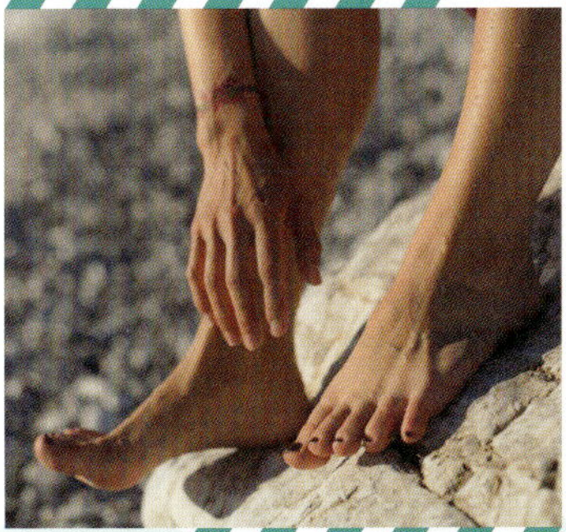

Das Problem ist jedoch, dass viele Läufer schon im Training oft bis oder sogar über die eigene Schmerzgrenze trainieren. Die weit verbreitete Annahme: „No pain, no Gain", ursprünglich aus dem Bodybuilding stammend, ist völlig hinfällig und schadet dir auf Dauer im Trailrunning ungemein. Auch wenn sich viele da draußen permanent quälen und es zum guten Ton gehört, zu leiden und hart zu trainieren, ist es die falsche Einstellung, wenn du in ein paar Jahren auch noch über schöne Naturpfade fegen willst.

3.10.2 Welcher Schmerztyp bist du?

Ich denke, es ist sinnvoll, noch einen tieferen Blick auf das Wesen von Schmerzen zu werfen. Sicher hast du, wenn du bis hierher gelesen hast, bemerkt, dass ich keinen wissenschaftlichen Hintergrund habe und trainingsspezifische Dinge von dieser Warte aus nicht beleuchte. Doch gerade beim Thema Schmerz hilft eine andere Perspektive, dich selbst mehr zu verstehen und Schmerzen zukünftig vielleicht etwas anders einordnen zu können.

Aus einem Bericht der Universität Heidelberg (Klossika, Schmahl & Bohus, 2007) geht klar hervor, dass wir Menschen einen Unterdrückungsmechanismus von Schmerzen haben, aber genauso auch zu einer Überempfindlichkeit neigen können.

- Wie ist das bei dir?
  - Gehst du bei kleinsten Schmerzen gleich an die Decke oder bist du eher aus hartem Holz geschnitzt, sodass du Schmerzen leicht übergehen kannst?

Ich persönlich bin eine totale Schmerzmimose und neige schnell dazu, kleine Wehwehchen zu dramatisieren und male mir gleich schlimmere Dinge aus. Nicht selten wirken sich diese Gedanken dann eben leider auch aufs Laufen aus. Dominiert dann nämlich der Gedanke: „Oje, es wird bestimmt mehr und schlimmer", ist es so, als würde dieser Gedanken sofort ins Nervensystem übergehen und dafür sorgen, dass sich das Wehwehchen schlimmer anfühlt.

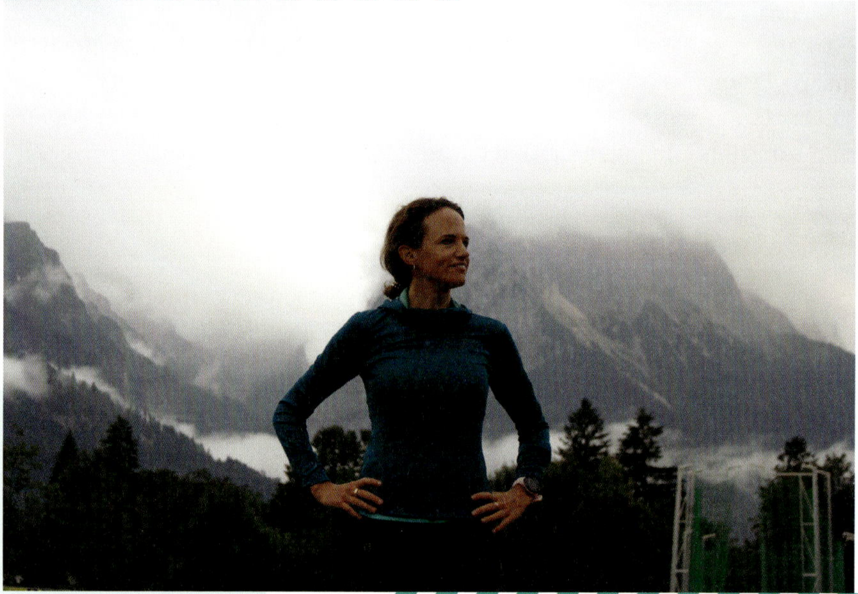

Andersherum habe ich auch schon erlebt, dass ich oben auf einem Berg bei den ersten Schritten im Downhill auf einem Fuß umgeknickt bin, der Körper Adrenalin ausschüttet und dazu befähigen kann, weiter zu laufen, wenn stoppen oder die Bergwacht zu rufen, nicht wirklich eine Option ist. Erst zu Hause implodiert der Schmerz dann, die Schwellung macht sich Platz und die Spannung ist aus dem Körper. Hier dient die temporäre Ausschaltung von Schmerz einem größeren Zweck, wenn man sich mitten im Nirgendwo befindet.

Wir besitzen für die Wahrnehmung von Schmerzen ein eigenes Sinnessystem aus spezifischen Rezeptoren, Nervenbahnen und vernetzten Hirnzentren. Dies wird auch das sogenannte *nozizeptive System* genannt. Noxa, was aus dem Lateinischen übersetzt „Schaden" bedeutet, und bezeichnet schädigende Reize. Es gibt unterschiedliche Typen von Nozizeptoren, die auf mechanische und/oder thermische Reize reagieren, andere auf chemische Reize. Interessant ist hierbei, dass das Schmerzempfinden auf den unterschiedlichen Stationen beeinflusst werden kann.

3.10.3 Wie verarbeitet das Gehirn Schmerzen?

Die meisten schmerzleitenden Bahnen machen Station im „Tor des Bewusstseins", der Region im Mittelhirn, welche *Thalamus* heißt. Von dort werden manche Schmerzen in andere Areale weitergeleitet. Das, was wir also als Schmerz empfangen und bewusst empfinden, ist eine komplexe Kette an Verarbeitungsmechanismen im Hirn und jeder Menge Interaktion zwischen den Hirnarealen, die die Schmerzen alle unterschiedlich verarbeiten.

Wenn du nun beim Laufen einen plötzlich auftretenden Schmerz hast, ist eine Frage, ob du diesen in irgendeiner Form beeinflussen kannst.

Definitiv. Angst und Hilflosigkeit führen erwiesenermaßen zu einem verstärkten Empfinden des Schmerzes, während das furchtlose Annehmen zu einer Reduktion des Schmerzes führen kann (Niet, 2016).

Das heißt nicht, dass du dir einen Schmerz schönreden sollst und darüber hinweggehst, was dein Körper dir meldet. Vielmehr kannst du lernen, genau zu differenzieren, ob es akut ist oder eben nur als Wehwehchen einzustufen ist. Positive Gedanken helfen zudem, das Schmerzempfinden nicht zu dramatisieren.

Das kann so aussehen, dass du denkst: „Okay, Schmerz, du bist jetzt da und willst mir etwas zeigen. Danke dafür. Ich passe nun mein Tempo an und schaue später in Ruhe nach, was los ist." Der Schmerz wird in diesem Moment zu deinem Freund, deinem Begleiter, anstatt zu deinem Feind, der sich böse herangeschlichen hat, um dich schachmatt zu setzen.

Allein diese mentale Einstellung kann dir helfen, in solchen Situationen im ersten Moment gelassener zu sein. Scheint es etwas akuter zu sein und dir dein Gefühl auch zurückzumelden, dass etwas nicht stimmt, kannst du immer noch einen Arzt oder Physiotherapeuten aufsuchen, der faktisch die Lage beurteilen kann. Wichtig ist, dass du beim Auftreten eines Schmerzes versuchst, ruhig zu bleiben, denn in den meisten Fällen legen sich Schmerzen wieder. Natürlich kann dies eine kleine Laufpause bedingen, aber muss auf keinen Fall das Ende für immer sein.

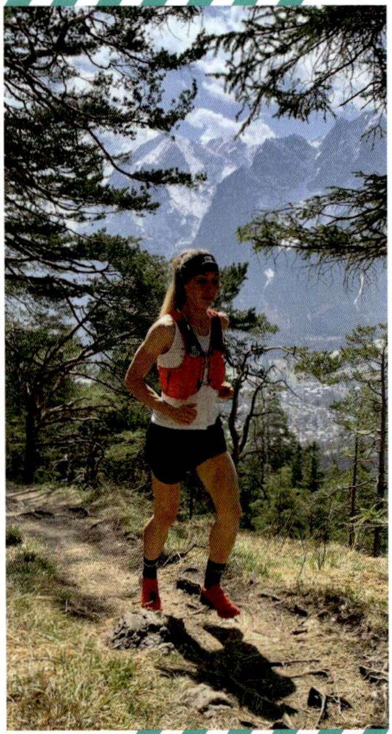

Eva-Maria Sperger, die dir vielleicht aus der Trailrunningszene geläufig ist und Teil der Porträtserie in diesem Buch ist, bringt es in einem Artikel, den sie für die Zeitschrift *Laufzeit* verfasst hat, auf den Punkt.

Hier geht es zum Podcast

https://download.m-m-sports.com/extras/Trailrunning_Frauen/Eva_Sperger.mp3

„Ich bin mit der Schweizer Ultraläuferin Luzia Bühler mehrere Tage auf der Via Alpina unterwegs, die auf 390 Kilometern und 23.000 Höhenmetern Lichtenstein mit Montreux verbindet. Es ist der bisher herausforderndste Lauf, den ich je gemacht habe. Seit Stunden habe ich beim Bergablaufen einen heftigen Schmerz im linken Oberschenkel. Luzia sagt trocken: ‚„Du musst lernen, dich mit deinem Schmerz anzufreunden.' Es gelingt mir, indem ich versuche, mich auf den Schmerz einzulassen und ihn als Begleiter meines Körpers zu akzeptieren. Einen Tag später ist er nach 40 Kilometern auf dem Trail plötzlich verschwunden. Die Schmerzwahrnehmung lässt sich einerseits antrainieren, sodass eine Schmerzüberempfindlichkeit entsteht, andererseits abtrainieren: Die Strategie ist, den Schmerz ohne Widerstand oder Furcht offen und akzeptierend wahrzunehmen und mit einer bewussten Entscheidung darauf zu reagieren."

Eva ist hier sicher sehr weit fortgeschritten in ihrer Strategie, mit Schmerzen umzugehen. Sie zeigt aber auch, dass es möglich ist, sich selbst innerhalb kurzer Zeit zu heilen, gerade wenn es beispielsweise nur einen Muskelschmerz betrifft. Andere Läuferinnen laufen im Training mehr nach Gefühl und pausieren, sobald sich etwas unrund im Körper anfühlt. Auch das kann eine mögliche Strategie sein, um sich langfristig die Freude und Leistungsfähigkeit beim Laufen zu erhalten.

3.10.4 Der Schmerz gehört dazu!

Im Gegensatz dazu stehend, äußerte ein bekannter, ehemaliger Trailrunningtrainer einmal, dass kein Topläufer länger als vier Wochen ohne Schmerzen sei, diese gewissermaßen dazugehörten, wenn man oben mitmischen wolle und sonst niemand mehr trainieren würde, sobald ein Schmerz auftritt.

Hier scheiden sich die Geister und jeder Standpunkt hat in dieser kleinen Debatte seine Berechtigung. Die Antwort auf die Frage, wie viel Schmerz nun normal sei, ist gar nicht so eindeutig, sondern weist viele Facetten auf.

Vielleicht findest du für dich eine gesunde Mischung aus Wissen und deinem Körpergefühl, deine Schmerzen, wenn sie denn auftreten, entsprechend einordnen zu können.

Ich muss gestehen, dass es mir noch nie gelungen ist, einen Schmerz über längere Zeit auszublenden und munter weiterzulaufen. Davon hält mich innerlich oft die Vernunft ab. Wenn ich dann einmal versucht habe, Dinge zu erzwingen und wütend weiterlief in der Hoffnung, es würde sich dadurch etwas bessern, wurde es ausnahmslos immer schlimmer.

Wegweiser:

Vielleicht ist es manchmal besser, gefühlt nur etwa 80 Prozent fit zu sein, dafür aber 100 Prozent gesund. Somit trainiert man dann zwar immer leicht unterhalb der Leistungsgrenze, fällt dafür aber auch verletzungsbedingt nicht aus bzw. trägt ein geringeres Risiko, länger pausieren zu müssen.

Dies bestätigt im Grunde auch meine Meinung, dass Kontinuität im Training wichtiger ist als über einen Zeitraum von ein paar Wochen Gas zu geben und sich dann zu verletzen. Der Bogen kann leichter überspannt werden, als man annehmen kann. Manchmal reicht schon ein Training außerhalb der Komfortzone aus, gepaart mit schlechtem Schlaf und anderen Stressoren, die für eine Weile das Ende des Trainings bedeuten können.

Bewahre dir also lieber die Freude auf den Trails, als aus falschem Ehrgeiz immer wieder eine Grenze zu überschreiten. Damit würde sich auch erneut der Unterschied zwischen dem Laufen über Stock und Stein und reinem Straßenlauf zeigen. Genuss an erster Stelle!

3.11 Allgemeine Techniktipps

Auf Wettkämpfen und beim Training sieht man die unterschiedlichsten Laufstile. Wie du deinen Laufstil mit wenigen Maßnahmen optimieren kannst, erfährst du jetzt. Überraschend ist dabei, dass selbst Läufer mit einer etwas komisch anmutenden Körperhaltung eine äußerst effiziente Lauftechnik und entsprechende Schnelligkeit haben können.

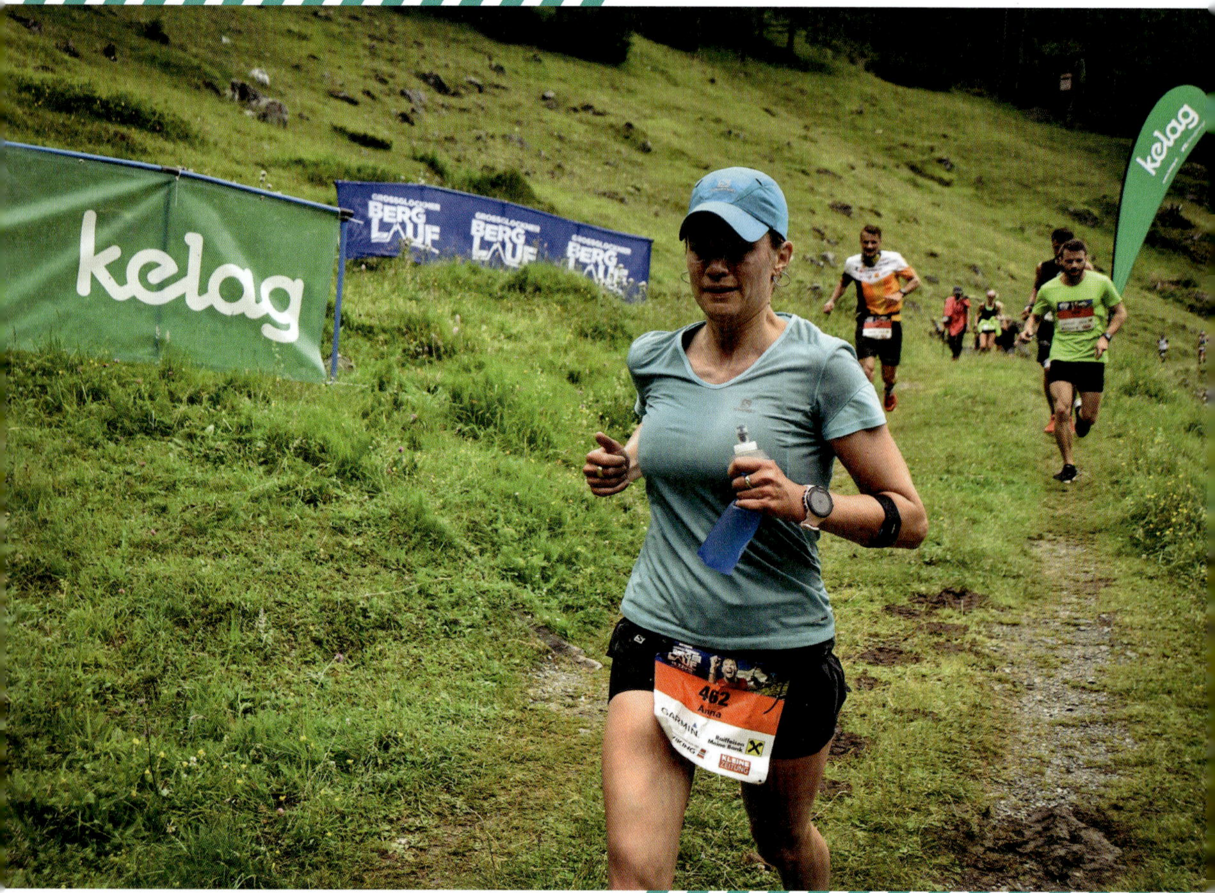

Eine formvollendete Technik wie aus dem Bilderbuch zu erzielen, ist für die meisten von uns Freizeitläufern eher utopisch. Darauf soll auch hier gar nicht der Fokus liegen, sondern wie du mit praktischen Tipps Schritt für Schritt an deinem Stil feilen kannst. Ob du nun Laufanfängerin bist oder schon länger laufend unterwegs bist, spielt keine Rolle.

Fakt ist: Je harmonischer und ausgerichteter Kopf, Hüfte und Beine sind, desto energiesparender läufst du, auch wenn die Arme auf dem Trail, gerade im Downhill, manchmal wie ein Ruder oder Flügel geschwenkt und ausgebreitet werden müssen. Die Theorie ist gut und schön, doch was heißt das jetzt für dich in der Praxis?

Hier kann prima mit mentalen Bildern gearbeitet werden, die du im Training praktisch umsetzen kannst.

3.11.1 Drei Tipps für den Oberkörper

Ich stelle dir drei Möglichkeiten vor, wie du zunächst deine Oberkörperhaltung verbessern kannst.

» Die liegende Acht: Die Schulterblätter sind wie eine liegende Acht miteinander verbunden. Stelle dir nun vor, wie sich diese beim Laufen konstant und gleichmäßig bewegen. Dies erzeugt zudem eine aufrechtere Körperhaltung.
» Der Korkenzieher: Visualisiere, wie sich aus deinem Rücken im Lendenbereich eine starke Schnur bis hoch aus deinem Kopf zieht. Jemand zieht leicht daran, sodass du aus deiner Hüfte mehr Vorwärtsantrieb erzielst.
» Das Dreieck: Während deine Arme locker nach hinten und wieder nach vorn schwingen, achte darauf, dass die Hände auf Brusthöhe zu einem Dreieck zusammenkommen. Damit erweiterst du die liegende Acht und verfeinerst gleichzeitig die Armtechnik.

Es bietet sich an, diese Übungen vor dem Spiegel auszuprobieren, mal von vorne betrachtet und auch von der Seite, sodass du den Armschwung genauer beobachten kannst. Oft unterscheiden sich Fremd- und Selbstwahrnehmung voneinander und du kannst so genau sehen, wie deine Technik wirklich aussieht. Eine andere Möglichkeit ist, dass dich jemand beim Laufen filmt und du anschließend genauer einzelne Ausschnitte analysieren kannst.

3.11.2 Ermüdung vermeiden

Lasse uns nun noch schauen, wie du gerade auch beim Laufen abseits der Straße deine Beinmuskeln schonen kannst und so vorzeitiger Ermüdung vorbeugst.

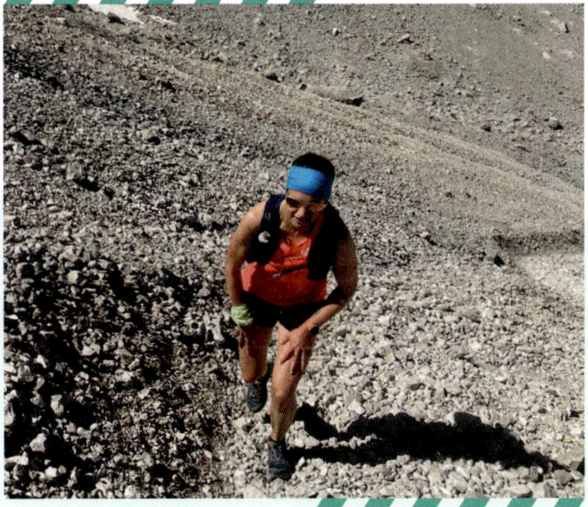

» Laufen am Berg: Gerade am Berg ist die optimale Körperhaltung wichtig für deine Effizienz. Dabei zählt weniger, wie deine Technik aussieht, sondern dass du möglichst kräftesparend hochlaufen kannst. Dazu kannst du ab einer gewissen Steigung beide Hände locker oberhalb der Knie auflegen, sodass der Rücken nach vorn geneigt ist. Bewege dich dann mit den Beinen kraftvoll nach vorn. Du lehnst dich in den Berg hinein, anstatt dagegen zu gehen.

» Beim Bergablaufen achte darauf, dass die Arme als eine Art Ruder für die Balance sorgen und der Oberkörper leicht nach vorn gelehnt ist, sodass du quasi mit dem Berg nach unten mitgehst. Ein häufiger Fehler ist, wenn du den Rücken nach hinten lehnst und damit unter dem Schwerpunkt bist. Damit bewirkst du das Gegenteil und erhöhst die Gefahr, umzuknicken, da du dann unter dem Körperschwerpunkt bist. Außerdem verteilt sich der Widerstand in die Oberschenkelmuskulatur, was zu Krämpfen und gar Schmerzen führen kann.

» Stabilisationstraining: Es kann gar nicht oft genug betont werden, von welch großer Bedeutung dieses Training ergänzend zum Lauftraining und für deinen Laufstil ist. Schon mit einer Handvoll einfacher Übungen dreimal pro Woche für je 10 Minuten wirst du deutliche Verbesserungen und erhöhte Effizienz beim Laufen merken. Das heißt nichts anderes, als dass du weniger Energie für dieselbe zurückgelegte Strecke brauchst und dadurch ausdauernder bist. Du findest sämtliche, wichtige Übungen in einem Extrakapitel.

3.11.3 Hast du die richtige Schrittfrequenz?

Es ist ideal, wenn du einmal pro Woche auf einem lockeren Lauf in der Ebene deine Schritte zählst. Liegst du zwischen 84-88 Schritten? Top! Bist du darunter, laufe mit höherer Frequenz, was nicht bedeutet, schneller zu werden. Am einfachsten ist es, wenn du auf einer Seite für 30 Sekunden zählst und das Ergebnis dann verdoppelst bzw. vervierfachst. Bedeutet: 21 Schritte auf einer Seite macht 42 pro Minute und 84 Schritte insgesamt.

Nun bist du erst mal gut ausgerüstet mit praktischen Tipps, wie du zu einem effizienteren Laufstil gelangen kannst. Schönheit liegt bekannterweise auch immer im Auge des Betrachters. Interessiert dich noch mehr, wie ein runder Laufstil aussieht, schaue im Internet nach Ruth Croft, eine der weltbesten Trail- und Ultraläuferinnen der Welt. Sie hat meiner Meinung nach den ästhetischsten Laufstil weit und breit.

3.12 Tue dir Gutes – alles für die Erholung

Mit der Erholung ist das oft so eine Sache. Sie wird entweder vernachlässigt oder nur halbherzig ernst genommen. Ein wichtiger Unterschied liegt zwischen *aktiver* und *passiver* Erholung.

So kann es nach einem etwas fordernden Traillauf durchaus gut und wohltuend sein, danach noch in Bewegung zu sein, zum Beispiel einen Spaziergang zu unternehmen, mit den Kindern zu tollen oder ein paar Kilometer mit dem Rad um den Block zu fahren.

Passive Erholung spielt aber genauso eine wichtige Rolle, denn nur, wenn du dir zwischendurch Ruhe gönnst, ohne mit den Hufen zu scharren, kann dein Körper Stress, auch bedingt durchs Laufen, verarbeiten. Wir können uns nicht permanent fordern und unserem Körper abverlangen, dass er leistet, ohne ihm etwas zurückzugeben.

Und das geschieht mit einer anderen Währung, die oft kein Geld kostet, sondern Zeit.

Gerade als meine Kinder in jungen Jahren noch sehr viel Aufmerksamkeit forderten und die kleinen Racker nicht immer zu bändigen waren, blieb mir oft nichts anderes übrig, als mit ihnen aktiv in Bewegung zu sein. Das waren dann kleine Spaziergänge, Radausfahrten zum nächsten Schwimmbad, aber auch viel Hin- und Hergeflitze im Haus.

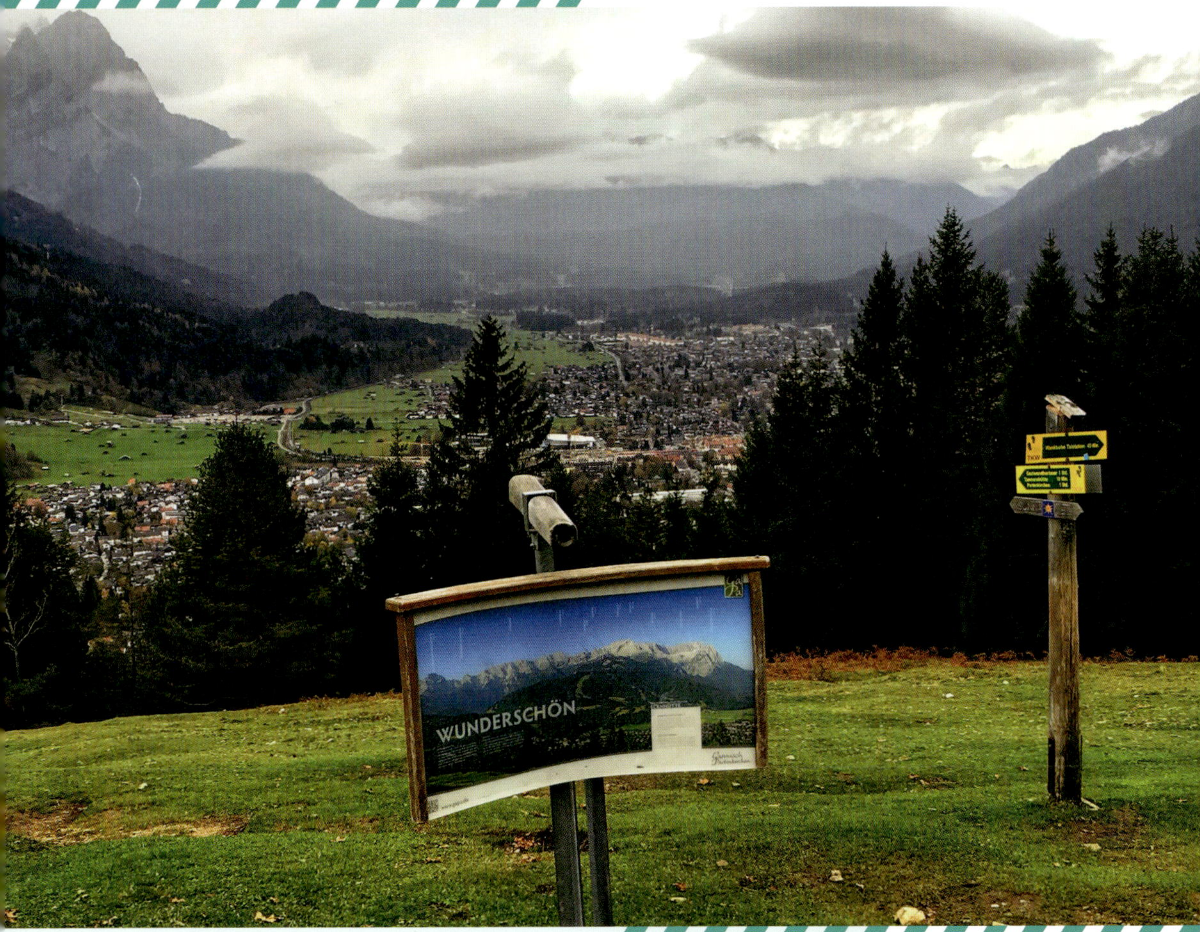

Zwar war ich am Ende des Tages dann müde, aber bemerkte oft einen positiven Effekt auf die Erholungsfähigkeit meines Körpers. Gerade wenn ich etwas länger oder intensiver gelaufen war, waren die Beine am nächsten Tag nicht so müde wie an den Tagen, an denen ich später, als die Kinder dann auch mal eine Weile allein in ihren Zimmern spielten, auf dem Sofa lag.

Es ist nicht das eine besser als das andere, nur spezifisch gewählt kann es einen Unterschied machen. Oft wird läuferische Fitness damit definiert, wie hart oder ausdauernd wir eine Einheit schaffen. Und wenn dies bedeutet, danach tagelang keinen Laufschritt zu tun! Die Aufmerksamkeit ist denen sicher, die einmal teilen, wie schnell oder lange sie gelaufen sind.

Fit zu sein, bedeutet in Wahrheit, wie schnell du wieder zum nächsten Lauf antreten kannst. Und Fitness baut sich nicht über Nacht auf, sondern gerade im Ausdauerlaufen über Jahre, nicht nur über Wochen oder Monate. Und du kannst nur fitter werden, wenn du eben die so wichtigen Erholungsphasen mit einplanst und berücksichtigst, dass Muskeln sich zwar schnell entwickeln und adaptieren, Sehnen und Bänder aber deutlich länger benötigen, um eine gewisse Steifigkeit aufzubauen. Diese wiederum ist wichtig, um das Laufen über Stock und Stein gut abfedern zu können und eben nicht bei der kleinsten Unebenheit zu stolpern oder umzuknicken.

Und schneller wirst du – entgegen so vieler Annahmen, die mir in der Trainings- und Coachingpraxis immer wieder begegnet sind – nicht, indem du Gas gibst und um dein Leben läufst, sondern indem du auch mal Pause machst. Genau in solchen Phasen verarbeitet der Körper die Trainingsreize und wird schneller.

Es ist wie bei einem Auto. Wenn du immer nur schnell fährst und nicht vom Gas gehst, wird sich der Tank relativ schnell leeren. Schaltest du ab und zu in den zweiten oder dritten Gang, kannst du dich ein wenig hinter dem Steuer entspannen und unter dem Strich länger mit derselben Tankfüllung fahren.

Doch im Zuge der immer mehr im Außen beschäftigten Trailrunningszene, wo die gefeiert werden, die ein Event nach dem anderen oder ein krasses Training nach dem anderen abreißen, ist es gar nicht so leicht, bei sich selbst zu bleiben und wirklich auf den Körper zu hören. Dass dieser Wahn nicht lange währt, sollte an dieser Stelle klar sein.

3.12.1 Aktive Erholung

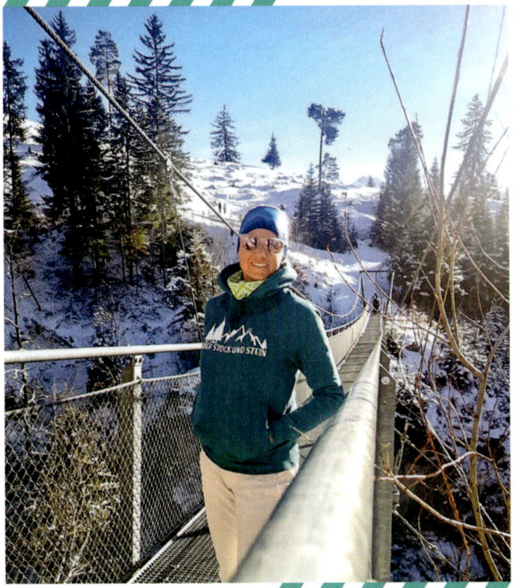

Ich möchte dir nun ein paar Ideen geben, wie du die verschiedenen Erholungsarten befeuern kannst.

Um dich aktiv zu erholen, könntest du:

» Bei gutem Fitnesslevel einen lockeren, flachen Lauf machen, ohne Uhr und in einem Tempo, dass du dich noch unterhalten könntest. Wenn du dich doch am Puls orientieren willst, peile ein Tempo in Zone 1 an.
» Hole dein Rad aus der Garage oder dem Keller und trete ein paar lockere Kilometer in die Pedale. Im Sommer bietet sich ein Zwischenstopp im Lieblingscafé oder Biergarten an.
» Wenn du einen Hund hast, kommst du um regelmäßige Spaziergänge nicht herum. Spaziergänge mit oder ohne Anhang sind eine großartige Möglichkeit, die Erholung anzukurbeln, da die Schläge vom Laufen vermieden werden und gleichzeitig dennoch Laktat abgetragen werden kann.
» Andere alternative Sportarten machen, die dir richtig Spaß machen und sich vielleicht sogar mit Freundschaftspflege verbinden lassen: Bouldern, Klettern, Schwimmen, SUP (Stand-up-Paddling), Wandern.

Wegweiser:

Wichtig ist, die Intensitäten während einer aktiven Erholung sehr gering zu halten und die Bewegung mit viel Freude zu machen. Du bist nicht auf der Flucht, sondern kannst mit obigen Maßnahmen bzw. Methoden dein Getriebe geschmeidig halten. Alternative Sportarten sind zudem eine feine Sache, auf andere Gedanken zu kommen und den Horizont außerhalb des Traillaufens zu erweitern.

3.12.2 Passive Erholung

Um dich passiv zu erholen, könntest du:

» Dir eine wohltuende Entspannungsmassage von Kopf bis Fuß gönnen. Ich schwöre auf thailändische Fußmassagen, da hierbei vor allem die Reflexzonen und so viele Nervenbahnen bearbeitet werden.
» Eine Therme besuchen, eine Runde schwitzen, schwimmen und schlafen. Auch ein Kurzzeitticket von drei Stunden kann kleine Wunder bewirken.
» Ein Entspannungsbad nehmen, gerade auch bei Menstruationsbeschwerden ist die folgende Rezeptur ratsam: 2-3 Esslöffel Basensalz mit einem Teelöffel Natron und ein paar Tropfen Lavendelöl ins heiße Wasser geben und genießen. Natürlich tun auch Bäder mit Arnica sehr gut. Danach kannst du die Gelenke mit einem Öl von Primavera, „Gelenkwohl" einreiben oder das für die müde Muskeln, „Muskelwohl", verwenden.
» Zur Blackroll greifen, um sanft deine Beine und den Rücken auszurollen. Zwar bist du aktiv in Bewegung dabei, aber der Effekt ist eher entspannend, wenn du zur weichen (grün-weiß oder pink-weiß gemusterten) Faszienrolle greifst und dir wirklich Zeit nimmst, langsam und mit Bedacht die verklebten Gewebeschichten zu lösen.

Dann gibt es noch smarte Gerätschaften wie den *Booster* von Blackroll, den du einfach in die klassische Blackroll schraubst und mit einem der sechs Intensitätsstufen beim Rollen einen Massageeffekt erzielen kannst. Genauso klasse nutzt sich die *Massage Gun*, ein Gerät in Pistolenform, mit dem man gezielter tiefere Muskelschichten massieren kann. Und neben den körperlichen Tätigkeiten, die zur Erholung beitragen, gibt es noch den mentalen Aspekt sowie Schlaf- und Ernährungsgewohnheiten.

Darauf gehe ich in separaten Kapiteln ein. Behalte dir in Sachen Erholung im Hinterkopf, dass dies ein integrativer Bestandteil in deinem Leben als Trailläuferin ist. Nichts, was du sporadisch einplanen solltest, sondern als ein Kontinuum, das dazu beiträgt, dass dir dadurch durchaus jahrzehntelanger Spaß garantiert sein könnte.

3.13 Trainingstagebuch vs. Software

Das waren noch Zeiten, als man das klassische Kalenderbuch fürs Jahr in die Hand nahm, um zu notieren, was man gelaufen war. Zumindest war das vor Jahren eine feine Sache, etwas mit der Hand aufzuschreiben, statt in einen Minibildschirm zu tippen und sich eine dauerhafte Nackenverspannung einzufahren.

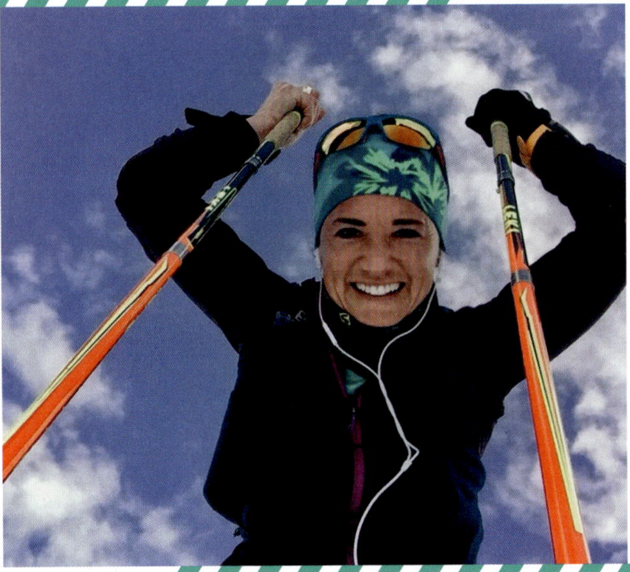

Ich fand es etwas Besonderes, gedanklich über einen Lauf zu reflektieren und die gelaufene Distanz aufzuschreiben. Damals hantierte ich noch gar nicht mit Höhenmessern. Es hatte nicht die Bedeutung und Wichtigkeit wie heutzutage.

Ich erinnere mich auch gut daran, dass ich nicht alles pedantisch niederschrieb oder in Excel-Tabellen speicherte, auf die ich heute noch zurückblicken kann. Schön wäre es manchmal schon, zurückzuverfolgen, wie auch gewisse Entwicklungen stattgefunden haben, aber meist behält man sich die guten Zeiten in Erinnerung, die man als Highlights verbucht hat und blickt weniger gern auf die Phasen zurück, in denen es weniger gut lief.

Bei diversen Umzügen und einer der zahlreichen Ausmistaktionen warf ich diese Notizbücher weg. Ich finde es mittlerweile interessanter, im Jetzt zu schauen, wie das Training läuft und schaue maximal 1-2 Jahre zurück. Für diese Zwecke nutze ich seit vier Jahren die Software *TrainingPeaks®*, eine Plattform, die durch viele clevere, unkomplizierte Funktionen besticht und via App oder den Desktop bedient werden kann. Mit diesem Tool kann die Uhr synchronisiert werden, sodass alle gespeicherten Workouts direkt ins virtuelle Tagebuch übertragen werden.

Ich nutze *TrainingPeaks®* vor allem für die Läuferinnen (und Läufer!), die ich im Laufcoaching betreue. Kommentarfunktionen, Trainingseinheiten und viele andere Metriken wie beispielsweise Schlafdauer, Gewicht, allgemeines Wohlbefinden und die Bestimmung des Stresslevels anhand einer Skala können helfen, das Laufen und den Menschen ganzheitlich zu betrachten, nicht nur anhand der erbrachten Leistung. Dadurch entsteht ein umfassendes Bild des Läufers und der Läuferin, auf das man jederzeit zurückgreifen kann.

TrainingPeaks® ist ein rein digitales Tool, welches für viele Trailläufer, aber auch Multisportler, sehr praktisch ist. Anhand eines Ampelsystems ist schnell einzuordnen, ob man die Vorgaben erfüllt hat oder eben nicht. Erscheint die Wochenübersicht beispielsweise nur in Rot, so ist auch rückblickend leicht erkennbar, wann eine längere Pause stattgefunden hat, ob krankheits- oder verletzungsbedingt oder aus anderen Gründen.

Bist du allerdings gern kreativ unterwegs und liebst es, Dinge handschriftlich festzuhalten, so erfordert ein Notizbuch mehr Engagement und Disziplin. Gerade wenn es darum geht, deine Wochenkilometer, vielleicht auch die Höhenmeter, zu notieren oder wenn du Notizen zum subjektiven Empfinden der Trainingseinheit machst, kann ein handschriftlich geführtes Tagebuch etwas mehr Arbeit erfordern. Gleichzeitig aber auch von allzu viel Analysen positiv weglenken. Mittlerweile schreiben uns die hochtechnisierten, voll ausgestatteten Tagebücher schon Uhren vor, was wir wann wie machen sollen, wie lang beispielsweise am besten die Erholungszeit sein soll.

Auch das kann für einen Straßenläufer oder auch für einen Triathlet eine sehr wertvolle Info sein, im Trailrunning gilt gern und oft, auch mal drei gerade sein zu lassen und eben nicht alles zu tracken. Trailrunning bringt dich im besten Fall in eine Spur der bewussten Wahrnehmung darüber, was gerade in deinem Körper und deinem Kopf passiert.

Klar kann man auch rigoros jeden Traillauf tracken, messbar machen, Analysen anstellen und von Woche zu Woche, Tag zu Tag vergleichen, ob man abgebaut hat oder an Fitness zugelegt hat. Gern werden auch die Pulswerte akribisch untersucht, was beim Trailrunning gar nicht immer so ausschlaggebend ist.

Willst du Trailrunning zu einem wesentlichen Teil deines Lebens machen, diesen Lifestyle leben, ist der Weg eher der, nicht jeden Lauf bis ins letzte Detail zu sezieren, sondern die Leinen auch mal locker zu lassen.

Wenn du dich mit einer Trainingssoftware, zum Beispiel auch die, die dein Uhrenhersteller mittels einer App zur Verfügung stellt, überfordert fühlst, laufe mal eine Weile, ohne etwas zu tracken. Du nimmst keinen Schaden davon, nicht jeden Kilometer zu teilen oder hochzuladen.

Nicht wenige Läufer nehmen sich ein- bis zweimal im Jahr bewusst ein Sabbatical, eine Auszeit von einer festen Trainingsstruktur und genießen es, sich etwas treiben zu lassen und ohne strikte Vorgaben zu laufen.

Vielleicht ist ein Anhaltspunkt bei der Frage, ob du eine digitale Plattform oder ein herkömmliches Notizbuch bevorzugst, die, welche Daten am Ende wirklich relevant sind und welche nicht. Nichts toppt deine subjektive Einschätzung über dein mentales und körperliches Wohlbefinden. Was die Uhr auch sagt, dass heute ein Tag für ein Intervall wäre, du dich aber gar nicht danach fühlst, ist am Ende entscheidend, was dir dein gutes, altes Bauchgefühl sagt und was deine Intentionen beim Trailrunning sind.

- Läufst du aus purem Genuss an der Bewegung, ohne Wettkampfambitionen, und bist gar nicht interessiert an Zahlen, Daten und Fakten?
- Oder bist du generell jemand, die sich für technische Sachen interessiert und neugierig ist, um wie viel sich deine VO_{2max} verbessert hat?
- Wie viele Kilometer du letztes Jahr um dieselbe Zeit schon in den Beinen hattest?

Beides ist richtig und berechtigt. Und diese Möglichkeiten kannst du natürlich nutzen. Bei *TrainingPeaks®* hast du auch die Möglichkeit, nur die 3-5 relevantesten Marker im Auge zu behalten, ohne dich stundenlang pro Woche zu verzetteln. Auch das ist Teil im Coaching, ein Level mit den Läufern und Läuferinnen zu finden, auf dem sie sich so fühlen, dass das Laufen und der Spaß im Vordergrund stehen, Werte nur ein Teil des Gesamtbildes sind.

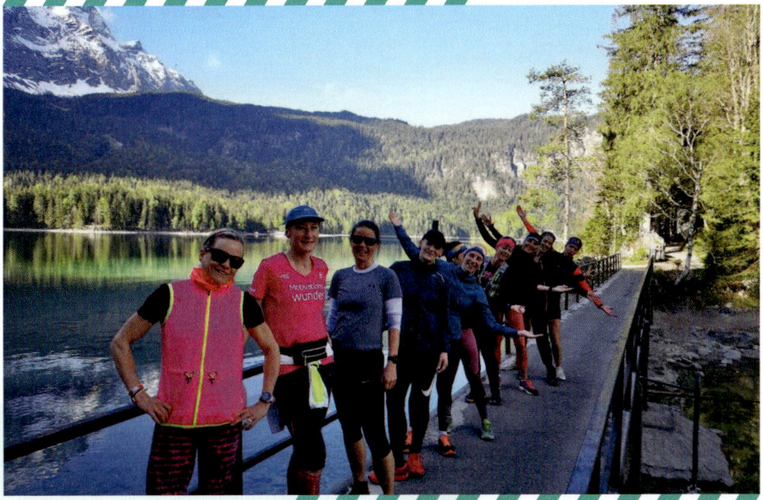

Kein digitales Programm, keine Uhr kennt dich wirklich bis ins kleinste Detail und kann wissen, wie es um dein Stresslevel im Job oder im Privaten steht, auch nicht, welchen größeren Einfluss dein Zyklus aufs Training haben kann. So können Tagebücher dein Laufen ergänzen und natürlich auch deine Entwicklung sichtbar machen.

Hier noch einmal kurz zusammengefasst die Vorteile beider Varianten:

TrainingPeaks®:

- Einfache Kommunikation zwischen Coach und Athlet ist möglich.
- Analysen durch grafische Darstellungen sind schnell möglich.
- Unterschiedliche Metriken helfen, den Gesamtzustand des Läufers einzuordnen.
- Eine übersichtliche Darstellung der Form-, Fitness- und Ermüdungskurve ist vorhanden.
- Eine einfache Zusammenfassung des wöchentlichen Umfangs, der Gesamtdauer und der Höhenmeter liegt vor.
- Die Kommentarfunktion gibt schnelle Rückschlüsse auf die subjektive Wahrnehmung des Laufs.

Kalender-Notizbuch:

- Es ist ein kreativer Prozess möglich in Tagebuchform.
- Eine Reihe solcher Bücher im Regal aufzureihen, sieht schön aus und inspiriert zum Nachlesen.
- Es entsteht ein Gefühl der Genugtuung, die Seiten mit Notizen und Trainingseinheiten zu füllen.
- Dies dient als etwas sehr Privates, das man nicht unbedingt teilen will.
- Aspekt der Unvergänglichkeit und Stolz, viele Bücher über die Jahre zu füllen.

3.14 Allein als Frau unterwegs: Sicherheit auf den Trails

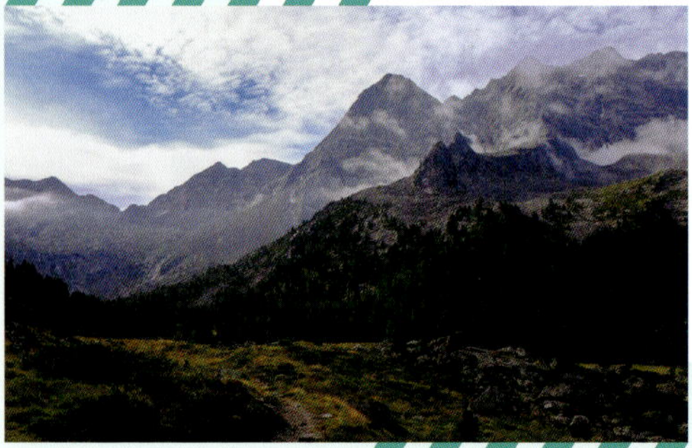

Die Frage nach der Sicherheit auf Trails ist berechtigt. Es kann einen schon in Unbehagen versetzen, wenn man laufend oder wandernd in einsamere Gefilde abtaucht oder sich gar verläuft. Doch die potenzielle Gefahr von Übergriffen ist meist in städtischen Parks, an Seen und Flussufern größer, als tatsächlich mitten im Wald in eine ungute Situation zu kommen.

Meine bisherige Erfahrung ist zumindest die, dass ich an oben genannten Orten einige einschlägige und erschreckende Erlebnisse hatte (die glücklicherweise nie schlimm ausfielen), im Wald und auf abgelegenen Trails dafür nie.

Oft fühle ich mich gerade, wenn ich allein im Wald laufe, sicher und geborgen durch die mich umgebende Natur. Vielleicht ist es auch ein ausgeprägtes Urvertrauen ins Gute des Menschen und dass ich nicht glaube, dass irgendjemand nur auf mich, Anna, wartet, mir auflauert und etwas antun würde. Dafür müsste man schon Kim Kardashian heißen, die sich sicher täglich ernsthafte Sorgen um ihr Leben machen muss.

Spaß beiseite. Ich verstehe, wenn du eher zu den zurückhaltenden, vielleicht auch ängstlicheren Menschen gehörst, denen allein zu laufen, wo auch immer, einfach nicht behagt. Es hilft auch nichts, dagegen anzukämpfen und dann immer mit einem unguten Gefühl unterwegs zu sein. Es geht auch nie darum, dir und anderen zu beweisen, wie mutig du doch bist und dann stundenlang allein auf waldigen Wegen herumtigerst.

Jede sollte für sich ihr persönliches Level kennen, auf dem sie sich noch wohlfühlt und wann eventuell Panik auftreten könnte. Bei mir ist dies der Fall, wenn ich Unwetter aufkommen sehe und allein unterwegs bin. Es ängstigt mich dann mehr, von Platzregen, Blitz und Donner, im Winter auch von dichtem Nebel betroffen zu sein, als das Alleinlaufen als solches.

Und eben dann, wenn es einen plötzlichen Wetterumschwung gibt, können sich auch in tieferen Lagen in den Bergen dicke Wolkenfelder bilden und man kann plötzlich nicht mehr viel vom Weg vor sich erkennen. Das kann im extremeren Fall zu einer Orientierungslosigkeit führen.

Das ist zwar ein „Worst Case"-Szenario, das so nicht auftreten muss, wenn du vorher einige Dinge beachtest und dich nicht einfach ins Blaue stürzt, soll dir jedoch aufzeigen, wie manchmal alles schnell zusammenkommen kann. Und das nicht nur in den Alpen und Voralpen, sondern auch im Mittelgebirge.

So richtig allein, auch noch nachts, war ich zweimal. Das erste Mal 2017 beim Chiemgauer 100, bei dem ich die 100 Meilen schaffen wollte. Das zweite Mal im Rahmen der Ultra Tour Monte Rosa 2018, wo es auf gänzlich unbekannten Wegen im Hochgebirge durch eine unvergleichlich einsame Nacht mit gefühlter Endlosigkeit ging.

Beide Male war ich nachts mutterseelenallein unterwegs, die anderen Läufer vor mir und hinter mir verteilt, teils mit großem Abstand, sodass mir nichts anderes übrig blieb, als einfach einen Fuß vor den nächsten zu setzen und darauf zu vertrauen, dass alles gutgehen würde. Und natürlich, dass die Stirnlampe nicht einfach den Geist aufgibt (was sie dann doch tat, doch zum Glück kam eine Ersatzstirnlampe, die ich mitführte, zum Einsatz). Beide Male war es auch noch stockfinstere Nacht, kein Mond in Sicht, was das Laufen über die technisch anspruchsvollen Wege zusätzlich erschwerte.

Das Sicherheitsgefühl bestand mehr darin, dafür zu sorgen, dass ich genug Flüssigkeit zu mir nahm und warm genug angezogen war. Es gilt, in solchen Situationen ein großes Reservoir an Selbstfürsorge freizusetzen, sodass Panik und Angst gar nicht erst aufkommen. Beim Trailrunning ist jede in erster Linie für sich verantwortlich und genau daran kannst du auch ungemein wachsen.

Indem du lernst, auf dich und deine Intuition zu vertrauen, lernst du auch, dich und deine Gefühle neu und anders zu managen. Niemand anders kann das besser als du. Auch in Sachen Tempo ist die Sicherheit auf Trails mehr gegeben, wenn du lockeren Schrittes läufst, anstatt dass du versuchst, neue Rekorde zu brechen und dabei ein Umknicken oder einen Fall zu Boden riskierst.

Wegweiser:

Sicherheit auf Trails bedeutet nicht nur, zu schauen, was du brauchst, um dich nicht einsam und allein auf weiter Flur zu fühlen, sondern auch, das richtige Equipment dabeizuhaben und ein den Bedingungen adäquates Tempo zu wählen. Auch das gibt dir eine gewisse Sicherheit.

3.14.1 Must-haves

An folgende Utensilien solltest du denken, wenn du dich auf neue und eher wenig frequentierte Routen wagst:

» Brotkrümel auf der Uhr haben
» aufgeladene GPS-Uhr
» Powerbank fürs Handy plus Ladekabel
» Wetter-/Gewitterapp im Auge behalten
» DAV-Ausweis
» Erste-Hilfe-Kit
» Wärmedecke
» Snacks und mindestens ein Liter Wasser sowie
» eine dünne Windjacke

Bei Gefahr von Gewitter gar nicht erst loslaufen. Wenn sich schon was zusammenbraut, wird es in der Regel nicht besser. Hier empfiehlt es sich, in den frühen Morgenstunden oder im

Laufe des Vormittags loszulaufen, da das Gewitterrisiko im Mittel- und Hochgebirge nachmittags in der Regel höher ist.

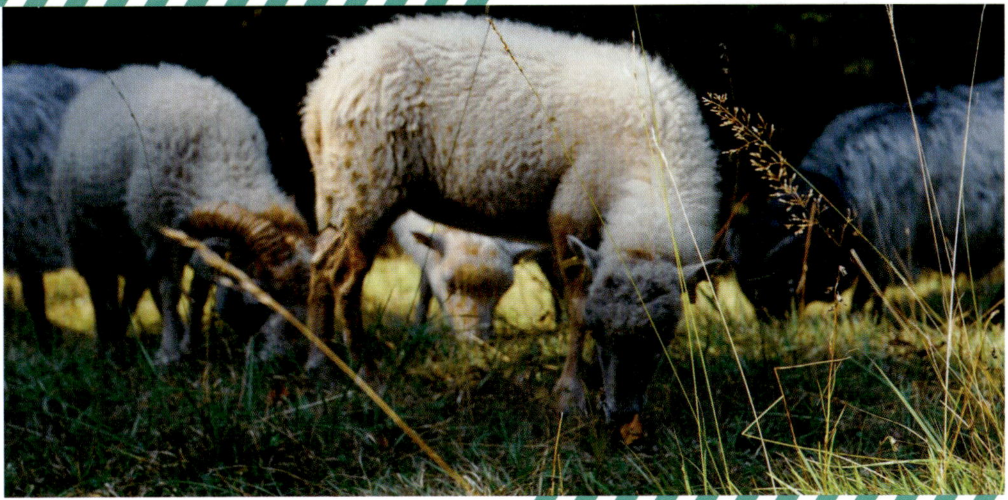

Was die Sicherheit sonst noch anbelangt, also auch auf die emotionale Ebene bezogen, ist es nach meiner Erfahrung so, dass Trailläufer männlichen Geschlechts sehr hilfsbereit sind, wenn sie auf eine Frau treffen. Oft tut man sich zusammen, um ein Stück des Wegs gemeinsam zu laufen. Ich hatte schon die irrwitzigsten Begegnungen mit Männern auf Trails, die froh sind, wenn sie mal ihre abenteuerlichen Heldengeschichten zum Besten geben können und man ihnen als Frau Gehör schenkt. Es gehört schon viel dazu, dass man mitten auf dem Weg überfallen werden würde.

Klar, es gibt für nichts im Leben eine Garantie und ich möchte an dieser Stelle keine ausdrückliche Empfehlung dafür abgeben, unbedingt allein auf einsamen Wegen laufen zu gehen. Vertraue auf deinen Instinkt und wage dich etwas hinaus. Die Chancen, ein schönes Trailerlebnis zu haben und davon länger zehren zu können, sind größer als die Chance, nicht mehr lebend nach Hause zu kommen.

Wegweiser:

Da in der Natur oft der Netzempfang ausfallen kann, kannst du vor deinem Lauf bei WhatsApp® deinen Live-Standort gewissen Personen teilen. So wären sie im Fall der Fälle im Bilde und könnten erkennen, wo du dich aufhältst.

3.15 Training ohne Tracking

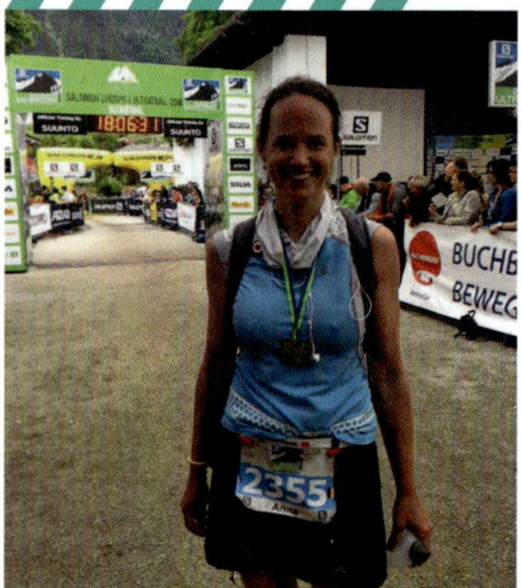

Als ich im Juni 2016 am Start eines 63 Kilometer langen Ultramarathons in den Garmischer Voralpen stand, war das wilde Piepen der Uhren um mich herum nicht zu überhören. An meinem Handgelenk trug ich nur die selbstgemachten Perlenarmbänder meiner beiden Töchter, welche sie mir als Glücksbringer für den Etappenlauf in der Sahara gebastelt hatten und die ich oft bei Wettkämpfen trage. Die Energie trägt mich bis über jede Ziellinie, so auch bei besagtem Rennen mit Ambitionen auf einen vorderen Platz. Ich lief nach eigener Einschätzung meiner Kraft und konnte mich auf alles konzentrieren, was in Kopf und Körper ablief.

Ich frage mich, wie oft Athleten verlangsamen, aufgeben oder gar abbrechen müssen, nicht auch zuletzt, weil die Uhr sie in die Schranken weist. Bloß nicht das Tempo überziehen und den Puls damit zu lange in die rote Zone treiben. Sonst reicht es am Ende nicht. Wo bleibt da das Vertrauen ins eigene Können? Mehr noch, wie können wir überhaupt zu mehr Selbstvertrauen in unsere Fähigkeiten gelangen und in den Flow kommen, ohne den Druck oder gar das Pflichtgefühl, uns über jede kleinste Aktivität und nebensächliche Details mitzuteilen?

Alles wird getrackt, in Apps geladen, dann noch schnell den „Teilen"-Button gedrückt und zack, ist der Lauf sichtbar für alle. Die Anerkennung ist einem da oft sicher und ein gewisses Sicherheitsgefühl ist inklusive.

Falsch ist daran nichts. Ich erlebe es oft in meinem Alltag mit Ausdauerathleten, die ich auf ein Ziel hin begleite. „Lasse heute den Pulsgurt weg und schaue nicht jeden Kilometer auf die Uhr. Vertraue mehr auf dein Körper- und Tempogefühl." Zunächst löst diese Aufgabe Staunen und Zweifel aus.

» Bringt das was?
» Kann ich das?

Ein komisches Gefühl, sich mal nur aufs Sein zu konzentrieren, den Körper neu wahrzunehmen, mitzubekommen, was im Kopf läuft. Training nach Gefühl. Laufen nach Gefühl. Nicht zu verwechseln mit dem Lustprinzip, sondern als Methodik mit System, die sich über viele Jahre immer wieder bewährt hat und tatsächlich zu mehr Erfolg führen kann. Wenn der Spaß und die Leidenschaft im Sein wieder mehr in den Vordergrund rücken.

Garmisch-Partenkirchen wirbt mit dem englischen Slogan: „Discover your true nature". Ein Aufruf also an alle, sich draußen in der Natur, umrahmt von hohen Gipfeln, anders zu erfahren, eine gewisse Freiheit zu genießen, trifft wohl den Nerv der Zeit.

Wenig überraschend ist, dass sich jedes Jahr 30.000 Läufer auf die Ultradistanz wagen, Strecken jenseits der 42,195 Kilometer testen. Ein Nischensport mit Extremcharakter mutiert zum Breitensport. Da geht es nicht mehr nur um Durchschnitte, sondern oft zunächst um pures Ankommen, wie hoch der Puls auch schlägt oder ob gerade im idealen Bereich gelaufen wird.

Machen wir uns nichts vor. Die (Sinn-)Suche nach etwas anderem, nicht unbedingt Greifbarem, ist längst Trend geworden. Wo oft unbewusst die Flucht aus dem Alltag, dem Stresstrigger Social Media, als Katalysator wirkt. Endlich mal abschalten können, die Probleme vergessen oder wegschieben und nichts tun müssen, außer zu *sein*.

Dem digitalen Fortschritt ist nichts abzusprechen, jedoch dem Kollektivzwang, sich überall mitteilen zu müssen und dafür verschiedenste Geräte zu nutzen, um gesehen und gehört zu werden.

» Was gibt es nun Wahres zu entdecken?

Die Besinnung auf die ursprüngliche Motivation.

1998, bei meinem ersten und letzten Straßenmarathon kam ich nach über 4:30 Stunden ganz schön erschöpft ins Ziel, und mit meiner ersten Pulsuhr am Start. Wie verrückt beobachtete ich meine Werte, konzentrierte mich angestrengt aufs Piepen, musste das Tempo immer wieder zügeln, um im richtigen Bereich zu bleiben. Die Uhr kann doch nicht lügen. Doch bedingt durch Aufregung vor und während des Laufs und eine relativ schlaflose Nacht war der Puls ohnehin weiter oben als sonst. Die Werte waren also nur begrenzt aussagekräftig.

Bei Kilometer 35 rannte ich dann auch noch gegen die berühmte Wand am Checkpoint Charlie. Nichts ging mehr. Erst nach einer Massage schleppte ich mich die letzten sieben Kilometer mal laufend, mal gehend, mal wankend ins Ziel. Und ohne das Gepiepe meiner Uhr zu beachten. Ich kam auch so an, setzte verstärkt darauf, mir immer wieder im Kopf zu sagen, dass ich es schaffen werde.

Klar, es führen immer wieder verschiedene Wege nach Rom. Uhren und Pulswerte können dienlich sein und dir helfen, dich rückzuversichern, doch gerade im Trailrunning ist das losgelöste Gefühl eben genau davon so befreiend. Auch das „Laufen nach Gefühl" will natürlich geübt sein und nicht jeder Lauf sollte immer nur nach der Lust gehen, aber wenn du beispielsweise viermal pro Woche läufst, schalte die Pulsmessung ruhig 1-2-mal aus und beobachte, was passiert.

» Ist also mehr Erfolg tatsächlich durch eine digitale Kur möglich, um sich seiner wahren Stärken bewusst zu werden, der wahren Natur zu begegnen?

Ich denke schon. Probiere es aus und lasse dich ein.

Discover your true nature!

3.16 Antworten auf brennende Fragen

Wenn du bisher überwiegend auf Asphalt gelaufen bist, bringst du sicher schon eine gewisse Grundlagenausdauer mit, die dir auf den Trails auf jeden Fall zugutekommen wird. Mit einer soliden Grundlage kannst du die meisten (neuen) Terrains meistern.

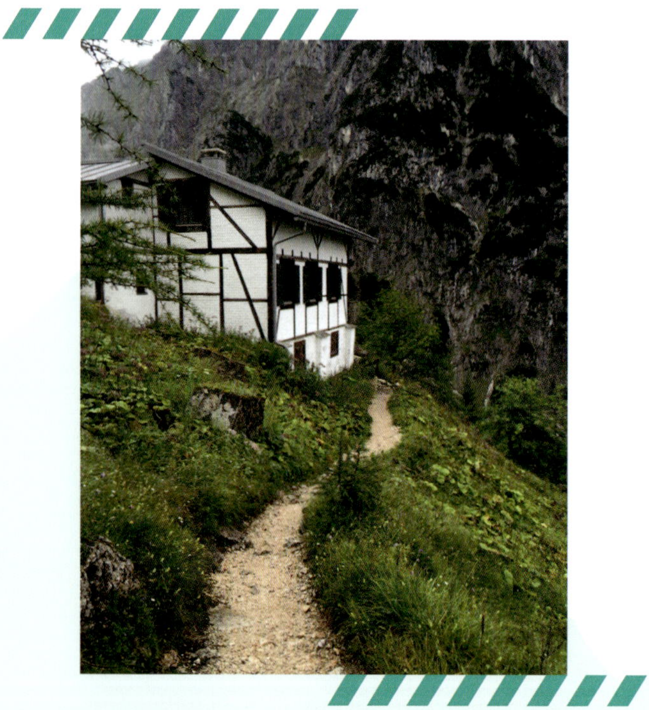

Wie im vorigen Kapitel beschrieben, gibt es Trails in unterschiedlichsten Varianten. Selten ist ein Trail im Wald topfeben, selbst in nördlichen Gefilden gibt es Halden oder andere kleine Anstiege fernab der Straße. Und Steigungen können am Anfang die vielleicht größte Herausforderung darstellen.

In diesem Kapitel erfährst du Antworten auf die wichtigsten Fragen.

3.16.1 Was muss ich beachten, wenn ich nicht so schnell aus der Puste kommen will?

Es war vor etwa drei Jahren. Ich begann wieder im Rahmen eines strukturierten Trainings zu laufen, hatte nach einem Lauftest meine Herzfrequenzzonen im Blick und merkte schnell, dass mein Puls bei Anstiegen in die Höhe schnellte, was mich wunderte, da ich nicht aus der Puste war, aber gleichzeitig wusste, dass ich das Tempo nicht lange durchhalten würde.

Ich drehte also immer etwas im Roten, ermüdete irgendwann und dann fehlten mir die Kräfte beim Bergablaufen und in der Ebene. Es folgten ein paar Anpassungen, die zur Folge hatten, dass mein Puls nach wenigen Wochen viel niedriger war als zuvor auf denselben Strecken.

Wie konnte das sein?

Durch konsequent langsameres Laufen die Anstiege hoch - ich kam mir manchmal vor wie eine lahme Schnecke - lernte mein Körper, den Sauerstoff effizienter zu nutzen und somit stieg die Kapazität, das langsame Tempo über einen längeren Zeitraum zu halten. Auch wenn ich in dieser Phase langsamer unterwegs war, wusste ich, dass die Strategie langfristig aufgehen würde und ich im nächsten Schritt meines Trainings etwas an Tempo zulegen konnte. Das geschah genauso, und schwups, schnellte mein Puls nicht mehr so schnell hoch, sondern ich konnte durch meinen Rhythmus so laufen, dass ich immer im grünen Bereich blieb.

Normalerweise ist es so, dass der Puls recht schnell in die Höhe schießt, wenn eine Steigung zu schnell angegangen wird, als gäbe es diese Steigung gar nicht und das Tempo einfach beibehalten wird. Nach wenigen hundert Metern kann es passieren, dass man ins Roten dreht. Hier ist die Krux an der Sache: Steigungen zu laufen, erfordert am Anfang eine größere Portion Geduld, aber wenn du bereit bist, diese aufzuwenden, kannst du langfristig umso mehr ernten:

» Du gewinnst an Kraft in den Beinen.
» Du erhöhst die Sauerstoffkapazität im Körper.
» Du kannst irgendwann längere Steigungen durchlaufen, ohne zu übersäuern.

In der Umsetzung bedeutet dies, dass du dich zunächst locker einläufst und die Steigung zunächst im schnelleren Gehtempo angehst. Vermeide unbedingt, sofort schnell hochzulaufen.

Trabe dann entspannt wieder hinunter. Übe das immer und immer wieder.

Nach etwa 6-10 Übungseinheiten gehe in den nächsten Schritt über und beginne damit, kleine Abschnitte der Steigung hochzulaufen, ganz locker trabend, ohne Druck auszuüben.

» Nimm dir dabei immer erst mal nur 100 Meter vor.
» Gehe dann schneller weiter und fange dann wieder an, anzutraben.
» Praktiziere diesen Rhythmus so lange, bis die Steigung zu Ende ist.

Wiederhole dieses Vorgehen 2-3-mal. Nach weiteren zwei Wochen kommst du in die dritte Phase und hängst an die Laufabschnitte an der Steigung ein paar weitere Minuten. Immer nur so lang, wie du noch locker atmen kannst.

Als Faustregel merke dir: Rhythmus kommt beim Trailrunning immer vor Geschwindigkeit.

Das bedeutet, dass sich dein Körper in kleinen Schritten an die neuen Bewegungsabläufe gewöhnen muss.

Gerade die Muskeln im hinteren Oberschenkel sowie die Achillessehnen und Waden sind neuen Reizen ausgesetzt. Auch der M. glutaeus maximus, ein großer Muskelstrang, der im Trailrunning häufig zum Einsatz kommt und für einen knackigen(!) Po sorgen kann, wird mitunter recht gut beansprucht.

Wegweiser:

Sei geduldig und gewöhne dich erst an einen Rhythmus, wo die Atmung locker fließt und du nicht außer Atem kommst. Erst wenn diese Grundlage stimmt, kannst du beginnen, ein Schippchen draufzusetzen und dich auf ein gewisses Tempo an Anstiegen zu konzentrieren.

Beachte bei Steigungen, dass du dir am Anfang eine suchst, die du wirklich noch gut hochgehen und auch leicht hochtraben kannst. Nichts ist frustrierender, als sich an eine zu steile Steigung zu wagen, die sich aufzutürmen scheint wie der Mount Everest und dann aufzugeben, weil man kaum vorwärts kommt vor lauter Anstrengung.

Kein Mensch fällt auf einen Berg. Man erläuft ihn sich in vielen kleinen Schritten. Wenn du dir diese kleinen Tipps zu Herzen nimmst, wirst du schnell kleine Erfolge verbuchen können und in relativ kurzer Zeit immer längere Strecken und Steigungen wagen.

3.16.2 Wie plane ich meine Strecke?

Eine gewisse Vorausplanung im Trailrunning ist wichtig, da die Geschwindigkeit und auch die Distanz auf einem Trail oft sehr unterschiedlich zum Laufen in der Ebene und allgemein auf

Asphalt ist. Generell ist es so, dass du locker 30 Sekunden, oft sogar länger pro Kilometer, unterwegs bist, je nachdem, wie hoch die Steigung ist.

Wenn du in der Ebene normalerweise eine Stunde für 10 Kilometer benötigst, rechne damit, dass du mit 200 Höhenmetern im Auf- und Abstieg über eine 10-Kilometer-Trailrunde einige Minuten länger brauchst.

Gerade am Anfang läuft man selten alle Steigungen gleich locker durch, sodass du immer einen gewissen Puffer in deine Zeitplanung einberechnen solltest.

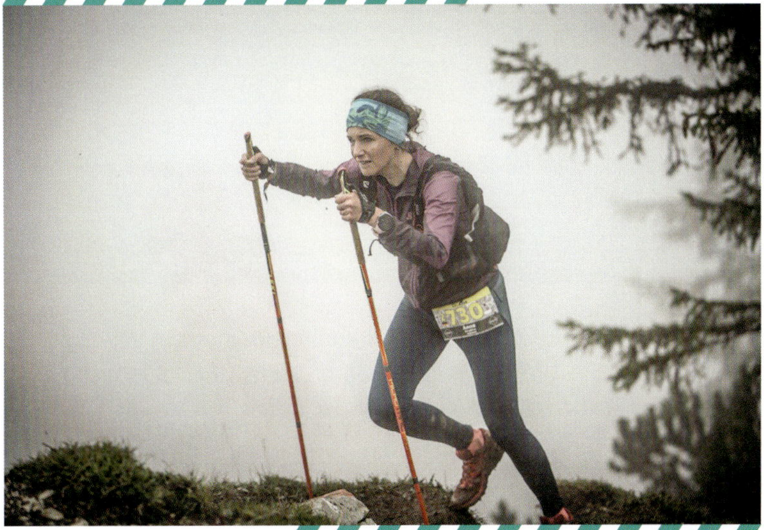

Es gibt sogar Strecken, da brauche ich 80 Minuten für 10 Kilometer, beispielsweise dann, wenn die Steigung sehr steil ist und sich über eine längere Strecke zieht, sodass mir nichts anderes übrig bleibt, als diese in einem schnelleren Gehschritt hochzugehen, Power Hiking sozusagen.

Wegweiser:

Man kann also nie zu 100 Prozent sagen: Bei einer Steigung von x Prozent auf zehn Kilometern brauchst du x Minuten länger. Jeder Trail ist anders und das ist auch der Grund, warum man Trails untereinander nicht wirklich vergleichen kann.

Hier noch ein Beispiel aus dem hiesigen Trailparadies:

Eine meiner 10-Kilometer-Runden besteht aus circa 40 Prozent Asphalt und 60 Prozent Single Trail mit vielen Wurzeln und Holzstufen sowie aus einem Forstweg, gespickt mit 280 Höhenmetern. Für diese Strecke benötige ich in den schneefreien Monaten in einem lockeren Tempo eine Stunde.

Auf einer anderen Route, die überwiegend auf gut laufbaren Trails und Forstwegen verläuft, aber 330 Höhenmeter aufweist, bin ich schneller auf 10 Kilometern als auf oben beschriebener Route. Erkennst du, dass ein Vergleich somit unmöglich ist und man immer nur auf ein und derselben Trailroute vergleichen kann, wie schnell man unterwegs war?

Wegweiser:

Laufe verschiedene Routen ab und notiere deine Zeit, die du in einem gemütlichen Tempo benötigst. So weißt du, wie du planen kannst. Deine Zeiten auf der Straße haben keine Relevanz auf dem Trail und dienen, wenn überhaupt, dann nur als grober Anhaltspunkt.

Langfristig ist die wichtigste Aufgabe beim Trailrunning, loszulassen von jeglichen Tempi und Zeiten, die du auf der Straße läufst bzw. gelaufen bist. Ein 10-Kilometer-Trailrun verlangt dir deutlich mehr ab, als dieselbe Distanz im Flachen zu laufen.

- » Als grobe Formel kann zusammengefasst werden: Ein 10-Kilometer-Lauf auf Trails mit 200-300 Höhenmetern ist gleichzusetzen mit 6-7 Kilometern in der Ebene auf Asphalt.
- » Dein Gewinn vom Trailrunning ist ein Mehr an Kraft in den Beinen, mehr Resilienz im Kopf, da du ganz anders auf einen Lauf zurückschaust, der dir viel abverlangt hat.
- » Die Koordination, das Gleichgewicht und ein ausgeprägtes Körpergefühl zu entwickeln bzw. zu erweitern – all das und so viel mehr bietet dir Trailrunning.

Bist du bereit? Dann schnüre deine Schuhe und entdecke den erstbesten Pfad vor deiner Haustür, gehe in den Wald und wage dich an Wege, die du normalerweise nicht einfach so laufen würdest. Gehe spielerisch vor und mache einen Schritt nach dem anderen.

EXTRATIPP: Mit Apps wie *Komoot®*, *Strava®* und anderen Anbietern kann man sich natürlich auch selbst eine Strecke aussuchen und sich den GPS-Track auf die Uhr ziehen, um die Route abzulaufen.

Einziger Punkt: Oft weiß man vorab nicht, wie der Trail beschaffen ist und daher kann eine genaue Zeiteinschätzung auch falsch sein.

Baue dir lieber einen Extra-Zeitpuffer ein und nimm bei Läufen über eine Stunde etwas Wasser mit.

In vielen größeren deutschen Städten gibt es von einigen Firmen wie beispielsweise Salomon regelmäßig Workshops, die sich an eher unerfahrene Läufer richten, und bei denen ein sogenannter *Trailrunning-Guide* eine Strecke in der Gruppe abläuft und unterwegs Tipps gibt und Fragen klärt.

Ich habe selbst von 2017-2019 solche Workshops in Garmisch für die Firma Salomon durchgeführt und festgestellt, dass die größte Unsicherheit darin liegt (und diese ist berechtigt), wie man am effizientesten eine Steigung hochläuft und welche Ausrüstung notwendig ist. Bei diesen Workshops kann man sich völlig unverbindlich und kostenfrei Schuhe und anderes Equipment wie Stöcke und Laufwesten ausleihen.

Merke dir, dass es diese Möglichkeiten gibt, wo du zudem gleich Gleichgesinnte kennenlernen kannst und diverses Equipment auf Herz und Nieren testen kannst.

3.16.3 Gibt es Strecken, die ich nicht laufen sollte?

Am Anfang lockt einen vielleicht gleich ein hochalpiner Trail.

Doch, Achtung: Wer gänzlich unerfahren in die Berge geht, um sich neue Wege zu erlaufen, läuft Gefahr, ...

- » sich zu verletzen, da die schmalen Trails in den höheren Lagen oft gepflastert sind mit großen Steinen und man ohne Vorerfahrung viel leichter umknicken kann.
- » die Orientierung zu verlieren, wenn auf einsamen Wegen im alpinen Bereich plötzlich das Wetter umschwingt, Nebel oder ein Gewitter aufzieht.
- » ab einer Höhe von 1.500 Metern Symptome von leichter Höhenkrankheit zu entwickeln, wie zum Beispiel Kopfschmerzen, Übelkeit und Schwindel.

Diese Aspekte klingen extrem und vielleicht schüttelst du mit dem Kopf, aber es passiert so viel in solchen abwegigen Gefilden, wenn man nicht schon eine stabile Grundlage im Trailrunning geschaffen hat. Gerade im alpineren Gelände oder sogar im Mittelgebirge unterschätzt man oft, wie kräftezehrend das Bergablaufen sein kann.

Nimmt man sich also Urlaub, um ein paar erlebnisreiche Tage mit Trailrunning zu verbringen, kann es passieren, dass man sich am ersten Tag schon die Beine verbrennt. Auch „nur" 1.000 Höhenmeter wollen erst einmal gemeistert werden. Hoch kommt man meist schon, hinunter zu laufen birgt im ermüdeten Zustand einige Risiken. Ruhig Blut.

Wegweiser:

Wenn du dich ausreichend in deinem heimischen Trainingsgebiet vorbereitest, vor allem das Downhilllaufen immer wieder übst und 2-3-mal pro Woche ein paar Minuten Stabilitäts- und Core-Training machst, steht auch Trailruns in den Bergen nichts im Wege. Geduld und Zeit machen sich auf Dauer definitiv bezahlt.

3.16.4 Gibt es Steigungen, die ich nicht laufen sollte?

Eine Steigung ist dann nicht mehr gut zum Laufen geeignet, wenn du schnell gehend schneller bist, als mühsam zu versuchen, im Laufschritt zu bleiben. Man spürt an Anstiegen schnell, ob es sinnvoller ist, diese flott zu gehen oder ob es besser ist, das Ganze laufend durchzuziehen.

Ist die Steigung insgesamt nur wenige hundert Meter kurz und du siehst schon das Ende, dann kannst du versuchen, dies als knackiges Tempointervall zu laufen oder ein Fahrtspiel daraus zu machen, wenn sich die Steigung über eine Länge von mehreren hundert Metern oder gar Kilometern zieht.

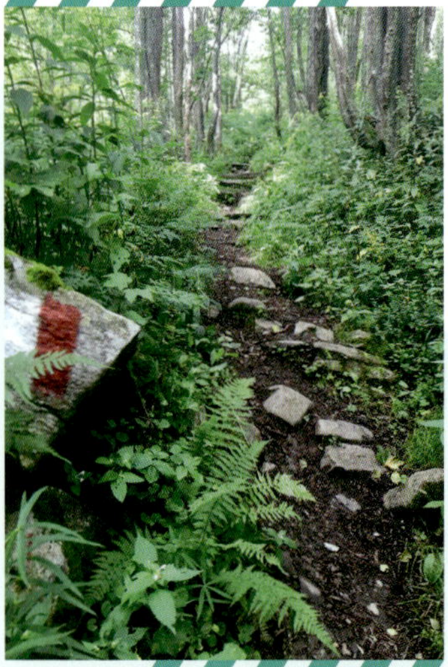

Es ist allerdings äußerst selten, dass du sehr lange Steigungen vorfindest außerhalb von bergigen Gebieten.

Von daher kannst du dir jeweils unterschiedliche kleine Challenges setzen und eine sehr steile Steigung mit kurzem Rennen und flotten Gehpassagen abwechseln. Eine Steigung im Trailrunning in Prozenten zu benennen, ist schwierig, da sich diese mit dem Augenmaß schwer berechnen lassen.

Wegweiser:

Mit etwas Übung entwickelst du ein gutes Gefühl für das, was du dir noch laufend zutrauen kannst und an welchen Steigungen es besser ist, diese erst mal gehend zu bewältigen. Ansonsten baut sich schnell Frust auf. An Anstiegen ist Geduld und Durchhaltevermögen gefragt.

3.16.5 Was mache ich, wenn ich zu schnell einen Anstieg angegangen bin?

Viele Läufer machen genau diesen Fehler am Anfang. Sie wollen nämlich ...

» so schnell wie möglich oben ankommen.
» unbedingt dasselbe Tempo wie in der Ebene beibehalten und dafür kämpfen.
» zeigen, dass das Berghochlaufen nicht so schwer sein kann.

Hier bekommt man schnell die Quittung: Übersäuerte Beine, Atemlosigkeit und Frust darüber, dass man nicht schnell genug war. Hier ist die Krux. Beim Berghochlaufen zählt gar nicht so sehr das Tempo, sondern deine Zähigkeit und mentale Stärke, ein deutlich langsameres Tempo als im Flachen auszuhalten.

Wenn du diesen Willen und auch die Geduld aufbringst, dir wirklich Zeit zu lassen, bis du deinen persönlichen Rhythmus am Berg gefunden hast, wirst du in der Lage sein, fast mühelos jeden Anstieg zu erklimmen.

Alles baut auf einer soliden Grundlage auf!

Und nicht diejenigen, die am schnellsten oben sind, sind die besseren Trailläuferinnen, sondern diejenigen, die auf sich hören und unbekümmert und unbeeindruckt ihr Ding an Anstiegen machen. Denn diejenige, die nach einem Anstieg noch genug Kraft in den Beinen hat, wird alle anderen, die schon vorher Körner verpulvert haben, locker überholen. Selbst einen 10-minütigen Rückstand berghoch kannst du bergab nach wenigen Minuten aufholen. Mit frischen Beinen läuft es sich deutlich einfacher und ausdauernder hinunter.

Arbeite also konstant an deiner Grundlage und absolviere mindestens 80 Prozent deines Trainings im grünen Bereich.

Als Faustregel kannst du dir notieren: Wenn du dich noch locker unterhalten könntest – auch ein Monolog oder Dialog mit deinem Hund tut es –, hast du das richtige Tempo getroffen.

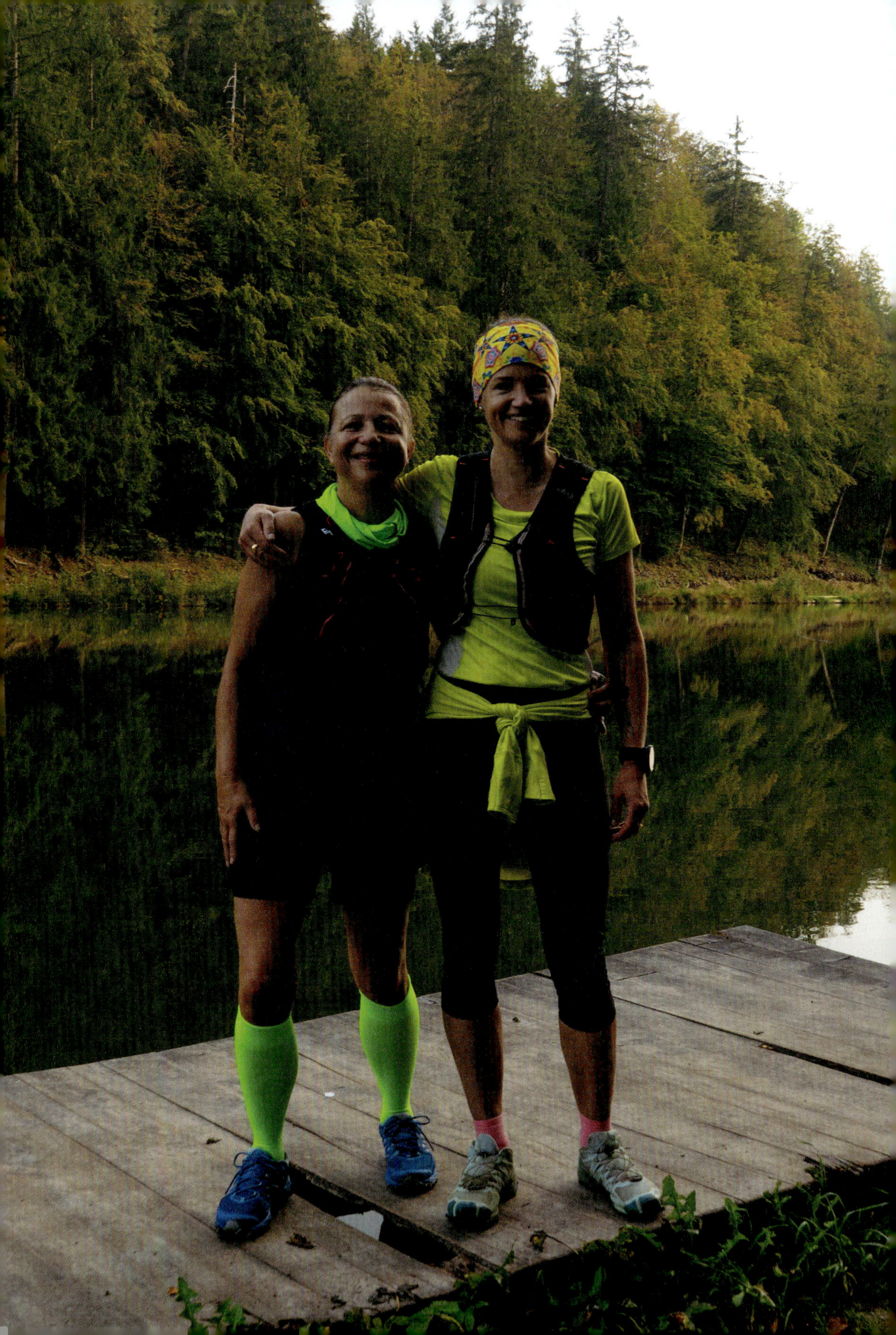

TEIL 4

ALLES, WAS DU AUF DEN TRAILS BRAUCHST

4.1 Die Sache mit dem Puls

» Training und damit Laufen nach Puls, ja oder nein?

Dies ist eine der meistgestellten Fragen in den Camps und im Coaching. Es gibt keine klare Antwort darauf, wohl aber mehrere Meinungen. Wahrscheinlich wird dich eine der Antworten etwas überraschen.

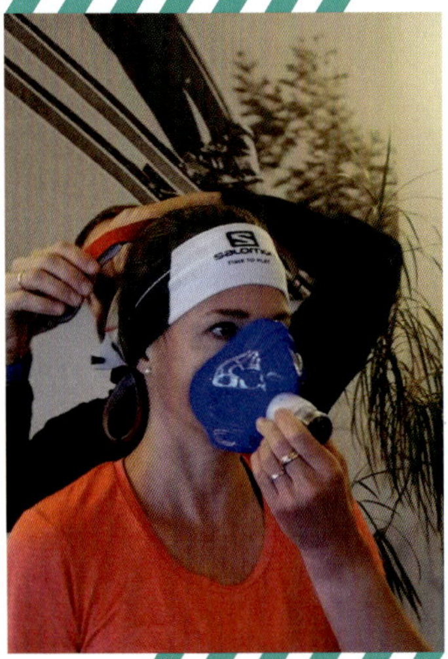

Viele Trainer weisen ihre Schützlinge genauestens an, in welchem Pulsbereich sie laufen sollen. Alles gut, anders kannte ich es auch nicht von früher, in den guten alten Leichtathletik- und Marathonvorbereitungszeiten.

Durch die Kontrolle des Pulses und entsprechend angepasstes Tempo sind durchaus Verbesserungen möglich. Das wiederum gibt einem das gute Gefühl, die Rückkopplung, etwas richtig gemacht zu haben.

Ich muss dich enttäuschen. Wenn du hier bis ins Detail durchgestylte Beispieltrainingspläne mit wissenschaftlichen Abhandlungen über die Pulsbereiche suchst, kannst du zum nächsten Kapitel weiterblättern.

Im Trailrunning geht es in der Trainingssteuerung auch darum, zu lernen, etwas Kontrolle loszulassen. Wir können hier ein Bild, eine Parallele, mit dem Downhilllaufen ziehen. Je mehr du dich versteifst, es richtig zu machen und mit Vollgas den Abstieg hinunterzudüsen versuchst, desto weniger wird es gelingen. Der Schlüssel zum entspannten Trailrunning liegt darin, mehr auf deinen Körper und deine Atmung zu lauschen und stringente Pulsbereiche und Vorgaben ins Hinterstübchen zu verbannen. Diese Methodik können die Straßenläufer weiter praktizieren.

Du hast hier, jetzt, die offizielle Erlaubnis, einmal tief ein- und auszuatmen und Zahlen, Gepiepe und auch den Vibrationsalarm deiner Uhr außer Acht zu lassen. Lange lief ich wie ein aufgescheuchtes Huhn durch die Gegend, war gestresst vom Laufen nach Puls, dachte aber lange, dass das einfach dazugehören muss, wenn man gescheit trainieren möchte. Brav lief ich nach Vorgabe, ohne darauf zu achten, welche anderen Faktoren noch eine Rolle beim Laufen spielen.

- Wie ist meine Tagesform allgemein?
- Was habe ich gegessen und getrunken?
- Wie habe ich geschlafen?
- Was ist die genaue Intention meiner Laufeinheit?
- Wie ist mein Stresslevel beruflich und privat?

Im Spätherbst 2010 legte mich eine langwierige Verletzung, ein Fersensporn, zeitweise lahm, das Laufen war nur sehr bedingt und eingeschränkt möglich. Hinfällig waren somit Pulswerte. Was zählte, war, genau in meinen Körper zu spüren und zu merken, welches Tempo mir keine Probleme bereitete. Gar keine so leichte Übung, aber das Einlassen darauf umso lohnender.

Im Sommer 2011, nach überstandener Stoßwellentherapie und einem langsamem Wiedereinstieg ins Training, stand mein erster 100-Kilometer-Lauf im Chiemgau auf der Wunschliste und wurde dann auch konkret. Ich wusste zwar nicht, wie ich das um Himmels willen schaffen sollte, aber irgendwie war da der Glaube an mich, in meinen Körper, dass es möglich sein könnte, diesen Lauf zu finishen.

Kontinuierlich steigerte ich meine Umfänge, ließ Intensitäten noch etwas beiseite und hörte fast ausschließlich auf meinen Körper. Fühlte es sich nicht richtig an, einen langen Lauf zu machen, verlegte ich diesen und lief nur eine kurze Einheit. Bei rund 80 Prozent der Läufe achtete ich darauf, mich möglichst viel auf Trails zu bewegen und in einem Tempo zu laufen, sodass ich mich noch hätte unterhalten können.

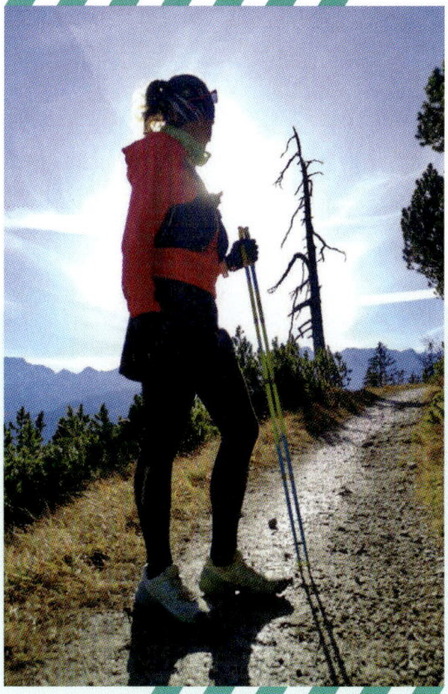

Das Wohlbefinden stieg und ich freundete mich mit dem Gedanken an, dass es schon gut werden würde bei meinem ersten alpineren Ultratrail. Ein Vorbereitungswochenende mit einem Laufkumpel auf Teilen der Originalstrecke trug zusätzlich dazu bei, dass ich schlussendlich zwar leicht untertrainiert am Start stand, aber mir fest vorgenommen hatte, nach Gefühl zu laufen und nie das Tempo zu überziehen oder mich auf den Puls zu fokussieren. Dieser ist unter Rennbedingungen sowieso oft nicht realitätsnah.

Am Ende sprang ein zweiter Platz beim Chiemgauer 100 heraus. Ich lief nur 45 Sekunden nach der Erstplatzierten ins Ziel. Ich war überwältigt und auch etwas irritiert, wie gut es insgesamt gelaufen war mit dieser Strategie. Dieses Erlebnis verschaffte mir so viel Aufwind, dass ich fortan weitere Rennen und auch Trainingsläufe selten nach Puls lief. Mein Körper und die Atmung waren der direkteste Feedbackgeber, während der Puls oftmals, gerade an Anstiegen, leicht hinterherhinken kann und eine Weile braucht, um sich einzupendeln.

Leider wird immer noch oft in der Coachingpraxis mit einer großen Fixiertheit auf die Herzfrequenz gearbeitet. Das, was das eigentliche Ziel beim Trailrunning ist oder sein sollte, jede Menge Spaß am Laufen über Stock und Stein zu haben und sich von einem hohen Anspruch an sich selbst zu lösen, bewirkt durch ständige Pulskontrolle das Gegenteil und eine Abhängigkeit, die gar nicht sein müsste.

Vorgespult ins Jahr 2016 und zum Start zum Ultratrail über 63 Kilometer beim etablierten und legendären ZUT (Zugspitz Ultratrail). Vorbereitet im Schwarzwald und im damaligen Wohnort Baden-Baden, stand ich leicht verunsichert an der Startlinie. Überall um mich herum blinkten und blitzten Läufer und Läuferinnen in knalligen Outfits, Laufwesten und Stöcken. Von Anfang an machte ich mein Ding, mein Tempo.

Wieder war meine Atmung mein Richtungsweiser. Nie kam ich zu sehr ins Hecheln, sodass ein Ende vielleicht schneller gekommen wäre, als gedacht. Der Grat zwischen einem Ankommen und DNF (Did Not Finish) kann manchmal schmal sein. Es reichte an diesem Tag für einen soliden sechsten Gesamtplatz bei den Frauen.

Als ich dann 2016 nach Garmisch übersiedelte, vollzog ich meine Läufe in ähnlicher Manier. Manchmal ist es interessant, zu schauen, wo man steht in Relation zum subjektiven Gefühl. Die Herzfrequenz kann ein wichtiger Faktor dafür sein, Übertraining zu vermeiden oder rechtzeitig kürzer zu treten, wenn sich durch einen erhöhten Ruhepuls eventuell ein Infekt anbahnt. Die Pulsbereiche sollten also hier auf keinen Fall verteufelt oder gar aus deiner Trainingsroutine verbannt werden, eher gezielt und sparsam angewendet werden.

» Bei welchen Läufen macht es denn Sinn, nach der Herzfrequenz zu laufen?

Insbesondere bei lockeren Erholungsläufen, da gerade dort oft zu schnell gelaufen wird und die Erholung damit gar nicht gewährleistet ist. Auch bei schnelleren Trainingseinheiten, also Tempo- und Intervalltrainingseinheiten, ist es ratsam, zu pulsgesteuertem Training zu greifen.

» Möchtest du nun zur Abwechslung etwas über einen kleinen Reinfall lesen?

Wir befinden uns im Jahr 2018. Trotz einer etwas lästigen Sehnenreizung in der linken Fußsohle – ich hatte Crossfit übertrieben und krampfhaft versucht, das Lauftraining aufrechtzuerhalten – erhörte ich den Ruf eines besonderen Ultratrails, dem UTMR (Ultra Tour Monte Rosa).

Ich entschied mich für einen Start auf der 100-Kilometer-Strecke, gespickt mit knapp 7.000 Höhenmetern im Auf- und Abstieg.

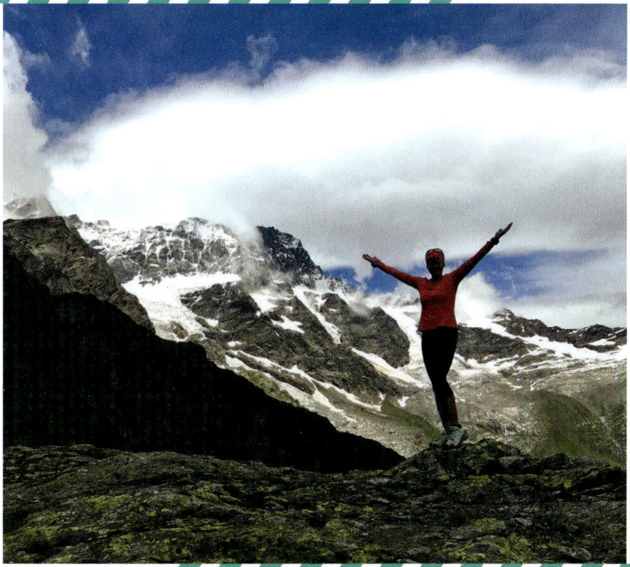

Und nahm mir nach jahrelangem Selbstcoaching einen Trainer an die Hand. Über vier Monate half er mir, mich auf dieses Event vorzubereiten. Ich wollte nach einem gescheiterten Versuch bei einem 100-Meilen-Lauf wieder das Selbstvertrauen gewinnen, dass ich in der Lage bin, wieder 100 Kilometer am Stück laufen zu können.

Das Monte-Rosa-Gebiet zog mich zudem magisch an, nicht zuletzt auch, weil keine Geringere als Lizzy Hawker dieses Rennen ins Leben gerufen hatte und damit die Möglichkeit bot, auf ihren ehemaligen Trainingsrouten zu laufen.

Während des Coachings entdeckte ich eine gewisse Lust am Laufen nach Puls wieder, obwohl es mich anfangs auch stresste. Einige Zeit später konnte ich Verbesserungen meiner Geschwindigkeit verzeichnen und merkte auch, dass ich deutlich leichter Anstiege hochlaufen und gehen konnte, ohne dass der Puls gleich in die Höhe schoss. Und doch war da der innere Drang, wieder mehr nach Gefühl laufen zu wollen. Ich zog das Training nach Plan, ehrgeizig wie ich war, durch.

Im Wettkampf selbst fand ich von Anfang an nicht in einen, meinen Rhythmus, da ich mich zwang und damit stresste, nicht über einer bestimmten Herzfrequenz zu laufen. Ich verlor das

Vertrauen, dass es auch ohne diese Kontrolle gehen würde, verlangsamte das Tempo, nachdem ich zuerst zu schnell angegangen war. Du kannst dir jetzt sicher vorstellen, dass es ein sehr langer Tag da draußen im Hochgebirge war.

Ich überquerte nach fast 24 Stunden die Ziellinie, mental erschöpft wie nie zuvor und auch enttäuscht, dass ich so viel auf eine Karte im Training gesetzt hatte, alles vorbildlich umgesetzt hatte, dann aber am Tag X nicht so laufen konnte, wie ich es vorgehabt hatte.

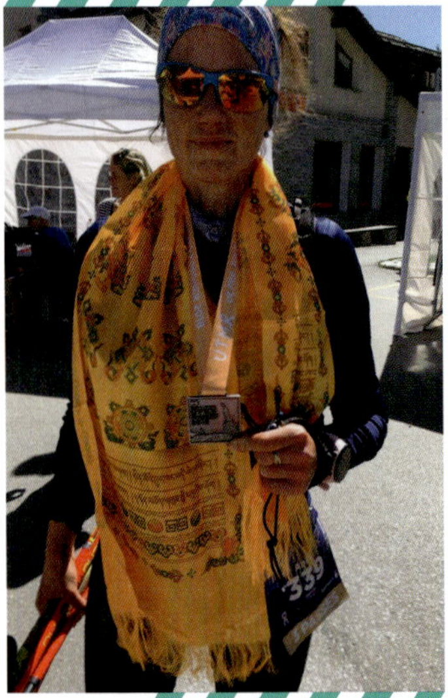

Und hier ist die wichtigste Lektion daraus: Allzu striktes Training nach Puls verdirbt auf Dauer den Spaß, die Lockerheit und Freude am Trailrunning.

Es muss nicht erst ein Hunderter sein, worauf diese Erkenntnis zutrifft. Auch viel kürzere Distanzen von 15 Kilometern und mehr kannst du mit gutem Gewissen vermehrt nach Gefühl laufen. Selbst wenn du brav auf deinen Trainingsrouten nach Puls gelaufen bist, wirst du feststellen, dass kein Trail dem nächsten ähnelt, du dir also ruhig eine gewisse Flexibilität und Freiheit gestatten kannst.

Klug und gezielt eingesetzt, sind Läufe nach Puls eine super Sache, du machst dich messbarer und erkennst vielleicht eher Fortschritte anhand von Zahlen, Daten und Analysen.

Doch was bleibt am Ende? Das Gefühl beim Laufen auf Trails, die Gedanken, die dich getragen haben, die Natur unter den Füßen zu spüren, die Intensität, mit der du dir gegenüber verbunden bist. Die Erzählungen darüber sind viel spannender und interessanter als die Pulsbereiche, in denen du gelaufen bist.

Wegweiser:

Alles in allem können Erfahrungen mit und ohne Pulsmessung dich weiterbringen. Es braucht vielleicht etwas mehr Mumm, dich in einer Weise auf dein Training einzulassen, dass du dich und deinen Körper verstehst, aber es funktioniert, immer und immer wieder.

Höre ich da ein leises Scharren mit den Hufen und du willst jetzt trotzdem wissen, in welchen Bereichen du unterwegs sein solltest, um dein Training etwas messbarer zu machen?

4.2 Uhren und Navigation

Wir schreiben das Jahr 1998. Ich bereite mich akribisch und streng nach Plan auf meinen ersten – und letzten – Straßenmarathon vor. Am Checkpoint Charlie bei Kilometer 35 geht nichts mehr. Meine Zielzeit von unter vier Stunden ist dahin und ich weiß nicht, wie ich die restlichen Kilometer bis ins Ziel noch schaffen soll. Eine weitere Stunde später passiert es dann. Ich bekomme die Finisher-Medaille um den Hals gehängt und bin überglücklich.

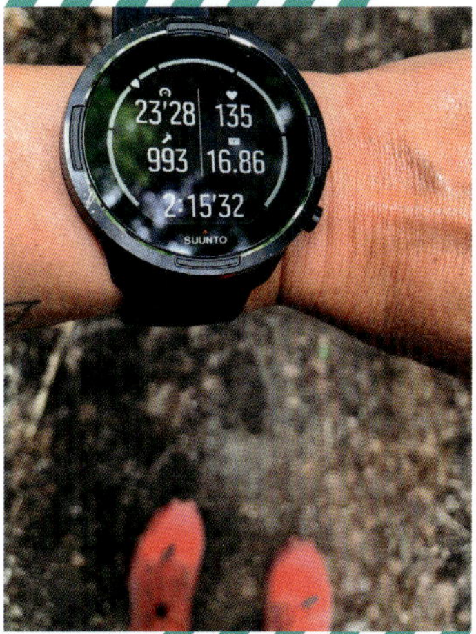

Die Vorbereitung auf diesen Marathon markierte für mich den Beginn einer langen Erfahrungsreise mit diversen Sportuhren. Ich war jede Einheit streng nach Puls gelaufen, trug einen oft störenden Brustgurt unter dem Sport-BH und verließ mich auf die Werte, die die Uhr (damals eine auf der Läufermesse erstandene von Nike) ausspuckte.

In all den Jahren des Laufens, die nach diesem Marathonerlebnis folgten, probierte ich diverse Uhren aus und landete bei Polar. Über viele Jahre trackte ich die meisten meiner Trainingseinheiten, da zum Laufen Ende der 1990er-Jahre auch noch das Rennradfahren hinzukam und ich begann, mein Training konkreter zu steuern.

Aber ich lief und trainierte nicht ausschließlich mit der Pulsuhr, sondern nutzte sie einfach zum Starten und Stoppen. Jahre später legte ich mir meine erste GPS-Uhr von Garmin zu und war irre stolz, mit so einem hochmodernen Teil unterwegs zu sein. Ich erwartete genaueste Werte und wurde beinah etwas obsessiv dabei.

Ich begann, mehr und mehr auf die Uhr zu schauen, als auf mein Gefühl beim Laufen zu vertrauen. Dazu kam oft ein erheblicher Frust mit dem GPS-Signal, das schon vor dem Start versagte oder unterwegs verloren ging.

Kurzum, ich musste über eine längere Zeit die Balance in meinem Training finden.

» Wann macht es Sinn, mit GPS zu laufen?
» Welchen Sinn und Zweck erfüllt eine hochtechnisierte Uhr für mich als Trail- und Ultraläuferin?
» Was ist ein gutes Preis-Leistungs-Verhältnis?
» **Und:** Ticken Frauen anders bei der Uhrenauswahl?

Das sind nur einige der Fragen, die mich in den letzten Jahren immer wieder beschäftigt haben. Hier sind nun meine Antworten darauf, basierend auf jahrelanger Erfahrung mit solchen Uhren und auch auf einer subjektiven Bewertung.

Wegweiser:

Eine hochpreisige Uhr, die alles können soll, ist nicht immer die Lösung. Keine Uhr ersetzt deine Körperwahrnehmung und dein Empfinden, ganz gleich, wie viele spannende Funktionen sie auch hat.

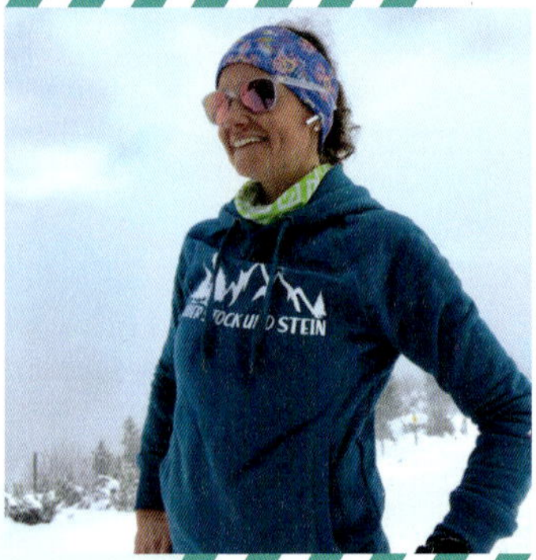

Mache dich am besten nie abhängig von einer Uhr. Sie ist dir im besten Fall eine Unterstützung in deiner Weiterentwicklung als Trailläuferin und kann dir oft gute Dienste leisten, wenn du dich beispielsweise in unbekanntem Gebiet verläufst und mittels der Brotkrümelfunktion zurückfinden kannst. Dazu später mehr. Oder wenn du dich spezifischer auf ein Ziel vorbereiten möchtest: Auch dann kann es sinnvoll sein, bestimmte Trainingsläufe mit einer Uhr zu steuern.

4.2.1 Mit oder ohne GPS laufen?

Auf Trails zu laufen, bedeutet in den meisten Fällen, dass du in einem leicht bis sehr hügeligen Gelände unterwegs bist. Selten bewegt sich eine Trailläuferin in topfebenem Gelände. Der Spaß ist gerade der, dass man einem gewissen Entdeckerdrang nachgehen kann und mitunter auch wunderbarerweise das Gefühl für Zeit und Raum verlieren kann.

Aber Trailrunning birgt andere Gefahren und Risiken. Im Nebel oder bei plötzlichen Wetterumschwüngen kannst du leichter als auf der Straße, wo immer irgendwo ein Licht brennt, die Orientierung verlieren.

Das ist auch der Grund, warum es eines gewissen Orientierungssinnes im Gelände bedarf, denn sich blind auf die Uhr zu verlassen, kann dazu führen, dass du dich richtig verlaufen kannst, sollte das Signal in den Tiefen eines Waldes ausfallen oder gar nicht mal so sehr abseits der Zivilisation. All das ist gar nicht so unrealistisch und ist mir schon ein paar Mal passiert.

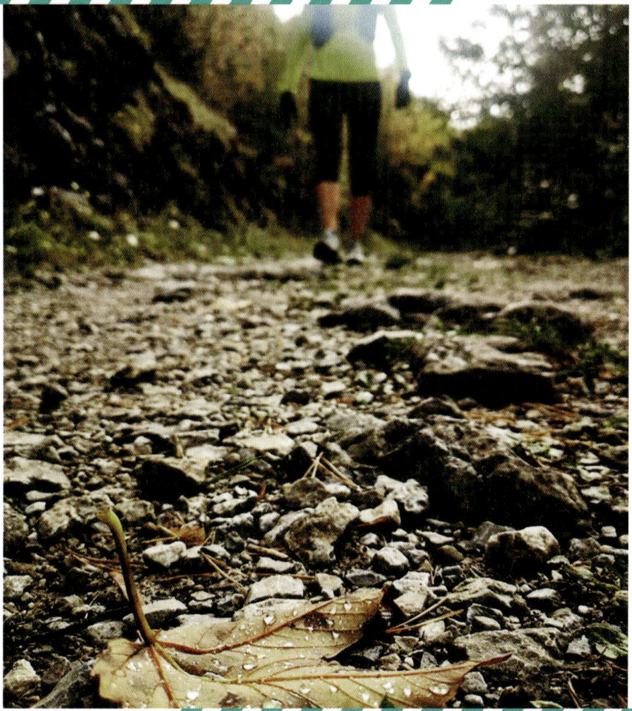

Ich empfehle dir daher, deinen Orientierungssinn etwas zu schulen und auf Trails zu laufen, die sich in deiner nahen Umgebung befinden und verschiedene Varianten bieten, um abzukürzen oder zu verlängern. Versuche, beim Laufen bewusst zu spüren, wo du dich in etwa befindest.

» Wo steht die Sonne?
» In welcher Himmelsrichtung befinde ich mich?
» Welche Distanz habe ich in etwa schon zurückgelegt?

Im Trailrunning bist du auf vielen Routen komplett auf dich allein gestellt und bist auch zu 100 Prozent verantwortlich, was passiert! Es ist immer sinnvoll, genau zu wissen, wo man hinlaufen will und sich zusätzlich (bei neuen Routen) auf einem Stück Papier aufzuschreiben, welche Eckpunkte man anläuft.

So ist man im Fall der Fälle auf der sicheren Seite, sollte das GPS ausfallen, deine Uhr wegen Kälte plötzlich aufgeben oder du feststellen, dass du nur noch fünf Prozent Akku hast. Auch hier schreibe ich aus Erfahrung. Auch ausgeklügelte Uhren können am Ende technische Fehler bzw. plötzliche Ausfälle haben.

Auch Apps können dich plötzlich auf Wege führen, die gar keine Laufwege mehr sind oder Wege können spontan abgesperrt sein, sodass du umkehren oder die Route ändern musst. Uhren und Apps sind also maximal Hilfsmittel!

4.2.2 Sinn und Zweck einer hochtechnisierten Uhr

Da du hier bist, um die Trails zu erobern und dich sicher nicht freiwillig auf die einsamsten Wege begibst, würde ich dir eine einfache GPS-Uhr empfehlen und sie als Werkzeug sehen, dass du nutzen kannst, um:

- ein Gefühl für tatsächliche Distanzen, Zeiten und Höhenmeter zu bekommen.
- um wichtige Funktionen wie Brotkrümel zu nutzen, um zum Ausgangspunkt zurückzugelangen.
- im Falle eines unvorhersehbaren Notfalls geortet werden zu können.

Es macht außerdem viel Spaß, sich bereits erlaufene Routen im Profil anzuschauen, zu vergleichen und auch Tracks auf die Uhr zu laden, wenn man sich neue Gebiete erlaufen möchte. Diese Option ist besonders zeitsparend, wenn man beispielsweise an einen neuen Ort fährt und sich nicht lange mit Kartenmaterial auseinandersetzen möchte. Man kann sich vorab bereits die jeweiligen Tracks auf die Uhr ziehen oder vor Ort mit Apps wie *Komoot®* schauen, welche Routen sich anbieten.

Wegweiser:

Insofern ein klares JA, eine klare Empfehlung zu einer GPS-Uhr. Unterm Strich hast du mehr Vor- als Nachteile mit einer solchen Uhr und mittlerweile, im Jahr 2023, sind die meisten Modelle zuverlässig genug und lassen dich nur in seltenen Fällen im Stich.

4.2.3 Preis-Leistungs-Verhältnis

- Zu welchem Zweck sollte ich mir so eine Uhr zulegen?
- Was muss ich investieren?

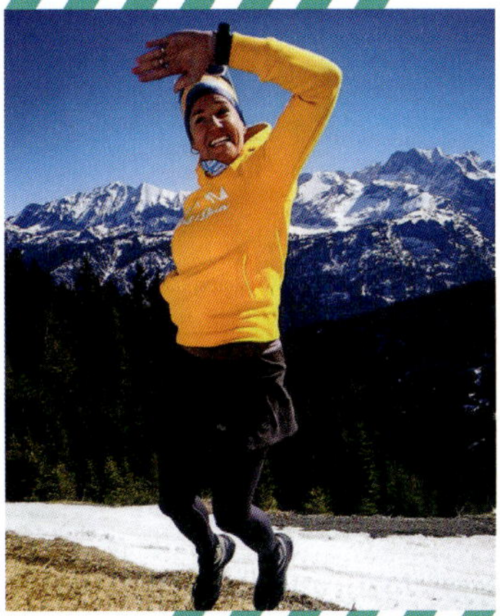

Wie in vorigen Kapiteln erwähnt, ist auch hier die Bandbreite recht groß. Du kannst tief in die Tasche greifen und an die 1.000 Euro ausgeben, aber genauso gut auch ein Modell für unter 300 Euro erstehen. Ganz ehrlich, kaum jemand braucht wirklich eine Uhr aus dem oberen Segment. Vielleicht dann, wenn du vorhast, die nächste Weltmeisterin im Trailrunning zu werden!

Ich selbst habe drei GPS-Uhren. Na gut, eine der Uhren liegt seit ein paar Monaten irgendwo auf dem Meeresgrund irgendwo im Mittelmeer! Die Schnalle hatte sich wohl beim Tauchen gelöst und ich hatte es zu spät bemerkt.

Alle hier nun vorgestellten Modelle sind von *Suunto*, welche sehr bekannt und weit verbreitet unter Trailrunnern sind. Im Sommer 2021 habe ich mir eine Uhr von *Coros* zugelegt und muss zugeben, dass diese alle anderen Uhren toppt. Dazu später mehr. Ich möchte dir hier aufzeigen, was die Uhren so alles Feines können, du entscheidest natürlich selbst.

SUUNTO TRAVERSE

Merkmale: Hervorragend auch für Wanderungen und mehrtägiges Trekking, bis zu 100 Stunden Batterielaufzeit, Zeitangabe zu Sonnenauf- und Sonnenuntergang sowie Sturmwarnung. Die automatische Darstellung des zurückgelegten Wegs sorgt dafür, dass du bei Bedarf einfach umdrehen und zurückgehen kannst. Dank der stabilen Bauweise und leistungsstarken Batterie der *Suunto Traverse* kannst du bequem viele Stunden auf Entdeckungstour gehen.

Preis: Um die 400 Euro

SUUNTO 9 PEAK

Merkmale: Dieses Modell ist die bisher dünnste und robusteste Suunto. Die Kombination aus schlankem Design und hochwertigen Materialien wie Saphirglas sorgt für ihren edlen Look. Die *9 Peak* hat eine herausragende Batterielaufzeit von bis zu 25 Stunden, zahlreiche Sportmodi, sodass du auch andere Sportarten tracken kannst. Die Aufzeichnung von Schlaf, Belastung und Erholung sorgt dafür, dass du für dein nächstes Training bereit bist.

Preis: Um die 500 Euro

COROS APEX 42 mm

Merkmale: Die *Coros* ist mein Favorit unter den GPS-Uhren. Sie überzeugt mit ultralanger Batterielaufzeit und einfacher Menüführung. Auch Core- und Stabitraining kann man sich als Workout individuell zusammenstellen. Durch ihr schlichtes Design taugt sie auch im normalen Alltag. Beim Trailrunning, nur einer von vielen Sportmodi, wird die Höhe in Echtzeit gemessen. Absolut empfehlenswerte Uhr. Mit *Komoot®* kann man im Handumdrehen neue Touren und Routen auf die Uhr laden. Das Saphirglas ist sehr widerstandsfähig. Ich trage sie täglich und habe bisher noch keine Mängel festgestellt.

Preis: Um die 300 Euro

Meine Erfahrung mit allen drei Modellen ist, dass ich immer wieder dieselben 4-6 Funktionen nutze:

» Distanz
» gelaufene Zeit
» aktuelle Uhrzeit
» Höhenmeter +/-
» Herzfrequenz und
» Tempo (mehr bei Intervallen).

Jede der drei Uhren ist nicht ausschließlich fürs Trailrunning geeignet, deckt durch das Tracking und die Brotkrümel-Funktion diesen Bereich ab. Mit jeder Uhr kannst du auch fast jede andere, beliebige Sportart ausüben und sie gibt dir daher die Möglichkeit, diese auch für Wandern, Radfahren, Schwimmen, Fitness, Rudern und Co. zu nutzen.

4.3 Modisch unterwegs

» Erinnerst du dich noch an die kurze Episode aus meinem Leben, von der ich dir in einem der vorigen Kapitel erzählt habe?
» Wie ich mir in meinem Outfit mit Wanderrucksack reichlich altmodisch vorkam?

Zugegeben, die Zeiten haben sich geändert und auch ich laufe mittlerweile gern in modischen Outfits durch die Gegend. Dabei ist es amüsant, dass man sich untereinander - als Trailläuferin - erkennt, auch auf der Straße. Gekennzeichnet durch bestimmte Marken, auffallend bunte Farben und ganz spezielle Laufwesten, die wie eine zweite Haut sitzen.

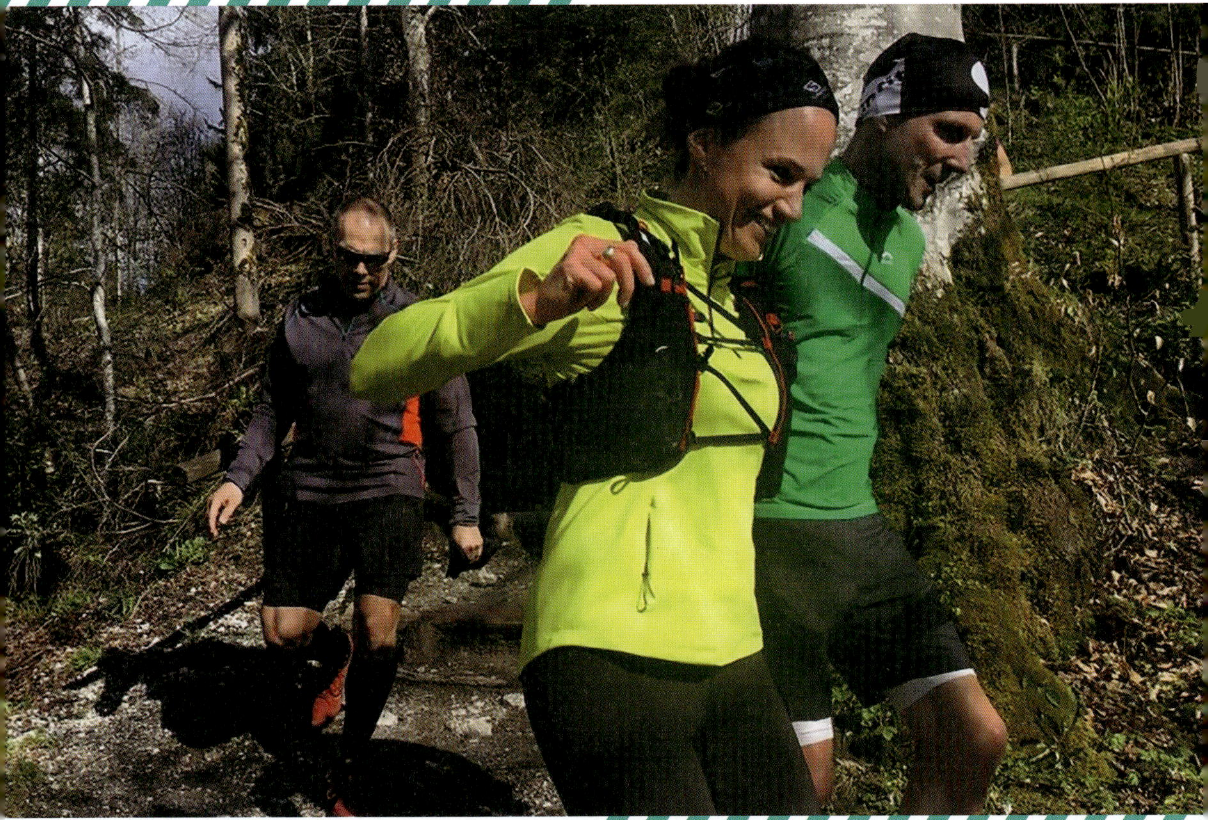

Wenn ich da manchmal an die Zeiten von vor 10 und mehr Jahren zurückdenke, muss ich ein wenig schmunzeln. Damals tat es noch eine einfache Shorts und ein sportliches Oberteil, das man eher im Kraftraum angezogen hätte. Heute ist es ein Zeichen der Zeit, dass diverse Marken eigene Kollektionen nur für Trailrunner entwerfen und man sich von Kopf bis Fuß kenntlich machen kann.

Ja, wir Trailrunner sind mitunter auch ein eitles Völkchen und wer kennt es nicht, dass einen das Lieblingsoutfit durchaus motivieren kann, vor die Tür zu gehen, wenn es mal stürmt, schneit oder regnet.

Kleidung für Trailrunner kann tatsächlich so einiges leisten und es ist mehr als nur cleveres Marketing, was hinter der Entwicklung mancher Hosen, Oberteile und Accessoires steckt. Wir beleuchten heute die bunte Welt der Kleidung fürs Trailrunning und darauf, auf was du garantiert nicht verzichten solltest, wenn es für dich über Stock und Stein geht.

4.3.1 HOSE

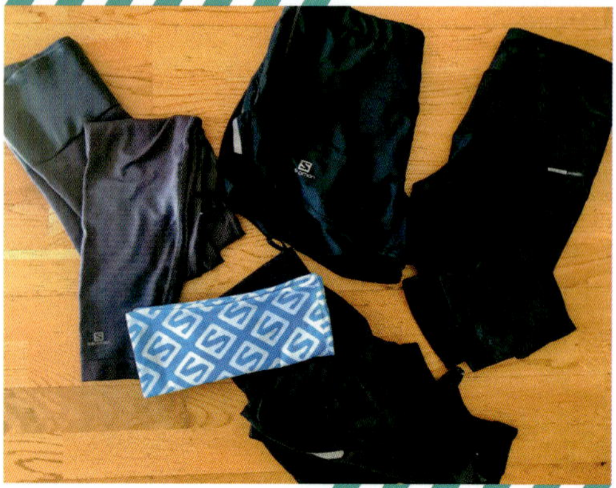

Laufhosen – auch Tights genannt – sind in allen möglichen Variationen erhältlich. In kälteren Jahreszeiten empfiehlt sich eine lange, dünne Tight oder auch eine Dreiviertellänge. Manche Menschen reagieren bei starken Temperaturwechseln empfindlich auf Kälte an den Gelenken. Eine Tight ab Dreiviertellänge schützt vor allem den Bereich der Bänder vor Kälteeinwirkung.

Manche solcher Tights haben seitlich Extrataschen, in die man Faltstöcke stecken kann, sodass man sich freier bewegen kann, ohne etwas in der Hand zu halten. Bei kurzen Hosen gibt es auch Varianten mit seitlich angesetzten Taschen für Stöcke.

Wegweiser:

Keep it simple. Auch bei der Kleidung. Am Ende ist es nie das Material, das dich schneller oder besser macht. Gute Materialien unterstützen dich im besten Fall, vor allem bei längeren Strecken, aber es braucht auch beim Thema Kleidung kein großes finanzielles Investment zu sein.

Folgende Hosen/Tights findest du in meinem Sport-Kleiderschrank:

» zweimal Long Tight, dünn
» zweimal Long Tight, warm
» einmal Regenhose, superleicht
» dreimal Laufröcke
» einmal Dreivierteltight
» einmal Wanderhose, lang und leicht
» einmal Wanderhose, kurz und leicht

Diese Kleidungsstücke halten fast ewig. Ich greife meist zu Farben, die nicht dem Trend unterliegen, sondern solche, die zu knalligeren Oberteilen passen. Bei Regenkleidung ist noch Folgendes zu beachten: Viele Veranstalter verlangen bei der Pflichtausrüstung das Mitführen von spezieller Regenkleidung. Diese sollte aus Platzgründen möglichst leicht und sehr funktional sein.

Auch wenn du wandernd über Stock und Stein unterwegs bist, ist es ratsam, eine leichte Regenhose und Regenjacke mitzunehmen. Gerade in hügeligen bis bergigen Gefilden kann es zu plötzlichen Wetterwechseln kommen, sodass man für Touren ab drei Stunden Dauer immer zusätzlich wärmende und schützende Kleidung mit dabeihaben sollte.

Auch hier haben sich viele Hersteller auf kleinste Packmaße spezialisiert, sodass das zusätzliche Gewicht kaum merkbar ist. Eine ausgeklügelte Regenjacke wiegt kaum mehr als 100-150 Gramm, dasselbe gilt für Hosen. Hier macht es Sinn, einmalig in gutes Material zu investieren, um über viele Jahre den Nutzen zu haben. Bei kurzen Oberteilen wie T-Shirts und dünnen Langarmshirts muss man keinesfalls tief in die Tasche greifen. Dazu mehr im nächsten Kapitel.

4.3.2 SHIRTS und JACKEN

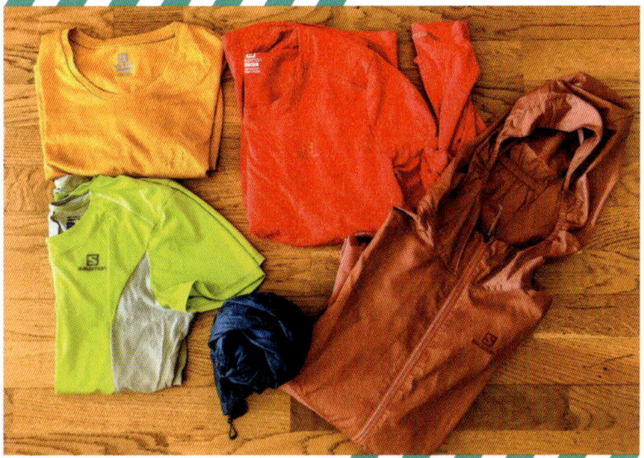

Im Grunde kannst du bedenkenlos deine Kleidung, die du ohnehin fürs Straßenlaufen genutzt hast, auch zum Trailrunning tragen. Lediglich eine Windweste kann als Extra gut dafür sein, wenn es in Wälder, auf Anhöhen und vielleicht auch auf ausgesetzte Wege geht, wo der Wind ganz schön pfeifen kann. Auf so vielen Läufen war ich bisher jedes Mal dankbar, wenn ich doch noch die Weste übergestreift habe.

Es gibt eine weitere Gemeinsamkeit zwischen Trail- und Straßenlauf: Auf das Zwiebelprinzip zurückzugreifen, ist einfach sinnvoll. Jeder Läufer besitzt wohl eine Wind- und Regenjacke. Das Wetter macht auf den Trails keine Ausnahme.

Der Unterschied: Für einen 10-Kilometer-Trailrun kannst du unter Umständen je nach Steigung mindestens um die Hälfte oder gar doppelt so lang benötigen wie in der Ebene auf Asphalt. Das bedeutet, dass du im Winter auf eine warme Laufjacke setzen solltest, am besten mit Primaloft-Anteilen. Zwar wird einem bei Anstiegen schnell warm, aber genauso schnell kann man ausfrieren, sobald es ein paar Minuten bergab geht.

4.3.3 SOCKEN

Bunte Socken sind richtig hip in der Trailrunningszene. Gestreift, gepunktet, neonpink, gelb, grün. Für jeden Geschmack scheint es das geeignete Paar Socken zu geben. Nur, dass man die ja im besten Fall nicht beim Trailrunning beachtet, sondern voll konzentriert den Blick nach vorn gerichtet hat. Aber, nichts für ungut. Wer auffallen und sich erkennbar machen möchte, tut dies einfach. Vermehrt haben auch Kompressionssocken Zulauf gefunden.

Ich steckte meine Unterschenkel bereits 2007 in solche engen Dinger und spürte, dass es recht angenehm war, wie gestaucht zu laufen, und ich mir einbildete, dass diese Socken auch wirkten. Die muskuläre Ermüdung soll hinausgezögert werden, was aber nur durch Trainingsanpassungen möglich ist, also von innen nach außen geschieht. Und nicht, indem ich mir eine enge Socke überstreife. Allerdings schwören viele Trailrunner, aber auch Straßen-Marathonläufer, auf die erholsame Wirkung *nach* den Läufen.

In den warmen Monaten hingegen setzt so mancher Trailrunner auf Kompressionsstrümpfe, um sich vor Kratzern zu schützen, wenn man über schmale Trails und an Sträuchern vorbeihuscht. Hier greift also zusätzlich eine schützende Wirkung als das eigentliche Prinzip, was völlig berechtigt ist. Wenn du persönlich glaubst, dass dich solche Socken positiv unterstützen, trage sie!

4.4 Rucksack vs. Laufweste

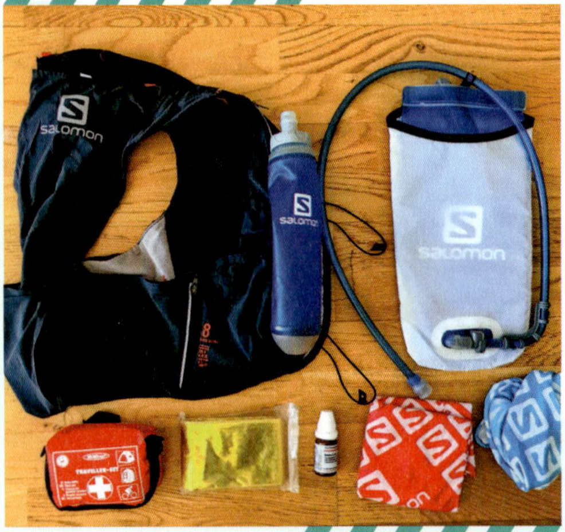

Wenn du aufmerksam gelesen hast, erinnerst du dich sicher noch an die Geschichte mit dem Wanderrucksack, mit dem ich 2016 beim Zugspitz Ultratrail antrat. Im Nachhinein war das ein amüsantes Erlebnis. Ich hatte einfach keinen Plan, was in all den Jahren auf dem Markt alles passiert war, weil mir mein erstes Laufrucksackmodell von Nathan viele Jahre gut gedient hatte.

Ich fühlte mich wie ich eine totale Außenseiterin, aber irgendwo wollte die ganze Pflichtausrüstung verstaut werden. Und so musste eben der 12-Liter-Wanderrucksack herhalten. An Stöcke hatte ich zu dem Zeitpunkt auch noch nicht gedacht und war bis dato alle Ultratrails und auch kürzere Strecken ohne diese legalen Hilfsmittel gelaufen. So war ich also sehr gespannt, was es mit den großartigen Rucksäcken, die die anderen auf dem Rücken trugen, auf sich hatte.

Ich vernahm zum ersten Mal das Wort „Laufweste" und „Trailrunningweste", stöberte im Netz und wurde regelrecht überschwemmt mit Angeboten.

Als ich im selben Jahr in die Berge umzog und wenige Monate später ins Meinungsbildnerteam für Salomon berufen wurde, kam ich endlich auch in den Genuss dieser Laufwesten und kann mir mittlerweile ein Trailrunningleben ohne nicht mehr vorstellen.

4.4.1 Worin liegt der Unterschied zu einem normalen Rucksack?

Laufwesten oder auch Trailrunningwesten passen sich perfekt an den Körper an. Es gibt erhebliche Qualitäts- und Materialunterschiede, weswegen ich absolut die Westen von Salomon empfehlen kann. Salomon war Vorreiter mit den ersten, ausgeklügelten Westen und bei Trailrunningevents sind sie klarer Favorit.

Im Frühjahr stand ich bei einem weiteren Trailrunningwettkampf am Start, ausgerüstet mit einer Fünf-Liter-Laufweste und war unendlich dankbar für diese Erfahrung, da nichts an der Schulter und am Rücken rieb und ich kaum das Gefühl hatte, etwas auf dem Rücken zu tragen.

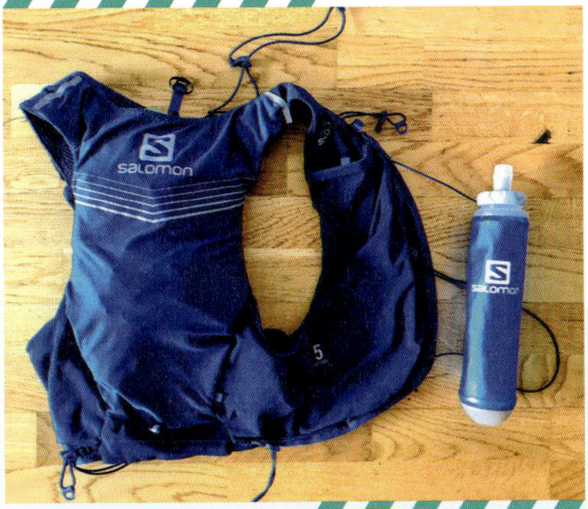

Diese speziellen Trailrunningrucksäcke sind ideal, wenn du über eine Stunde und länger auf Trails unterwegs bist. Läufst du unter einer Stunde, ist es nicht nötig, eine Laufweste mitzunehmen, höchstens (bei sehr heißen Temperaturen) einen Laufgurt, den man um die Hüfte schnallt und Schlüssel, ein kleines Trinkfläschchen und andere kleinere Gegenstände verstauen kann. Es lässt sich alles, was du für kürzere, aber auch ausgedehnte Läufe benötigst, unterbringen.

So kannst du eine Laufweste füllen:

- mindestens ein Liter Flüssigkeit in einer Trinkblase und zwei Trinkflaschen
- zusätzliche Kleidung
- Snacks
- Grödeln (im Winter)
- Stirnlampe
- Utensilien wie Schlüssel, Ausweise und Erste-Hilfe-Set

Gerade für Frauen sind diese Westen eine tolle Lösung, da die Brust nicht einklemmt und elastische Schnüre dafür sorgen, dass man den Rucksack individuell einstellen kann. Vorne werden die Trinkflaschen (sogenannte *Soft Flasks*) einfach in spezielle Taschen gedrückt, sodass man jederzeit bequem trinken kann, ohne die Weste ausziehen zu müssen. Diese Flasks haben ein Fassungsvermögen von 125-500 Milliliter, je nach Hersteller.

Bei vielen dieser Laufwesten gibt es zudem zusätzliche Ösen, durch die man dann Faltstöcke fädeln kann, welche dann fest sitzen oder man hakt einen Köcher ein, in den man dann die Stöcke bei Bedarf schnell und einfach verstauen bzw. wieder hervorholen kann.

Bei den meisten Events, die ich bisher gelaufen bin, sowie in längeren, aber auch bei kürzeren Trainingseinheiten, nehme ich eine solche Weste mit. Mein Favorit ist die *S-Lab-Weste Sense Ultra 8 Set*, die praktisch nichts wiegt und sich wie eine zweite Haut anschmiegt und auch im Sommer, wenn man nur ein dünnes Shirt zum Laufen trägt, nirgends reibt oder sich durch häufiges Tragen abnutzt.

Ich nutze seit Jahren verschiedene Laufwesten, von 5-12 Liter Packmaß und musste noch keine entsorgen. Sie sind bei normaler Behandlung äußerst langlebig und lassen sich prima bei bis zu 30 Grad Celsius waschen.

4.4.2 Laufwestenempfehlungen

Hier sind meine Empfehlungen für Laufwesten (Unisex). Achte bei der Auswahl darauf, dass du die Weste lieber einmal in einem Laden anprobierst. Größe S passt auf die meisten, normalgewichtigen Frauen. Größe M und mehr ist ratsam, wenn du kräftiger gebaut bist. Alle hier aufgeführten Modelle sind von *SALOMON*.

Advanced Skin 5 Liter & Advanced Skin 12 Liter

Die Konstruktion SensiFit™ besteht aus atmungsaktiven Stretchmaterialien, die sich dem Körper anpassen, sowie Verstellsystemen mit geringem Gewicht, die Passform und Stabilität gewährleisten. Der Rucksack sitzt störungsfrei – ohne Auf- und Abhüpfen – auf dem Rücken und ermöglicht atmungsaktiven Tragekomfort.

S-Lab Sense Ultra 5 Liter & S-Lab Sense Ultra 8 Liter

Du trägst alle deine Utensilien gut fixiert und nah am Körper, und zwar genau dort, wo du sie brauchst. Und weil du sie so gut wie gar nicht spürst, kannst du dich ganz auf deinen Lauf konzentrieren. Die Konstruktion SensiFit™ besteht aus atmungsaktiven Stretchmaterialien, die sich dem Körper anpassen, sowie Verstellsystemen mit geringem Gewicht, die Passform und Stabilität gewährleisten. Der Rucksack sitzt störungsfrei – ohne Auf- und Abhüpfen – auf dem Rücken und ermöglicht atmungsaktiven Tragekomfort.

Sense Pro 10 Liter

Passt bequem um die Brust der Frau und ist für schmale Schultern und kürzere Rumpflängen konzipiert. Feine, dünne Doppelgurte mit Stretch passen sich dem Brustbereich an. Durch die richtige Passform wird das Auf- und Abhüpfen des Rucksacks vermieden und leichtes Atmen gewährleistet.

Der Lieferumfang bei allen Trailrunningrucksäcken beinhaltet in der Regel zwei Soft Flasks mit 250 oder 450 Milliliter, manchmal auch 500 Milliliter, je nach Modell und Größe der Laufweste. Eine Trinkblase muss in der Regel dazugekauft werden.

Wegweiser:

Beginne mit einer Fünf-Liter-Weste. Sogar beim Transalpine Run 2017 habe ich während der fünf mitgelaufenen Etappen diese kleine Weste aus der Advanced-Skin-Serie getragen. Sie ist ein kleines Platzwunder, sehr dehnbar, robust und bequem.

4.5 Stöcke: Nur was für Wanderer?

Lasse uns wieder mal einen Rückblick machen ins Jahr 2008. Einige Monate nach meinem Finish beim Marathon des Sables lud mich der Inhaber eines lokalen Sportgeschäfts zu einem Adventsumtrunk ein und schlug vor, einen kleinen Vortrag über diesen Wüstenlauf zu halten. Er hatte mich größtenteils mit Kleidung ausgestattet, also, das, was man heutzutage als Sponsorendeal bezeichnen würde und so fand ich mich vor einer größeren Menge an Menschen wieder, um über mein Lieblingsthema zu sprechen.

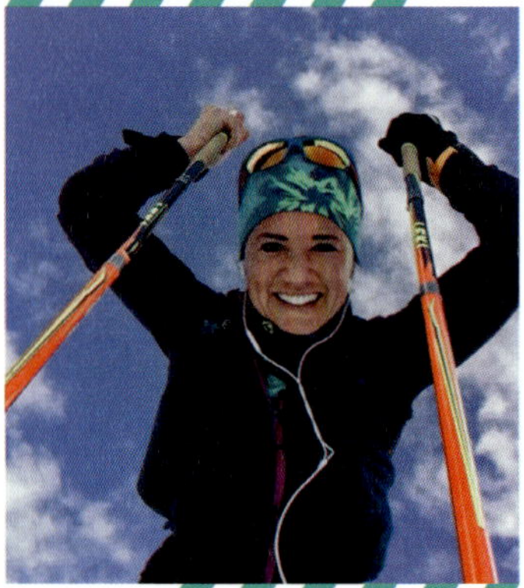

Als Dankeschön überreichte mir Urs ein Paar Stöcke. Diese fielen eher in die Kategorie Wanderstöcke und ich erinnere mich nicht mehr an die Marke, aber daran, dass sie ultraleicht waren. Als gemeiner Trailläuferin war es damals eher verpönt, Stöcke zum Einsatz zu bringen und ich hatte keinen Schimmer, wie und wann ich sie jemals brauchen würde. Die guten Dinger standen fast 10 Jahre, bis zum Frühjahr 2017, im Keller und staubten dort ordentlich ein.

Beim Zugspitz Ultratrail, wo ich 2016 den Supertrail mit 63 Kilometern und knappen 3.000 Höhenmetern lief, hatte ich nicht an diese Stöcke gedacht und wohnte damals auch noch nicht in Gefilden (Baden-Baden), wo diese wirklich hätten zum Einsatz kommen können. Aber wegwerfen konnte ich die Stöcke auch schlecht.

So zog ich sie also fürs Innsbruck Alpine Trail Festival (IATF) aus dem Köcher und nutzte sie mehr als genug an allen Anstiegen über die knapp 69 Kilometer. Zwar waren meine Stöcke keine von diesen hippen Faltstöcken, und es war ziemlich unhandlich, sie über sieben Stunden lang in den Händen zu halten, aber man gewöhnt sich ja bekanntlich an alles, zumindest an vieles.

So kam ich also, auch mit dem Umzug nach Garmisch-Partenkirchen, auf den Geschmack und lernte über einen Kontakt LEKI kennen, eine der wohl bekanntesten Trailrunningmarken, die sehr bekannt oder gar berühmt geworden sind durch das Modell *Micro Trail Pro*, einem innovativen Faltstock, aus Carbon und somit sehr leicht.

Wenige Wochen später kam eine Anfrage für ein Videoshooting im Berchtesgadener Land, welche ich nicht ausschlagen konnte. Dort filmten wir über drei Tage lang auf schmalen Trails in der atemberaubend schönen Landschaft rund um den Königssee. Seitdem ist meine Befürwortung für den Einsatz von Stöcken im Trailrunning ungebrochen und dankbarerweise hält die Kooperation und der unkomplizierte Kontakt mit LEKI seit Jahren an.

Doch am Anfang, als ich begann, regelmäßig Stöcke zur Hand zu nehmen, kam ich mir manchmal etwas doof und unsicher vor. Gedanken wie: „Oje, das ist doch nur was für ganz Langsame und solche, die nicht laufen können", schwirrten im Kopf umher. Rückblickend sicher nicht die höflichste aller Einstellungen und Meinungen, aber ich musste mich erst daran gewöhnen und verstehen, welch großen Unterschied es machte, Stöcke effizient einzusetzen und somit ganz viel Kraft in den Beinen zu sparen.

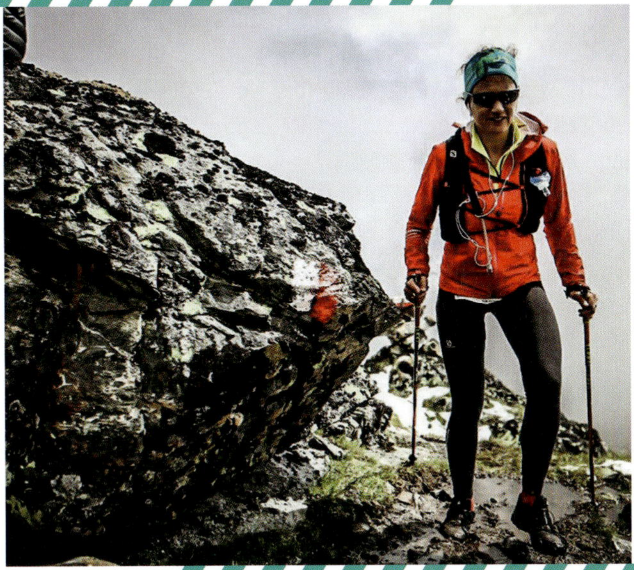

Genau diese Ersparnis führt dann zu einer größeren Energiebereitstellung beim Downhilllaufen und auf flacheren Abschnitten, da die ganze Kraft durchs Berghochgehen nicht verpufft ist.

Stöcke erleichtern dir das längere Laufen auf Trails ungemein und auch im Downhill nutzen viele Läufer gern Stöcke, doch hier solltest du wirklich intensiv üben und am Anfang sehr vorsichtig sein, denn nicht selten können Stöcke beim Bergablaufen als echte Stolperfallen herhalten. LEKI hat sicher ein wenig dazu beigetragen, dass Stöcke beim Trailrunning in alpineren Gebieten salonfähig geworden sind.

Wegweiser:

Wenn du dir unschlüssig bist, ob du tatsächlich Stöcke brauchst, sei dir im Klaren darüber, wo du die meiste Zeit läufst. Für Routen bis etwa 500 Höhenmeter im Aufstieg brauchst du dir nicht unbedingt Stöcke zuzulegen. Bist du jedoch regelmäßig steiler unterwegs, ist es durchaus sinnvoll, mit Stöcken zu laufen.

Wichtig zu wissen ist, dass Stöcke niemals eine mangelnde Kraft- und Grundlagenausdauer ersetzen können, sondern die Basis deine Grundfitness ist. Oft ist nämlich zu beobachten, dass die Stöcke nur mitgeführt werden und eigentlich mehr im Weg sind, als dass sie ihren eigentlichen Zweck erfüllen!

4.5.1 Die richtige Länge auswählen

Um die geeignete Stocklänge auszuwählen, stelle dich am besten hüftbreit in deinen Laufschuhen hin. Winkle den Arm auf 90 Grad an. Hältst du den Griff des Stocks in diesem Winkel fest, hast du die ideale Länge. Ich nutze bei einer Körpergröße von 1,73 Meter in der Regel eine Länge von 125 Zentimetern oder sogar 130 Zentimetern, wenn ich sehr steile Rampen und längere Anstiege laufe bzw. gehe.

4.5.2 Vario- oder Fixlänge?

Um beim Beispiel von LEKI zu bleiben, findest du im Bereich Trailrunning diverse Modelle, von Stöcken mit einer Fixlänge bis hin zu Variomodellen. Bei dieser Variante kannst du je nach Steigungsgrad die Länge individuell einstellen. Hier gibt es dann beispielsweise einen Spielraum zwischen 100-120 Zentimeter oder 110-130 Zentimeter.

Allerdings wiegen diese Stöcke etwas mehr und lassen sich schwieriger verstauen. Am leichtesten ist es, den klassischen Faltstock *Micro Trail Pro* zu wählen, dieser lässt sich im Handumdrehen zusammenlegen und in einem Köcher, der an der Laufweste angebracht werden kann, verstauen.

Klingt kompliziert? Das ist nachvollziehbar, gerade am Anfang, wenn man nicht nur das Handling der Stöcke lernt, sondern auch verschiedene Techniken lernt, um Freude daran zu haben und auch den gewinnbringenden Effekt klar zu spüren. Doch mit etwas Geduld oder einer Person, die schon viel Übung darin hat, ist es keine Raketenwissenschaft, mit Stöcken zu laufen oder am Berg zu gehen.

Mittlerweile habe ich eine Art goldenen Mittelweg im Training gefunden. Wenn ich mich gezielt auf etwas vorbereite, nehme ich Stöcke bei etwa zwei von fünf Trainingsläufen mit und übe gezielt den Einsatz und spiele auch mal mit dem Tempo. Die anderen Male laufe ich absichtlich ohne, dann auch flacher, um die Beinmuskulatur von innen zu stärken und sie arbeiten zu lassen.

Auch an Tagen, an denen man einfach mal durch die Gegend schweifen möchte und eine längere Tour unternimmt, sollten Stöcke mit dabei sein.

4.5.3 Welche Techniken gibt es?

Wenn du Erfahrung mit Skifahren und/oder Langlaufen hast, ist der Bewegungseinsatz schon automatisiert wie das Radfahren oder andere koordinative Fähigkeiten, die du dir in deinem Leben schon angeeignet hast.

Die Wechseltechnik ist die einfachste, wenn du bergauf laufen bzw. schnell gehen möchtest. Rechtes Bein und linker Arm gehen gleichzeitig, diagonal versetzt, nach vorn und umgekehrt das linke Bein und der rechte Arm. Achte darauf, dass die Hände fest in den Schlaufen sitzen und du den Griff des Stocks gut in der Hand halten kannst.

Spüre deutlich, wie viel Kraft von den Armen und vom Oberkörper ausgeht und wie viel leichter sich die Beinarbeit nach einer Weile anfühlt. Betrachte die Stöcke als verlängerte Arme und schwinge sie mit etwas Schwung nach vorn. Experimentiere mit dem Abdruck und nutze die ersten Tage und Wochen im Training zum Üben und Verfeinern. Es ist schließlich noch kein Meister vom Himmel gefallen.

Beim Bergablaufen ist es eine andere Geschichte. Manche Läufer stürzen sich so in den Downhill, dass es so aussieht, als würden sie sich jeden Moment die Gliedmaßen brechen, aber solch ein Können bleibt nur wenigen vorbehalten. Beim Berggehen ist der Nutzen von Stöcken vor allem auch bergab gegeben, begnüge dich am Anfang mit dem Einsatz, wenn es hoch und steil geht.

Es gibt noch eine weitere Art, Stöcke sinnvoll zu nutzen, dies ist die sogenannte *Doppelstocktechnik*.

Hierbei „rammt“ man beinahe die Stöcke gleichzeitig in den Boden und schiebt die Arme quasi nach vorne durch. Dies kann sehr viel Spaß machen und spart ungeheuer viel Kraft an sehr steilen Rampen. Und für uns Frauen ist diese Technik doppelt gut, weil sie die Fledermausärmchen zu stärken hilft.

Gut zu wissen ist noch, dass das Laufen mit Stöcken deutlich mehr Raum auf Wegen einnimmt und du dies bedenken solltest, wenn du auf engeren Trails unterwegs bist. Achte darauf, andere nicht zu gefährden, so manche Stockspitze kann scharf sein wie ein Skalpell.

Auf nassem Untergrund und Wurzeln besteht ein gewisses Risiko, mit dem Stock abzurutschen, was auch zu einer Gefährdung des Hintermanns führen kann, also immer alle Augen offenhalten und achtsam die Stöcke nutzen.

4.5.4 Stöcke der Marke LEKI

Nun stelle ich dir noch meine drei Lieblingsmodelle vor. Alle drei sind von, ja, richtig geraten, LEKI. Natürlich taugen auch Stöcke von anderen namhaften Firmen etwas. Schaue dich beispielsweise um nach: Salomon, Black Diamond, Dynafit und Komperdell.

Vertikal K: Er ist konzipiert für steile, kurze und knackige Anstiege, mit ihm kann man sich hochdrücken. Diese Stöcke verwende ich bevorzugt, wenn ich spezifisch Kraft und Tempo am Berg trainiere. Die Spitze ist messerscharf und fräst sich beim Abdrücken ins Terrain und man rutscht so gut wie nie ab damit. Hier nutze ich bewusst eine Länge von 130 Zentimetern, um alles aus dem Oberkörper herauszuholen, bediene mich dabei der Doppelstocktechnik und drücke mich quasi durch die Stöcke hindurch.

Gewicht: Je 140 Gramm pro Stock
System: Fixlänge
Material: 100 Prozent Carbon
Längen: 120-140 Zentimeter (in Fünferschritten)

Micro Trail Pro: Er ist genial zu verstauen, für jedes Gelände geeignet und auch für Läuferinnen, die eher ambitioniert unterwegs sind. Auch zum Wandern nehme ich dieses Modell oft her. Der *Micro Trail Pro* ist sehr vielseitig einsetzbar und der Allrounder unter den Trailrunningstöcken, absolut empfehlenswert, wenn du noch nie Stöcke in den Händen hattest.

Gewicht: 195 Gramm pro Stock
System: Faltstock
Material: 100 Prozent Carbon
Länge: 110-135 Zentimeter (in Fünferschritten)

Micro Trail Vario: Er gibt Halt in jedem Gelände, auch für Mehrtagestouren geeignet, robust im Handling, fürs Wandern und zum Trailrunning gut. Durch das Verstellsystem ist dieses Modell etwas sperriger und schwerer als die beiden anderen, aber steht dem Zweck in nichts nach.

Einziger Nachteil: Das Feststellsystem kann eventuell verrutschen, wenn man zu viel Druck ausübt.

Gewicht: Je 195 Gramm pro Stock
System: Längenverstellbar
Material: 100 Prozent Carbon
Länge: 100-120 Zentimeter

Fazit insgesamt zum Thema „Stöcke – ja oder nein": Definitiv ein großes JA dazu.

Wegweiser:

Clever genutzt, bringen dir Stöcke nicht nur mehr Freude auf den Trails, weil du einfach länger Kraft in den Beinen hast, sondern stärken nebenbei auch noch den sonst vielleicht etwas vernachlässigten Oberkörper. Sie sind ein prima Trainingstool und gehören in dein Repertoire, wenn du regelmäßig in hügeligem bis bergigem Gelände unterwegs bist.

4.6 Der richtige Schuh für die Trails

Nun erfährst du alles über die richtige Auswahl deiner Schuhe, mit denen du sicher über die Trails fegen kannst.

Diese unterscheiden sich enorm von herkömmlichen Straßenschuhen. Nässe auf Wegen abseits des Asphalts birgt Rutschgefahr. Auch auf trockenen Wegen ist es sinnvoll, Grip unter den Füßen zu haben. Ein Profil ist meist so angelegt, dass du beim Aufkommen auf Wurzeln, Steinen und Holzstufen, auf die man auch abseits der normalen Wege treffen kann, eine Art Bodenhaftung bemerkst und nicht so leicht wegrutscht. Das liegt an den besonderen Formierungen der „Stollen" unter dem Schuh.

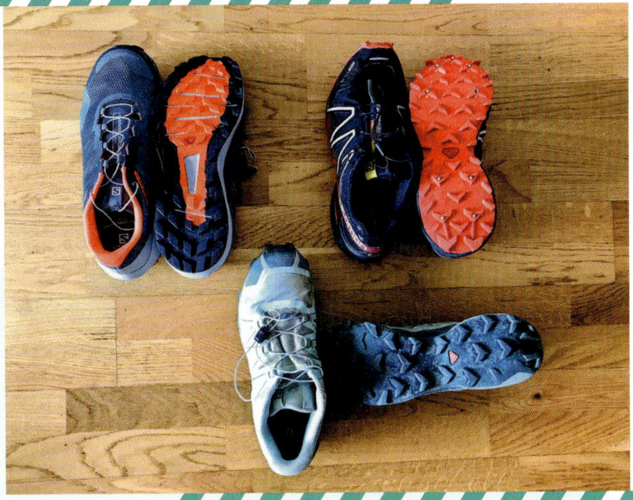

Es kann am Anfang komisch sein und auch die Fußmuskulatur benötigt am Anfang etwas Zeit, um sich an das neue Etwas zu gewöhnen, aber langfristig ist ein spezieller Laufschuh fürs Trailrunning die beste Wahl. Viele Firmen bieten Modelle an, mit denen du gleichzeitig bequem auf der Straße *und* auf Trails laufen kannst. Denn oft ist es so, dass man erst einmal ein paar Minuten auf der Straße laufen muss, um zum Trail zu gelangen.

Darauf solltest du bei der Auswahl geeigneter Schuhe achten:

» Ist der Schutz der Knöchel gewährleistet?
» Steht der Fuß stabil und hat dennoch Bewegungsfreiheit?
» Fühlt sich die Sohle stabil, aber nicht zu steif an?
» Hast du vorne noch etwas Spielraum?
» Wie fühlt sich der Schuh im ersten Moment an?

Du solltest dich am Knöchel beim Anprobieren des Schuhs wohlfühlen. Sie sollten umschlossen sein, ohne zu drücken, wenn du einen Testlauf machst. Hast du den Eindruck, dass die Sohle nachgibt, also nicht zu hart ist, du dennoch merkst, dass du die Füße gut abrollen kannst, ist der Schuh gut.

Beachte den Spielraum von maximal einem Zentimeter, da ein zu enger Schuh zu Schmerzen beim Downhill-Laufen führen kann. Bei der Sprengung ist es wichtig, einen Schuh auszuwählen, der dir mindestens sechs Millimeter bietet. Alles darunter lässt dich jedes Steinchen spüren.

Oft merkst du beim Anprobieren und Testen im Laden Unterschiede zum Laufen auf „echtem" Untergrund.

Wegweiser:

Einige Hersteller bieten bundesweit Trailrunningworkshops an, bei denen du Testschuhe kostenlos ausleihen und oft 2-3 verschiedene Modelle bei einem Lauf über mehrere Kilometer unter Anleitung eines Trailrunning-Guides auf Herz und Nieren testen kannst.

Somit hast du die Möglichkeit, zu spüren, ob der Schuh auch nach mehreren Kilometern noch gut sitzt.

Wenn du nicht die Chance hast, einen Workshop zu besuchen, ist der Laden deines Vertrauens vielleicht kulant und erlaubt dir, eine kleine Runde um den Block zu laufen.

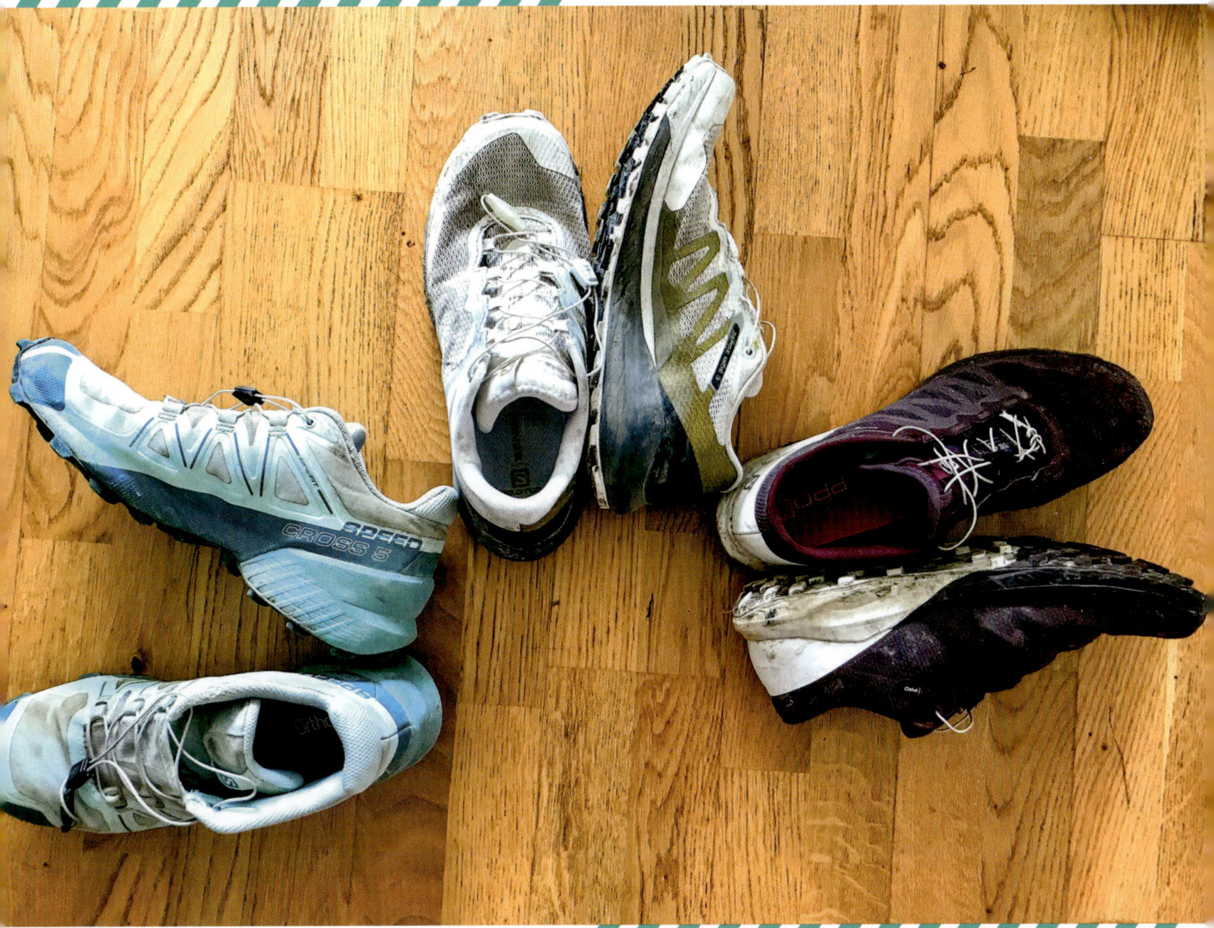

Solltest du schon nach wenigen Minuten merken, dass der Schuh an einer oder mehreren Stellen nicht optimal sitzt, *nicht* kaufen, sondern lieber weiterschauen, denn es wird vom Tragefühl nicht besser werden. Taste dich an den richtigen Schuh heran. Ihr müsst ein gutes Team sein und der Schuh dein treuer Begleiter, der dich bei unzähligen Trailabenteuern nicht im Stich lässt. Der erste Eindruck zählt!

Ich habe mir extra nicht die Mühe gemacht, die Schuhe zu säubern, denn echte Trailrunningschuhe müssen so aussehen.

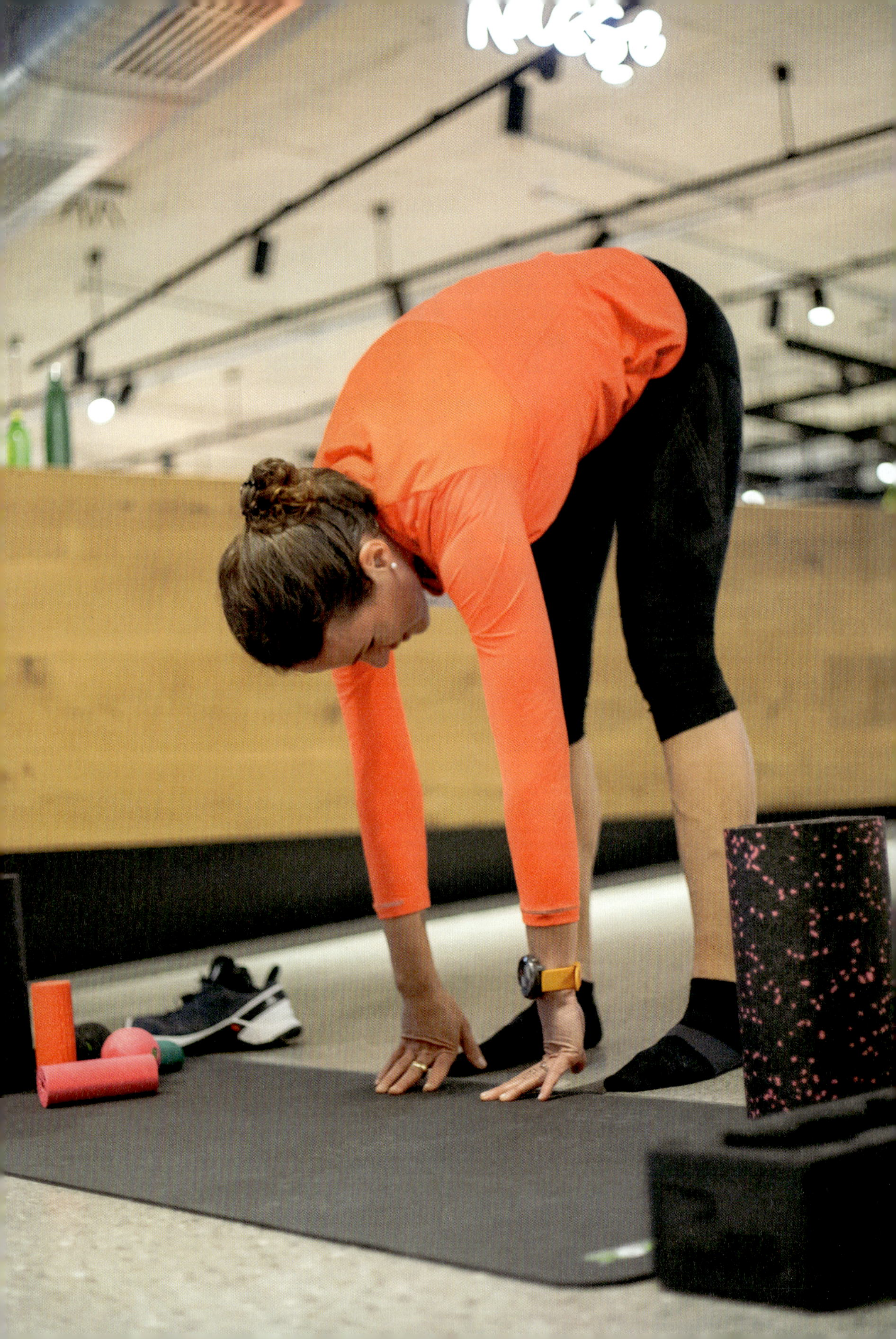

TEIL 5

KRAFT- UND STABILISATIONSTRAINING LEICHT GEMACHT

5.1 Vorbeugen ist besser als heilen

Es gibt sie wirklich, die Liebhaberinnen des Core- und Stabilisationstrainings. Ich zähle mich nicht dazu, eher zur Fraktion „notwendiges Übel". Wer ein langes Leben auf den Trails haben möchte, kommt einfach nicht um regelmäßiges Training der Körpermitte herum. Da die vermeintliche Auswahl solcher Übungen einem Wald, den man vor lauter Bäumen nicht mehr erkennt, gleicht, möchte ich in diesem Kapitel alles zu diesem Thema auf das Wesentliche reduzieren.

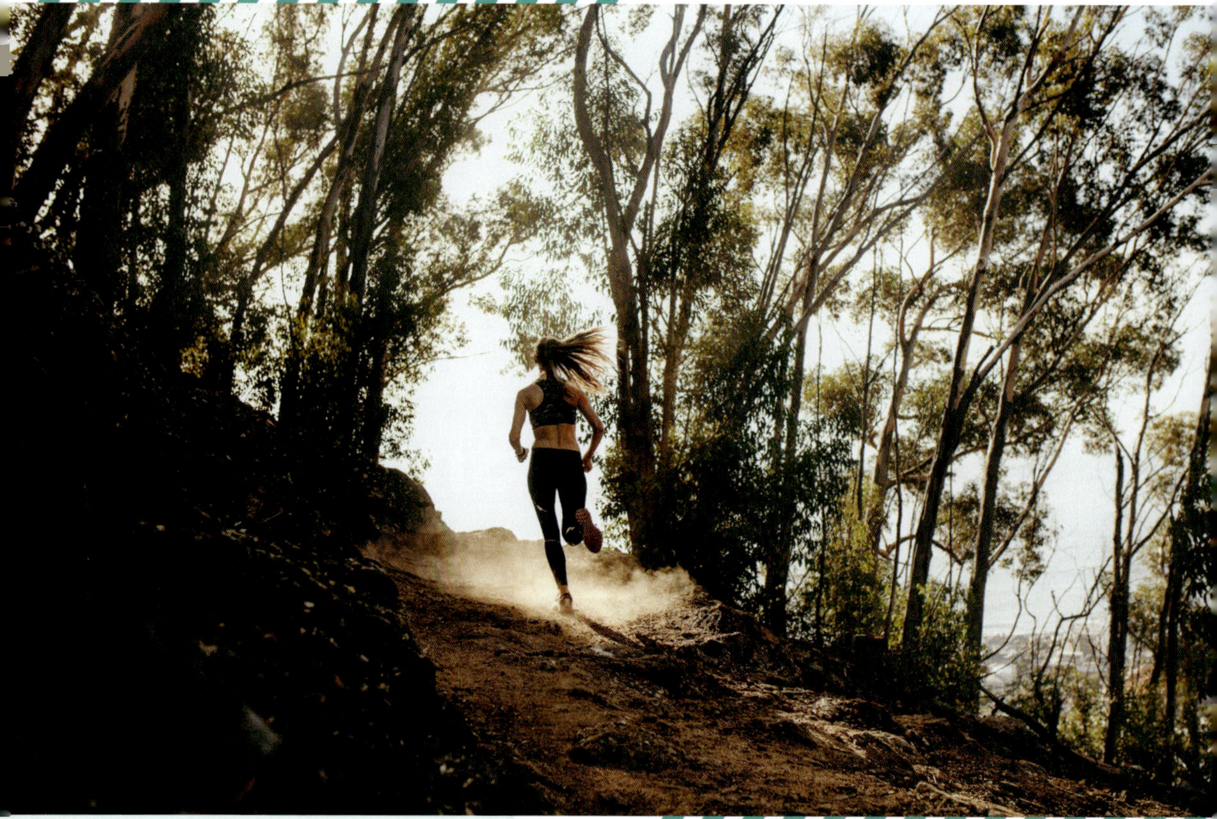

Sinn und Zweck des Core-Trainings ist, eine Leistungssteigerung zu erzielen, indem Übungen gemacht werden, die die Kraftentwicklung und Kraftweiterleitung durch die Körpermitte schulten. Ein weiterer Pluspunkt ist, dass Core-Training als ganzheitlich betrachtet werden kann, denn die Übungen wirken sich präventiv auf mögliche Verletzungen aus und zielen auf eine optimale Körperhaltung und verbesserte Bewegungsabläufe ab.

Mit dem Core-Training verfolgen meist Leistungssportler das Ziel einer sportspezifischen Leistungssteigerung durch die optimale Kraftentwicklung und -weiterleitung durch die Körpermitte.

Auch für uns Freizeitläuferinnen hat diese Trainingsform aber auch ganzheitliche (Neben-) Effekte auf den Körper, weswegen einzelne Elemente des Core-Trainings immer häufiger auch im Trailrunning sinnvoll sind. Durch eine optimale Körperhaltung und verbesserte Bewegungsabläufe wird präventiv das Verletzungsrisiko verringert und ein positives Körperbewusstsein aufgebaut.

Es gibt eine sehr, sehr große Auswahl an Übungen, die dich stärker und fitter für die Trails machen.

Damit du vor lauter Bäumen den Wald nicht mehr siehst, möchte ich dir hier die **wichtigsten Übungen** mit auf den Weg geben, ...

» die du sofort zu Hause umsetzen kannst.
» für die du kein Fitnessstudio brauchst.
» für die du einen maximalen Zeitaufwand von 40(!) Minuten pro Woche hast.

5.1.1 Warum brauche ich spezielle Übungen für das Trailrunning?

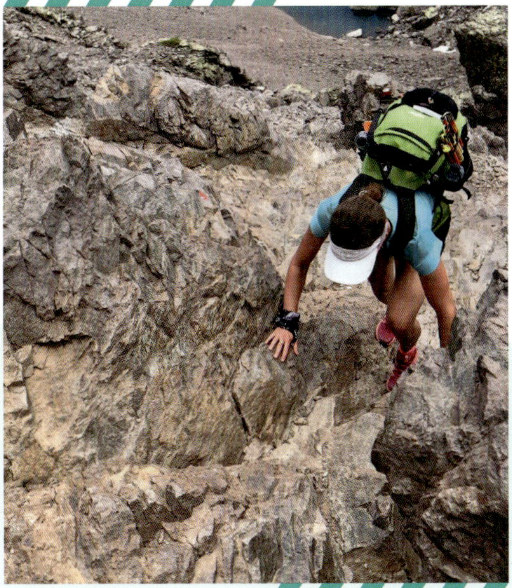

Auf den Trails forderst du deinem Körper – und Geist – viel Fokus, Konzentration und Koordination ab. Die Sehnen und Bänder sind ganz anderen, neuen Reizen ausgesetzt als im Vergleich beim eher monotonen Bewegungsablauf auf der Straße.

Das Hüpfen über Wurzeln und Tänzeln um größere und kleinere Steine erfordert eine schnelle Reaktionsfähigkeit, die man lernen kann. Du musst nichts perfekt beherrschen, denn das Laufen auf Trails ist jedes Mal eine neue Erfahrung. Du lernst nie aus und findest immer wieder neue Möglichkeiten, um deine Fähigkeiten auszubauen und zu vertiefen.

Gut ausgebildete Sprunggelenke, Knie und Hüftmuskulatur machen es leichter, dich langfristig auf Trails austoben zu können.

Und jede Ausbildung beginnt mit dem ersten Schritt. Beginne einfach mit einer Übung oder einem Set, nicht länger als 10 Minuten. Dein Körper wird schnell in der Lage sein, die Reize aus den Übungen in Kraft zu verwandeln, sodass deine Sehnen und Bänder besser abfedern können und du insgesamt einen stärkeren Apparat aufbaust.

Das Großartige ist, dass du keine aufwendigen Geräte oder Maschinen brauchst, um deinen Körper von innen zu stärken. Im Gegenteil: Die meisten Übungen kannst du mit deinem eigenen Körpergewicht machen.

Wenn du in ein paar einfache Tools investieren möchtest, dann in diese hier:

- Medizinball, fünf Kilogramm
- Blackroll-Set aus Duoball, Classic Blackroll und Loop-Band
- Kettlebell oder Hantel (5-12 Kilogramm)

Das reicht schon aus und wie die Übungen im Einzelnen aussehen, findest du in Kap. 5.5 und 5.6 heraus. Dort kannst du zum einen eine Handvoll Übungen speziell mit der Blackroll nachturnen und ergänzend dazu weitere Übungen in deine Routine integrieren, bei denen du auch andere Tools einsetzen kannst. Alle Übungen helfen dir, fitter für die Trails zu werden und Verletzungen vorzubeugen. Anhand praktischer Bilder erkennst du die Bewegungsabläufe und bist vielleicht sogar motivierter, direkt mit einer Core- und Stabitrainingsrunde zu beginnen.

Parallel dazu kannst du dir auch auf meinem YouTube®-Kanal weitere Inspiration holen.

Wegweiser:

Es reicht aus, dreimal pro Woche jeweils 10-15 Minuten zu trainieren und jede Übung bewusst auszuführen. Das ist wichtiger, als möglichst viele Wiederholungen zu schaffen. Wähle pro Trainingseinheit immer 3-5 Übungen aus und mache davon 2-3 Sets.

Um deiner Motivation auf die Sprünge zu helfen, lade dir die sogenannte *WOD*-App oder ein ähnliches Tool auf dein Smartphone herunter und stelle ein Tabata-Workout ein. So bleibst du motiviert und musst nicht zusätzlich auf eine Uhr schauen, da eine Stimme alles vorgibt.

Ich stelle gern 10 oder 15 Runden ein mit jeweils 45 Sekunden Belastung und 15 Sekunden Pause. Du kannst dies natürlich variieren und auf deine Bedürfnisse einstellen.

Wenn du noch keine Erfahrung mit Core-, Kraft- oder Stabitraining hast, fange lieber mit 30 oder 35 Sekunden Belastung und einer 20-30-sekündigen Pause an. Steigern ist immer möglich!

Bei dieser Art von Training hast du einen größeren Nutzen, dreimal pro Woche 10-15 Minuten zu trainieren, als einmal 45 oder 60 Minuten. Die sogenannte *Muscle Memory* wird besser durch mehrere, kürzere Einheiten trainiert als einmal lang.

Wegweiser:

Erinnere dich damals in der Schule ans Vokabellernen. Da war es auch besser, täglich oder alle zwei Tage ein paar Vokabeln zu wiederholen, als einmal wöchentlich alle auf einmal.

5.2 Was tun bei kleinen Verletzungen?

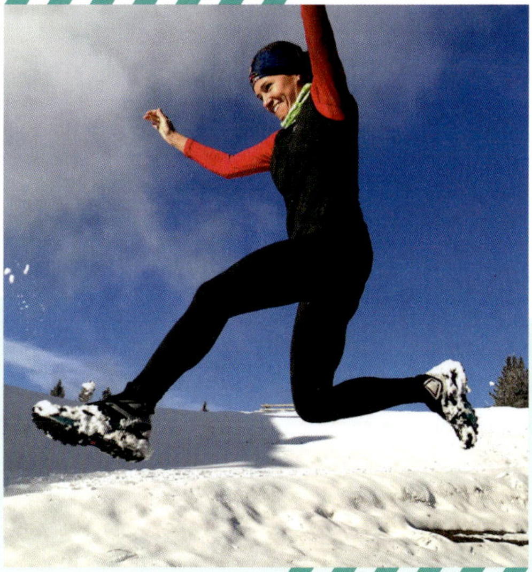

Allgemein gesprochen bist du beim Laufen auf Trails einem höheren Risiko ausgesetzt, dich zu verletzen. Straucheln, umknicken, ausrutschen, fallen, schrammen, kratzen - um nur ein paar Möglichkeiten zu nennen, die sich einem so bieten. Anything can happen. Im Ernst.

Das soll dich nicht davon abhalten, in diesen Sport und Lifestyle einzutauchen.

Mit einer guten Grundlage, die du durch gezieltes Stabilisationstraining erschaffen kannst, sinken diese Verletzungsrisiken. In all den Jahren, die ich mehrmals pro Woche auf Trails unterwegs bin, habe ich mir glücklicherweise noch keine richtig großen Verletzungen zugezogen.

Das kann auch daran liegen, dass ich einen Downhill eher konservativ angehe und eben nicht, wie das viele tun, so hinunter-„ballere", als gäbe es kein Morgen. Lieber ein paar Sekunden mehr brauchen, aber sicher wieder unten ankommen.

Um einen Downhill schnell hinunterlaufen zu können, bedarf es vieler Übungsstunden in unterschiedlichem Trailterrain, jeder Schritt muss sitzen, man darf sich auch im Kopf keine Pause gönnen, denn jeder Aussetzer kann eben ein Straucheln und Schlimmeres nach sich ziehen.

Ich möchte dich absolut nicht verunsichern, dir nur ans Herz legen, dich langsam und mit Geduld ans Bergablaufen heranzutasten. Schneller geht immer, aber dich sicher im Schritt zu fühlen, geht vor. Ich habe Jahre(!) gebraucht, um einen technisch anspruchsvollen Downhill mit viel Spaß zu laufen. Das muss bei dir keinesfalls auch so sein.

Bringe einfach etwas Geduld mit, denn mit Achtsamkeit kannst du kleinere Verletzungen auf jeden Fall vermeiden. Wenn mal etwas passiert, greife am besten sofort zu folgenden Maßnahmen:

» Trage immer Arnica-C30-Globuli bei dir. Knickst du um oder fällst hin, greife zu etwa 10 Globuli und lasse sie auf der Zunge zergehen. Meist lässt der Schock schnell nach und eine dickere Schwellung wird unterbunden. Prüfe, ob du weiterlaufen kannst oder ob es besser ist, zurück nach Hause zu gehen.
» Kühle die betroffene Stelle bzw. Stellen mit einem Kühlpad in regelmäßigen Abständen für je 5-8 Minuten. Achtung: Nicht zu kalt, da du sonst eine Kälteverbrennung bekommst.
» Trage etwas Traumeel® oder in akuteren Fällen Voltaren®-Creme bzw. Salbe auf.

Pausiere gegebenenfalls ein paar Tage und teste zunächst bei einem Lauf auf Asphalt, wie es sich anfühlt. Erst wenn du keine Schmerzen mehr im Gelenk hast, kannst du wieder unbeschwert auf die Trails zurückkehren.

Wegweiser:

Trage, wenn möglich, bei jedem Trailrun, wo du dich etwas weiter von zu Hause entfernst, ein kleines Erste-Hilfe-Set bei dir. Das Set enthält die wichtigsten Utensilien, um dich schnell selbst erstzuversorgen und auch ein kleines Fläschchen Arnica C30 hat darin auch noch Platz.

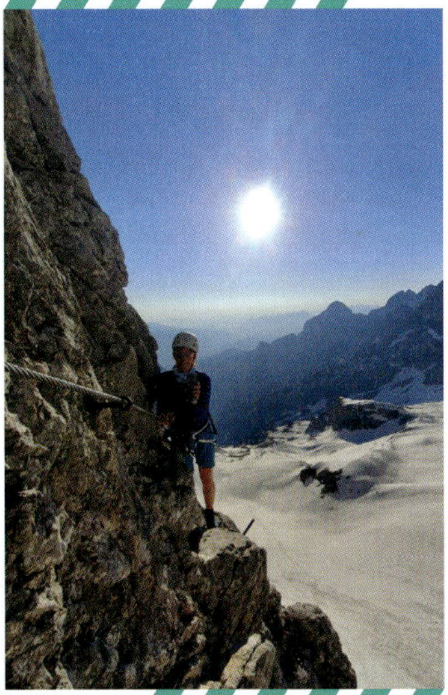

Übrigens, die stylishen Schlauchtücher (Buffs), eines der wichtigsten Erkennungsmerkmale unter Trailläufern, können prima zum Einsatz kommen, wenn man sich eine Schürfwunde oder gar schlimmere Wunden an Armen und Beinen zuzieht, denn es kann als Binde umfunktioniert werden. Trage also immer eines bei dir.

Wie oben erwähnt, soll dich diese Lektion nicht abschrecken, dich auf die Trails zu wagen und vielleicht auch irgendwann alpinere Gefilde auszuprobieren. Vielmehr ist viel Eigenverantwortung beim Trailrunning gefragt, nicht immer ist gleich jemand zur Stelle, der im Fall der Fälle helfen könnte.

Daher habe lieber etwas mehr Material dabei, um gewappnet zu sein.

5.3 Die drei häufigsten Läuferverletzungen und wie du sie behandelst

5.3.1 ITB-Syndrom oder Läuferknie

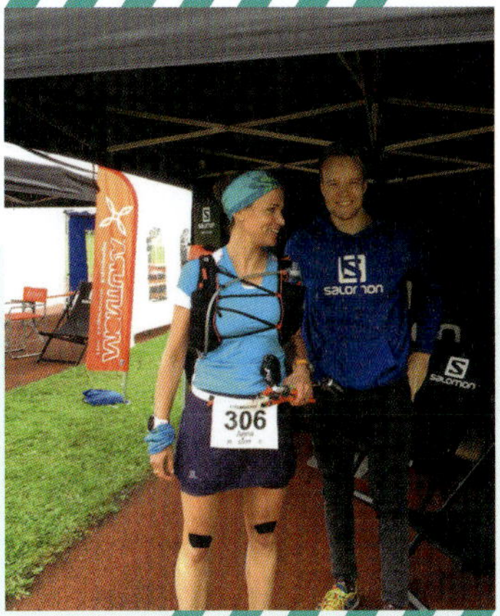

Es passierte vermeintlich aus dem Nichts. Im Sommer 2017 stellte ich mich einer größeren Herausforderung und hatte vor, meinen ersten 100-Meilen-Lauf zu bestreiten. Da ich die Strecke des Chiemgauer 100 schon aus dem Jahr 2011 kannte, galt es, eine Extraschleife dranzuhängen. Ich hatte mich mehrere Monate auf das Rennen vorbereitet und war guter Dinge.

Doch bereits nach dem Start realisierte ich, dass es ein langer Tag werden würde. Ich spürte, dass ich meine Startzeit zu spät gewählt hatte und lief mutterseeelenallein in die Nacht, kam nur langsam voran. Die Verpflegungspunkte schienen beinahe unerreichbar und eine halbe Ewigkeit auseinanderliegend. Mühsam quälte ich mich von Kilometer zu Kilometer.

Der Tag brach an und ein weiterer Anstieg stand vor mir wie der Mount Everest. Ich sah von weiter unten schon ein paar Leute am Gipfel stehen, die uns Läufer anfeuerten und das motivierte mich, weiterzumachen.

Als ich oben ankam, hatte ich exakt 100 Kilometer in den Beinen, setzte einen weiteren Schritt in den beginnenden Downhill und zack, ein stechender Schmerz durchfuhr die Außenseite meines rechten Knies. Ich musste stoppen und merkte, dass kein Schritt abwärts ohne Schmerzen möglich war. So etwas hatte ich noch nie erlebt.

Wie sollte ich die weiteren 70 Kilometer schaffen? Ich sah mich gezwungen, aufzugeben und meinen Traum vom 100-Meilen-Finish zu beenden. Der nächste Verpflegungspunkt lag 15 Kilometer entfernt, mir blieb nur, in kleinen Schritten den Berg hinunterzutrippeln, seitwärts, rückwärts, bloß nicht direkt nach vorn gerichtet. Ich biss die Zähne zusammen, drückte die Tränen weg und sagte mir immer wieder: „Einfach weiter, das geht schon."

Auch wenn das ausgemachter Nonsens war in diesem Moment und das Gegenteil der Fall war, half mir dieser Satz zumindest, etwas weniger den Schmerz zu spüren. In meinem Läuferleben hatte ich ein paar schwerere Verletzungen erlebt, doch so etwas war Neuland.

Ich kam nach Stunden an der nächsten Verpflegung an, stoppte dort und wusste, dass auch hier mitten in der Pampa kein Rücktransport zum Zielbereich möglich war, oder ich hätte Stunden warten müssen. Nach einem kurzen Moment sammelte ich wieder Kraft und beschloss, die nächsten 15 Kilometer bis ins Ziel zu gehen. Zeit hatte ich genug und zum Glück lagen überschaubare Höhenmeter vor mir.

Ich glaube, ich benötigte 3,5 Stunden für diese verhältnismäßig wenigen Kilometer, sodass immerhin 129 Kilometer zusammenkamen, für die ich über 26 Stunden gebraucht hatte.

Im Ziel angekommen, wusste ich nach einer Sitzpause nicht mehr, wie ich in die Vertikale kommen sollte, ließ mir vom Arzt vor Ort eine Schmerztablette gegen. Die Diagnose lag auf der Hand: Läuferknie oder auch besser bekannt als ITB-(Iliotibialband-)Syndrom. Einfach erklärt entsteht dies, wenn die Sehnenplatte an der Außenseite des Oberschenkels wiederholt am äußeren Knochenvorsprung über dem Kniegelenk reibt.

Viele Trailläufer sind davon einmal betroffen und downhill zu laufen, ist dann praktisch unmöglich oder wird zur totalen Tortur.

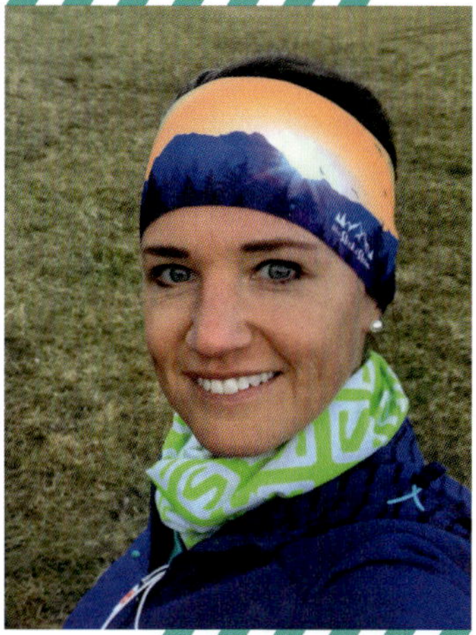

Die Tage nach dem Lauf waren weiterhin sehr schmerzhaft, ich war im Kopf entsprechend frustriert und sah schon meine Felle für den Rest des Jahres davonschwimmen. Dabei war erst Ende Juli und die schönste Zeit in den Bergen begann erst. Meine eigens auferlegte Therapie bestand aus Ruhen, Beine stillhalten und dem Besuch eines Sportarztes, der eine Physiotherapie verschrieb.

Von Spritzen riet er ab, klebte mir ein Kinesiotape auf den betroffenen Sehnenstrang und empfahl, nach einer Weile mit Spaziergängen im Flachen zu beginnen. Nach etwa zwei Wochen wagte ich erste, kleine Laufschritte um den Block und merkte, dass es deutlich besser war.

Es ist immer wieder beeindruckend, wie schnell sich unser Körper erholen und auch heilen kann, wenn wir ihm die nötige Ruhe verpassen und etwas Geduld aufbringen. Das zahlte sich aus und nach weiteren 3-4 Wochen drehte ich schon wieder meine gewohnten Trailrunden. Ich vermied schnelles Hinunterlaufen im steilen Gelände und baute nach und nach wieder meine Fitness auf.

Das Schwierigste an solchen Verletzungen wie dem Läuferknie ist, mental wieder Mut zu fassen und sich zuzutrauen, wieder normal zu laufen. Das braucht manchmal mitunter mehr Zeit und ist auch gut so, denn sonst würden wir mitten in der Heilung einfach so drauflosIaufen.

» Was war nun die Ursache für dieses Leiden gewesen?

Ganz klar, mangelndes spezifisches Stabilisations- und Core-Training in der Vorbereitung auf eine solch lange Distanz!

Ich hatte zwar großes Augenmerk auf spezifisches Training gelegt, nicht jedoch auf das so wichtige Kräftigungstraining. Kein Wunder also, dass mein Körper nach 100 Kilometern und zigtausenden Höhenmetern streikte. Es fehlte an Kraft in der Hüftmitte und in den Sehnen. Auch eine schwache Rumpf- und Gesäßmuskulatur führt dazu, dass das Becken beim Laufen nicht auf der entgegengesetzten Seite gehalten werden kann.

Investiere deswegen unbedingt ein paar Minuten in regelmäßiges Stabilisations- und Core-Training, gut und gern von zu Hause aus. Besonders Übungen mit einem Widerstandsband,

Beckenheben, Kniebeugen mit einem solchen Band und Seitwärtsgehen beugen dem Läuferknie vor.

Es war mir jedenfalls eine große, wichtige Lehre und seitdem war ich nie mehr von diesem Syndrom betroffen.

5.3.2 Fersensporn – Plantarfasziitis

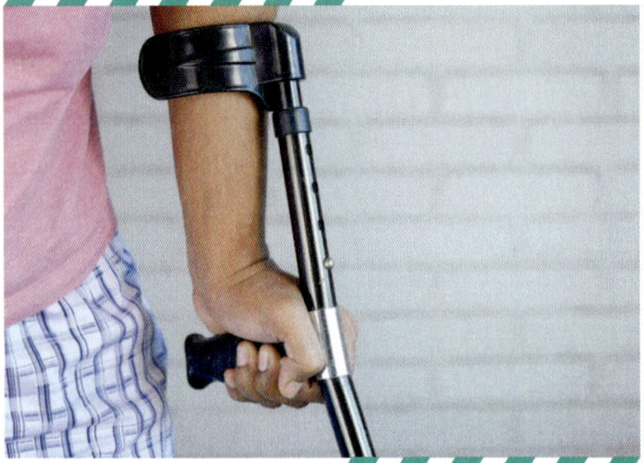

Da sind wir gleich bei der nächsten persönlichen Erfahrungsgeschichte. 2009 war mein Wettkampfjahr. Innerhalb von knapp vier Monaten nahm ich an längeren Läufen teil. Erst stand mitten im Sommer der 350 Kilometer lange Etappenlauf von Genf nach Basel auf dem Programm, danach der Jungfrau-Marathon und im Herbst der Sparkassen Alb Marathon Schwäbisch Gmünd. Ich haute richtig auf den Putz und fühlte mich in der Form meines Lebens.

Getragen von der Euphorie und persönlichem Ehrgeiz, erlaubte ich mir nur eine kurze Erholungsphase nach dem 50 Kilometer langen Albmarathon und lief munter meine Runden durch Wald und Wiesen, damals noch in der Schweiz. Eines Tages nahm ich ein dumpfes Ziehen in der linken Ferse wahr, direkt nach dem Aufstehen. Ich brauchte nach dem ersten Herumlaufen am Morgen ein paar Minuten, bis dieses unangenehme Gefühl verschwand.

Wie es oft so ist, versucht man, sich selbst auszutricksen und sich einzureden, dass das bestimmt nur ein „Versehen" ist und bestimmt bald wieder verschwindet. Munter wird weiter trainiert, es verschlimmert sich nicht von jetzt auf gleich, doch ganz weg geht der Schmerz, dieses dumpfe Gefühl, auch nicht.

Wochen vergingen, nach jedem Aufstehen war der Schmerz länger da. Ich realisierte, dass es besser wäre, eine Weile zu pausieren. Und das mitten in einem privaten Umbruch. Das passte nun gar nicht in diese Zeit!

Mir blieb nichts anderes übrig. Hätte ich gewusst, dass eine neunmonatige Episode folgen würde, in der ich von Pontius zu Pilatus wanderte, um mir einen Rat nach dem anderen einzuholen, hätte ich viel früher auf die Signale meines Körpers geachtet, anstatt weiter darüber hinwegzugaloppieren.

Wichtigste Regel, wenn du ein Wehwehchen bemerkst: Beachte dies! Spüre genau in dich hinein, ob es ein Zipperlein ist, muskulär vielleicht, was in der Regel wieder verschwindet oder ob ein Schmerz da ist, der sich richtig einnistet. Diese Differenzierung kann dir viel Pause und Frust ersparen. Monatelang also probierte ich diverse Therapien aus, gab ein halbes Vermögen für Akupunktursitzungen aus sowie für Übungen, die ich im Internet fand, nur von Cortisonspritzen sah ich ab.

Im Jahr darauf gelangte ich endlich an eine Sportärztin, die mir zu einer Stoßwellentherapie riet. Nach drei Sitzungen im wöchentlichen Abstand hatte ich ein Problem weniger und konnte wieder mit regelmäßigem Laufen beginnen. Was für ein Gefühl, ohne diesen spitzen Kegel in meiner Ferse laufen zu können. Wenige Monate später überquerte ich als zweite Frau mit einer Minute Abstand zur Erstplatzierten die Ziellinie beim Chiemgauer 100, schmerzfrei.

Das kannst du tun, wenn du vom Fersensporn betroffen bist

Auf keinen Fall Einlagen nutzen. Diese helfen nur, die Symptome zu lindern, beheben jedoch niemals die Ursache.

Da es sich bei einer etwas milderen Form eines Fersensporns um eine Verknöcherung des Sehnenansatzes handelt, kann man das Problem bei frühzeitiger Erkennung mit speziellen Dehnübungen eindämmen und gegebenenfalls sogar lösen. Eine Massage mit einem Igelball kann hier beispielsweise Linderung bringen.

Auch das Bewegen, also das Gehen mit Barfußschuhen im Alltag, kann den Füßen helfen, das natürliche Abrollverhalten zu stärken. Einlagen würden genau das unterbinden und bringen die Füße in eine Kompensationshaltung, die auf Dauer noch mehr Probleme mit sich bringen kann.

Einmal hatte ich eine solche Untersuchung meiner Füße gemacht und bei einem Orthopäden in einem Leistungszentrum in Stuttgart eine Analyse meiner Füße gemacht. Es kam heraus, welche Überraschung, dass ich mit beiden Füßen leicht nach innen einknicke und dies die Bildung eines Sporns begünstigen kann. Mit den daraufhin verschriebenen, sehr kostspieligen Einlagen kam ich gar nicht klar und warf sie nach wenigen Wochen in hohem Bogen in die Tonne.

Es gibt mittlerweile sehr modische Barfußschuhe für den Alltag, die superbequem sind. Wenn es dir gelingt, mehrere Stunden am Tag barfuß durch den Alltag zu gehen, wirst du schnell einen Unterschied merken. Solche Schuhe sind keine Wunderwerkzeuge, die von heute auf morgen wirken, sondern langfristig einen Unterschied machen können.

Ich empfehle Schuhe von *Feelgrounds*. Sie haben nicht die typische Zeheneinteilung, sondern haben eine besonders breite Zehenbox, wo sich der Fuß schön ausweiten und aufstellen kann. Beginne am Anfang, dich nur wenige Minuten am Stück in solchen Schuhen zu bewegen, wenn du noch keine Erfahrung mit Barfußschuhen hast und steigere langsam.

5.3.3 Schienbeinkantensyndrom (Shin Splints)

Vor zwei Jahren kam eine Läuferin auf mich zu, die immer wieder über starke Schmerzen in den Schienbeinkanten klagte. Bei näherer Analyse stellte sie fest, dass sie sich im Laufen zu schnell zu viel belastet hatte. Der Klassiker schlechthin! Gerade dann, wenn einen das Trailrunningfieber packt und, getrieben von ständiger Verbesserung und Euphorie, ein Lauf dem nächsten folgt. Ist der Bänder-, Sehnen- und Muskelapparat nicht genügend ausgebildet, rächt sich der Körper früher oder später.

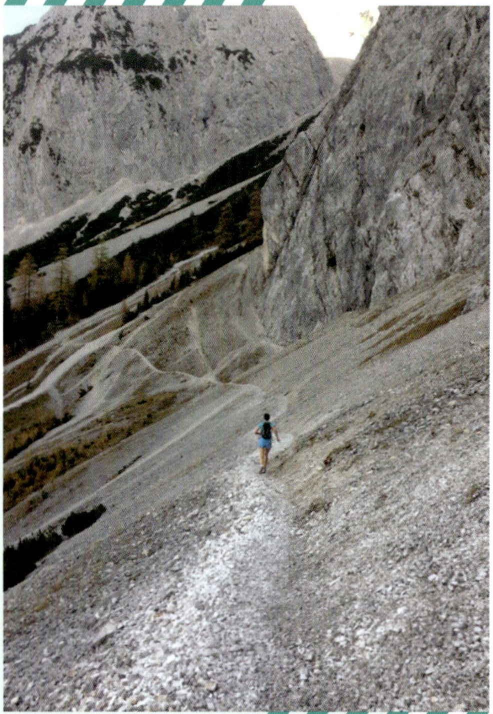

Das Schienbeinkantensyndrom tritt häufig bei Trailläufern auf. Dabei ist ein oft stechender Schmerz im vorderen Unterschenkel spürbar. Es schleicht sich wie der Fersensporn heimtückisch von hinten und sehr langsam an. Einmal richtig da, ist eine längere Laufpause notwendig.

Andererseits ist das Syndrom ein deutliches Warnsignal des Körpers, es nicht noch weiter bis auf die Spitze zu treiben, denn daraus kann leicht eine Stressfraktur entstehen.

Der Schmerz in den Schienbeinen bedeutet eine oft starke Reizung der Knochenhaut, die weiter in eine Knochenhautentzündung ausarten kann. Oftmals ist auch eine Schwellung entlang der Kante am vorderen Unterschenkel zu sehen.

Mit besagter Klientin ging es schnell aufwärts. Es folgten Anpassungen in der bisherigen Trainingssteuerung und überwiegend flache, meist lockere Läufe sowie Einheiten auf dem Rad.

Nach wenigen Wochen waren bereits wieder längere Läufe sowie ein schneller Halbmarathon möglich.

Ursache des Schienbeinkantensyndroms kann nebst zu schneller Trainingssteigerung auch ein zu abrupter Übergang von Asphalt auf Trails sein, wo gerade im Bereich des Sprunggelenks andere Anforderungen bestehen. Versuche daher immer, wenn du bisher Straßenlaufen gewohnt bist, nicht zu schnell zu wechseln und dem Körper etwas Zeit zu geben, sich ans Trailrunning zu gewöhnen.

Des Weiteren kann auch eine einseitige Schwäche der Oberschenkel-, Gesäß- oder Wadenmuskulatur der Grund dafür sein, dass Schmerzen entlang der Schienbeinkanten auftreten.

Wir sollten immer das ganze System anschauen und nicht nur dahin, wo die Schmerzen auftreten!

Reduziere das Laufen auf (fast) null und schwinge um auf alternatives Training wie Radfahren oder Schwimmen. Spezifische Dehnübungen auch mit der Blackroll können helfen, die Schienbeine zu entlasten und heilen zu lassen. Auch eine 3-5-tägige Schmerztherapie mit Ibuprofen® oder Voltaren® kann fürs Erste helfen.

Es gibt noch viele andere Verletzungen, unter anderem Achillessehnenentzündungen, von denen man im Laufe seines Läuferlebens betroffen sein kann. Um gewisse Verletzungen kommt man je nach Trainingsaufwand und -gestaltung auch nicht herum. Es sind oft wichtige Lernkurven, die einen lehren, umzudenken.

Es kann auch etwas Positives in Verletzungen liegen, wenn sie nicht allzu dramatisch ausfallen. Meist erkennt man erst dann, wenn es schon zu spät ist, was vielleicht nicht so ideal gelaufen ist und im Training anders gestaltet werden sollte.

Wegweiser:

Die häufigste Ursache für typische Läuferverletzungen rührt von mangelndem Kraft- und Stabilisationstraining her. Regelmäßig ausgeführt, kann einer Menge potenzieller Probleme vorgebeugt werden.

5.4 Mit wenig Aufwand viel erreichen

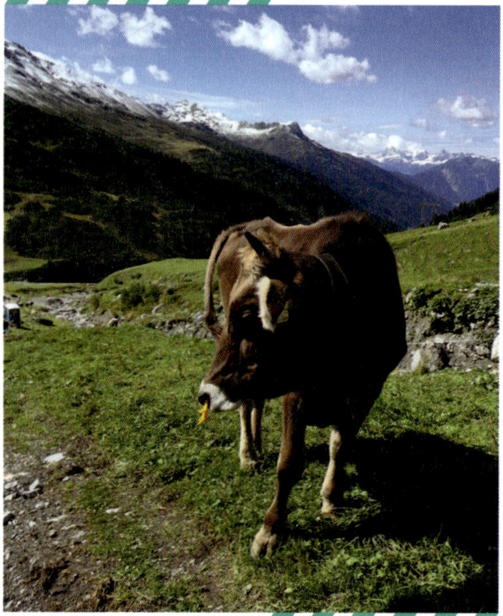

Ich bin ein großer Fan davon, sich die Dinge so leicht wie möglich zu machen. Gerade wenn der Alltag voller Termine steckt, fehlt meist die Lust, Zeit und Energie, um noch extra ins Auto oder aufs Rad zu hüpfen, um ins Fitnessstudio zu fahren.

Allzu gut kenne ich beide Enden des Spektrums. Das Ende, an dem man sich schier vor lauter Aktionismus und Perfektionismus die Zähne ausbeißt, um auch ja alles auf die Reihe zu bekommen. Das war klar der Fall, als meine Kinder noch im Kleinkindalter waren, der Vater der Kinder 12 Stunden und mehr am Tag arbeitete, und ich versuchen musste, mein Training irgendwie möglich zu machen.

Damals wohnten wir im südlichen Teil von Berlin und etwa dreimal wöchentlich legte ich schon am Abend vorher alles bereit, um wenigstens 45 Minuten auf dem Laufband laufen zu können und, wenn alles gut ging, noch ein paar Kraftübungen hinbekam. All das funktionierte jeweils nur, wenn die Kinder gesund und ausgeschlafen waren und der Morgen nach einer klaren Struktur ablief.

Ich timte nach bestem Gewissen die Essenszeiten, sodass meine Töchter ja keinen Hungeranfall bekamen, während ich wie ein Hamster in seinem Rad ein paar Kilometer auf dem Laufband abspulte. Doch wehe, ich vernahm das laute Gebrüll einer meiner Töchter. Schwups wurde die Einheit unterbrochen, die Kleine getröstet und gut zugesprochen und da weitergelaufen, wo zuletzt aufgehört wurde.

Es war beileibe kein leichtes Unterfangen und vielleicht warst oder bist du in einer ähnlich herausfordernden Situation gewesen. Dass so ein Zeitmanagement nicht immer leicht ist und der Preis, den es kostet, ein paar Läufe so durchzuziehen, ist klar.

Aber allein es zu versuchen, also wirklich ins Handeln zu kommen, ist der Schlüssel zu einer gewissen Kontinuität, die du dir so aufbauen kannst. Damals funktionierte das alles ohne

Smartphones und zumindest in 7-8 von 10 Fällen funktionierte das selbst gebaute System. Hast du entsprechend Hilfe in deinem Umfeld, zum Beispiel dann, wenn Eltern oder Schwiegereltern in der Nähe sind, ist es deutlich einfacher, das Laufen auch mal spontaner in deinen Alltag zu integrieren.

Ich durchlief so etwas wie eine Hardcorephase. Meine Mutter lebte hunderte Kilometer entfernt, und ich lernte, aus dem, was ich zur Verfügung hatte, das Beste zu machen. Und wenn dann eine gute Einheit im Studio heraussprang und sogar noch Zeit für ein Pläuschchen gewesen war, bekamen meine Kinder eine glückliche Mutti. So bewegten wir uns jahrelang in einem Kreislauf, der für beide Seiten funktionierte.

Da ich mit den Kindern nie an einer großen beruflichen Karriere interessiert war, dachte ich mir, dass, wenn ich schon Vollzeit und mit Herzblut für meine Kinder da bin, ich es mehr als verdient habe, mir kleine Auszeiten zu gönnen. Und Laufen gehörte wie schon in den Schwangerschaften auch danach ins Leben.

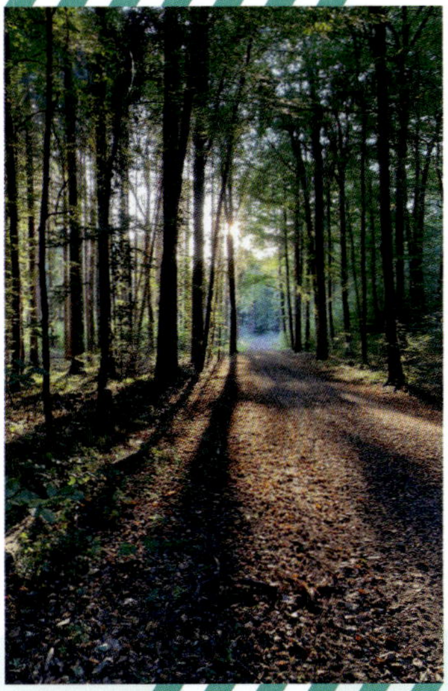

Und das andere Spektrum, das hat sich erst mit dem Umzug in die Schweiz, in ein 4.000-Seelen-Örtchen, ergeben. Dort hatte ich nicht so einfach Zugang zum nächsten Fitnessstudio und richtete mir im Haus einen Raum mit Equipment ein. Nebst Hanteln und einem Rollentrainer gab es auch ein Laufband, was mir über Jahre gute Dienste leistete und eine ideale Lösung bot, denn ich konnte – ganz rabenmütterlich – die Kinder im Zimmer nebenan vor dem Fernseher deponieren. Geschadet hat ihnen das bis heute nicht.

Mein gesamtes Core- und Stabilisationstraining für den Marathon des Sables und danach folgende Ultratrails absolvierte ich damals zu Hause und schob die relativ kurzen Einheiten in den Alltag ein. Wo ein Wille, da ein Weg! Diese Redewendung trifft es wirklich. Und solltest du Kinder haben, die schon in die Grundschule gehen, kannst du sie auch einfach einladen, mit dir zusammen ein paar Übungen zu machen. Meine bevorzugten meist den Fernseher und Läuferinnen sind aus ihnen nicht geworden.

Gerade im Bereich des Kräftigungs- und Stabilitätstrainings ist oft die Meinung, dass möglichst viele Übungen durchgeturnt und am besten noch Crossfit dazugenommen werden sollte.

Nach der heutigen Erfahrung bekommst du mit einer Handvoll Tools, die du zu Hause deponieren kannst und einer Turnmatte die wichtigsten und wesentlichsten Übungen hin. Und du wirst nach wenigen Wochen bereits die Effekte beim Laufen spüren. Ich spreche ungern Garantieversprechen aus, in diesem Fall schon.

Ich nutze seit Jahren kein Gym mehr und seit Covid ist mir gleich doppelt und dreifach die Lust vergangen. Gehen wir jetzt auch mal davon aus, dass du nicht die nächste Weltmeisterin im Ultratrail werden willst, so nimm es dir wirklich zu Herzen, wenn ich sage: „Du kannst absolut viel mit wenig Aufwand erreichen!"

» Was bedeutet das konkret?

Es bedeutet, dass du mit 2-3-mal 15 Minuten wöchentlich gut dabei bist. Es ist besser, dreimal in der Woche auf die Matte zu gehen, anstatt einmal 45-60 Minuten (gern gemachter kleiner „Fehler"). Willst du Muskeln aufbauen, bringt es deutlich mehr Zuwachs, mehrmals pro Woche den Muskel zu reizen anstatt einmal. Genauso ist es mit dem Core- und Stabitraining. Außerdem lassen sich ein paar Minuten jeweils über die Woche verteilt leichter unterbringen, als einmal die Woche geballt dieses Training zu machen.

» Na, kann ich etwa ein Augenrollen bei dir erkennen?

Ich bin ganz bei dir. Nur sehr wenige Menschen mögen dieses Core- und Stabitraining wirklich. Den meisten ist es ein lästiges Übel. Und dieses lästige Übel kannst du jedoch in etwas wandeln, was dir Spaß machen kann. Denn gerade auf den Trails kommt es dir so sehr zugute.

Denn du beugst nicht nur Verletzungen vor, sondern du trainierst auch dein Gleichgewicht, deine Koordinationsfähigkeit und stärkst deine Sehnen und Bänder. Und wenn du schon nach circa zwei Wochen merkst, dass es besser läuft, stachelt das natürlich deine Motivation an.

Viele YouTuber teilen ihre Routinen und laden zum Mit- und Nachmachen ein. Aber wir schauen hier in Sachen Core- und Stabitraining auf Spezifizität. Je spezifischer die Übungen auf deine Fitness für die Trails abzielen, desto besser. Und damit fällt schon eine ganze Reihe unspezifischer Übungen weg. Bevor du damit deine Zeit verschwendest, stelle dir aus den in diesem Teil des Buchs vorgestellten Übungen die zusammen, die dich spontan am meisten ansprechen. Sie sind alle spezifisch und bringen dich nach vorn!

Bereit für eine Runde Turnen? Los geht es.

5.5 Die fünf effektivsten Übungen mit der Blackroll

Bergsteigerin: Seitlich mit den Fingern in die Blackroll greifen, in Liegestützposition die Füße hüftbreit auseinanderstellen, einen Fuß an die Rolle bringen, dann abwechseln.

30-60-mal wiederholen.

Kniebeuge: Die Blackroll senkrecht hinstellen, eine Fußspitze aufstellen, das andere Bein nach vorn stellen. Die Arme im Nacken verschränken. In die Kniebeuge gehen, bis du fast den Boden berührst. Auf eine langsame Ausführung achten.

5-10-mal wiederholen.

Plank rücklings: Mit den Händen auf die Blackroll stützen, der Rücken zeigt zum Boden. Mit den Fersen aufstützen und die Arme langsam nach unten bringen.

5-10-mal wiederholen.

Standwaage: Die Arme nach oben strecken und die Blackroll seitlich umfassen. Sich mit weiter als hüftbreit auseinandergestellten Beinen hinstellen und sich aus dem Rücken nach vorn beugen, bis der Rücken waagerecht zum Boden ist. Die Arme bleiben dabei ausgestreckt.

5-10-mal wiederholen.

Beckenheber: Die Füße, auf dem Rücken liegend, auf die Blackroll legen. Die Arme neben den Körper legen und langsam das Becken anheben. Den Rücken gerade halten.

8-15-mal wiederholen.

Wie bei allen Dingen, denen man längerfristig nachgeht, stellt sich der Erfolg nach einer gewissen Beständigkeit ein. Es ist besser, dreimal pro Woche für je 10 Minuten diese Übungen zu machen, 1-2 Durchgänge davon durchzuführen, als einmal in der Woche 30 Minuten lang zu trainieren.

5.6 Die sieben wichtigsten Übungen für deine Core-Routine

Wie bereits zu Beginn dieses Kapitels erwähnt, möchte ich dir eine Reihe sehr wirkungsvoller Übungen mit an die Hand nehmen, für die du noch nicht mal ein Fitnessstudio brauchst. Selbst wenn du nicht alle Tools zur Hand hast, kannst du improvisieren oder dir nach und nach Kettlebell und Co. zulegen.

Es geht darum, zu starten, anstatt Ausreden zu finden. Beachte bitte bei den Beschreibungen, dass du die Anzahl der Sets und Wiederholungen beliebig gestalten kannst. Die Vorschläge dienen dir als grobe Richtlinie. Sind die Übungen gänzlich Neuland für dich, starte mit einem Set und wenigen Wiederholungen. Bist du schon firm in dieser Art des Trainings, passe Sets und Wiederholungen entsprechend an.

Das Wichtigste bei allen Übungen ist: Habe Spaß und vertraue auf den Prozess. Es bleibt gar nicht aus, dass du in kurzer Zeit den kleinen, feinen Unterschied beim Trailrunning merken wirst.

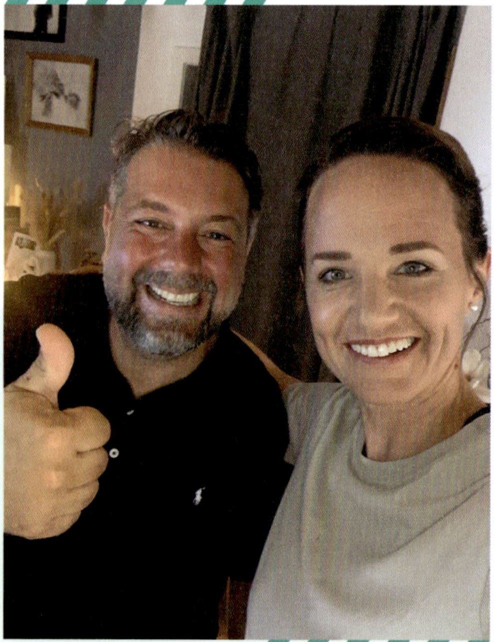

Das Shooting für die Fotoserie fand übrigens mit einem äußerst netten, sehr erfahrenen Fotografen aus Garmisch statt, Max Merget. Er ist zwar spezialisiert auf Hochzeitsfotografie, doch mein Anliegen und meine Ideen zur Umsetzung fürs Buch verstand er auf Anhieb. So oder so, es war ein Fest bei ihm im Studio, voller Spaß und Schwitzen. Zum Glück gibt es Retuschen! Ich hoffe sehr, dass dir die Bilder bei der Umsetzung der Übungen weiterhelfen. Und jetzt aber los...

Der Seitstütz:

Bringe deinen Körper in die linke Seitenlage und hebe die Hüfte nach oben.

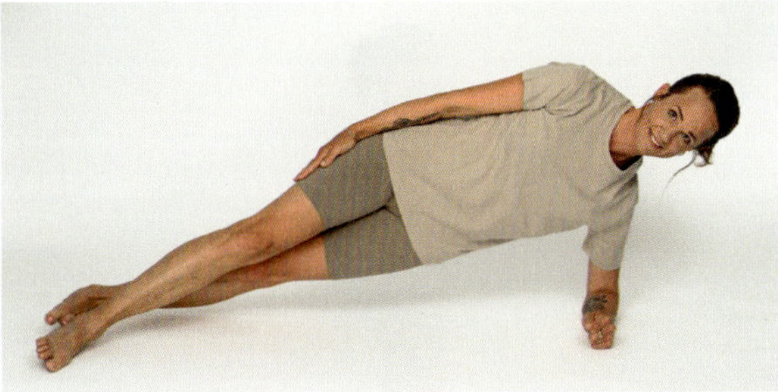

Das obere, rechte Bein setzt sich leicht über das untere, linke Bein. Der linke Unterarm stützt den Körper. Bringe dann den rechten Arm in eine Linie mit deinem Ober- und Unterkörper und spanne vor allem die Bauch- und Pomuskeln an.

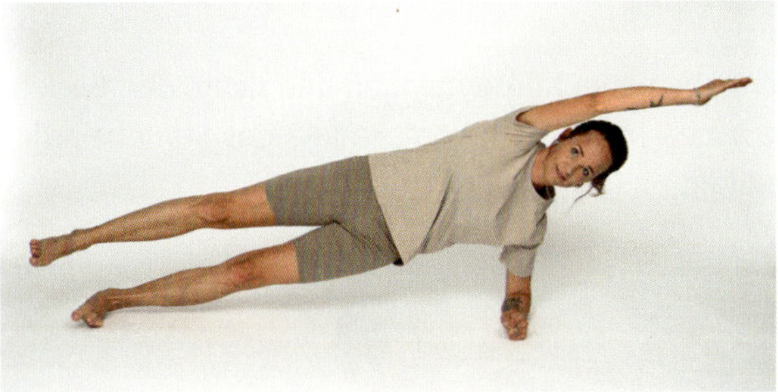

Führe nun den rechten Ellbogen mit dem rechten Knie zusammen und achte auf eine fließende Bewegung. Mache erst eine Serie aus Wiederholungen, bevor du die Seite wechselst.

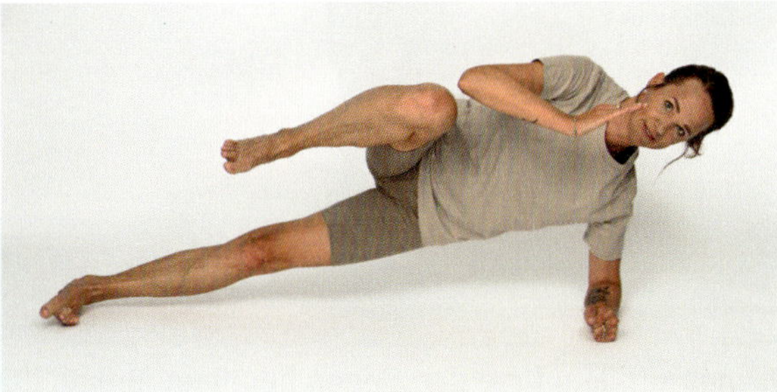

Anzahl der Sets und Wiederholungen: 1-2-mal je 6-10 Wiederholungen, wechsle dann die Seite.

Der Ausfallschritt:

Stelle dich hüftbreit und mit geradem Oberkörper auf einen möglichst glatten Untergrund.

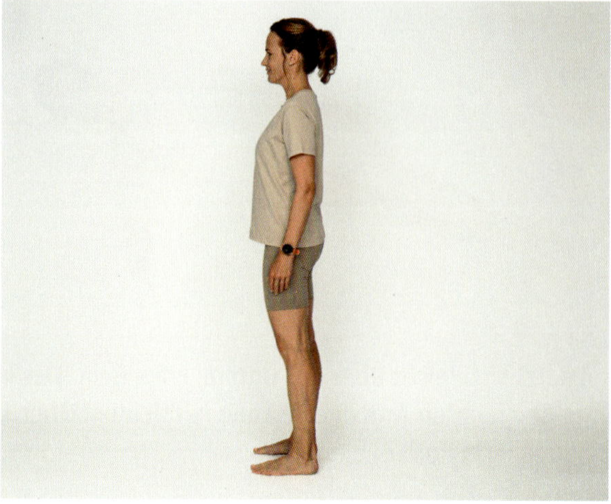

Lasse die Arme locker neben dem Körper hängen und richte den Blick nach vorn. Bringe nun das rechte Bein etwa einen Meter nach vorn, sodass das Standbein (links in diesem Fall) in einen 90-Grad-Winkel fällt.

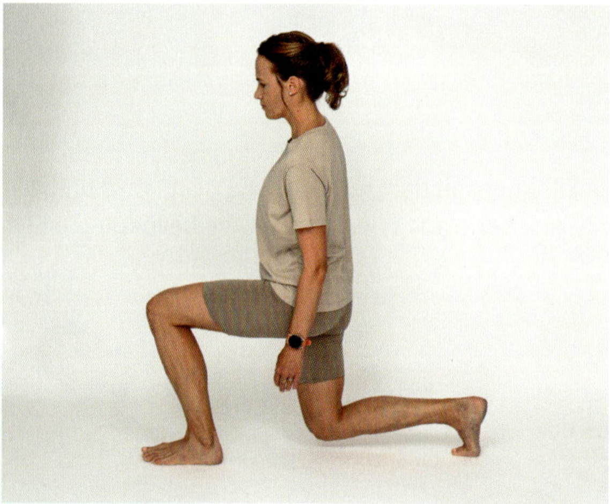

Du musst nicht unbedingt mit dem Knie den Boden berühren. Bringe dann sofort das rechte Bein wieder zurück in die Ausgangsposition und wechsle die Seiten. Die gesamte Bewegung sollte fließend sein, ohne Eile.

Anzahl der Sets und Wiederholungen: 1-2-mal je 6-10 Wiederholungen

Die Kajakerin:

Schnappe dir einen Medizinball (ich nutze fünf Kilogramm) und setze dich bequem auf deinen Po.

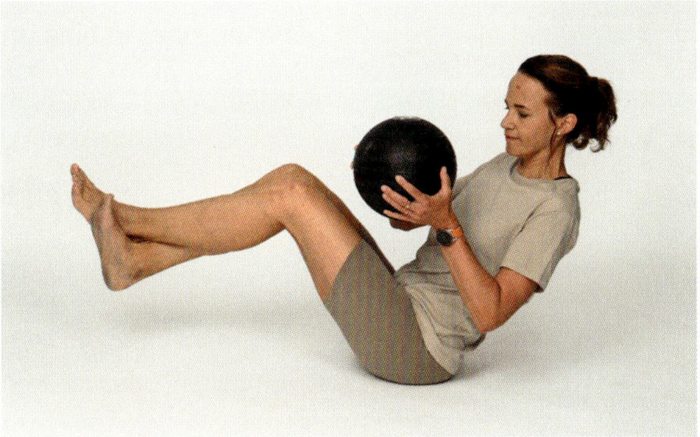

Stelle die Beine etwa hüftbreit auseinander und halte den Ball mit beiden Händen seitlich gut fest. Hebe die Füße über Kreuz an und lehne dich leicht mit geradem Rücken nach hinten. Drehe dich aus der Mitte mit dem Oberkörper nach links und tippe mit dem Ball kurz auf den Boden.

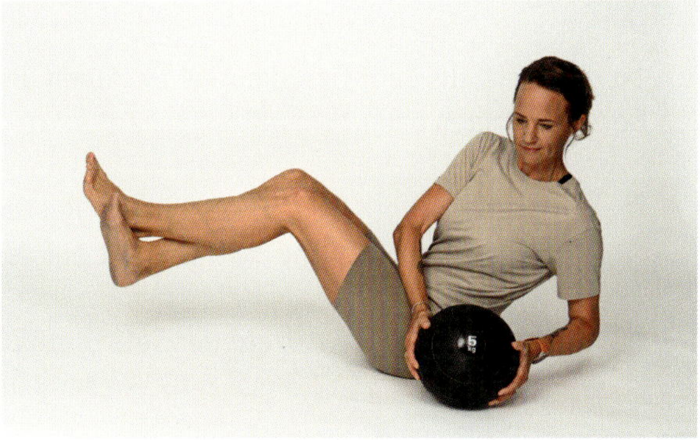

Führe den Ball sofort zurück in die Mitte und weiter auf die andere Seite. Die Beine bleiben locker über dem Boden, halte den Bauch gut gespannt.

Anzahl der Sets und Wiederholungen: 1-3-mal je 20-40 Wiederholungen

Die Kniebeuge:

Stelle dich mit etwas weiter als hüftbreit geöffneten Beinen fest auf den Boden.

Halte die Kettlebell (ich nutze 12 Kilogramm, wähle ein Gewicht, das dich etwas fordert, aber nicht zu schwer ist) vor der Brust und gehe langsam in eine angedeutete Hocke.

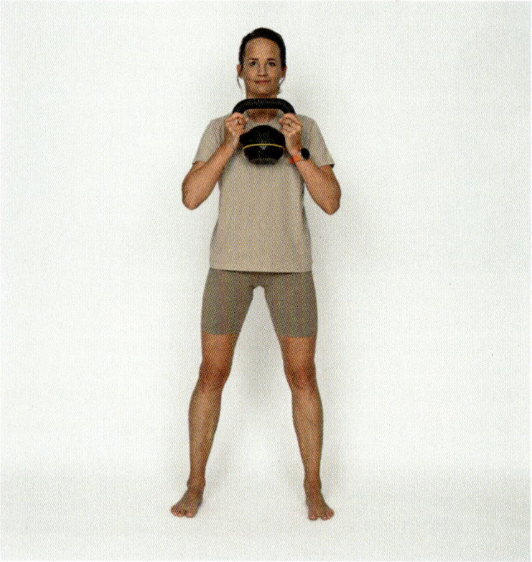

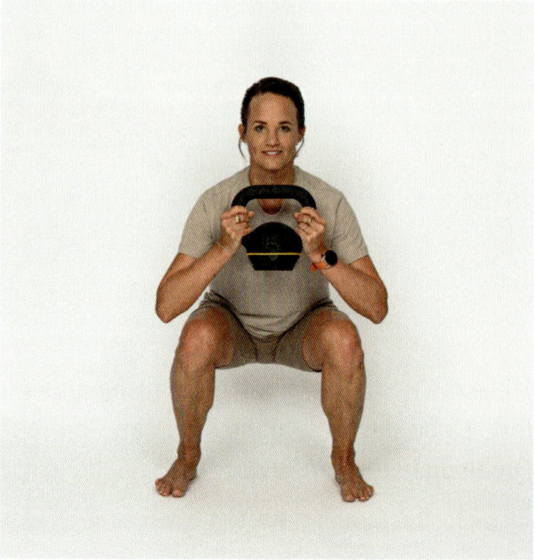

Versuche, beim Aufrichten die Kraft aus dem Gesäßmuskel zu ziehen und strecke die Kettlebell in einer fließenden Bewegung nach oben.

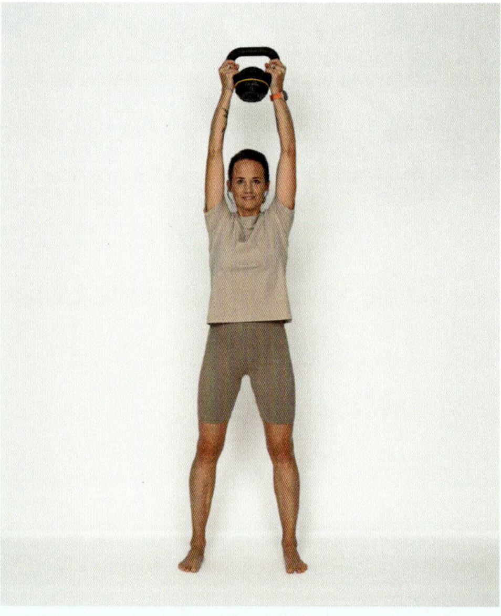

Halte dabei den Rücken möglichst gerade und die Füße fest auf dem Boden.

Anzahl der Sets und Wiederholungen:
1-3-mal 6-10 Wiederholungen

Die Waage:

Begib dich in die Vierfüßlerposition. Dabei stehen die Knie hüftbreit unter dem Becken. Die Arme unter den Schultern positionieren. Die Wirbelsäule ist entspannt, ohne durchzuhängen.

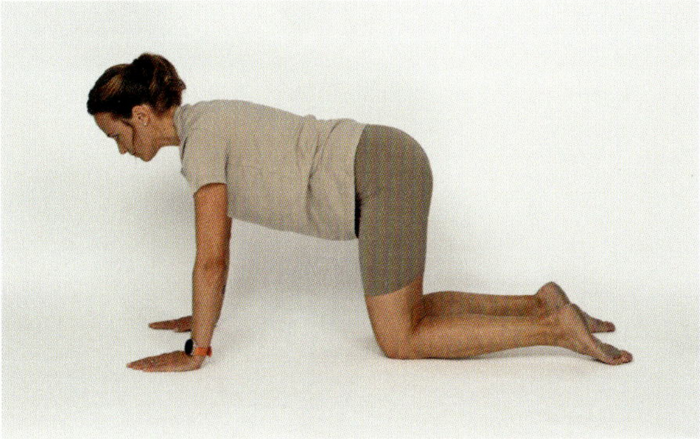

Bringe zeitgleich den linken Arm nach vorn und das rechte Bein ausgestreckt nach hinten. Bringe Arm und Bein in die Ausgangsposition und wechsle die Seiten.

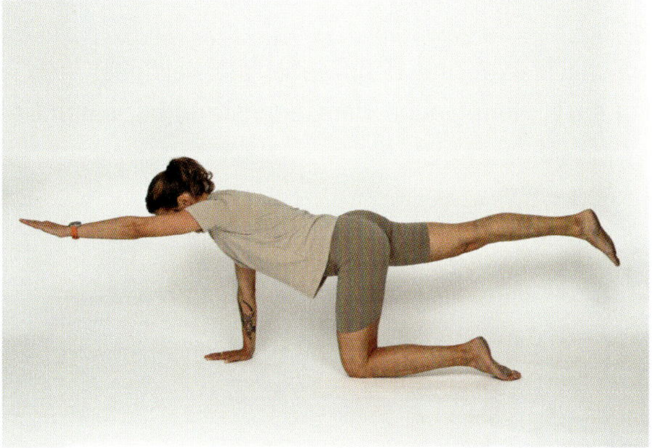

Die Bewegung sollte gleichmäßig ausgeführt werden und du kannst schnell merken, auf welcher Seite du mehr Balance hast.

Anzahl der Sets und Wiederholungen: Zweimal 20 Wiederholungen

Der Pick-up:

Stelle die Füße eng zusammen und halte den Oberkörper aufrecht.

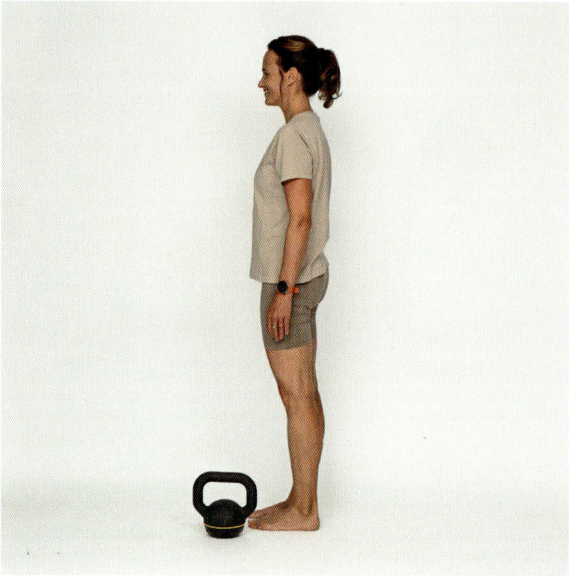

Bringe den Oberkörper nach vorn und hebe dabei die Kettlebell (ich nutze 12 Kilogramm, weniger geht natürlich auch, Hauptsache, der Gegenstand hat einen Griff).

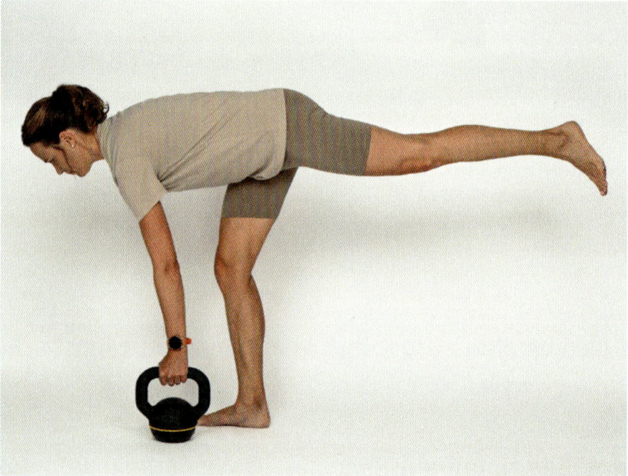

Die linke Hand greift nach dem Gegenstand, während das linke Bein nach hinten gerade ausgestreckt wird. Richte den Körper mit der Kettlebell in der Hand aus.

Anzahl der Sets und Wiederholungen: 1-2-mal 6-10 Wiederholungen pro Seite

Der Dreipunkt:

Begib dich in die Liegestützposition. Die Füße stehen etwas mehr als hüftbreit auseinander, die Hände stützen sich direkt unter der Schulter auf, die Arme bleiben ausgestreckt.

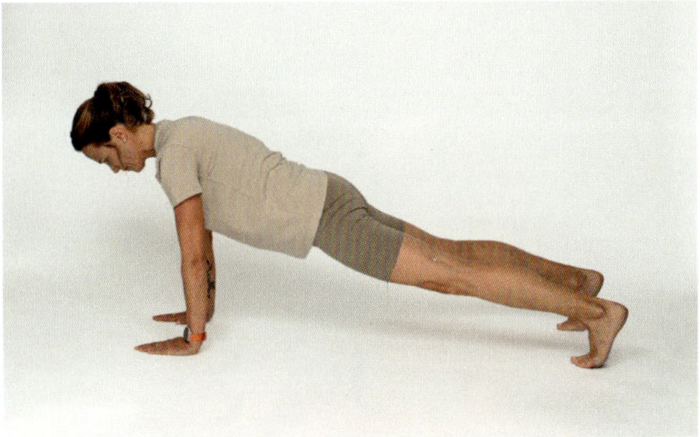

Bringe nun die linke Hand an die rechte Schulter und halte dabei vor allem die Spannung im Bauch und im Po.

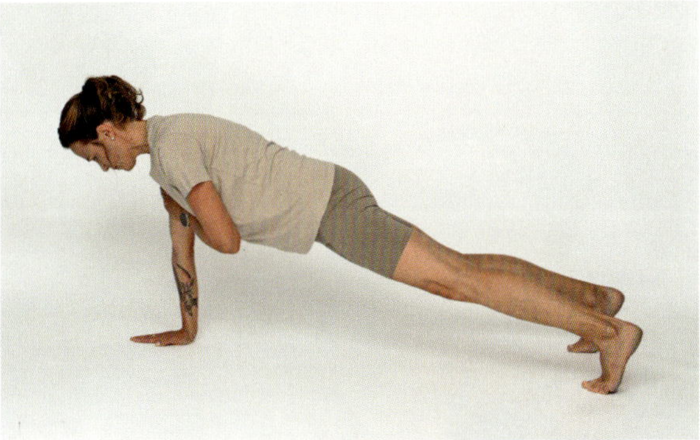

Wechsle dann ab und berühre mit der rechten Hand die linke Schulter.

Anzahl der Sets und Wiederholungen: zweimal 6-10 Wiederholungen pro Seite

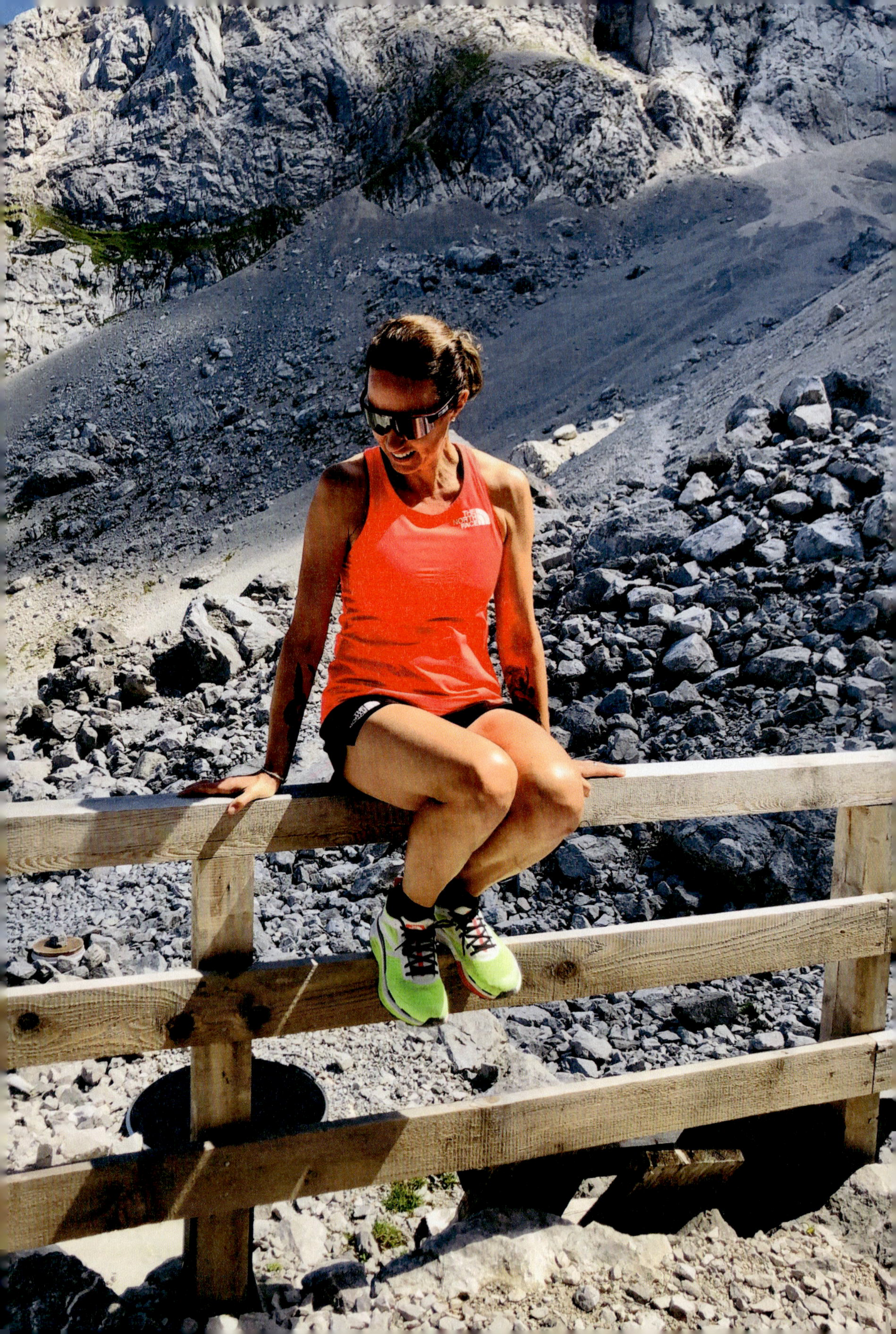

TEIL 6

IT´S ALL IN YOUR MIND

6.1 Kleine Kniffe zur Zielerreichung

6.1.1 Wie viel Potenzial schlummert in dir?

» Hast du auch das Gefühl, dass viel mehr Potenzial in dir schlummert?

Albert Einstein sagte, dass man Probleme niemals mit derselben Denkweise lösen kann, durch die sie entstanden sind. Gehen wir also auf Tuchfühlung.

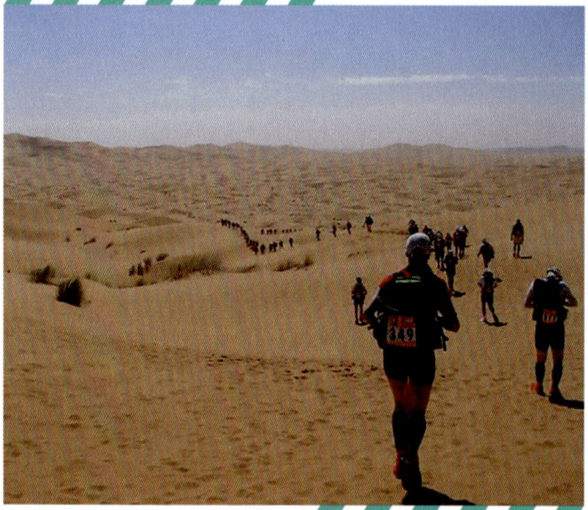

Der Morgen der 75 Kilometer langen Etappe beim Marathon des Sables ist angebrochen. Eine ungewöhnliche Stille liegt in der Luft. Um acht Uhr morgens brennt die Sonne bereits. Monatelang hatte ich mich auf diese eine, lange Etappe vorbereitet. Niemand kennt die genaue Streckenlänge der einzelnen Etappen vor dem Marathon des Sables. Erst im Bus auf dem Weg zum Start lüftet sich das Geheimnis durch die von der Organisation ausgehändigten „Roadbooks", in denen der Streckenverlauf zu lesen ist.

Die Krux an diesem Wüstenlauf ist, dass in den ersten drei Tagen fast drei Marathons gelaufen werden. Verzockt man seine Kräfte in den ersten Tagen, kann die lange Etappe zur Hölle werden. Doch in der gesamten Trainingsvorbereitung auf diesen Lauf lag der Fokus darauf, die zwischen 75-95 Kilometer lange Etappe möglichst durchzulaufen. Das zu schaffen, darin lag der ganze Reiz des Etappenlaufs. Schlussendlich kam ich nach 13 Stunden wankend im Etappenziel an, unfähig zu sprechen. Was war geschehen?

Auf den letzten 16 Kilometern durch den Sand packte ich meinen MP3-Player aus und hörte *A Beggar On A Beach Of Gold* von Mike & The Mechanics in der Dauerschleife. Ich flehte mehrmals gen Himmel, mich hier durchzubringen und fokussierte meine Gedanken auf den jeweiligen Moment, erinnerte mich an viele schöne Trainingsläufe und visualisierte den Zieleinlauf.

Alles, was ich mental im Kopf durchgegangen war, konnte ich nun nutzen. Es war ein Experiment. Jahrelang, besonders in der Leichtathletik, hatte ich das Gefühl, nie so richtig an mein

Potenzial zu reichen. Immer war da dieses fahle Gefühl, dass doch noch mehr in mir schlummerte. Vielleicht hatte ich all die Jahre nur im falschen Teich gefischt?

Vielleicht geht es dir ähnlich. Irgendwie spürst du, dass eigentlich mehr in dir steckt, als du dir bisher zugetraut hast. Hier erfährst du, wie du deine Ziele mit mehr Leichtigkeit erreichen kannst, indem du neue Spielregeln aufstellst. Das, was du über die Jahre im Unterbewusstsein angesammelt hast, macht 93 Prozent deines Seins aus. Wie ein Muskel erst durch regelmäßiges Training stärker wird, so läuft es auch unter den Schichten deines Egos ab. Erfolg findet im Kopf statt – damit ist aber nicht dein Ego gemeint. Sonst wäre jeder, der sich gut zuspricht, erfolgreich.

6.1.2 Warum ist das eben nicht so?

Stelle dir einen Eisberg vor. Alles unter der Wasseroberfläche sind deine gesammelten Erfahrungen, Überzeugungen und Meinungen. Schaue als Nächstes, was du in deinen verschiedenen Lebensbereichen geschaffen hast.

» Bist du zufrieden oder hättest du gern mehr vom ganzen, großen Kuchen?

Die Wahrheit ist: Du hast dir all das, was in deinem Leben existiert, durch deine Gedanken, deine inneren Programmierungen geschaffen.

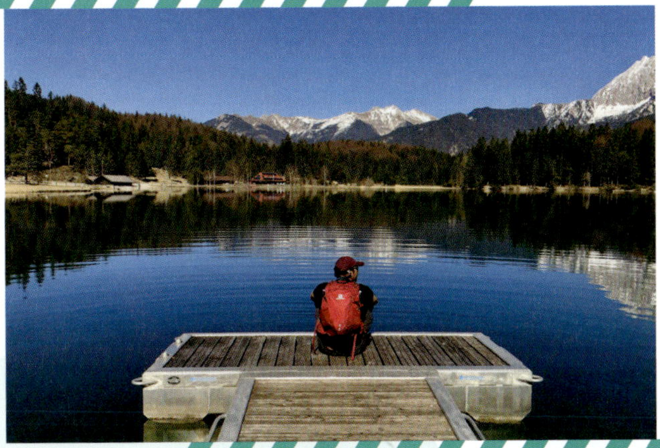

Niemand anders. Nur hören wir das nicht so gern und schieben die Schuld gern den Umständen oder falschen Leuten in unserem Leben zu. Das ist die einfache Art, keine Verantwortung fürs eigene Handeln zu übernehmen.

6.1.3 Das Ende der negativen Gedanken

» Was kannst du anders machen, wenn du eigentlich etwas anders machen, schaffen oder erleben willst?

Wenn ein Problem existiert, wird es größer, je mehr du daran denkst. Konzentrierst du dich stattdessen auf die Lösung, erfordert dies ein Umdenken und du wirst unumgänglich andere Resultate in deiner Realität erfahren. Dein Hirn ist in der Lage, neue Synapsen zu legen und im Unterbewusstsein zu speichern. Ein Prozess, der nicht von heute auf morgen geschieht und ein wenig Geduld braucht, aber sich in jedem Fall lohnt, wenn du zufriedener durchs Leben laufen willst.

Gerade das Laufen bietet ein ideales Spielfeld zum Ausprobieren einiger Techniken, die ich dir mit an die Hand geben möchte. Je länger die Strecke ist, desto wichtiger wird das Gedankenspiel im Kopf. Du stellst die Regeln auf. Angenommen, dein Ziel ist es, deinen ersten Trailhalbmarathon zu laufen. Doch immer wieder lähmen dich Gedanken wie:

» Das schaffe ich nie.
» Andere sind talentierter.
» Das wird doch nichts.
» Ich glaube nicht an mich.
» Ich bin sowieso zu langsam.

Das führt dazu, dass du weiter im Hamsterrad aus negativen Gedanken rennst und versuchst zu flüchten.

Mit den folgenden zwei kleinen Schritten kannst du aus dem Rad aussteigen und dich umprogrammieren. Dazu brauchst du etwas Zeit und Kreativität.

Inspirationskollage: Nimm dir eine Pinnwand und suche aus Zeitschriften, dem Internet, Büchern alles, was dir gefällt und dich inspiriert. Sprüche, Zitate, Landschaften, Häuser, Gegenstände, Menschen - alles geht. Hauptsache, du fühlst dich angesprochen. Hänge die Wand da auf, wo sie gut sichtbar ist. Nach zwei Wochen wirst du überrascht sein, was sich in deinem Leben tut, während das Unterbewusstsein daran arbeitet, dass deine Ziele Realität werden.

Meditation: Setze dich für fünf Minuten an einen ruhigen Ort, schalte dein Telefon aus und atme einige Male tief ein und aus. Schließe die Augen. Die Gedanken kommen und gehen. Halte nichts fest. Im Gegenteil, die Meditation dient dir dazu, alles so laufen zu lassen, wie es ist, bis sich eine innere Ruhe einstellt. Erwarte nicht gleich Wunder. Etwas Geduld und regelmäßiges Üben führen zum Erfolg.

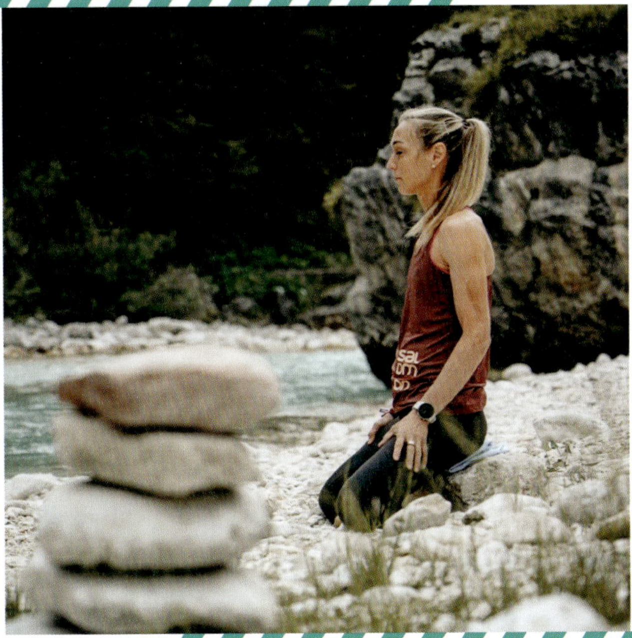

Es muss nicht gleich ein Ultratrail sein, um zu schauen, was du aus dir rausholst, wenn du Dinge einmal versuchst, anders zu machen. Im Grunde hat jedes deiner Ziele Aufmerksamkeit verdient. Auch kürzere Strecken bieten die Möglichkeit, diese Methoden für mehr Erfolg anzuwenden.

6.2 Die Kraft der Visualisierung

Es wäre zu schön, wenn es ausreichen würde, sich einfach ein paar Minuten hinzusetzen, die Augen zu schließen, um sich die Realität zu erschaffen.

Genau solch einschlägige Tipps suggerieren, dass es ganz einfach ist, Dinge vor dem inneren Auge abspielen zu lassen, um große und kleine Ziele zu erreichen. Das stimmt auch tatsächlich teilweise so. Denn unser Gehirn kann nicht unterscheiden, ob wir uns etwas vorstellen oder tatsächlich ausführen.

Visualisierung, richtig ein- und umgesetzt, ist so vielschichtig wie das eigentliche Lauftraining.

Es gibt zahlreiche Experimente dazu, bei denen sich Sportler eine bestimmte Bewegung immer wieder vorstellen sollten, während eine andere Übungsgruppe die Bewegung aktiv ausführte. Das Ergebnis war, dass die Gruppe, die visualisierte, fast genauso gut war wie die, die aktiv spezifische Bewegungsabläufe trainiert hatte.

6.2.1 Wie funktioniert Visualisierung?

Um hier nicht eine Gruppe Basketball- oder Golfspieler heranzuziehen, möchte ich aus der eigenen Praxis von einem konkreten Beispiel berichten, wie Visualisierung besser zu greifen und zu verstehen ist.

Es muss im Sommer 2007 gewesen sein, also schon eine gefühlte Ewigkeit her. Meine Töchter waren damals noch sehr klein, gerade einmal vier und zwei Jahre alt. Ich war im Fitnessstudio auf dem Laufband und nutzte eine knappe Stunde für ein Training, das ich sonst nicht in meinen mitunter fordernden Alltag mit zwei kleinen Kindern unterbrachte. Die Zeit lief, ich steckte mir Kopfhörer in die Ohren und hoffte, dass ich alles nach Plan absolvieren konnte.

Während der Aufwärmphase blieb mein Blick plötzlich an einer Dokumentation hängen. Ich sah, wie eine Schar Läufer wie an einer Ameisenschnur aufgereiht eine Düne hinauflief. Fasziniert schaltete ich die Musik meines MP3-Players aus und starrte gebannt auf den Bildschirm vor mir.

» Was taten diese Läufer dort?
» Wieso rannten sie durch glühend heißen Sand?

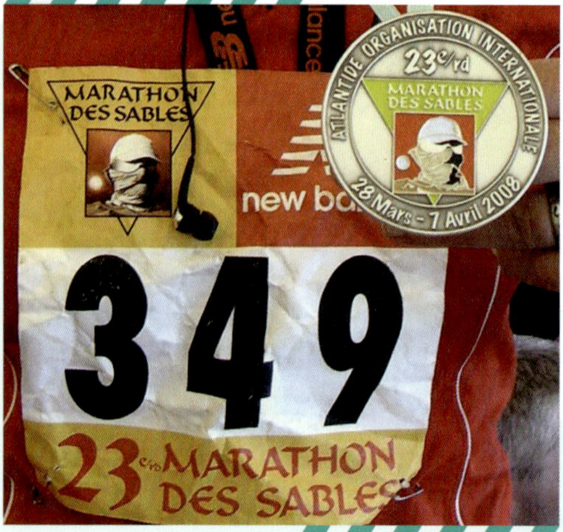

Nur einen Augenblick später erfuhr ich, dass es sich um den Marathon des Sables handelte, einen Etappenlauf über 250 Kilometer durch einen Teil der marokkanischen Sahara. Wiederum knapp 10 Jahre zuvor hatte ich eine ähnliche Reportage schon einmal gesehen und war auch da schon sehr beeindruckt, wie Menschen zu so einer Leistung imstande waren.

Lange hatte ich davon geträumt, meine Grenzen als Läuferin einmal richtig auszutesten. Nun, auf dem Laufband, war ich wieder ergriffen von den

Bildern und den Läufern, die interviewt wurden und sich dieser besonderen Herausforderung stellten. Ich wollte eine von ihnen sein, genauso in einer Linie Dünen hoch- und hinunterlaufen, bepackt nur mit dem Nötigsten, was man für eine Woche in der Sahara eben brauchte. Es roch förmlich nach Survival, jeder Menge Abenteuer und einem Ausbruch aus dem Alltag.

Erst viel später, wie hätte ich es vorher auch wissen können, wurde mir bewusst, wie lebensverändernd dieses Abenteuer war und alles, was danach kam.

Der *Marathon des Sables* markierte einen Wendepunkt in meinem Leben. Noch nicht einmal auf die Geburten meiner Kinder hatte ich mich so akribisch vorbereitet. An diesem Tag folgte ich dem Ruf. Die Bilder ließen mich nicht mehr los und täglich schwirrten diese wie ein Film in meinem Kopf umher. Ich habe erst nach dem Lauf in der Wüste, den ich im März 2008 bestritt und die Medaille stolz nach Hause trug, realisiert, wie viel Kraft in Visualisierungstechniken liegt.

Wegweiser:

Man kann sich damit ungeahnte Möglichkeiten erschaffen, mehr Selbstbewusstsein zu erlangen, Unsicherheiten und (Versagens-)Ängste minimieren und die Motivation steigern. Vielmehr noch lernt man, genauer auf die innere Stimme zu hören und die Gedanken so zu kontrollieren, dass ein Scheitern an Zielen eine viel geringe Option bleibt, als wenn versucht wird, ohne bestimmte Techniken auszukommen.

Schauen wir auf die Visualisierung wie auf einen Werkzeugkasten, den wir öffnen und uns das herausholen, was wir zur Realisierung eines Ziels benötigen. Mal ist es eine Meditation, mal das konkrete Aufschreiben einer Idee, eines Ziels, eines Wunschs. Zu einem anderen Zeitpunkt ist es das konkrete Abspielen eines Films vor dem inneren Auge. Aber halt – du brauchst kein Räucherwerk, Steine, Kristalle, Karten oder andere mystische Tools, um dir gewisse Techniken anzueignen.

Nachdem ich dort, auf dem Laufband dieses Berliner Fitnessstudios, begriff, dass es keinen Weg mehr zurückgab und ich mich wenige Tage später für dieses Mammutprojekt anmeldete, spürte ich, dass das physische Training nur einen Teil meiner Vorbereitung ausmachen würde. Vielleicht würde die Meditationstechnik, zu der mich meine Mutter brachte, als ich 15 Jahre jung war, ja endlich mal wieder ins Spiel kommen. Ich hatte große Lust, mich dem Thema Mentaltraining ausführlicher zu widmen als bisher.

6.2.2 Über das körperliche Limit hinausgehen

Ich wollte schon lange wissen, was passiert, wenn wir über unser körperliches Limit hinausgehen und eigentlich nichts mehr geht, wir vielleicht von Krämpfen und Unwohlsein geplagt sind, nur noch unser Kopf übrig bleibt.

» Wie viel ist noch steuerbar, wenn wir aufgeben wollen?

Die größte Neugier, die ich für den Wüstenlauf empfand, war die, wie ich jemals über 70 Kilometer würde laufen können, denn die längste von insgesamt sechs Etappen findet immer an Tag 4 statt, wobei zwischen 70-90 Kilometern zu laufen sind. Am Stück und innerhalb von 34 Stunden.

Keine Angst - der Wüstenmarathon soll hier metaphorisch für so viel mehr stehen als einen reinen Lauf. Meine persönliche Erfahrung soll dir als selbst erlebtes Beispiel dienen, wie es laufen kann, wenn man sich einem Ziel widmet und hingibt und lernt, sich mit einem Ziel auseinanderzusetzen.

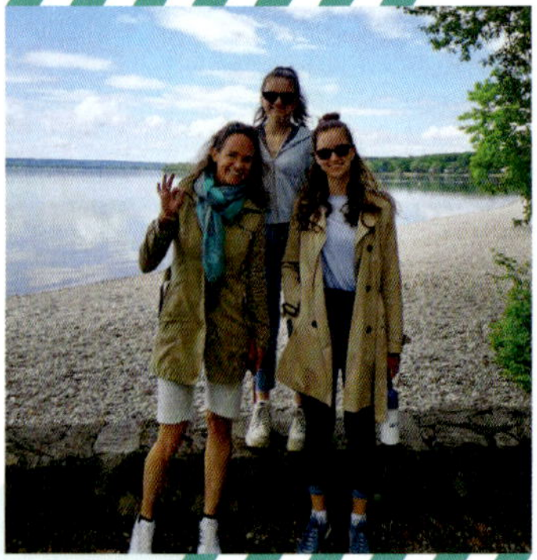

2007 war ich eine ganz normale junge Frau Ende 20, Mutter zweier Töchter, die seit einigen Jahren lief und dafür brannte, etwas Neues, anderes zu wagen. Ich hatte weder besonderes Talent während meiner Leichtathletikzeit bewiesen noch war ich jemals in meinem Leben durch andere, besondere Leistungen aufgefallen. Auch heute, 15 Jahre später, und nicht nur um viele Trailrunningerfahrungen reicher, bezeichne ich mich nicht als talentierter, sportlicher oder besser, als du es bist.

Ich habe damals einfach eine klare Entscheidung getroffen, die mir geholfen hat, in ganz andere Sphären des Denkens einzutauchen und dabei jede Menge neuer Selbsterfahrungen zu machen. Auch Halluzinationen gehören dazu, aber die Geschichte erzähle ich dir vielleicht an einer anderen Stelle dieser Lektüre. Und diese Entscheidungen haben mich befähigt, umzudenken und mein Schicksal selbst in die Hand zu nehmen.

Auch wenn der Marathon des Sables kein ganz so klassischer Trailmarathon ist, würde ich doch behaupten, dass er sich in die Sparte der Extremrennen, die abseits des Asphalts stattfinden, einreihen kann. Oder würdest du sagen, dass endloses, kilometerlanges Laufen über ausgetrocknete Salzseen, durch Dornenbüsche und abermals viele Kilometer durch sagenhaft schöne Dünenlandschaften nichts mit dem Laufen fernab des Asphalts zu tun hat?

Wegweiser:

So, wie du jetzt diese Zeilen liest, denkst du vielleicht, nicht gut genug für deine eigenen verrückten Ziele und Vorhaben zu sein. Dass es erst noch dieses oder jenes braucht, um dich zu trauen, eine klare Entscheidung zu treffen. Fühle dich an dieser Stelle bestärkt, JA zu dir zu sagen.

Wenn ich als normale Frau, Mutter und Läuferin von nebenan die Entscheidung treffen konnte, einige verrückte Dinge und extremere Sachen auszuprobieren, kannst du es auch.

Du brauchst keine besonderen Fähigkeiten oder Talente. Dein schierer Wille kann dich weit über deine bisherigen Grenzen tragen. Und da, wo eine (Ziel-)Linie überschritten wird, beginnt erst der Start zu etwas Neuem, nicht selten Aufregendem. Das Ende vom Lied ist längst nicht an der Ziellinie gesungen.

Die Erfahrungen, die ich in der Wüste gemacht habe, läuteten in vielerlei Hinsicht eine neue Ära in meinem Leben ein. Und Mentaltraining ebnete auch den Weg dafür. Und wenn es dir gelingt, ein paar der vorgestellten Methoden und Tools auszuprobieren und in dein (Läufer-) Leben zu integrieren, ist schon ganz viel gewonnen. Nicht nur für dich als Läuferin, sondern auch als Mensch, als Frau.

Denn das, was du dir hier aneignest, zeigt auch in anderen Lebensbereichen positive Einflüsse.

Ich stelle dir nun fünf Techniken in den nachfolgenden Kapiteln vor und wie du sie am besten anwendest, um einen positiven Effekt zu erleben. Und um dir womöglich etwas Scheu davor zu nehmen, bitte ich dich, ganz genau auf dein Gefühl zu achten.

Es bedeutet nicht, dass du alle Techniken sofort und täglich anwenden musst. Picke dir genau das heraus, was dich intuitiv am meisten anspricht und habe vor allem Spaß dabei, herauszufinden, wie sich die Prinzipien auf andere Lebensbereiche auswirken, nicht nur das Laufen.

Wegweiser:

Betrachte alles als einen Weg, nicht als etwas, was es zu perfektionieren gilt. Allein sich auf den Weg zu begeben, ist schon der erste, bedeutsame Schritt. Wir müssen alle keine Mentaltrainingsprofis werden, damit es eine gute Sache ist und stundenlang am Tag visualisieren.

Vielmehr sind es oft die kleinen Stellschrauben, an denen es sich zu drehen lohnt, um überraschend große Effekte zu erzielen. Visualisierung bildet einen wichtigen Pfeiler im Trailrunning und jede Minute, die du investierst, wird sich lohnen.

6.3 Werde kreativ

6.3.1 Bastele dir ein Vision Board

Stelle dir ein überaus unaufgeräumtes Zimmer vor. Diese Art von Chaos, die du vielleicht selbst aus Jugendzeiten von dir kennst. Überall auf dem Boden verteilt liegen Zeitschriften, ein großformatiger Fotokarton, eine Schere, Klebestift und Schnipsel von herausgerissenen Seiten. Chaos eben. Im Hintergrund läuft die Lieblingsmusik, um noch das letzte Stück Kreativität zu aktivieren, die für den Prozess der Erstellung eines Vision Boards nötig ist.

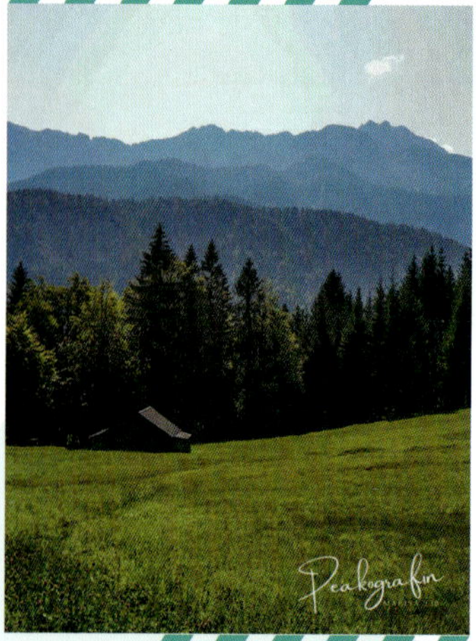

Ja, das ist wieder eine dieser Anekdoten aus dem Leben. Ich war knapp 20 Jahre jung und gerade dabei, mir alles, was mir gefiel, kreuz und quer auf diesen Karton zu kleben. Buntes aus fremden Ländern, Landschaften, Schmuck, Wörter, Mode und ein großes Haus mit Garten. Als ich fertig war, stellte ich den Karton auf eine Kommode in meinem Zimmer und hielt beim Vorbeigehen jedes Mal kurz inne.

Man sagt der „Magie" dieser Methode nach, sich seine Realitäten auf diese Weise zu erschaffen, dass in den ersten 14 Tagen all die Bilder und Texte ins Unterbewusstsein strömen. Fortan werden die Gedanken durch diese Bilder in die Richtung dieser Visionen, dieser Ziele, gelenkt.

Nicht umsonst heißt es: „Where energy flows, attention goes!"

Dieses Zitat stammt von einem der bekanntesten Hypnotherapeuten, Milton Erickson. Dahin, wo wir unsere Energie lenken, geht auch unsere Aufmerksamkeit.

Wegweiser:

Betrachtest du dein eigenes Vision Board mehrmals täglich, schenkst du allem, was du dort angepinnt hast, größere Aufmerksamkeit, als du es tun würdest, wenn du dir einfach ab und zu vorstellst, was du noch erreichen oder erleben möchtest.

Folglich ändern sich deine Worte und Taten. Und eines Tages bemerkst du, dass sich schon wieder eine deiner Visionen realisiert hat. Immer wieder mache ich auch heute noch diese Erfahrung und bin fasziniert, wie einfach das Vision Board funktioniert.

Als feststand, dass ich nach Marokko zum Wüstenabenteuer reisen würde, nahm ich erneut Zeitschriften, Karton und Bastelutensilien in die Hand und kreierte eine Kollage. Am Ende entstand etwas, das mich so inspirierte, dass ich förmlich Feuer und Flamme war für mein Vorhaben. Jedes Mal, wenn ich das Bild betrachtete, bekam ich Gänsehaut. Immer wieder stellte ich mir vor, wie ich bald im Sand laufen würde, roch die orientalischen Gewürze auf den Bazaren, sah mich mit Sack und Pack auf dem Rücken laufen und die Medaille um den Hals baumeln.

Es war, als würde ich schon Monate vor dem tatsächlichen Event alles durchleben und mit Haut und Haaren erleben. Wie sollte es dann, wenn es so weit wäre, schiefgehen? Ich fütterte mich ständig mit positiven, inspirierenden Bildern und Wörtern. Und genau das ist die weitere Magie, die dieser Technik zugrunde liegt.

Wegweiser:

Je mehr du deinen Geist damit fütterst, was du wirklich willst, desto weniger Raum ist für die Eventualitäten da, die zu einem Scheitern führen könnten. Natürlich sind Unfälle, Krankheiten und Missgeschicke bei keinem Vorhaben auszuschließen, aber du gibst ihnen deutlich weniger Raum.

6.3.2 Visualisierung beim Marathon des Sables

Deine Kollage ist die geballte Ladung positiver Energie und genau die benötigst du zur Realisierung deiner (Lauf-)Ziele. Als ich dann Ende März 2008 am Start zur ersten Etappe des Marathons des Sables stand, spürte ich eine große, innere Ruhe. Der Startschuss fiel und ich setzte mich mit den 799 anderen internationalen Läufern und Läuferinnen in Bewegung.

Die Hitze war bereits nach wenigen Kilometern kaum auszuhalten und die erste, lange Passage durch das Dünenmeer stand bevor.

Alle paar Minuten nippte ich an meinem Getränk und kippte mir zusätzlich Wasser in den Nacken, um mich abzukühlen. Endlich war ich hier, mittendrin im Nirgendwo und bahnte mir meinen Weg durch den tiefen Sand, immer den anderen hinterher, aufgereiht wie an einer Perlenschnur. Während der gesamten Woche in der Wüste - täglich campierten wir an einem anderen Ort - hatte ich kaum Zweifel, es nicht bis ins Ziel zu schaffen. Es war beileibe kein Zuckerschlecken bis dahin, aber die Effekte der monatelangen Visualisierung waren offensichtlich.

Es war, als wäre in meinem Kopf einfach kein Platz für allzu viele negative Gedanken. Natürlich tauchten Unsicherheiten auf und eine enorme Müdigkeit in Muskeln und Knochen, die sich mit jeder Etappe nur intensivierte. Es gab auch einige Phasen, in denen ich überhaupt nicht motiviert war und immer wieder in den mentalen Werkzeugkasten greifen musste.

Aber die Bilder der Kollage zeigten ihre Wirkung. Sie hatten sich fest in meinen Geist eingebrannt, und alles, was ich tun musste, war, zu laufen und an mich zu glauben.

Und hier ist die zweite magische Wirkung einer Bilderkollage: Das mentale Training stärkt den Glauben an dich selbst. Nicht von Anfang an, sondern mit der Zeit. So, wie dein Lauftraining dich jedes Mal deinem Ziel ein Stückchen näherbringt, so tut es auch diese Art des Trainings. Sie macht so unglaublich viel Freude, fühlt sich nicht wirklich wie Arbeit an. Gleichzeitig arbeiten die Bilder in deinem Unterbewusstsein. Mögliche, nicht förderliche Überzeugungen, die dort wirken, können sich mit der Zeit auflösen.

Anstatt zu denken: „Das schaffe ich nicht!", oder: „Ich bin nicht gut genug, um mein Ziel X erreichen zu können!", spürst du, wie sich diese Sätze wandeln in: „Ich bin bereit und stelle mich der Herausforderung!", oder: „Ich schaffe, was ich mir vornehme!" Kommen also während eines Rennens oder eigenen Laufprojekts Zweifel auf, lassen sich diese mit der Vorstellungskraft deiner inspirierenden Bilder aus der Kollage wegdrücken.

Und wieder geht da mehr Energie hin, wohin du deine Aufmerksamkeit lenkst!

6.3.3 Visualisiere deine Träume

Jetzt bist du dran. Es ist Zeit, deine Träume, Wünsche und Ziele zu Papier zu bringen. Besorge dir Fotokarton, Kleber, Schere und einen Stapel Zeitschriften. Kaufe gegebenenfalls ein paar Magazine extra, mache dir deinen Lieblingstee oder Kaffee und reserviere etwa zwei Stunden nur für dich. Schalte deine Lieblingsmusik ein, mache es dir gemütlich und lasse dein Herz hüpfen vor Freude und Aufregung.

Vorab kannst du dir noch ein paar Gedanken zu folgenden Fragen machen:

» Welches Laufziel inspiriert mich?
» Wo möchte ich mal liebend gerne laufen?
» Welche Distanz reizt mich am meisten?
» Was gefällt mir am Laufen in der Natur am besten?
» Was ist mein absoluter Herzenswunsch?

Dann lege los. Deinem kreativen Prozess sind keine Grenzen gesetzt. Es geht um dich, deine Visionen! Niemand anders muss verstehen, was du zu Papier bringst oder es absegnen. Deine Wünsche, Träume und Ideen haben ihre Berechtigung und es ist dein Leben! Wenn du fertig bist, hänge die Kollage dort auf, wo du sie jeden Tag siehst. Du kannst zusätzlich auch ein Foto der Kollage machen und sie dir als Bildschirmschoner auf dem Handy und Computer abspeichern. So wirst du regelmäßig an deine Ziele erinnert.

Übrigens: Es gibt auch Ziele mit einem konkreten Datum, das du auch so auf der Kollage notieren kannst. Manchmal lohnt es sich auch, den Zeitpunkt offenzulassen. Nicht alle Wünsche müssen sich sofort erfüllen.

Ich mache alle 1-2 Jahre eine neue Kollage. Letztes Jahr habe ich zwei kleinere Fotokartons genommen und einen davon nur mit beruflichen Themen bekleidet, den anderen mit persönlichen und sportlichen Dingen beklebt. Eine Weile standen die Kartons sehr sichtbar auf der Kante unseres großen Esstischs.

Nach und nach realisierten sich die Themen und erst kürzlich kramte ich einen der Kartons wieder hervor. Ich entdeckte die Worte „Buch schreiben", hatte das Thema eigentlich fast schon abgehakt. Siehe da, es war noch nicht ganz erledigt. Ich schrieb den Meyer & Meyer Verlag an und prompt erhielt ich binnen vier Wochen die Zusage für dieses Buchprojekt.

Glaube an dich, deine Ziele und Visionen. Hoffen ist das eine, handeln das andere.

Wegweiser:

Werde zur Akteurin deines Lebens und nimm wortwörtlich deine Füße in die Hand. Mache dich auf den Weg und lasse dich überraschen, wo du in wenigen Wochen stehen bzw. laufen wirst.

6.3.4 Journaling

Was klingt wie ein bayerischer Zungenbrecher, ist in Wirklichkeit das moderne Wort für ein „Tagebuch schreiben". Du hast es sicher schon in Zeitschriften oder im Netz aufgegriffen. Doch es gibt einen wesentlichen Unterschied: Während du beim Tagebuchschreiben die Geschehnisse des Tages und das Erlebte aufschreibst, verfolgt Journaling den Zweck, bestimmte Fragen zu einem Themengebiet zu beantworten und damit eine bessere mentale Gesundheit zu erreichen.

Je nach persönlichem Geschmack kannst du alles in einen Computer tippen oder zu Zettel und Stift greifen. Per Hand zu schreiben, ist deswegen besser, weil dadurch andere Areale im Gehirn aktiviert und handgeschriebene Informationen besser verarbeitet werden, als wenn wir dieselben Gedanken im Handy oder Computer abtippen.

Es ist eine andere Auseinandersetzung mit dir selbst, wenn du den Stift übers Papier gleiten lässt und jedes Wort hinkritzelst. Man streicht viel weniger durch, während sich abgetippte Wörter mit einem Klick löschen lassen. Die handgeschriebenen Gedanken sind insofern echter und unverstellt.

Wegweiser:

Wie beim Vision Board gibt es beim Journaling keine Grenzen. Wie zusammenhangslos deine Sätze vielleicht am Ende auch sind, es spielt keine Rolle. Deine Einträge gehen nur dich etwas an und es ist auch gar nicht unbedingt notwendig, das Aufgeschriebene später nochmals durchzulesen oder gar aufzuheben.

Es sind Momentaufnahmen, die die Ist-Situationen widerspiegeln. Genauso können es vielleicht belastende Gedanken aus der Vergangenheit sein und diese aufzuschreiben, kann dich im besten Fall erleichtern oder Klarheit in Dinge bringen.

Schreiben befreit den Geist. Einmal aufgeschrieben, sind die Gedanken aus dem Kopf. Es kommen zwar neue hinzu – in unseren Köpfen schwirren täglich zwischen 12.000-60.000 Gedanken, von denen etwa 80 Prozent negativ und 95 Prozent sich wiederholende sind –, aber zumindest kannst du dir mit regelmäßigem Schreiben einen Raum schaffen, der nur dir gehört. Du kannst dir selbst alles anvertrauen, was dir wortwörtlich unter den Nägeln brennt.

Oft kann sich der Gedankenwust im Kopf anfühlen wie ein großes Wollknäuel. Stelle dir das Schreibritual so vor, dass du mit jedem Wort, jedem Satz, das Knäuel ein Stück mehr entwirrst. Am Ende stehst du mit einem klareren Geist vom Stuhl auf und kannst gewissermaßen leichter, befreiter weiter durch den Tag gehen.

Ich selbst schreibe sehr gern zu meiner morgendlichen Tasse Tee oder Kaffee und stehe dazu extra ein paar Minuten vor dem Rest der Familie auf, um es mir im Wohnzimmer gemütlich zu machen. Diese Minuten in der Stille am Morgen wirken Wunder und füllen mit Energie. Es gibt kaum etwas Einfacheres, als dein Glas schon morgens zu füllen und gute Gedanken und Taten hineinzufüllen.

Ein kleiner Trick, mit dem du dich, solltest du eher zu den Schreibmuffeln gehören, motivieren kannst, den Stift in die Hand zu nehmen, ist, ein besonders ansprechendes Notiz- oder Tagebuch zu kaufen. Es macht viel mehr Spaß, ein Buch zu öffnen, das dich anspricht und auf das du dich freust, anstatt deine Gedanken auf ein paar Post-its oder losem, weißem Papier loszuwerden.

Meine Favoriten sind die linierten Notizbücher von *Moleskine* und *Leuchtturm*. Es gibt auch vorgefertigte, sogenannte *Fünf-Minuten-Journals*, wo du direkt spezifische Fragen beantworten kannst. Aus meiner Erfahrung können sich diese aber wie eine weitere Aufgabe am Tag anfühlen. Ein fein säuberlich liniertes Blatt ohne Fragen animiert dich vielleicht eher, sofort loszulegen.

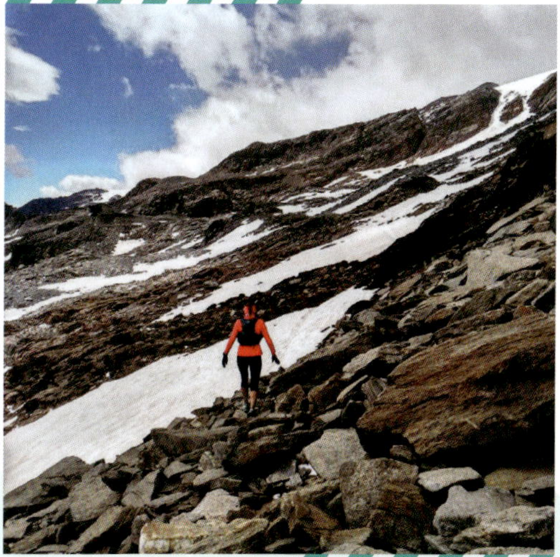

Schaue einfach, wie du selbst tickst. Manche Menschen brauchen den extra Anstoß durch bestimmte Fragen oder Aussagen, womit die vorgefertigten Journale definitiv punkten. Das Journaling kann dir für viele Aspekte deines Lebens dienen, vor allem aber dabei helfen, hemmende, blockierende Gedanken aufzulösen. Gerade im Trailrunning liegt die Latte meist sehr hoch, wenn man durch die Social-Media-Kanäle stöbert und oftmals eine Schar an Läuferinnen über halsbrecherisch schmale Trails und Grate fegen sieht, als wäre es das Normalste der Welt.

Da können schon einmal Zweifel aufkommen:

- » Bin ich fürs Laufen auf Trails bestimmt?
- » Ich habe nur Wald- und Feldwege vor der Tür, bin ich dann auch Trailläuferin?
- » Ich bin mir nicht sicher, wie ich jemals so leicht und locker über Trails laufen kann.

Wenn du deine Gedanken so, wie sie in deinem Kopf sind, aufschreibst, kann es auch sein, dass dir mit dem nächsten Wort Lösungen zu so manchem Problem oder mancher Herausforderung einfallen. Alles im Kopf fühlt sich weniger verknotet an.

Wegweiser:

Wie schon beim Kreieren deines Vision Boards ist es auch beim Schreiben bzw. dem Journaling so, dass du kein Schreibtalent oder die nächste J. K. Rowling sein musst. Manchmal genügen auch kurze Sätze oder ein paar Stichpunkte, um das Knäuel kleiner zu machen.

Du kannst dir auch ganze Szenarien notieren, die beschreiben, wie dein geplantes Event oder deine Trainingssessions im besten Fall ablaufen sollen. Schreiben räumt Zweifel aus dem Weg. Worte, die niedergeschrieben sind, sind ins Papier eingebrannt, raus aus deinem Kopf und beginnen, Form anzunehmen.

Was jetzt klingt wie eine Verschwörung aus *The Secret – Das Geheimnis*, ist in Wirklichkeit so einfach. Oft liegt nämlich das Problem beim Thema Mentaltraining darin, dass wir dazu tendieren, Dinge viel zu viel zu überdenken und zu verkomplizieren. Warum also nicht einfach dem Einfachen Glauben schenken, Neues ausprobieren und zu schauen, was passiert?

Wegweiser:

Wie schon bei der vorigen kreativen Tätigkeit liegt dem Schreiben auch das zugrunde: Es ist Zeit, die du dir schenkst. Du zeigst dir selbst, dass du deine Ziele und Gedanken ernst nimmst. Bereits beim Niederschreiben geht dir vielleicht ein Lächeln über die Lippen. Es machen sich Freude und Aufregung in dir breit. Oder du verdrückst ein paar Tränen der Wut, des Glücks, der Erleichterung.

Kleiner Tipp: Mit „Ziel" ist nicht notwendigerweise ein bestimmter Wettkampf gemeint. Auch andere Ziele im Bereich des Trailrunnings haben ihre Berechtigung. Ich kenne es nur zu gut, wenn man sich selbst Druck macht, nur dann etwas oder wer zu sein, wenn man ein Rennen über Stock und Stein läuft und es dabei auch noch möglichst extrem ist. Das muss es gar nicht.

Von September 2018 bis Juli 2022 bin ich keinen Trailwettkampf gelaufen. Die Prioritäten lagen einmal nicht auf der Erbringung einer bestimmten Leistung oder Ausschöpfung (m)eines Potenzials, sondern auf der Aufrechterhaltung einer gewissen Lauffitness. Manchmal reicht genau das aus für eine Zieldefinierung: „Ich laufe, um fit und ausgeglichen zu sein."

So bestritt ich aufgrund vieler privater und beruflicher Umwälzungen zwischen 2011 und 2016 keine Rennen, hielt mich aber mit regelmäßigen Laufeinheiten durch Wälder, über Wiesen und auch im Hochgebirge auf. Die Freude am Laufen überwog hierbei und genau so war es richtig.

Wenn du gerade vor der Frage stehst, was überhaupt deine Ziele sind, und du es vielleicht nicht wirklich weißt, nimm dein Notizbuch hervor und schreibe auf, was dir in den Sinn kommt. Mit hoher Wahrscheinlichkeit gibt es etwas, was du dir wünschst oder vorhast.

Wie ziel- und planlos wir manchmal auch durchs Leben zu gehen scheinen, es gibt immer irgendetwas, was dein Herz tanzen lässt:

» Ein Kurztrip in deine Lieblingsberge?
» Ein bestimmtes Event, von dem du schon viel gehört hast und bisher dachtest, das sei nichts für dich?
» Ein eigenes Laufprojekt von A nach B innerhalb von ein paar Tagen oder Wochen?

Du siehst, es sind die Gedanken in unserem Kopf, die uns limitieren. Schreiben öffnet den Zugang, in den bewusst und fokussiert deine Gedanken fließen können. Und am Ende deiner kleinen Schreibeinheit kommt ganz sicher ein Ziel heraus, das dein Läuferherz höherschlagen lässt.

6.4 Meditation: Mehr als nur ohhhhm

Hier weiterlesen

https://download.m-m-sports.com/extras/Trailrunning_Frauen/6.4_Meditation.pdf

6.5 Schlaf gut!

Mit dem Thema Schlaf ist es so wie mit vielen anderen sogenannten *Self-Care-* und *Achtsamkeitsthemen*. Würden wir all das, was gemeinhin als gesund bezeichnet wird, auch so umsetzen, wäre mindestens die Hälfte von uns schon erleuchtet und stets in äußerst gesundem Zustand.

Schlaf gehört in die Kategorie der essenziellen Dinge, bei denen es sich lohnt, genauer hinzuschauen. Denn nichts kann eine gute Mütze Schlaf ersetzen, wenn wir uns mal gerädert und müde fühlen. Da pusht eine Tasse Kaffee oder Tee zwar, sorgt jedoch nur für einen relativ kurzen Kick.

Neben Ernährung, Mindset und Training verdient unsere Schlafhygiene eine Extraportion Aufmerksamkeit.

6.5.1 Was ist guter Schlaf?

Auch in meinen Coachings mit Läufern und Läuferinnen werden die täglichen Schlafstunden mitberücksichtigt und notiert. Nur, wer ausgeruht ist, kann auch eine intensivere Einheit oder einen längeren Lauf gut bzw. besser wegstecken.

Wenn du Mama bist, kennst du kurze, unterbrochene Nächte nur allzu gut. Dabei geht es nicht um eine lausige Nacht, die uns mal dazwischenkommt, sondern um eine mehrwöchige Episode mangelnden Schlafs, die uns im schlimmsten Fall den letzten Nerv rauben kann. Es gibt eine feine Grenze beim Laufen, ab wann das Laufen nicht mehr dienlich ist und dich mit guter Energie und viel frischem Sauerstoff versorgt, sondern das ganze Gerüst in sich zusammenfällt.

Wegweiser:

Dann, wenn du über einen Zeitraum von vier Wochen oder länger mindestens dreimal wöchentlich schlecht einschläfst oder dein Schlaf in der Nacht stark gestört ist, ist von Schlafstörungen die Rede.

Sicher hast du schon vom REM-Schlaf gehört, dem *Rapid Eye Movement*. In dieser Phase bewegen sich die Augen schnell hin und her, während in der Non-REM-Phase Träume und tiefe Entspannung möglich sind. Genau diese Phase ist so entscheidend, damit wir uns ausgeruht und voller Energie fühlen.

Um in diese wichtige Phase zu gleiten, ist es ratsam, abends spätestens zwischen 22 und 23 Uhr ins Bett zu gehen, da noch vor Mitternacht die Non-REM-Phase passiert. Verpassen wir diese und schlafen erst nach Mitternacht ein, fehlt schon ein entscheidendes Glied in der Kette.

Was oft unterschätzt wird, ist nicht nur die Auswirkung von privatem, gesundheitlichem und beruflichem Stress, sondern auch der Alkohol- und Kaffeekonsum sowie die Ernährungsgewohnheiten. Eine Teilnehmerin meines Camps hatte das Ritual, nach einem langen Arbeitstag abends nach dem Essen mit ihrem Mann einen Kaffee zu trinken. Sie war es gewohnt, spät ins Bett zu gehen und schlief nur wenige Stunden pro Nacht, und fühlte sich oft gerädert und unausgeschlafen.

Obwohl viele Menschen behaupten, dass es ihnen gar nichts ausmachen würde, abends einen Kaffee oder Espresso zu trinken, gibt es physiologische Prozesse im Körper, die man sich nicht wegdenken oder schönreden kann.

Nach maximal fünf Stunden ist der Koffeingehalt im Blut in der Regel erst halbiert.

Wegweiser:

Wenn du also gegen 19 Uhr deinen abendlichen Kaffee trinkst, hast du um Mitternacht immer noch rund 20 Milligramm Koffein im Blut. Und damit ist dein Schlaf garantiert beeinträchtigt. Du pushst deine Herzfrequenz durch späten Koffeinkonsum hoch und belastest damit auch die Nebennieren, die allerhand zu tun haben mit der Resorption des Koffeins.

Man kann das auf den meisten Sportuhren nachvollziehen, indem man den Schlaf trackt und somit auch sieht, wie viele Minuten oder Stunden man im Tiefschlaf war. Auch wenn du trotz eines späten Kaffees müde wirst und denkst, du schläfst gut, leidet die Schlafqualität.

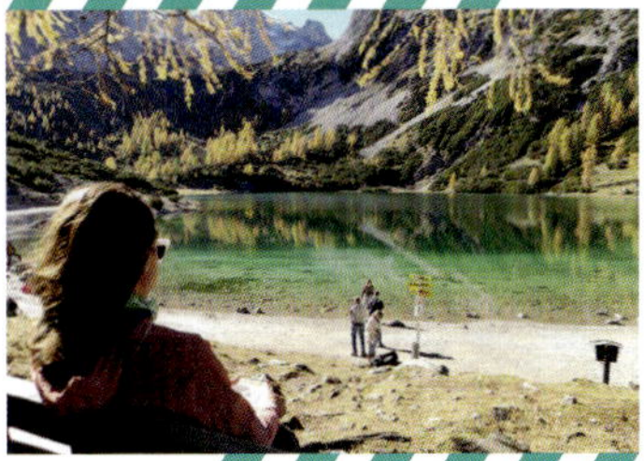

Es spricht nichts gegen einen späten Espresso beim Lieblings-Italiener, bei dem man sein Lieblingsessen genossen hat. Ausnahmen darf es immer geben, aber diese Ausnahmen eben nicht zur Regel machen. Genauso wie das Gläschen Wein in Ehren.

Meistens sind solche „Rituale" einfach über Monate und Jahre etablierte Gewohnheiten, die man genauso ablegen kann, wie man sie sich geschaffen hat.

Du kannst Folgendes probieren, wenn du nicht gleich einen radikalen Schnitt bzw. eine radikale Veränderung herbeiführen möchtest:

» Ersetze deinen Abendkaffee alle zwei Tage mit einer Tasse Tee deiner Wahl, am besten Kräutertees (Früchtetees sind stark säurebildend). Ich schwöre auf sämtliche Yogitees oder einen einfachen Kräutertee, dazu vielleicht ein Stückchen Zartbitterschokolade.
» Beobachte, was sich in deiner Schlafqualität tut. Klar, man kann nicht gleich Wunder erwarten, aber nach 1-2 Wochen darfst du mit einem Anstieg der Dauer deines Tiefschlafs rechnen. Und dich dadurch insgesamt ausgeruhter und einen Touch besser fühlen, wenn du aufwachst.

Wegweiser:

Veränderungen müssen nicht immer groß sein, damit sie einen Wert haben. An kleinen Stellschrauben zu drehen, kann Großes bewirken.

6.5.2 Schlaf und intensives Training

Ein weiterer Faktor, der sich auf die Qualität deines Schlafs auswirken kann, ist, wie intensiv du in der Regel trainierst. Ich stelle die Behauptung auf, dass die meisten Läuferinnen von uns einen Umfang von bis zu 40 Kilometern pro Woche gut wegstecken können, ohne in allzu großen Stress zu verfallen, sodass darunter der Schlaf leiden würde. Es gibt bei jedem von uns einen Toleranzbereich und darüber hinaus einen Grenzbereich, der, wenn wir ihn übertreten, sich schädlich auf uns auswirkt.

Eine gute Mütze Schlaf gehört einfach zum Leben dazu genauso wie Zähneputzen. Das vernachlässigen wir eher ungern. Genauso solltest du deine Schlafhygiene pflegen und über deine Grenzen hinaus trainieren.

Kurze Anekdote aus meinem Leben. Anfang 2019 löste ich einen Gutschein in einer Crossfitbox ein und begann, dort regelmäßig zu trainieren. Ich war von Anfang an angefixt. Mir gefiel, dass man nach einer knappen Stunde das Gefühl hatte, richtig was getan zu haben. Damals war mein Maßstab, wie schlapp und schwer sich nach einer Einheit meine Arme und Beine anfühlten. Ich gab mir dort regelmäßig die Kante, bekam Bestätigung durch die Trainer und merkte, wie meine Kraft zunahm und ich mich insgesamt gut fühlte.

Wäre da nicht noch das Lauftraining obendrauf gewesen. Was angedacht war als zusätzliches Krafttraining 1-2-mal wöchentlich, mutierte in ein beinah exzessives Verhalten. Ich fühlte einen unstillbaren Drang, mich ständig weiterzuentwickeln, in der Lage zu sein, an die bereits anderen, teils sehr fitten Frauen heranzureichen.

Bei der Übung „Turkish Get-up" musste es ein bestimmtes Gewicht sein, das ich stemmen wollte. Dasselbe galt fürs Kreuzheben. Nach den ersten Entwicklungsschritten wollte ich mehr und ich verband diese kraftzehrenden Einheiten mit einem lockeren Lauf hinterher. Durch die körperliche Überbelastung und den enormen Druckaufbau an mich selbst streikte meine rechte Fußsehne wenige Wochen später und ich musste einige Wochen mit dem Lauftraining pausieren.

Warum ich hier so weit aushole?

Das meist hochintensive Training schenkte mir einerseits Kraft und Energie, laugte mich aber gleichzeitig auch aus. Ich tat mich schwer, meine Ernährung auf HIIT-Workouts in Kombination mit meinem Lauftraining auszurichten und ich merkte an einem Punkt, dass ich nachts oft aufwachte und eine gewisse, nervöse Anspannung spürte.

Wegweiser:

Oft merken wir erst, dass wir ein Problem haben, wenn es schon zu spät ist. Gerade beim Thema Schlaf unterschätzen wir oft, was für ein Motor dieser sein kann für die Erholungsphasen nach dem Laufen, aber auch nach intensiver, mentaler Arbeit.

Mir blieb damals nichts anderes übrig, als auf dem Boden der Tatsachen anzukommen und wieder mehr Fokus auf die eine Sache, das Trailrunning, zu legen, ohne meinen Körper nebst Selbstständigkeit, Kindern und Partnerschaft mit noch mehr zu stressen.

Um dir selbst einen erholsamen Schlaf zu garantieren, hilft es, dich aufs Trailrunning zu fokussieren und Krafttraining wirklich nur ergänzend zu machen. Das bedeutet, dass 1-2 spezifisch aufs Trailrunning ausgerichtete Krafttrainingseinheiten dich zwar fordern, aber nicht überfordern.

6.5.3 Alarmsignale

Zum anderen ist es auch so, dass ab einer gewissen Intensität die Qualität des Trainings abnimmt.

Woran erkennst du nun, dass du dich nah an deiner persönlichen Grenze befindest?

» Du bist abends lange aktiv und tust dich schwer damit, abzuschalten.
» Du hast das Gefühl, auf den sozialen Medien etwas zu verpassen (FOMO).
» Du kommst morgens schlecht in die Gänge.
» Schon nach dem Aufwachen merkst du eine Schwere.
» Du bist weniger fürs Laufen und andere Dinge motiviert.
» Dein Puls rast gefühlt besonders abends, wenn du ins Bett gehst.
» Du schläfst zwar ein, aber wachst mehrmals pro Nacht auf.
» Du schwitzt mehr als normal.
» Bei schnelleren Läufen hast du das Gefühl, nicht in den Tritt zu kommen.
» Du fühlst dich lethargisch und bist schnell reizbar.
» Auch, wenn du länger als acht Stunden schläfst, bist du müde.

Das sind nur ein paar Alarmsignale, du solltest diese unbedingt ernst nehmen.

In Vorbereitung auf einen 100-Kilometer-Lauf im wunderschönen Monte Rosa sagte mir mein damaliger Coach, dass ich täglich die Schlafstunden und mein Gefühl aufschreiben sollte.

Gesagt, getan. Ich dachte, dass bei mir alles im Grünen war, denn ich hatte nach der Crossfitepisode meine Verletzung auskuriert und war frohen Mutes in das Training für den Ultralauf gestartet. Mein Coach pfiff mich bereits nach ein paar Tagen zurück und kommentierte: „Heute kein Training, sondern Ruhetag!"

Natürlich nervte mich das, aber er hatte recht. Bis zu einem gewissen Grad an Umfang und Intensität kann das Laufen sogar für einen angenehmeren und tieferen Schlaf sorgen. Überspannen wir allerdings immer weiter den Bogen, weil wir mehr wollen, zu schnell steigern und/oder zu intensiv trainieren, ist es nur eine Frage der Zeit.

Denn die wenigsten von uns sind in der Position, in der wir den ganzen Tag unserem liebsten Hobby frönen und davon leben können, einen Privatkoch und Physiotherapeuten an der Seite haben und jeden Tag mehr als genug Zeit haben, uns zwischendurch ein Nickerchen zu gönnen. Auch wenn die Meinungen und Wahrnehmungen weit darüber auseinandergehen, wie viel Schlaf denn normal sei, gibt es eine kleine Formel, wie viel mehr Schlaf du bei regelmäßigen Läufen einkalkulieren solltest:

Hole dir pro gelaufenem Kilometer pro Woche eine Minute mehr Schlaf, und das pro Tag.

Wegweiser:

Läufst du beispielsweise 40 Kilometer pro Woche, plane 40 Minuten extra an Schlaf ein. Bei 30 Kilometern entsprechend eine halbe Stunde länger, bei 50 Kilometern Wochenumfang entspricht dein Schlafpensum einer knappen Stunde mehr.

Ganz schön viel, oder? Aber sehr wichtig, um dich mental und körperlich bei der Stange zu halten, Verletzungen vorzubeugen und dein Glas auch mit gutem Schlaf gefüllt zu halten. Und bitte bereite dir mit diesem Kapitel keinen Stress. Wie so oft, tust du dich leichter, dir das herauszupicken, was dich spontan am meisten davon anspricht.

Der Fokus liegt darauf, gefühlt 80 Prozent der Zeit, sprich an 4-5 Tagen der Woche, zu versuchen, früh genug ins Bett zu kommen, nicht jeden Tag. Erlaube dir, wie mit dem Kaffee- und auch Alkoholkonsum kleine Leerläufe. Niemandem macht es Spaß, sich in ein Korsett aus Disziplin und Perfektion zu zwängen.

Wir sind Menschen, in unserem Fall Frauen, die alle noch einem Leben nachgehen und meist viele Bälle gleichzeitig in der Luft jonglieren müssen. Ich möchte dich inspirieren, dass Trailrunning auch zu deinem Lifestyle wird und nicht deswegen untergeht, weil du permanent im roten Bereich drehst. Oft stellen wir nämlich genau das ein, was uns eigentlich am meisten Freude bereitet, anstatt an unseren Gewohnheiten etwas zu verändern.

6.5.4 Tipps für guten Schlaf

Also, vielleicht ist von diesen Tipps etwas für dich dabei, was du gleich heute schon umsetzen kannst. Und wenn du zu der glücklichen Minderheit derer gehörst, die schlafen können wie ein Baby – wunderbar! Dann waren diese Zeilen maximal unterhaltend bis informativ.

- Beginne bereits gegen 20 Uhr, keine Mails oder andere Dinge zu beantworten, die scheinbar dringlich sind. Je dringlicher etwas wirkt, desto schneller erledigt es sich meist, wenn wir nicht sofort darauf reagieren.
- Versuche, um dieselbe Zeit nicht mehr auf den sozialen Medien herumzuschwirren. Dein Kopf ist vom Tag bereits sehr gefüllt, Scrollen setzt dem Ganzen meist unnötig noch eins obendrauf.
- Trinke eine weitere Tasse deines Lieblingstees aus einer schönen Tasse und ziehe dich mit einem Buch oder sogar deinem Tagebuch/Journal zurück, um dich zu inspirieren, anstatt dich mit/von dauernden Werbeanzeigen berieseln zu lassen.
- Rufe eine gute Freundin an und tausche dich aus.
- Blättere durch Trailrunning- und Laufzeitschriften, und träume dich auf schöne Wege, vielleicht in ein Event, an dem du gern teilnehmen möchtest.
- Ziehe dich für ein paar Minuten oder auch länger zurück in eine ruhige Ecke deines Wohnorts und nimm ein paar tiefe Atemzüge, schließe dann die Augen und lasse den Tag ohne weitere Ziele und Intentionen Revue passieren.
- Dehne und rolle sanft deinen Körper von oben nach unten, hier ist eine klassische Blackroll die erste Wahl, spüre nach, wo dein Körper gerade am meisten Aufmerksamkeit braucht.
- Stelle eine weitere halbe Stunde bis Stunde später dein Handy aus oder in den Flugmodus. Platziere deine Ladestation außerhalb des Schlafzimmers und nutze dort einen analogen Wecker, um pünktlich aufzuwachen.
- Tupfe dir ein paar Tropfen eines feinen, reinen ätherischen Öls auf die Schläfen und Handinnenflächen. Auf dem Kopfkissen ist reiner Lavendel einschlaffördernd.
- Nimm ein Entspannungsbad mit basischem Salz, ein paar Tropfen Lavendelöl und einem Teelöffel Natron, das entschlackt und entspannt.
- Höre ruhige, sanfte Musik und kuschle dich allein oder mit deiner besseren Hälfte ein, und sei dir bewusst, dass es nichts mehr zu erledigen gibt, du bist einfach da und das reicht.
- Gehe eine kleine Runde um den Block, um die frische Luft einzuatmen und die Abendstimmung, vielleicht sogar einen spektakulären Sonnenuntergang, zu genießen.
- Lege dir eine Schlafmaske zu, wenn du dein Schlafzimmer nicht vollständig abdunkeln kannst. Es ist erwiesen, dass das Melatonin, unser Schlafhormon, noch besser angeregt

wird, wenn wir so abgedunkelt wie möglich schlafen, schon die kleinste Lichtquelle kann die Produktion von Melatonin hemmen.

» Gestalte dein Vision Board weiter oder sammle als ersten Schritt aus Zeitschriften, aus dem Internet alles, was dich inspiriert.
» Versuche, spätestens um 23 Uhr im Bett zu liegen. Der Schlaf vor Mitternacht und dadurch schon eine erste Tiefschlafphase zu erreichen, ist am wichtigsten. Schläfst du erst nach Mitternacht ein, leidet hier bereits die Schlafqualität, auch wenn du bis morgens um acht Uhr schlafen würdest.

Die Liste ist lang, und hoffentlich gelingt es dir, das eine oder andere umzusetzen. Schlaf gut!

6.6 Strava®: Top oder Flop?

Hier geht es zum Podcast

https://download.m-m-sports.com/extras/Trailrunning_Frauen/Strava.mp3

Im Mai 2021 packte mich der Ehrgeiz.

Ich hatte eine klare Mission: Kronen sammeln und mein Revier hier in Garmisch verteidigen. Ich war zu dem Zeitpunkt fast drei Jahre raus aus jeglichem Wettkampfgeschehen und hatte den Eindruck, mal wieder etwas reißen zu müssen, eine gewisse Konkurrenz zu spüren und mich dadurch im Training mehr motiviert zu fühlen.

Strava® ist Schwedisch und bedeutet „etwas anstreben". Gesagt, getan.

Mein Ziel war klar: So viele Kronen wie möglich einsammeln, um mich dann vielleicht offiziell *Queen of Garmisch* zu schimpfen. Erst im Nachhinein werden mir meine doch etwas niederen Beweggründe klarer. Jetzt, wo ich ernsthaft überlege, mein Konto zu löschen.

Mein Fazit nach über 10 Monaten Kronen- und Pokaljagd fällt unerwartet enttäuschend aus, aber zurück zu den Anfängen. Also den Anfängen, als *Strava*® von einem gewissen Michael Horvath gegründet wurde. Das war im Jahr 2009. Da ich mich in vielen Bereichen meines Lebens oft als Spätzünderin bezeichnen würde, überrascht es nicht, dass ich erst letztes Jahr zu dieser App fand.

Verlieren kann man bekanntlich nichts, im besten Fall nur an Erfahrung dazugewinnen. Vielleicht würde sich die App als das Nonplusultratool für meine Zwecke, Ziele und Absichten, mit denen ich meinen Sport, Trailrunning, betreibe, herausstellen. Und schwups, mit ein paar Klicks und dem für gewöhnlich lästigen Anmeldeprozedere war ich drin.

In einer weiß-schwarz-orangefarbenen Welt aus Zahlen, Daten und Fakten. Natürlich kann man seine Trainingseinheiten auch mit Fotos aufhübschen. Fehlt eigentlich nur noch die Video-Upload-Funktion, aber vielleicht kommt die ja noch oder dies ist an mir vorbeigegangen in all der Schnelllebigkeit. Zuerst war ich mir nicht sicher, ob die Basisversion ausreichen würde und clever, wie die Apps nun mal funktionieren, spürte ich schnell den Drang, auf Premium zu wechseln. Die paar Euros tun schließlich nicht weh.

Der Eintritt in die „Community" aus Gleichgesinnten, oder was sich so anfühlen sollte, war geebnet. Als würde mir hier zu Hause etwas fehlen und ich hoffte insgeheim, mich nun mit ganz vielen anderen verbinden und verbünden zu können. Ich fühlte mich als wichtiger Teil von ihr, dieser Community aus vielen bekannten und mir unbekannten Läufern.

Ich verbrachte anfangs Stunden mit dem Scrollen durch die Feeds derer, von denen ich immer schon mal wissen wollte, was und wie sie so trainieren. Wild und ein wenig besessen tippte ich einen Namen nach dem anderen in die Suchmaske und war erstaunt, wie wenig einige der Leute teilen und andere wiederum jeden popeligen Spaziergang um den Block hochladen.

Nach und nach wuchs die Anzahl derer, denen ich folgte, verteilte fleißig und meist kopflos und unüberlegt sogenannte *Kudos*. *Kudos*, manchmal die Rettung an einem Tag und in einer Zeit, als Corona noch mehr wütete und Umarmungen nicht mehr selbstverständlich an der Tagesordnung waren. Abstammend vom griechischen Wort *kydos*, steht dies für Ruhm und Ehre.

Was, es war also rühmlich und ehrenvoll, eine Gassirunde mit dem Hund gedreht zu haben oder ein 11 Minuten und 17 Sekunden langes Core-Workout gemacht zu haben?! War ich an irgendeinem Punkt unbemerkt so weit abgerutscht, dass ich mich über solch virtuellen Verneigungen ehrlich freuen konnte und geradezu darauf wartete, auch welche, also *Kudos*, einzuheimsen?

6.6.1 Strava® kann dich einnehmen

Und hier ist eine der möglichen Gefahren von *Strava*®: It *can* fuck with your mind!

So schnell, wie einige Drogen bereits beim ersten Konsum abhängig machen, ist es mir mit *Strava*® ergangen. Okay, vielleicht übertreibe ich doch ein wenig an dieser Stelle. Aber diese virtuelle Läuferwelt begann, zu einem Paralleluniversum zu werden, erst recht, als ich mich mit den Segmenten beschäftigte. Allein in einem Radius von 1-2 Kilometern von meiner Wohnung entfernt entdeckte ich unzählige solcher Abschnitte, zu denen es jeweils Bestenlisten sowie Männer- und Frauenrankings gibt.

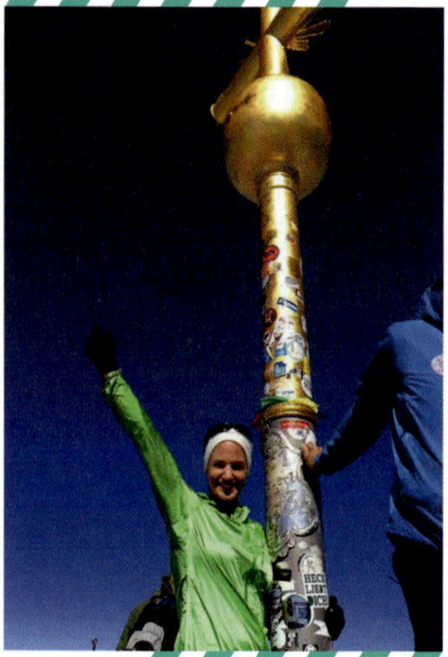

Manchmal tauchten darin in der Trailrunningszene bekannte Namen auf und ich scharrte schon mit den Hufen.

Am nächsten Tag pickte ich mir ein flaches, Ein-Kilometer-Segment heraus und rannte beinah um mein Leben, trug die Krone auf dem Kopf und fühlte mich für einen Moment so, als hätte ich endlich mal wieder etwas gerissen. Und ja, alle konnten es sehen und mir bitte, bitte ihre *Kudos* geben. Ach, tut das gut und streichelt die manchmal eben doch gepeinigte, nach Aufmerksamkeit und Bestätigung strebende Läuferseele! Danke, *Strava*®.

Zwei Tage später folgte der nächste Angriff auf ein Bergsegment eines recht anspruchsvollen Steigs. Man hätte meinen können, ich sei auf der Flucht, so angetrieben heizte ich da hoch, setzte das Krönchen auf und trabte zufrieden den Berg hinab nach Hause. Hach, *Strava*®*, you are serving me well*!

Und weil ich nicht genug bekommen konnte und zwei Krönchen längst nicht genug waren, nahm ich mir einen weiteren Berg vor. Meine Sammlung wuchs, und meine Motivation erst recht. Nur wenige Tage nach diesen Triumphen spürte ich ein schmerzhaftes Ziehen an einer Sehne unter dem linken Fuß. Während ich mir eine Zwangspause verordnen musste, schielte ich neidisch auf die Mitglieder meiner virtuellen Läufer, die weiter fröhlich trainierten.

Als Mensch, der andere Menschen gern persönlich, im realen Leben, trifft und begegnet, wunderte ich mich selbst darüber, was ich da scheinbar aus meinen virtuellen Freunden herauszog. Sie waren da, sie liefen nicht weg. Man war immer miteinander verbunden, lautlos und unaufdringlich, bekam keine unangenehmen Fragen gestellt.

Von den Leuten, denen ich folgte, kannte ich nur eine klitzekleine Handvoll persönlich. Die meisten fallen in die Kategorie: Flüchtige-Instagram®-Bekanntschaft und man findet sich ganz nett und sympathisch.

» Wie konnte es mir reichen, aus diesen mir doch Fremden so viel scheinbar Positives zu ziehen?
» Oder war ich einfach nur mit dem wenigsten zufrieden, sodass ein Kudo eines mir eigentlich Unbekannten ausreichte, um mich auf ein besseres Level von Wohlgefühl zu heben?

Als die Verletzung auskuriert war, lief ich erst mal mit angezogener Handbremse und teilte längst nicht jede Einheit im Bewusstsein darüber, dass ich mir sicher sein konnte, dass es wirklich keine Socke interessiert, dass ich, Anna Hughes, heute wieder mal meine lockere Runde über 8,83 Kilometer absolviert habe.

Wegweiser:

Man beginnt, sich auf sich etwas einzubilden und dass man im Leben anderer die Position einer wichtigen Person einnimmt. Die Wahrheit ist, dass am Ende doch jede sehr mit dem eigenen Leben beschäftigt ist.

Das ist jetzt vielleicht gesponnen und womöglich erscheinen dir meine Worte übertrieben zu sein. Auch das kann das Streben in Gestalt von *Strava*® begünstigen: höher, schneller und weiter in die Riege zu gelangen, wo man um Krönchen und Pokale kämpft, an der virtuellen Front.

Es hat schon einen Grund, warum so viele Profis im Trailrunning eben nicht ihre Trainingseinheiten hochladen, Jim Walmsley einmal ausgenommen. Selbst da stellt sich die Frage:

» Was bringt es mir vergleichsweise kleinen Läuferin in der langen Kette der viel, viel Besseren, Profis mit eingeschlossen, wenn ein Jim einen 70 Kilometer langen Lauf in einem irre schnellen Tempo abspult?
» Was habe ich davon, zu wissen, was er oder jemand anderes, trainiert?
» Inspiration? Motivation?
» Das Überprüfen des eigenen Status quo?
» Wo ich demnach im Verhältnis zu anderen stehe?
» Warum das eine solche, vielleicht auch unbewusste Wichtigkeit hat, sei dahingestellt.

Fakt ist: Es bringt niemandem einen Mehrwert, zu sehen, in welchem Tempo ich wie viele Kilometer auf welcher Strecke gelaufen bin. Vielleicht meinen wir, dass es andere interessiert, und sind in Wirklichkeit auch in guter Absicht unterwegs, andere mit unseren großartigen Routen zu inspirieren und vom Sofa zu holen.

» Wir können es nicht wissen, nur annehmen. Aber ist nicht jeder genug beschäftigt mit dem eigenen Leben?
» Warum also kreative Titel für Trainingseinheiten überlegen – am besten schon während des Laufs – und sie dann voller Stolz zu teilen und zu hoffen, dass uns mehr Follower wahrnehmen und die ersehnten *Kudos* verteilen?
» Ehre, wem Ehre gebührt, oder?

» Oder ist es am Ende nur ein ordinäres Training, ein Lauf in irgendeiner Stadt oder in einem x-beliebigen Wald, dem wir mehr hinzufügen wollen, weil es sonst nicht genug wäre?

Je tiefer ich in die App eintauchte, je mehr Widerstand entwickelte ich. Ich war in einem starren System, das simpel funktioniert. Von der oft so hochgelobten Community habe ich in den vielen Monaten nichts mitbekommen. Damit meine ich nicht die verteilten *kudos*, sondern echtes Interesse an anderen darüber, welche Ziele sie verfolgen, wie es ihnen geht und wie sie ihr Training gestalten.

Und hier wird es interessant: Man nimmt sich bedeutend weniger Zeit, Leuten im echten Leben echte Fragen zu stellen, Interesse zu bekunden, anstatt es vorzuheucheln. Wir sind mit dem wenigsten zufrieden. *Nur noch ein Kudo, bitte!*

Es könnte hier auch in eine tiefenpsychologische Richtung gehen, aber der Bogen wäre damit sicher überspannt. Nicht zu vergessen sind die User, die die App für den reinen Spaß nutzen und ich glaube, dass es möglich ist, im Konsumieren der App und ihrer Funktionen Spaß zu sehen. Doch der Anteil der Menschen, die diese Intention verfolgen, dürfte verschwindend gering sein. Ich kenne genau zwei, beide davon persönlich.

Nachdem dann die Kronensammlung immer weniger bedeutend für mein Läuferleben wurde, begann ich, stolz meine Gassirunden zu teilen. Anfang des Jahres bekamen wir Familienzuwachs und natürlich durften die Einheiten mit meinem Hund nicht fehlen. Vielleicht würde das für einen zusätzlichen, inspirierenden Faktor sorgen. Oder wenn ich besonders früh aufstand, gebürstet und gestriegelt bei Eiseskälte meine Runde drehte, würde das bestimmt für meine Disziplin sprechen, die – nebenbei erwähnt – nicht immer zu meinen Tugenden zählt.

Die oft gleichen Runden sahen auf *Strava®* schnell langweilig aus, obwohl ich immer eine klare Intention beim Training verfolgte. Und kam mir oft viel zu langsam vor in Relation, im Vergleich zu meinen virtuellen Freunden, die ich von meiner Wohnzimmercouch aus beobachtete. Ich war plötzlich genervt von dem, was ich sah, und empfand meine Beiträge als keinen Deut spannender oder wirkungsvoller.

Was also brachte es mir, zu sehen, dass X einen 1,21 Kilometer kurzen Spaziergang gemacht hatte? Mir fiel es wie Schuppen von den Augen und ich empfand das Streben nach etwas mittels einer App als großen Reinfall. Es läuft versteckt ab.

Man pickt sich ein Segment, läuft es ab. Ist die Zeit gut genug, wird es geteilt. Und wenn nicht, tja, dann behalte ich es eben für mich und warte bis zum nächsten Mal. Oder teile es doch und kümmere mich nicht um *Kudos*. Dabei rückte meine Trainingsintention immer mehr in den Hintergrund. Auch so ein schleichender Prozess wie all das, was ich bisher auf *Strava*® genutzt habe.

Es – die unzähligen Funktionen – pirschen sich aus dem Hinterhalt heran. Man wird in einen Sog aus unzähligen Möglichkeiten gezogen, ganz gleichgültig, ob es Sinn macht oder nicht.

Routen lade ich mir von anderswo auf meine Uhr, dafür brauche ich *Strava*® nicht. Was für *Strava*® zählt, ist, mich als Konsumentin zu halten, und da es einem bekanntlich ja schnell langweilig wird, sorgen diverse „Challenges" dafür, dass ich schnell daraufklicke und mich dem nächsten Sog kaum entziehen kann.

Wenn man nicht vom Ehrgeizgen befallen ist, mag es definitiv eine feine Sache sein, zu streben. Nach interessanten Statistiken zwischendurch, am Jahresende und über viele Jahre hinweg. Mehr als Zahlen, Daten und Fakten zu liefern, kann die App nicht. Und es sind stets sorgfältig ausgewählte Momentaufnahmen.

Hinzu kommt, dass betrügen einfach ist. Man nehme sich einen schnellen Läufer, schnalle ihm die Uhr ums Handgelenk und lasse ihn ein Segment seiner Wahl treffen, um sich in die Riege der Besten einzureihen. Dasselbe gilt für Radfahrer. Not könnte nun mal erfinderisch machen. Nur im Wettkampf an einem bestimmten Tag, an dem sich Läuferscharen zu einer Mission treffen, ist ein direkter Vergleich möglich. Dann gelten für alle dieselben Bedingungen von Anfang bis Ende. Bei *Strava*® ist dies nicht möglich.

Der Community-Faktor hat bei mir nicht gegriffen. Mein Kreis an Leuten, die ich persönlich zum Laufen treffe, hat sich um keine einzige Person erweitert. Dazu braucht es aktives Handeln, mit Leuten ins Gespräch gehen und sich konkret verabreden. Im Frühjahr 2022 meldete ich mich ab. Ich habe keine Lust mehr, nach etwas Virtuellem zu streben, mich Vergleichen auszusetzen, möchte an meine innere – oder fachmännisch ausgedrückt intrinsische Motivation – wieder mehr anknüpfen, meine Läufe nicht mit ein paar Followern teilen, für die mein Training sowieso keine Bedeutung hat.

Zwei Plattformen – die *Coros*®-App sowie *TrainingPeaks*® –, auf denen ich mein Training nachvollziehe, reichen mir völlig aus, und wenn ich wissen will, wo ich stehe, stelle ich mich einfach an eine Startlinie und renne um mein Leben, ohne Fokus auf ein 2,56 Kilometer langes Segment, das irgendjemand irgendwann mal ins Leben gerufen hat. Am Ende kocht jeder sein eigenes Süppchen und vielleicht dient *Strava*® ja auch dazu, so manch dunkle Phasen, die in einem Läuferleben nun mal vorkommen, etwas zu erhellen. Und wenn es nur für einen Moment ist.

6.7 Die Welt der Extreme

Extrem ist, etwas nicht zu tun, nicht auszuprobieren. Denn jenseits der mentalen Grenzen wird es erst richtig spannend. Extrem bedeutet immer eine Verschiebung der Grenzen und die beginnt bereits damit, dass man sich aus dem gewohnten Trott herauswagt.

» Träumst du schon länger von deinem ersten Halbmarathon oder davon, vielleicht einmal in deinem Leben den New-York-Marathon zu laufen?
» Oder eine Alpenüberquerung zu machen?

Meine Tochter musste während ihrer Schulzeit im Deutschunterricht beschreiben, wie sie ihren letzten Lebtag verbringen würde, hätte sie tatsächlich nur noch einen Tag zu leben. Die Frage sorgte bei ihr, verständlicherweise, zunächst für extremes Unbehagen. Dann schrieb sie los und war beflügelt davon, ihrer Vorstellungskraft freien Lauf zu lassen.

Ich frage dich nun an dieser Stelle:

» Was möchtest du noch wirklich erleben und erfahren?
» Welches Abenteuer willst du schon lange machen und hast dich bist jetzt noch nicht getraut?
» Was hast du bisher zurückgehalten?

Dann ist jetzt die Zeit, deine größeren Ziele vom Rücksitz auf den Vordersitz zu verfrachten, das Steuer für dein Leben neu in die Hand zu nehmen und in die Richtung zu lenken, die dir gefällt. Extrem definiert sich als „bis an die äußerste Grenze gehend". Extrem ist da, wo du an deine Grenzen stößt. Was du im Kopf denkst, wirkt sich auf deine Handlungen aus, welche deine Realität widerspiegeln.

Die Richtung deiner Gedanken hin zum Ziel oder eben weg davon bestimmst zu jedem Zeitpunkt du allein. Du kannst im Kopf diese Grenzen verschieben, um neue Erfahrungen zu sammeln und deine wahren Stärken kennenzulernen.

Der amerikanische Ultra- und Extremläufer Charlie Engle ist lebendes Beispiel für die Verschiebung der inneren Grenzen bis ans Äußerste. 2006 lief er mit zwei Freunden durch die gesamte Sahara. Verfilmt wurde der legendäre Lauf von Matt Damon unter dem Titel *Running the Sahara*. Die drei Läufer legten in 111 Tagen 7.200 Kilometer zurück. Auf die Frage, wie er sich fühlte, als er auf den letzten Metern nach Kairo für einen Moment im Roten Meer abtauchte, sagte er: *„Schade, dass es schon vorbei ist."*

Doch du musst dir nicht gleich ein solches Mammutprojekt vornehmen. Es geht vielmehr darum, etwas anderes und Neues auszuprobieren, sich aus dem gewohnten Trott zu wagen. Die Griechen machten es vor. Bewegung wurde schon in der Antike groß geschrieben. Täglich besuchten sie ein Gymnasion (heute bekannt als Fitnessstudio). Sie schworen darauf, durch körperliche Anstrengung mehr Zugang zu ihren geistigen Fähigkeiten zu erhalten und auf innovative Ideen zu kommen. Gib dir also die Erlaubnis, in größeren Dimensionen zu denken. Du kannst es!

Es sind gerade die schier unerreichbaren Dinge und Erlebnisse, die den besonderen Reiz auf uns ausüben. Extreme Erlebnisevents boomen. Der Drang nach mehr, nach dem Weiteren, Extremen lockt auch jene hinter dem Ofen hervor, die gern im Warmen, Trockenen sitzen und träumen. Große Ziele lösen einen Dominoeffekt aus. Mit einer klaren Entscheidung entrollt sich eine Kette an Ereignissen, die beflügeln und motivieren, weiter auf Kurs zu bleiben.

» Kannst du dir vorstellen, mal eine Woche zu schwitzen, zu laufen und keine Dusche und richtige Toilette vor Ort zu haben?
» Oder Drachenfliegen zu lernen, auf einer Rennstrecke eine Runde zu drehen, die Alpen zu Fuß zu überqueren?

Die Vielfalt ist enorm. Genehmige dir, ein kleines Stück weiter und größer als bisher zu denken.

Größere Ziele, also solche, die ein Bauchkribbeln auslösen, lösen einen Dominoeffekt aus. Bringst du ein Steinchen zum Umfallen, wagst den ersten Schritt, wirst du dich unaufhaltsam immer näher auf dein Ziel hinbewegen, bis auch das letzte Steinchen gefallen ist und du über die Ziellinie im Freudentaumel wankst.

Als ich mich vor einigen Jahren für den Marathon des Sables anmeldete, bekam ich auch Gegenwind zu spüren. Verantwortungslosigkeit und Egoismus wurden mir im Umfeld von Freundinnen vorgeworfen. Doch der Drang, meinem Ziel nachzugehen, überwog. Es gab kein Zurück mehr. Die Lust auf diese Erfahrung war größer als Angst, Zweifel und Unsicherheiten. Diese sind Teil eines großen Vorhabens. Wichtig ist, wie du damit umgehst.

Hier sind drei Tipps, die dich in deiner Spur halten:

» Visualisiere immer wieder, wie du dich am Ziel siehst. Was riechst du, hörst, siehst und fühlst du?
» Schreibe jeden Tag drei kurze Sätze in ein Notizbuch, die dich in deinem Vorhaben bestärken und dich ermuntern.
» Tue dich mit zwei, drei Menschen zusammen, die ähnlich wie du ticken und dein Projekt verstehen, anstatt es zu belächeln.

Wie schon Erich Kästner sagte: *„Es gibt nichts Gutes, außer man tut es."* Los geht es.

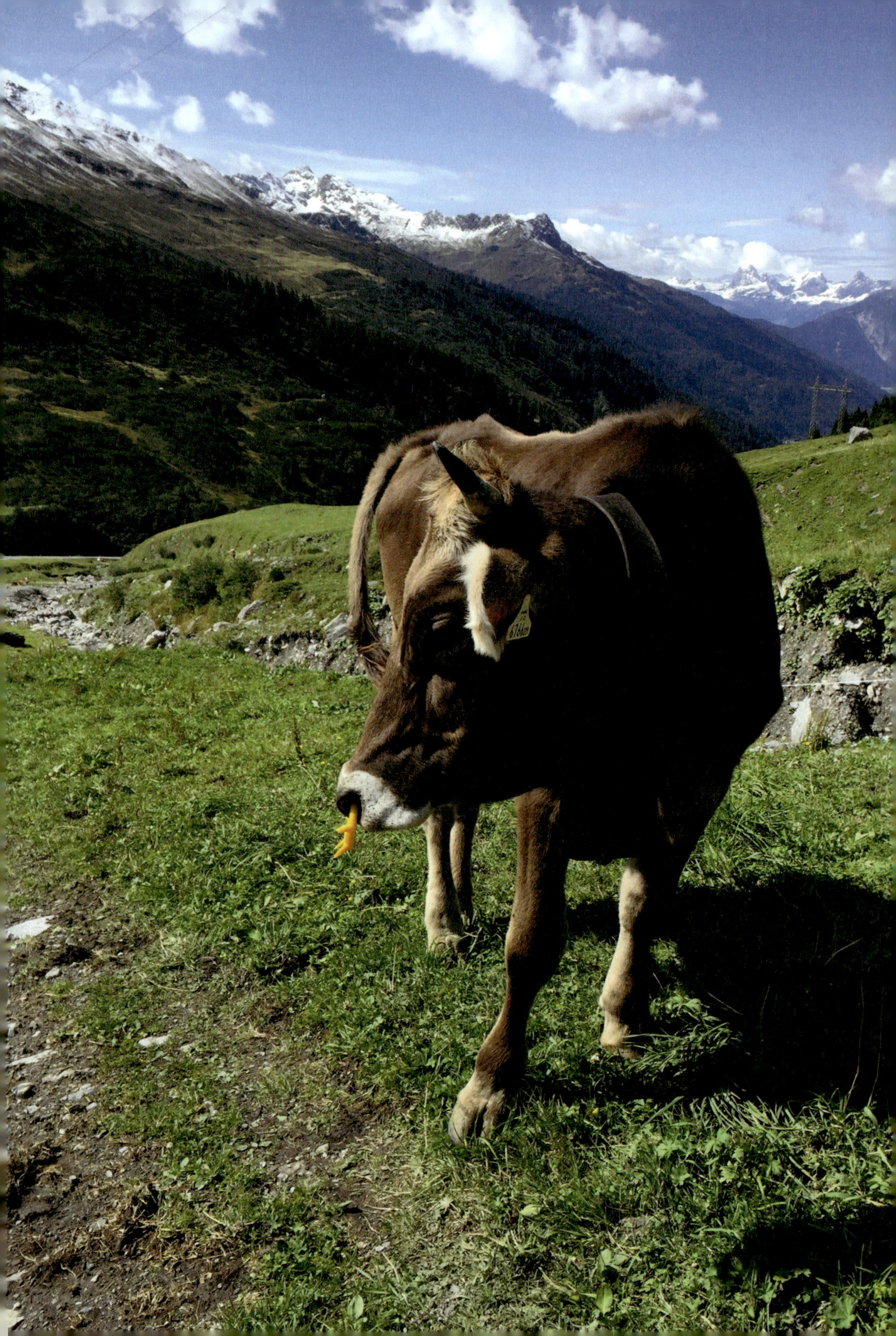

TEIL 7

ERNÄHRUNG – DU BIST, WAS DU ISST

7.1 Ernährung im Alltag

Mit der Ernährung ist es wie mit einer Religion. Es gibt nicht die eine, die Beste. Es gibt viele und es kommt darauf an, für welche du dich entscheidest. In diesem Kapitel möchte ich dir Möglichkeiten anbieten, wie du einen Zugang zu der Ernährungsform finden kannst, die losgelöst ist von einer bestimmten Diät, von Restriktionen und Verboten.

Kurzum: Du brauchst weder eine Waage noch ein Maßband. Dafür kannst du lernen, ein tieferes Gefühl dafür zu entwickeln, was dir wirklich guttut, nicht nur im Alltag, sondern auch im Training und sogar im Wettkampf.

Im Alter von 14 Jahren, es muss kurz vor meinen ersten bewussten Laufversuchen im Wald mit meiner Mutter gewesen sein, überkam mich beim Anschauen einer TV-Reportage über Tiertransporte ein derartiger Ekel und eine solche Abneigung gegen Fleisch, dass ich von einem Tag auf den anderen aufhörte, Fleisch und Wurst zu essen.

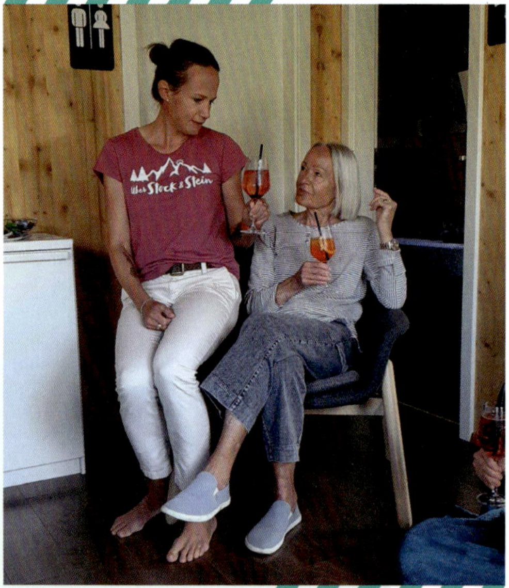

Ich war in einer Familie aufgewachsen, in der Fleisch regelmäßig auf den Teller kam. Immer, wenn wir bei meinem Opa in Süddeutschland die Ferien verbrachten, verschlang ich regelrecht eine bestimmte Gelbwurst frisch vom lokalen Metzger, und belegte meine Kümmelseele mit Butter und dicken Scheiben dieser Wurst.

Neben Wurst aß ich auch Fleisch in vielen Variationen und als Kind hinterfragte ich natürlich nicht, ob mir das jetzt guttut oder meiner Gesundheit eher schadete. Es schmeckte damals einfach. Bis mir eben jene Fernsehreportage von jetzt auf gleich den Appetit verdarb.

Am nächsten Morgen schmierte ich mir nicht wie sonst vor der Schule eine Scheibe Graubrot mit Leberwurst, sondern nahm diese in die Hand, drehte und betrachtete diese von allen Seiten und konnte einfach nichts mehr in dieser Form zu mir nehmen. Niemand in der Familie zog mich wegen meiner Entscheidung auf oder kritisierte dies, lediglich mein Opa, aus der Garde der „Fleisch macht stark"-Riege stammend, wollte natürlich wissen, warum ich jetzt wirklich gar kein Fleisch und keine Wurst mehr aß.

Die Waage nutzte ich damals nur sporadisch, es ging eher mit 15, 16 los, dass ich mich öfters draufstellte. Da war ich noch nicht in dem Bewusstsein, ob ich durchs Nicht-Fleisch-Essen an Gewicht verlor. Ich aß einfach mehr von anderen Sachen, Fisch zum Beispiel, aber auch viel Gemüse. Und es waren auch Mikrowellengerichte sowie Thunfisch-Pizza dabei. Eigentlich lief das alles recht locker ab mit der Ernährung in unserer Familie. Ich hatte weder das Gefühl, dass mir etwas fehlte, noch hatte ich Heißhunger auf Fleisch oder Wurst. Ich hatte das einfach aus meinem Gedächtnis gestrichen.

Meine Mutter war zu dem Zeitpunkt, so wie heute auch noch, schön länger Vegetarierin und lebte immer einen gesunden Appetit und eine gesunde Einstellung zum Essen vor. Ich kann mich nicht erinnern, dass sie bewusst oder vor uns Kindern an sich herummäkelte. Im Gegenteil: Sie schien mit ihrem Körper zufrieden zu sein.

Unter Ausdauerläuferinnen ist es oft so, dass sich irgendwann Störungen entwickeln, man dünner sein will, durchtrainierter aussehen möchte. So richtig frei bin ich von diesem Gedanken bis heute auch nicht. Es gab eine Phase in meiner Teenagerzeit Mitte der 1990er-Jahre, in der ich anfing, Kalorien zu zählen. Ich hatte viele Tabellen zur Hand, aus Frauenzeitschriften und Büchern. Damals gab es noch nicht die praktischen Apps von heute und die Geschwindigkeit des Internets war langsam wie eine Schnecke.

Heute hätte niemand mehr Geduld, sage und schreibe fünf Minuten darauf zu warten, bis sich eine Seite im Webbrowser öffnet.

Ich mutierte schnell zum Kalorienprofi und interessierte mich dafür, was ich am Tag aufnahm. Zur selben Zeit steckte ich bereits über ein Jahr in regelmäßigem Leichtathletiktraining, die Wahrnehmung auf meinem Körper war recht geschärft. Obsessiv war ich nicht, steckte weder den Finger in den Hals noch betrachtete ich mich stundenlang vor dem Spiegel, und führte auch keine destruktiven Selbstgespräche.

Das Interesse lag darauf, herauszufinden, welche Lebensmittel mir guttaten und mich voller Energie fühlen ließen. Einmal in der Woche stand ein 10-Kilometer-Tempolauf durch den Wald auf dem Plan, den wir in der Leichtathletikgruppe absolvieren mussten.

Oft kochte meine Mutter an diesen Tagen ein ayurvedisches Mittagessen aus Reis, feinen Gewürzen und viel Gemüse. Dazu reichte sie ein Lassi, einen Joghurtshake mit einer Prise Kardamom, was immer köstlich zum Essen schmeckte, die Verdauung ankurbelte und mir fürs Laufen reichlich Energie bot, ohne direkt nach dem Essen ins Koma zu fallen.

Irgendwann wurde mir das Kalorienzählen zu anstrengend, ich hatte den Dreh raus und wusste, wie viel ich essen konnte, um mein Gewicht zu halten. Als ich im Sommer 1996 in die USA zu einem 11-monatigen Austauschjahr in einer Gastfamilie aufbrach, änderte sich meine Einstellung zum Essen und meinem Körper drastisch. Eine riesige Welt voller Verlockungen wartete nur darauf, konsumiert zu werden.

Es war das reinste Paradies in den überdimensionierten Supermärkten. Obst und Gemüse sowie alles Ungesunde türmte sich vor meinen Augen. Ich hatte so etwas noch nie gesehen, die Auswahl war einfach gigantisch und ich legte schnell ein paar Pfunde zu.

Im Haus meiner Gasteltern stieg ich ab und zu auch auf die Waage und war schon frustriert, dass ich immer mehr zunahm und das, obwohl ich mehrmals pro Woche im Cross-Country-(Querfeldeinlauf-)Team trainierte und an den Wochenenden immer Wettkämpfe stattfanden.

Ich bewunderte hier und da ein paar der Mädels in der Trainingsgruppe, die gertenschlank waren und scheinbar futtern konnten, was sie wollten. Als der eiskalte Winter im Anmarsch war, brachte ich wieder ein paar Pfunde mehr auf die Waage. Mein Gastvater, der gleichzeitig auch noch Lauftrainer war, kritisierte mich zum Glück nicht und ich kann mich auch nicht daran erinnern, unnötige Kommentare aus dem Umfeld geerntet zu haben. Ich liebte einfach das Essen dort und auf meinem Speiseplan standen überwiegend stärkehaltige Lebensmittel, Kekse, Süßes, sogenannte *Thick Shakes*, also Milchshakes der feinsten, fettesten, größten Sorte.

Da bereits kleine Größen beispielsweise bei Soft Drinks dort so groß waren wie eine Medium Portion hierzulande, braucht man kein Matheprofi zu sein, um sich auszurechnen, wie schnell man sich einen kleinen bis mittelgroßen Rettungsring anfuttern kann.

Damals aß ich auch jede Menge aus kompensatorischen Gründen. Nach der ersten Welle der Begeisterung über mein anderes Leben, wie ich es vorher kannte, bekam ich immer wieder Heimweh und vermisste meine Familie. Heute sind wir es alle gewohnt, an fast jedem Ort der Welt erreichbar zu sein und uns auch per Videoanruf zu verständigen. Zu der damaligen Zeit schrieb ich mit meiner Mutter und Freundinnen jede Menge Briefe. Unterm Strich war es ein Jahr, das ich bis heute nicht missen möchte.

Und als dann der Frühling hereinbrach, war ich noch einmal um ein paar Kilos schwerer geworden. Es müssen etwa 8-9 Kilogramm mehr gewesen sein als vor der Zeit in Amerika. Und es gab eine überraschende Erkenntnis: Wenn ich mich auf Fotos betrachtete, sah ich zwar fülliger aus, und gleichzeitig war ich ein sehr glücklicher Mensch. Ich durfte so viel erleben, genießen und kennenlernen, dass mir die extra Kilos gar nicht viel ausmachten.

Klar war es komisch, so gar nicht mehr in meine Lieblingsjeans, die ich aus Deutschland mitgebracht hatte, hineinzupassen. Es würde eine Frage der Zeit sein, bis die Pfunde wieder purzeln würden. Was sie auch taten. Wenige Wochen nach meiner Rückkehr aus den USA passte ich wieder in meine alten Hosen, ganz ohne Diät.

Ich aß wieder mehr Vollkornbrot und achtete insgesamt auf gesündere und vollwertigere Kost. Natürlich machte sich das erhöhte Körpergewicht beim Laufen bemerkbar, denn ich musste einfach viel mehr in Bewegung setzen. Das ist so, als würde ich zusätzlich einen Sechserpack 1,5-Liter-Wasserflaschen tragen. Ganz schön viel!

Doch eine kleine Geschichte über Süchte möchte ich dir an dieser Stelle nicht vorenthalten. Ich erlag der leicht zugänglichen, ständigen Verfügbarkeit von Softdrinks und Snacks in den Automaten, die überall in der Highschool auf den Gängen standen. Täglich dröhnte ich mir dosenweise Coke Light rein sowie Snickers. Ich konnte irgendwann nicht mehr ohne und war regelrecht fixiert auf den Zuckerkick. Ich merkte, dass mir das überhaupt nicht guttat, konnte zu dem Zeitpunkt gar nicht viel dagegen machen.

Erst mit meiner Rückreise nach Hause fasste ich den Entschluss, diese Dinge nicht mehr anzurühren. Das mit dem Snickers hat bis heute Bestand. Es macht mich nicht mehr an, denn ich verbinde damit eine Zeit des Übermaßes, welchem ich heute gar nicht mehr in dieser Form ausgesetzt bin. Cola trinke ich immer wieder mal gern, gerade im Sommer, wenn ich ausgehe, doch nur selten kaufe ich diese für den täglichen Hausgebrauch.

Ich denke, dass ich auch mein Heimweh, das mich von Zeit zu Zeit heimsuchte, mit zuckerhaltigem Essen kompensierte. Dagegen helfen einfach keine Karottensticks und Apfelschnitze.

Es ist definitiv möglich, mit den Gedanken zu steuern, was wir in uns hineinschaufeln. Wenn es dir gelingt, ein Bewusstsein zu entwickeln, wann du zu bestimmten Sachen greifst und wie du dich fühlst, wenn du bestimmte Lebensmittel isst und trinkst, ist das der Ansatz, mit dem Veränderungen möglich sind. Gerade als Läuferinnen entwickeln viele von uns ein ausgeprägteres Bewusstsein für den eigenen Körper und die Bedürfnisse.

Das Maß zu finden, ist so oft die große Kunst, wie auch im Training. Anstatt dir jetzt hier vorzuschreiben, was nun die beste Ernährungsform ist und was du gefälligst zu tun und zu lassen hast, möchte ich dir mit einer weiteren kleinen Geschichte aufzeigen, dass es bekanntlich und auch faktisch mehrere Wege nach Rom gibt.

Schade ist immer, wenn zum Beispiel eine vegane Ernährung als das Nonplusultra dargestellt wird und man leicht dem Glauben verfallen könnte, dass vegan zu essen gleichzeitig bedeutet, leistungsfähiger und besser zu sein als solche Läuferinnen, die essen, was wir gemeinhin

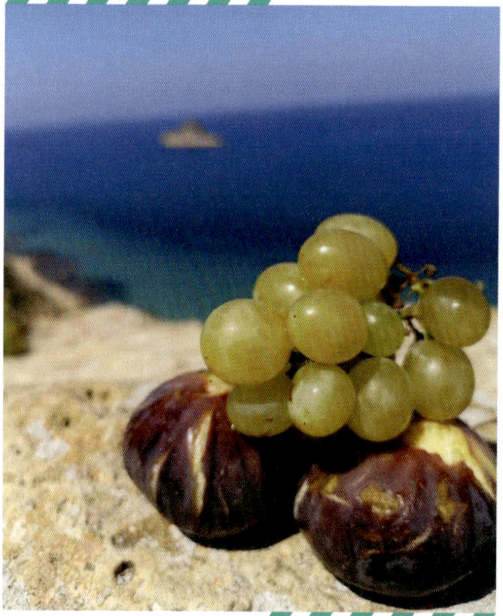

als „normal", also alles, bezeichnen. Zwischen gesund und gesund gibt es einen meilenweiten Unterschied. Eine Person, die sich vegan ernährt, ist nicht per se gesünder.

Während ich diese Zeilen hier tippe, reflektiere ich bewusst über die ganzen Ernährungsphasen, die ich schon ausprobiert habe in den letzten 15 Jahren und schmunzle etwas. Es ist allzu leicht, in einen Wahn zu verfallen, eben in so ein Verhalten, das fast schon etwas Religiöses hat und der feste Glauben an das Gute oder Schlechte in einem Nahrungsmittel nichts anderes mehr zulässt. Am meisten fällt mir so ein Verhalten bei den hart gesottenen Veganerinnen auf.

Ich kenne auch einige Männer, Läufer, die sich vegan ernähren, dann doch hier und da ein Auge zudrücken. Gerade, wenn man in den Bergen unterwegs ist und auf einer Hüttentour mehr oder weniger auf das Hüttenessen angewiesen ist, kann die Wahl schon mal auf eine vegetarische Alternative fallen.

Interessanterweise sind es die Läuferinnen in meinem Bekanntenkreis, die sich keine Ausnahmen gestatten. Ich kann das so gut nachvollziehen, da ich selbst früher in dieser, sagen wir, Falle saß und fest davon überzeugt war, dass mir jegliche Form von Milchprodukten, ein Schlückchen Kuhmilch im Cappuccino beim Italiener, enorm schadete.

Direkt nach meiner Rückkehr vom Etappenlauf in Marokko beschäftigte ich mich eingehend mit veganer Ernährung. Damals war gerade groß im Kommen ein kanadischer Ausdauersportler, Brendan Brazier, dessen Buch *The Thrive Diet* ich geordert hatte und in einem Rutsch verschlang. Das, was ich darin las und welchen Einfluss es auf die Performance und die Gesundheit habe, ausschließlich pflanzlich zu essen, zog mich in den Bann.

Immer mehr begann ich, mir einzubilden, dass ich Bauchschmerzen von Joghurt und Co. bekäme, ohne an dieser Stelle zu übertreiben. Ich glaubte wirklich, dass alles Tierische, eben Nichtpflanzliche, mich schädigte. Beim Kaffeetrinken in der Stadt schwenkte ich auf Schwarz und pur um, kaufte teure Lebensmittel im Bio-Supermarkt und bestellte extra aus Amerika

Chiasamen, die damals, Ende der 2000er-Jahre, in Deutschland noch nicht zugelassen waren sowie *Brendan´s Spezial Eiweißpulver.*

Mein Ziel war, etwas Körperfett zu verlieren, viel essen zu können und beim Laufen schneller zu werden. Das war 2008 und 2009. Meine Familie fand die Umstellung und die extra Anschaffungen eines Hochleistungsmixers sowie einer Küchenmaschine nicht sehr amüsant und es wurde ganz schön stressig und sehr aufwendig, mehrmals am Tag diverse Speisen zu zaubern, die mir und dem Rest schmeckten.

Die Rezepte aus Brendans Buch waren teils leicht nachzumachen, teils auch sehr zeitraubend. Wenn wir bei anderen Leuten eingeladen waren, stellte ich immer erst die Frage, was es denn gäbe. Als Vegetarier kam ich immer durch, wo ich auch immer war, aber zu der Zeit als Veganerin unterwegs zu sein, war nicht leicht. Die Rechtfertigungen anderen gegenüber nervten irgendwann, und ich kam mir vor, als wäre ich direkt vom Mond auf der Erde gelandet.

Es war schon so, dass ich deutliche Unterschiede in meinem Wohlbefinden feststellte und im Training spritziger drauf war. Doch wie viel Anteil daran nun die strikte vegane Ernährung hatte, kann ich nicht beurteilen. Sicher sind innerhalb weniger Wochen nicht große Wunder zu erwarten. Ein Trainingsfortschritt beinhaltet immer mehrere Faktoren.

Was ich dennoch in Bezug auf Ernährung bestätigen kann, ist, dass es die kleinen Stellschrauben sind, die Großes bewirken können. Deshalb bekommst du hier keine konkreten Argumente für die eine oder andere Ernährungsweise, sondern vielmehr ein paar Denkanstöße, was du vielleicht etwas mehr in deinen Speiseplan integrieren kannst und bisher außer Acht gelassen hast.

Lange war das so bei mir, dass ich eigentlich wusste, dass es während eines längeren Laufs gut ist, sich zu versorgen, gerade als Frau, und nicht einen auf Nüchternlauf zu machen und sich durchzubeißen. Oft ist die Krux, dass uns Informationen, die wir irgendwo aufschnappen, zu schnell beeindrucken und wir das als die Wahrheit sehen. Doch gäbe es tatsächlich die eine, beste Ernährungsweise, würden die meisten Menschen dieser folgen und wir hätten weniger Krankheiten, die auch auf schlechte Ernährung zurückzuführen sind.

In meiner Coachingpraxis mit Läufern und Läuferinnen habe ich viel gehört und gesehen. Nur weil jemand läuft, bedeutet dies nicht gleich, dass die Person sich auch gut ernährt, also sich auch selbst gut um sich kümmert, die Ernährung eingeschlossen.

Genau dafür möchte ich eine Lanze brechen und klar sagen, dass ich (auch) längst nicht immer gesund esse, oder clean, wie man heutzutage sagt. Und ich über Umwege, zuerst die strikt vegane Ernährung, später dem Versuch einer Monodiät erlag, die nur ein paar Tage währte, überging zur Blutgruppendiät und schließlich dabei landete, dass ich mich seit Längerem eingependelt habe und sehr wohl fühle mit der Ernährung.

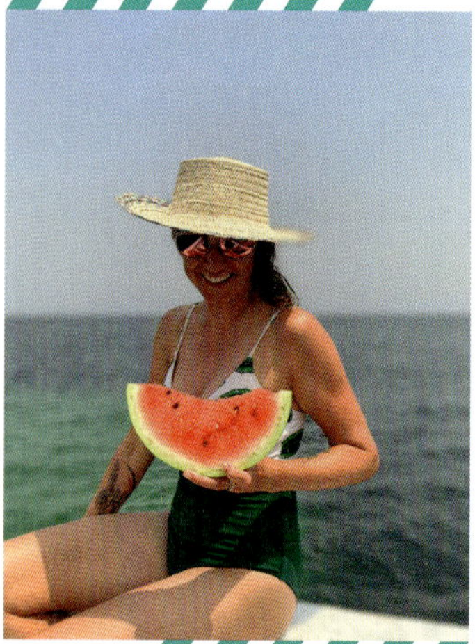

Es war mir nie wichtig, Gewicht zu verlieren oder zu hungern. Ich war immer neugierig, welche Lebensmittel mich schneller von einer Laufeinheit erholen lassen und wie sich mein Energielevel nach bestimmten Speisen ändert.

Ich zähle längst keine Kalorien mehr und habe die Waage 2015 aus der Wohnung verbannt. Das kam auch meinen Töchtern zu Beginn ihrer Teenagerjahre zugute, dass wir den Fokus bewusst nicht auf eine Zahl lenkten. Selbst wenn du dich regelmäßig wiegst, beachte, dass du als Frau deinem Zyklus gewissermaßen unterliegst und die Zahl nur eine Zahl ist, die nicht darüber entscheiden sollte, ob es heute ein guter oder schlechter Tag wird.

Je nach Zyklusphase tritt ein schwammiges Gefühl auf, außerdem neigen manche mehr zu Wassereinlagerungen als andere. Und: Bezogen aufs Trailrunning habe ich die Erfahrung gemacht, dass sich der Körper ganz schön verändert über die Jahre. So quetsche ich mich mittlerweile in Hosen mit engerem Bein, einfach weil ich mehr Muskelmasse aufgebaut habe und die Beine insgesamt einen kraftvolleren Tonus haben.

Das ist inmitten des ganzen Schönheits- und Schlankheitswahns, dem wir ausgesetzt sind, ein willkommenes Gegenmittel. Fast nichts ist schöner, als die Gewissheit zu spüren, dass du dich mit deiner Muskelkraft frei im Gelände bewegen kannst, in welcher Geschwindigkeit auch immer.

Wegweiser:

Sei stolz auf deinen Körper und das, was er so oft für dich leistet. Es bringt nichts, dich schlechtzureden, dich auf dein Gewicht zu fixieren. Trailrunning kann wirklich ein gesünderes Körperbewusstsein herbeiführen, wenn du lernst, zu akzeptieren, dass du ein paar mehr Muckis aufbauen wirst und auch mal schlemmen darfst, um dem Körper all die Energie zurückzugeben.

7.1.1 Eine kleine Lebensmittelauswahl

Nun stelle ich dir ein paar Lebensmittel vor, die einen großen Teil meiner Ernährung ausmachen. Das heißt nicht, dass ich jeden Tag alles davon esse, sondern diese Lebensmittel meist vorrätig habe, und spontan entscheide, wonach mir der Sinn steht. Wichtig ist, darauf zu achten, dass die Lebensmittel eine hohe Nährstoffdichte haben. So spricht man von einer Portion Nudeln von leeren Kalorien.

Frühstücksoptionen:

» Amaranth- oder Quinoapops
» Haferflocken
» Hirseflocken
» Leinsamen
» Sesam
» Kerne
» Agavendicksaft
» Skyr
» Quark
» Vollkornbrötchen
» Sauerteigbrot
» Beeren, Obst
» Leinöl
» Cashews
» Mandeln, Walnüsse
» Honig
» Eier
» Butter
» Käse
» Aufstriche (vegan und vegetarisch)
» Nussmus
» Cashewmus
» Schokoaufstrich
» Hafermilch (Oatly Barista)
» Espresso
» Schwarztee
» Kräutertee

Zugegeben, die Joghurtalternativen aus Hafer, Soja und Co. schmecken oft seltsam und haben nie die Konsistenz eines guten Quarks. Allerdings löffele ich mich nicht durch einen ganzen Becher, sondern nehme nur 1-2 Esslöffel davon. Viele Menschen glauben, sie hätten Lebensmittelunverträglichkeiten, aber laut der DGE (Deutschen Gesellschaft für Ernährung) betrifft dies nur 3-4 Prozent der Bevölkerung. Vielleicht gehörst du zu den wenigen Ausnahmen und musst tatsächlich genau darauf achten, was du zu dir nimmst. Dann ist die Liste nur eingeschränkt hilfreich und du weißt sicher genau, was dir guttut.

Mittag- und Abendessenoptionen:

» Gemüse aller Art
» Salate (nur im Sommer)
» Reis (selten)
» Nudeln (selten)
» Kartoffeln
» Süßkartoffeln
» Linsen
» Kichererbsen
» Bohnen aller Art
» Kokosmilch
» Vollkorn-Wraps
» Gewürze

- Kräuter (selten)
- Tofu
- Fisch (nur, wenn ich am Meer bin)
- Rote Bete
- Avocado
- Olivenöl
- Diverse Essige

Das ist schon mal eine große Auswahl an leicht zugänglichen Lebensmitteln. In der Regel greift man aus Gewohnheit meist zu den 5-8 Standardlebensmitteln. Vielleicht inspiriert dich die Liste dazu, etwas Neues auszuprobieren oder wieder mit aufzunehmen. Oder du bist eine versierte Hobbyköchin, die gern stundenlang in der Küche steht.

Die Zeit und Muße hatte ich nie, bei mir geht es in der Regel schnell, wenn ich etwas koche und ich achte darauf, nur ein paar Zutaten für eine Mahlzeit zu benötigen. Alles andere ist mir viel zu kompliziert und zeitaufwendig.

Was ich sonst ab und zu gern esse und gerade in den Tagen vor den Tagen (eine gute Ausrede sollte man schließlich haben):

- Tortilla- oder Linsenchips
- Mannerwaffeln
- Eiscreme (selten)
- Kuchen (selten)
- Dunkle Schokolade, 70 Prozent (okay, täglich)
- Pizza und Pommes (selten)

Ganz bewusst erwähne ich hier keine Mengenangaben oder mache dich verrückt mit Nährstoffprofilen und wie viele Kohlenhydrate, Proteine und Fette du zu dir nehmen solltest. Darüber gibt es unzählige Ratgeber, die meist noch mehr den Kopf verwirren, als recht ist. Wenn du das alles weglässt und vor dem Essen in dich reinhorchst, zeigt dir dein Körper an, was er gerade braucht.

- Eher etwas Deftigeres?
- Süßes?
- Herzhaftes?

Vertraue auf dein Gefühl, so wie es dir beim Trailrunning gelingen kann, dich mit dir selbst verbunden zu fühlen.

7.2 Was bringt eine vegane Ernährung?

7.2.1 Bist du noch ganz sauber?

Von Clean Eating bis ovo-lakto-glutenfrei-mono-vegetarisch-detox-paleo.

» Wird dir auch schon schwindlig?
» Was bedeutet das alles und was ist passiert, dass auch im Ausdauersport, insbesondere im Laufen, diese Trends Einzug gehalten haben und die Welle wohl auch auf lange Sicht nicht abzureißen scheint?

Ernährung ist zu einer richtigen Bewegung geworden und polarisiert. Oft kommen die diversen Ernährungsrichtungen einer Religion gleich.

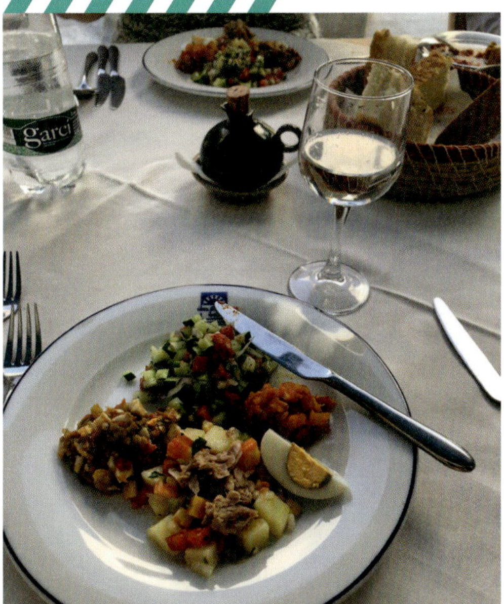

Ich *bin* Veganer. Ich *bin* Vegetarier. Ich *bin* Lakto-Ovo. Es scheint, als versteife man sich auf eine Identität, anstatt die Ernährungsweise als das zu sehen, was sie ist: einfach eine Art, eine Form, sich zu ernähren.

Im Englischen bedeutet *diet* ganz simpel: „way of eating". Bei uns hingegen denkt man meist sofort an Verzicht, schlechte Laune und Jo-Jo-Effekt, wenn einem das Wort „Diät" ins Auge springt.

Wir haben uns selbst dazu gebracht, dass gewisse Ernährungsweisen in den Himmel gelobt werden in einer Gesellschaft, die dem Optimierungs- und Leistungswahn verfallen ist. Gerade im Trailrunning , also im Ultralaufsport, ist es hip, vegan zu sein. Vielleicht hängt dies auch mit dem Gedanken an Nachhaltigkeit zusammen, wenn man auf Naturpfaden läuft.

Die früheren Generationen konnten es sich nicht leisten, wählerisch zu sein. Klar, die Zeiten haben sich geändert. Mit ihr auch der Drang nach Perfektion. Hier noch ein Superfood dazu, da noch ein Schuss Weizengras. In der Hoffnung, dass es den Unterschied macht, schneller zu laufen, Gewicht zu verlieren oder Teil von etwas zu sein.

Früher, da gab es weniger Fettleibigkeit und Anfälligkeiten für Essstörungen. Auch weniger Krankheiten, die erst in den letzten Jahren entstanden sind. Vielleicht sind wir hilflos geworden. Es reicht nicht mehr, die einfache Knolle aus dem Boden oder den Apfel, nicht weit vom Stamm gefallen, zu genießen.

Da ist doch noch mehr. Die heutige Vielfalt an Lebensmitteln überfordert. Zumindest geht es mir so, wenn ich im Reformhaus Lebensmittel entdecke, wo ich kaum den Namen aussprechen kann. Und am Ende wieder mehr Geld lasse, als ich wollte. Ich könnte noch etwas optimieren oder mein Immunsystem mit dem xten, vielversprechenden Produkt boosten.

Im Buch Die *Blutgruppendiät*, an welche ich mich eine Weile Ende der 1990er-Jahre hielt, weil ich neugierig war, was es damit auf sich hatte, heißt es, dass wir ohnehin immer dieselben 10-15 Nahrungsmittel zu uns nehmen und das Gefühl haben, wir brauchen mehr.

Einfachheit reicht nicht.

Es muss mit verlockend (un-)appetitlich aussehenden Sojaschnitzeln und Sojahack zumindest suggeriert werden, dass es wie Fleisch aussieht und im besten Fall auch so schmeckt. Was soll das alternative Schnitzel ersetzen?

Meist nur den Geschmack nach Fleisch und die Konsistenz im Mund.

» Fehlt der Mut zur Veränderung, die Neugier, etwas anderes auszuprobieren und zu schauen, was passiert?
» Spielt sich Ernährung bzw. das, was wir essen und trinken, auch im Kopf ab?

Ich habe dies einmal während meiner veganen Phase erlebt, in der ich streng genommen ausnahmslos das Vegane durchgezogen habe.

Ich hatte mich nach ein paar Wochen so programmiert und einen solchen Widerstand gegen Kuhmilch entwickelt, dass ich nach einem „normalen" Cappuccino im Straßencafé akute Bauchkrämpfe bekam.

Lag es an der bösen Kuhmilch? Wissenschaftlich ist tatsächlich nachgewiesen, dass der Mensch ab einem Alter von drei Jahren die Enzyme in der Milch nicht mehr aufspalten kann. Jedoch ist die Frage, ob schon kleinste Mengen täglich, oder mal ein Joghurt, derartige körperliche Reaktionen hervorrufen. Ich glaube, das ist nur zum Teil so.

7.2.2 Nicht zu streng mit sich sein

Meine Phase hielt schließlich nicht sehr lange an und ich genieße mittlerweile meinen Schuss Kuhmilch im Kaffee, vor allem auf Almen und Hütten in den Bergen, wo ich nicht extra meine Soja- oder Mandelmilch mitschleppe. Gern konsumiere ich dann auch mal ein Stück Bergkäse oder einen Kaiserschmarren, ohne davon sofort Krämpfe, Juckreiz oder Hautausschläge zu bekommen.

Ich habe mich so heute auf etwa 80 Prozent vegane Ernährung eingependelt. Wenn demnach der Großteil meines Essens gesund ist und dann auch mal ein Eis, Chips und Pizza dazukommen, ist es nicht schlimm, denn die Bilanz stimmt am Ende des Tages. Je restriktiver wir mit uns sind und an Überzeugungen festhalten, desto starrer werden wir auch im Kopf, im Denken. Jede längere Wanderung mit Hütteneinkehr wird dann komplizierter.

Sich ab und zu eine Ausnahme zu gestatten, entspricht einer gewissen Losgelassenheit. Natürlich gibt es Fälle, in denen Menschen allergisch auf Lebensmittel sind und genau aufpassen müssen, was sie zu sich nehmen, doch diese sind sehr selten. Ich erinnere mich aus meiner langjährigen Coachingpraxis an zwei Läuferinnen, die sehr aufpassen mussten.

Über die letzten Jahre habe ich von allein, ohne einer Diät zu unterliegen oder auf etwas zu verzichten, zu anderen Lebensmitteln gegriffen und diese in meinen Alltag integriert, esse vielleicht einmal pro Woche ein Stück Käse und ein hart gekochtes Ei. Kuhmilch schmeckt mir von Geschmack her dauerhaft nicht mehr wirklich, sodass ich meinen Cappuccino mit Hafermilch zubereite.

Indem ich mich nicht mehr auf Erwartungen auf ein bestimmtes Ergebnis versteifte, konnte ich unvoreingenommen wahrnehmen, was nach und nach an positiven Effekten geschah.

Meine Haut ist sehr rein geworden und auch weniger trocken, vor allem im Winter.

Lauftechnisch stecke ich intensivere Trainingseinheiten besser weg, das heißt, ich erhole mich deutlich schneller als noch zu den Zeiten, als ich viel mehr Milchprodukte gegessen habe. Fleisch und Wurst esse ich schon seit fast 30 Jahren nicht mehr. Ernährung funktioniert auch über Erfahrung. Nutze diese Fragen, um dir klarer zu werden, wo du mit deiner Ernährung stehst:

» Wie fühle ich mich wirklich, wenn ich dieses oder jenes zu mir nehme?
» Bin ich energiegeladen oder liege ich danach platt in der Ecke?
» Ist mein Teller eher bunt oder einfarbig?

Was im Grunde langfristig einen wirklichen Unterschied machen kann, ist, weniger Abgepacktes und Eingetütetes zu verzehren. Je weniger ein Lebensmittel vom natürlichen Zustand verändert wird, desto besser ist dieses für den Organismus, die Verdauung, die Aufspaltung und Verwertung. Und je naturbelassener, desto höher ist die Nährstoffdichte, was bedeutet, dass der Körper sofort Energie bereitstellen kann und nicht erst durch Umwege alles durch verschiedene Prozesse zerlegen muss, was dir dann wiederum an Energie fehlt.

Man könnte dies auch als den *Mc-Donald´s-Effekt* bezeichnen: Du isst einen Burger, Pommes und Co., und fällst danach schier in ein Koma, weil jegliche Energie für die Verwertung draufgeht und dir faktisch nichts mehr bleibt.

Wegweiser:

Es gibt nicht die eine, richtige, optimale, ideale, perfekte Ernährungsweise, schon gar nicht im Sport.

Es gibt jedoch viele herausragende Sportler wie Sprint-Olympiasieger Carl Lewis, Tennisass Martina Navratilova, die Höhenbergsteigerin Gerlinde Kaltenbrunner und der Ultratrailläufer Scott Jurek, die, wie sie oft selbst sagen, „streng vegan leben", und es vormachen, dass gerade vielleicht ohne den Verzehr von tierischen Produkten *und* gleichzeitig bedingt durch spezifisches Training eine Leistungssteigerung verbucht werden kann.

7.3 Anleitung für eine schnellere Erholung

Kennst du das? Du kommst von einem Lauf zurück und magst gar nicht daran denken, etwas zu essen oder dir einen Shake anzurühren. Dir ist unwohl und manchmal spürst du eine Übelkeit.

Willkommen in der Welt der Sensibelchen, wenn es um das Thema Auffüllen nach einem Lauf geht. Ich kenne dieses Problem, welches leicht mal unter dem Radar verschwindet. Folgst du einer regelmäßigen Laufroutine, ist die Ernährung nicht nur vor und während des Laufs wichtig, sondern vor allem auch das Danach spielt eine Rolle, um deinem Körper zu helfen, sich zügig zu erholen.

Hast du schon mal vom sogenannten *goldenen Fenster* gehört? Damit gemeint sind die ersten 30 Minuten nach einer sportlichen Anstrengung bzw. körperlichen Belastung. In diesem

Zeitraum ist der Körper besonders aufnahmefähig für Nährstoffe. Selbst nach einem kürzeren Lauf, sagen wir, von 45 Minuten, ist es sinnvoll, die Speicher etwas aufzufüllen. Klar sollst du dir nicht eine riesige Portion Spaghetti mit Sahnesauce reinziehen, sondern vielmehr überlegen:

» Mit welcher Intensität bin ich gelaufen?

Dann könnten eine Banane und ein paar Löffel Quark eine ideale kleine Mahlzeit bedeuten.

» Habe ich einen längeren Trailrun von 1,5 Stunden absolviert?

Als Idee könntest du dir einen kleinen Shake mixen aus Wasser oder Kokosnusswasser, einem Messlöffel Proteinpulver deiner Wahl und einer Banane. Mische so viel Wasser bei, bis eine Konsistenz entsteht, die dir schmeckt. Ich mag besonders gern, wenn ich eine Art Püree herstelle, das ich dann gut löffeln kann, ohne zu kauen. So geht alles gleich in den Magen und ist sehr verträglich. Wenn du besser mit einem flüssigen Shake klarkommst, gib entsprechend mehr Wasser dazu.

» Habe ich einen langen Trailrun von mehreren Stunden gemacht?

Hier reicht erst mal ein kleiner Shake und innerhalb der nächsten 90 Minuten danach, besser noch in verkürzter Zeit, eine größere Mahlzeit. Sehr gut sind Bowls mit Gemüse, Salat oder Spinat, dazu Reis, Quinoa, Kartoffeln oder Linsen, Avocado, Sesam oder Kerne. Lecker sind dazu auch Falafelbällchen oder Hühnchenstreifen sowie ein Klecks Quark oder Soße deiner Wahl.

Diese Lebensmittel haben eine hohe Nährstoffdichte und du wirst den Unterschied auf jeden Fall merken, wenn sich die Beine am nächsten Tag wieder einigermaßen frisch anfühlen.

Verständlich ist auch, dass du in deinem Alltag mit allen möglichen Verpflichtungen nicht unbeschränkt Zeit hast, um in der Küche zu stehen und ein Gourmetmenü zu zaubern. Vor längeren Läufen oder wenn ich weiß, dass ich an einem Tag weniger zum Kochen komme, koche ich einen Tag vorher mehr vor und bewahre das Essen in einer Tupperdose im Kühlschrank auf.

Das hilft auch mental, wenn man nach intensiveren Läufen müde wird und dann oft keine Lust mehr hat, aufwendig zu kochen. Schnell und gut, ist die Devise. Wenn du immer einen gewissen Vorrat an Lebensmitteln zu Hause hast, lassen sich in 15-20 Minuten schnell ein paar Gerichte zubereiten.

Vereinfache die Dinge, wo es am offensichtlichsten ist. Nichts ist blöder, als dazustehen und sich noch in die Küche aufzuraffen. Schön, wenn ein Griff zum Kühlschrank reicht und alles schon vorbereitet dasteht. Es gibt noch eine kleine Faustformel, die besagt: drei Teile Kohlenhydrate, ein Teil Protein.

Beobachte über die kommenden Wochen deinen Körper.

» Wie fühlst du dich, wenn du die Mahlzeit nach dem Laufen verschiebst, aus Zeitgründen zum Beispiel, oder denkst, ach, geht auch ohne, ich esse später?
» Was passiert, wenn du obige Tipps etwas beherzigst und versuchst, innerhalb des goldenen Fensters eine Minimahlzeit in Form eines Shakes oder Smoothies einzunehmen?

Notiere dir, wenn du magst, deine Erkenntnisse und bleibe neugierig auf diesem Weg und was sich alles positiv verändern kann.

Abschließend stelle ich dir ein paar Produkte vor, die sich über die Jahre bewährt haben und für „Sensibelchen" eine gute Sache sind:

» *Tailwind Rebuild* – in Schoko- und Vanillegeschmack erhältlich;
» *Athletic Greens AG 1* – sehr bekömmlich und angenehm erfrischend im Geschmack;
» *Joybräu* – das Bier für Sportler, natürlich alkoholfrei und proteinhaltig.

Tut es denn nicht auch der gute alte Kakao aus Kindertagen, einfach aus Milch und Kakaopulver angerührt?

Im Grunde schon, denn auch, wenn du dich vegan ernährst, könntest du zu diesem Mittelchen greifen. Die Frage ist nur, ob du nach dem Laufen solch eine Portion Süßes trinken kannst. Schlecht ist diese Option nicht, denn Kakao weist ein gutes Nährstoffprofil auf und enthält viel Gutes wie: die drei wichtigen Elektrolyte wie Magnesium, Kalzium, Kalium beispielsweise sowie Protein, Vitamin D, Eisen und Flavonoide. Im Winter könnte gut die heiße Variante herhalten, getoppt mit einem Klecks Sahne.

Und wie steht es um die klassische Apfelschorle? Diese ist nicht per se schlecht, jedoch sehr zuckerhaltig und in Sachen Proteingehalt, nun ja, du kannst es dir denken, nicht sehr gehaltvoll. Eine kleine Schorle taugt dafür zur richtigen Mahlzeit oder wenn du auf einer Hütte unterwegs einkehrst und die Muskeln diesen Treibstoff in Form von Zucker gut in Energie umwandeln können.

Du siehst, es ist nichts in Stein gemeißelt. Es gibt hunderte verschiedene Produkte auf dem Markt. Gar nicht so leicht, zu unterscheiden und zu erkennen, was denn nun richtig ist. Und genau darum geht es weniger. Eher möchte ich dir hier den Anstoß geben, die Prozesse, die in deinem Körper vor sich gehen, besser zu verstehen, sodass du frei entscheiden kannst, wie du die Bedürfnisse deines Körpers abdecken kannst.

Wegweiser:

Behalte das goldene Fenster im Auge und mische dir einen kleinen Snack, der sowohl Kohlenhydrate als auch Protein enthält, damit ist deinem Körper schon sehr geholfen.

7.4 Ernährungstipps für unterwegs

Die einen haben im wahrsten Sinn des Wortes einen Saumagen und vertragen alles an Nahrung, wenn sie beim Laufen etwas zu sich nehmen (müssen), andere kommen nicht umhin, alle Viertelstunde in die Büsche zu springen.

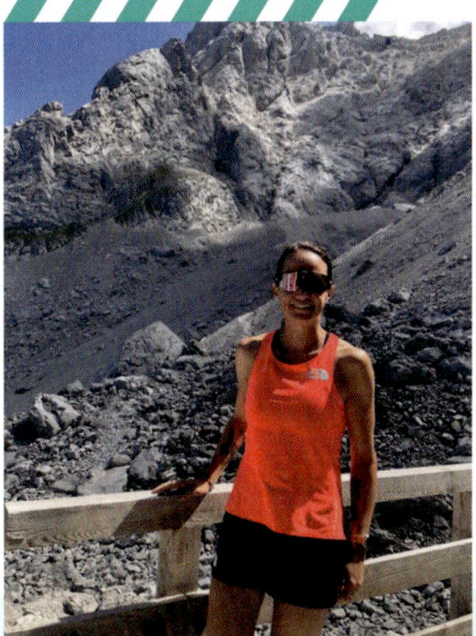

In meinen Anfängen auf den Trails musste ich lernen, neu zu denken, was meine Verpflegung unterwegs anbelangte. Das Laufen in welligem bis bergigem Gelände verbraucht mitunter mehr Energie als ein lockerer Lauf im Flachen. Es geht darum, die Ernährung bzw. Verpflegung fein auf deine Bedürfnisse abzustimmen.

Doch es geht noch um mehr als die eigenen Bedürfnisse, denn viele Läuferinnen bekommen oft gar nichts bis kaum etwas herunter, während sie laufen. Wasser zu trinken, geht meist noch gut, aber sobald es ans Auffüllen der sich zunehmend leerenden Speicher im Körper geht, schiebt sich ein innerer Widerstand dazwischen.

Gründe hierfür sind zum einen eine echte Abneigung dagegen, Kalorien, die man eigentlich verbrauchen will, gleichzeitig aufzunehmen. Oft zu beobachten bei Läuferinnen, die eher obsessiv Sport betreiben und bloß kein Gramm zu viel auf die Waage bringen wollen. Und diese können sich sehr lange durchbeißen und durchaus über Stunden laufen und nur mit der Aufnahme von Wasser überleben und die Strecke meistern.

Doch das rächt sich spätestens am nächsten Tag, wenn der Körper sich mit Muskelschwere meldet oder man das Gefühl hat, gar nicht in den Tritt zu kommen. So etwas kann eine Weile gut gehen, endet jedoch irgendwann unter anderem mit Ermüdungs- und Leistungseinbrüchen.

Wegweiser:

Dein Körper arbeitet beim Laufen für dich und deine Aufgabe ist es, zu schauen, dass der Motor und das Getriebe rund laufen.

Vielleicht an dieser Stelle ein etwas eigenwilliges Bild. Es soll verdeutlichen, dass du nur langfristig gesund bleibst, wenn du gut nach dir und deinem Körper schaust. In dem Moment, in dem du regelmäßig trainierst und einen Anspruch an dich hast, wird es zur obersten Priorität, deinem Körper das, was er verbraucht, wieder zuzuführen.

Du würdest im übertragenen Sinn deinem Ferrari auch nicht nur Wasser in den Tank kippen und hoffen, dass er dich garantiert von A nach B bringt. Nein, der Ferrari hätte ziemlich schnell keine Energie mehr und würde mitten auf dem Weg liegen bleiben. Und das kann dir beim Trailrunning auch passieren. Deswegen schaue unbedingt darauf, dass guter Stoff in deinem Tank ist.

7.4.1 Verpflegung während des Trainings oder Wettkampfs

Ich stelle dir nun ein paar Möglichkeiten vor, wie du deinen Tank auf einem guten Level halten kannst, ohne unterwegs liegen zu bleiben, sprich, einen Lauf abbrechen oder mit Krämpfen, Magenproblemen und Schlimmerem zu tun haben zu müssen. Die bewährten Ernährungsvorschläge basieren auf viel Experimentieren, Selbstversuchen und langjähriger Erfahrung. Ich sage immer: Die Ernährungswissenschaft hilft uns, im größeren Kontext Zusammenhänge zu verstehen, doch es scheitert oft an konkreten Umsetzungen in der Praxis.

Lege zunächst fest, wie lange du in etwa laufen willst. Bei Läufen unter 75 Minuten benötigst du in der Regel nur Wasser, je nach Wetterbedingungen etwa 250 Milliliter, wenn du ein paar Minuten vor dem Lauf noch ein großes Glas trinkst.

Hierzu kannst du einen Hüftgurt nehmen und eine kleine Flask darin platzieren, eine Laufweste anziehen, gerade im Sommer, wenn es sehr heiß ist, oder eine sogenannte *Hand-Held-Flasche* nehmen. Das ist ein Überzug mit einem Schlaufengriff, der die Flasche quasi trägt und du hältst sie einfach in der Hand. Klingt unhandlicher, als es ist. In den kälteren Monaten reicht auch eine kleinere Flasche oder Flask mit 150-200 Milliliter Wasser für Läufe unter 75 Minuten.

Planst du einen längeren Trailrun, probiere folgende Formel aus: pro gelaufene Stunde 500-650 Milliliter Wasser, etwa 120-180 Kalorien, 50-70 Gramm Kohlenhydrate.

Beispiel: Dein geplanter Lauf soll 2:30 Stunden dauern.

Du beginnst nach 45 Minuten mit der Aufnahme von Wasser und der ersten Ladung Kohlenhydrate. Es ist wichtig, nicht erst dann Kohlenhydrate aufzunehmen, wenn die Speicher schon fast leer sind, sondern diesem natürlichen, physiologischen Prozess entgegenzuwirken, indem du eben schon in der ersten Stunde mit dem Auffüllen anfängst.

Stelle dir am besten einen Timer in deiner Uhr, zum Beispiel alle 20 Minuten, der dich daran erinnert, zu trinken und Nahrung aufzunehmen. Es ist am sinnvollsten, auf dem einfachsten Weg zwei Fliegen mit einer Klappe zu schlagen, indem du dir ein Pulver nimmst, welches dich gleich auch noch mit Elektrolyten versorgt und dir Energie schenkt.

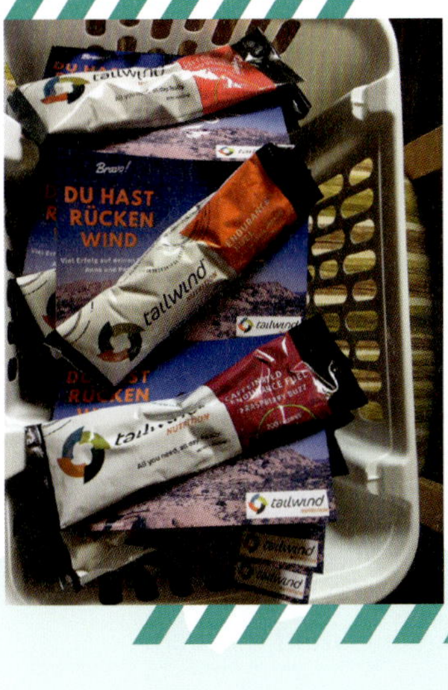

Das ist möglich mit Produkten wie *Tailwind*, *Power Bar*, *Sponser*, *Hammer Nutrition*, *Maurten* und diversen anderen. Ich habe mich über die Jahre durch die verschiedensten Produkte getrunken. Viele können leisten, was sie versprechen, doch die meisten versagen entweder am Geschmack oder der Konsistenz.

Es ist nicht immer ratsam, Gele, Pulver und Riegel zu mischen. Gerade durch die Auf- und Abwärtsbewegung beim Laufen und Unebenheiten, die man auf Trails unter den Füßen hat, besteht ein gewisses Risiko, solide Nahrung erst recht nicht oder nur beschränkt zu vertragen.

Ich bin 2017 bei *Tailwind* hängen geblieben und nutze es auf längeren Wanderungen in den Bergen, langen Läufen auf flachen Wegen abseits der Straße sowie bei Läufen mit einigen Höhenmeter, wo ich genau weiß, dass der Körper viel abgibt. *Tailwind* hat den Vorteil, dass man genau weiß, was ein Messlöffel, der im Lieferumfang enthalten ist, beinhaltet.

So mische ich mir beispielsweise bei oben genanntem Beispiel von 2:30 Stunden vier Messlöffel *Tailwind* auf 500 Milliliter Wasser, sodass ich ein Konzentrat habe und trinke nach

45 Minuten das erste Mal davon, dann alle weiteren 15-20 Minuten. Das mag nach einem rigiden Programm klingen, nach hinten macht sich so eine Routine *immer* bezahlt.

Tailwind hält, was es verspricht, denn der Slogan „Alles, was du brauchst, den ganzen Tag", trifft ins Schwarze. Die Energie ist schnell spürbar, die ausgeschwitzten Elektrolyte, die auch wichtig zur Aufrechterhaltung der Leistung sind, werden wieder aufgenommen und man braucht keine zusätzlichen Gels, Riegel, Gums und Co.

Ein Messlöffel *Tailwind* enthält genau 100 Kalorien und circa 28 Gramm Kohlenhydrate. Bei intensiverer Belastung kalkuliere ich zwei Messlöffel pro Stunde, was 200 Kalorien abdeckt. Der Effekt ist jedes Mal enorm. Es schmeckt super, macht nicht durstig und die Energie ist einfach da. Ich spare mir außerdem das Mischen von fester mit flüssiger Nahrung, was Produkte wie *Tailwind* so praktisch macht.

Was noch praktisch an flüssigen Kohlenhydraten ist:

» Die Geschmäcker sind in der Regel eher subtil und viele Marken haben auch „neutral" als Geschmack im Angebot.
» Du weißt, was in einem Löffel drin ist und kannst so genau bemessen, was du brauchst.
» Es gibt von vielen Marken praktische Portionstütchen, so kannst du auch unterwegs die richtigen Mengen dosieren.

Vielleicht ist dir schon mal untergekommen, dass es angeblich gut sei, auch Proteine unterwegs aufzunehmen. Das Gegenteil ist der Fall, Proteine verbessern unter Belastung nicht die Ausdauer und bringen eher den Magen-Darm-Trakt aus dem Gleichgewicht, was zu Blähungen, Übelkeit usw. führen kann.

Die Devise für die Ernährung für unterwegs ist: Keep it simple.

Je weniger du nachdenken musst, was du wann brauchst und einfach immer wieder deinen eigenen Rhythmus praktizierst, desto mehr kannst du dich aufs Laufen und den Weg vor dir konzentrieren. Es ist leichter, als du denkst, mit der richtigen Verpflegung. Oft ist es nur im Kopf, dass wir Dinge, die an sich gar nicht so kompliziert sind, kompliziert machen.

Was habe ich früher alles angerührt, nichts unversucht gelassen und eigene Energy Balls und matschig-pappige Riegel mitgenommen, nur um festzustellen, dass ich oft zu viel dabeihatte und eigentlich nie richtig verstanden habe, wann ich was in welchen Mengen zu mir nehmen sollte. Dies hier also ist die Abkürzung für dich.

Wegweiser:

Mit der Formel 120-180 Kalorien und 60-70 Gramm Kohlenhydraten pro Stunde kannst du deine Läufe so gestalten, dass du dir sicher sein kannst, die richtigen Mengen Energie zu erhalten.

Ein weiteres Ziel ist auch, dich nach dem Lauf nicht ausgelaugt und leer zu fühlen, sondern, dass du danach noch zu gebrauchen bist und nicht erst ein paar Stunden auf der Couch chillen musst. Natürlich wäre das auch eine wohlverdiente Pause und Auszeit, doch die richtige Ernährungsstrategie lässt dich auch viel schneller erholen, als wenn du krampfhaft versuchst, nur mit Wasser über die Runden zu kommen.

Klar, wenn du nun zu den Ultratrailläuferinnen gehörst oder gehören willst, kann es gut sein, dass dir nach ein paar Stunden danach ist, durchaus mal in eine Kartoffel oder ein Stückchen Riegel zu beißen. Das geht dann auch in kleinen Mengen in der Kombination mit *Tailwind* gut.

Finde heraus, welches Produkt dir als Hauptverpflegung am besten dient. Das geht nur übers Testen und Üben.

Ach ja, die Sache mit den Gels ist folgende: Sie taugen natürlich auch und sind praktisch portionierbar. Manchmal kann es mit dieser Lösung herausfordernd sein, genug Wasser zu trinken, da die Gels Flüssigkeit binden und es passieren kann, dass man dehydriert. Außerdem fällt jede Menge Verpackung an, wenn man Gels nutzt und bedenkt, dass man womöglich über einige Stunden die Packungen mitschleppen müsste.

Die Produkte in Pulverform gibt es oft in größeren Portionspackungen, was in Sachen Nachhaltigkeit enorm viel Müll einsparen kann.

Wegweiser:

Probieren geht über studieren. Die Ernährung unterwegs ist der am meisten unterschätzte Faktor im Trailrunning. Wenn es dir gelingt, deinem Körper das unterwegs zu geben, was er braucht, wirst du mit einem möglichst gleichbleibenden Energielevel belohnt.

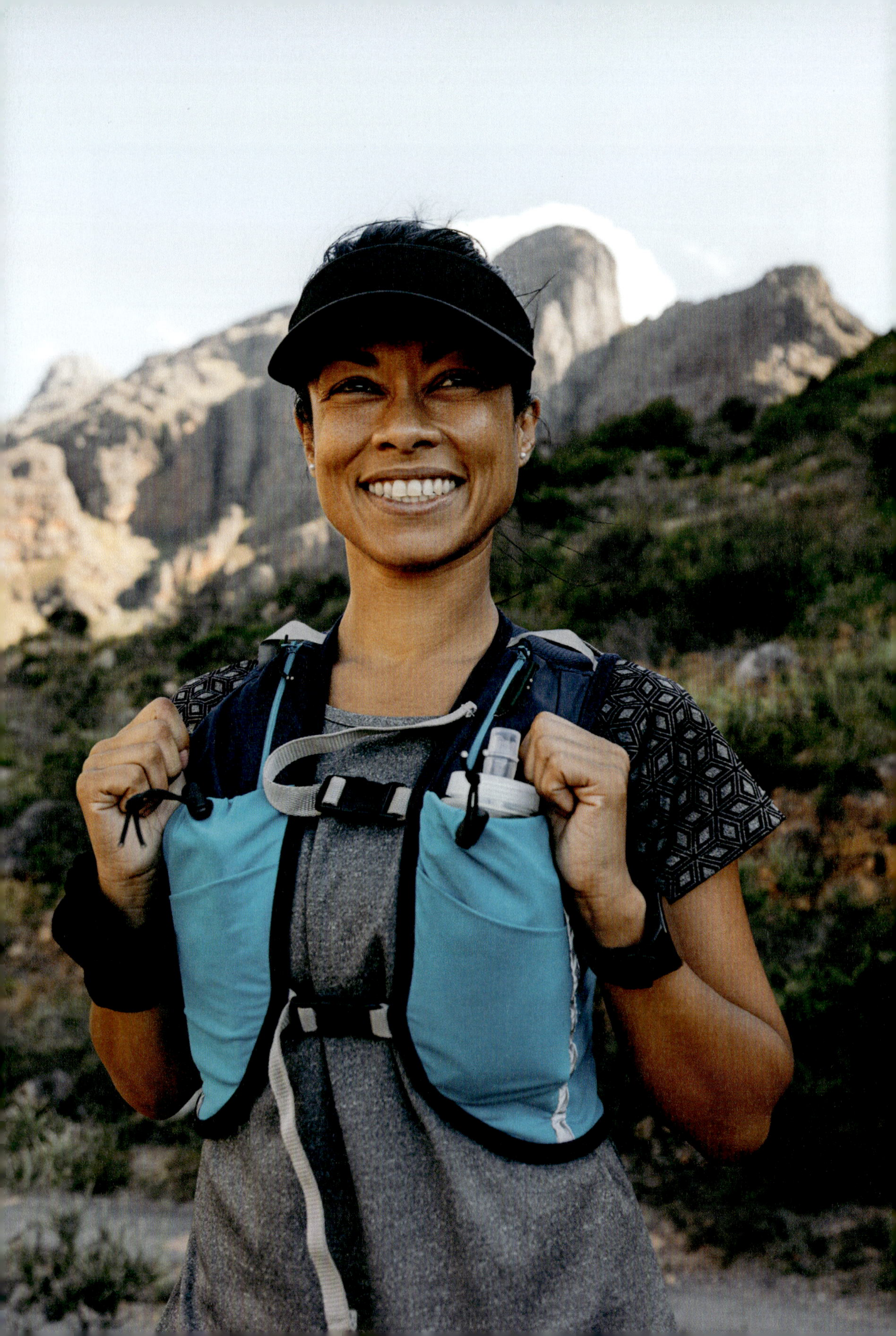

TEIL 8

FRAUEN IM PORTRÄT

8.1 Ida-Sophie Hegemann

Hier geht es zum Podcast

https://download.m-m-sports.com/extras/Trailrunning_Frauen/Ida_Hegemann.mp3

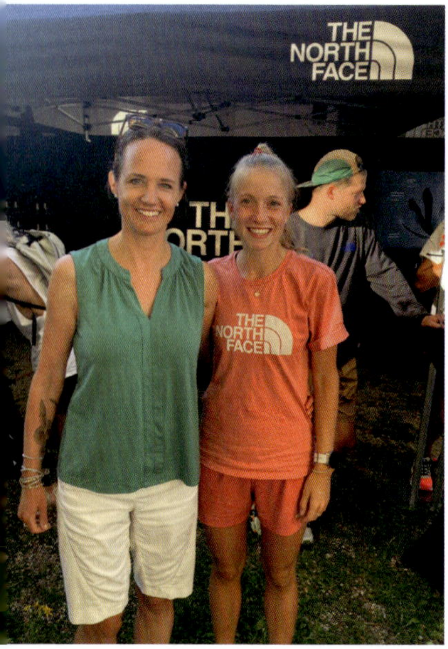

Es war an einem kalten Winterwochenende im Januar 2019. Wieder einmal fand ein geselliges Teamtreffen einer bekannten Trailrunningmarke zwischen Meinungsbildnern und Athleten statt, diesmal in Garmisch. Dort lernte ich die damals erst 21-jährige, quirlige und gut gelaunte Ida-Sophie kennen. Beim gemeinsamen Traillauf in der Gruppe fiel mir bereits am ersten Anstieg auf, wie mühelos und gazellenartig Ida lief. Ganz so, als wäre es ein Spaziergang im Park.

Sie wirkte erfahren, voller Power und gleichzeitig unaufgeregt. Zwar war das Trailrunning noch ziemlich neu für sie, doch im Sommer zuvor hatte sie im Rahmen des Zugspitz Ultratrails den Marathon für sich entschieden. Jahre später ist sie glücklicherweise dem Trailrunning immer noch treu geblieben und profitiert vom jahrelangen Training auf der Bahn und Straße.

Ida-Sophie liebt es, sich herauszufordern und steht für eine ganz neue Generation Trailläuferinnen, die sich im Sport einen Namen gemacht haben und vor allem eine mentale Stärke mitbringen, die nicht immer so üblich bei den jungen Läuferinnen ist. Wie viele große Namen sich auch an den Startlinien tummeln, Ida stürmt los und zieht ihr Ding durch.

Ein weiterer Durchbruch in Idas bisheriger Trailrunningvita gelang ihr mit zwei grandiosen Podestplätzen beim Transalpine Run und dem kürzlich gewonnenen 100-Kilometer-Lauf im Rahmen des Innsbruck-Trail-Festivals.

Wer Ida folgt, erkennt, dass sie unbändige Freude auf den Trails hat und es ihr darum geht, spannende Herausforderungen anzunehmen. Mit ihrer Herzlichkeit zieht sie uns in ihren Bann und zeigt sich immer wieder stolz mit ihrer deutlich jüngeren Schwester. Überhaupt spielt die Familie, aber auch ihr Umfeld in Innsbruck, wo sie seit einiger Zeit lebt, eine große Rolle in ihrem Leben. Es bleibt ihr zu wünschen, dass sie uns noch lange erhalten bleibt.

Ganz bewusst möchte ich hier ein Bild einer Athletin zeichnen, die es nicht nötig hat, sich darzustellen, sondern mit Substanz und Vertrauen ins eigene Können überzeugt. Eine junge Frau, die sich durchbeißen kann und dafür brennt, sich weiterzuentwickeln. Weiter so, liebe Ida!

Nun geht es direkt zu Idas Antworten.

Beschreibe deinen sportlichen Hintergrund. Über welchen Weg/welche Wege bist du zum Trailrunning gekommen?

Ich bin mit 14/15 Jahren über den Schulsport zur Bahnleichtathletik gekommen. Mit 16 Jahren bin ich in Hannover ins Sportinternat für Kaderathleten am Olympiastützpunkt aufgenommen worden. Ich war sowohl auf der Bahn als auch auf der Straße über die „Langstrecke" im Jugendbereich unterwegs (3.000-Meter-Halbmarathon).

Ich hatte ziemlich viel Pech mit Verletzungen, immer wenn es auf große Wettkämpfe zuging und bin nach einer weiteren Stressfraktur 2017 bei einem Berglauf in der Nähe meiner Heimat gestartet. Als ich dort gewann, sprach mich jemand an, mich bei Gore als „Guest-Läuferin" für eine Etappe des Transalpine Runs zu bewerben. Gesagt, getan.

Dort lief ich gemeinsam mit Philipp Reiter, der mich am Ende des Jahres ins Salomon-Trailrunning-Team aufnahm. Mein erstes richtiges Trailrennen war dann beim Zugspitz-Ultratrail die Marathonstrecke (Basetrail XL) im Sommer 2018. Die konnte ich gewinnen und daraufhin stieg ich komplett auf die Trails um.

Welche Umfänge läufst du wöchentlich in der Regel? Auf welchen Distanzen bist du im Wettkampf (falls) unterwegs?

Ich trainiere jeden Tag, manchmal sogar zweimal am Tag und laufe je nach Be- oder Entlastungswoche zwischen 120-180 Kilometer. Im Trainingslager sind es auch mal mehr als 200 Kilometer in der Woche. Bisher bin ich hauptsächlich über die 30-50 Kilometer/Marathonstrecken unterwegs gewesen. Seit diesem Jahr traue ich mich aber auf die Ultras. Der K110 in Innsbruck (107 Kilometer, +/- 5.200 hm, 12:40:45 Stunden, erste Frau) war mein erster Ultratrail im Wettkampf.

Was ist für dich die Essenz des Trailrunnings? Was macht es für dich aus, abseits des Asphalts zu laufen?

Trailrunning ist für mich die schönste und natürlichste Art und Weise, mich in der Natur fortzubewegen. Anders als beim reinen Straßen- und Bahnlauf kann man die Natur genießen, hat immer wieder neue Herausforderungen und man hat das Gefühl, Grenzen immer weiter verschieben zu können.

Beim Straßenlauf gibt es Schallmauern und Zeitbarrieren, die noch keiner gebrochen hat. Beim Trailrunning ist das nicht so, da ist jedes Rennen, jede Strecke und jeder Trail anders. Ich liebe es einfach, immer wieder über meine Grenzen zu gehen. Den Herzschlag im Uphill zu spüren, komplett neue Kraft im Downhill zu schöpfen. Trailrunning ist so vielfältig.

Gleichzeitig kann man großartige Gipfel, Berge und Regionen erkunden und erklimmen und man fühlt sich plötzlich so winzig und unbedeutend. Wenn ich loslaufe, brauche ich fast nichts und schon nach ein paar Stunden fühle ich mich, als wäre ich eins mit der Natur und befinde mich völlig im „Flow". Die Art und Weise, das Laufen zu spüren, ist eine ganz andere und trotzdem kann man immer wieder seinen Körper neu herausfordern, Grenzen verschieben und sich stetig verbessern.

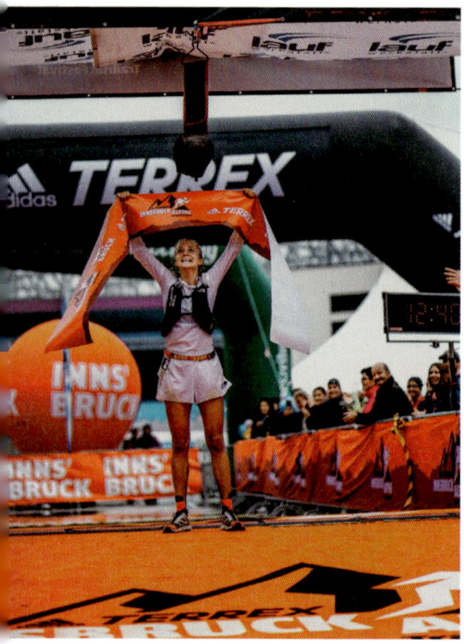

Welches ist bisher dein prägendstes Wettkampf- oder Trainingserlebnis gewesen und warum?

Der Transalpine Run ist schon etwas ganz Besonderes. Etappenrennen an sich, aber auch die Herausforderung, im Team zu laufen, ist noch einmal eine ganz andere. 2019 konnte ich mit den 4-Trails mein erstes Etappenrennen gewinnen, im Herbst den TAR zu gewinnen, war trotzdem etwas ganz anderes, weil ich dieses Mal nicht nur auf mich selbst hören musste.

2021 wollte ich wieder gewinnen, aber dieses Mal war es mental viel fordernder als körperlich. Ansonsten war der K110 beim Innsbruck Alpine Festival ein besonderer Wettkampf für mich. Ich bin noch nie zuvor so weit gelaufen, es lief viel besser, als ich es mir erträumt hatte und dann auch noch in meiner Wahlheimat Innsbruck zu gewinnen, war sehr emotional.

Was hast du durchs Trailrunning über dich gelernt?

Wie stark ich bin. Ich glaube, ich habe mich durch das Trailrunning zu einer viel selbstbestimmteren, selbstbewussteren und stärkeren Frau entwickelt.

In welche Richtung hat sich deiner Meinung nach Trailrunning durch Social Media entwickelt? Wofür nutzt du die Medien selbst?

Durch Corona und Social Media (eventuell sogar durch die Kombination) hat das Trailrunning eine ganz neue, viel größere Zielgruppe erreicht. Die Leute wollen raus aus der Stadt, in die Natur, in die Berge. Natürlich ist Social Media immer Fluch und Segen zugleich, aber insgesamt, glaube ich, dass es den Hype um das Trailrunning immens verstärkt hat.

Welchen Unterschied siehst du zwischen Frauen und Männern in diesem Sport?

Das ist ein ziemlicher Unterschied zum Bahn- und Straßenlauf. Beim Trailrunning, oder zumindest bei allen Rennen, die ich bisher gemacht habe oder auch bspw. der Golden Trail World Series, werden die Frauen gleichgestellt, bekommen gleich viel Preisgeld und Medienaufmerksamkeit wie die Männer. Manchmal dürfen sie sogar vorher starten und sind dann länger im Kamerabild. Das ist gut und wichtig!

Natürlich passiert es mir aber im Rennen dafür schon ab und zu, dass ein Mann auf Biegen und Brechen versucht, vor der ersten Frau ins Ziel zu kommen und deshalb drängelt oder ausbremst. Das ärgert dann schon. Aber umgekehrt erlebe ich es auch manchmal, dass ein Mann, der etwa in meinem Tempo unterwegs ist, es sich zur Aufgabe macht, die erste Frau zu pushen und bis ins Ziel zu begleiten, zu pacen und zu motivieren.

Deine drei wichtigsten Tipps fürs Laufen auf Trails?

- Nie die Leidenschaft verlieren.
- Nicht zu schnell zu viel wollen.
- Immer eine Regenjacke dabeihaben.

Auf was könntest du beim Trailrunning nicht verzichten?

Auf die Alpen! Auch wenn man in jedem Wald, Park oder auch an jedem noch so kleinen Hügel Trailrunning betreiben kann: Ich fühle mich in den Alpen am allerwohlsten.

Mehr Infos zu Ida:

www.runningspida.de

www.instagram.com/running_ida

www.facebook.com/idasophie.he

8.2 Eva-Maria Sperger

Hier geht es zum Podcast

https://download.m-m-sports.com/extras/Trailrunning_Frauen/Eva_Sperger.mp3

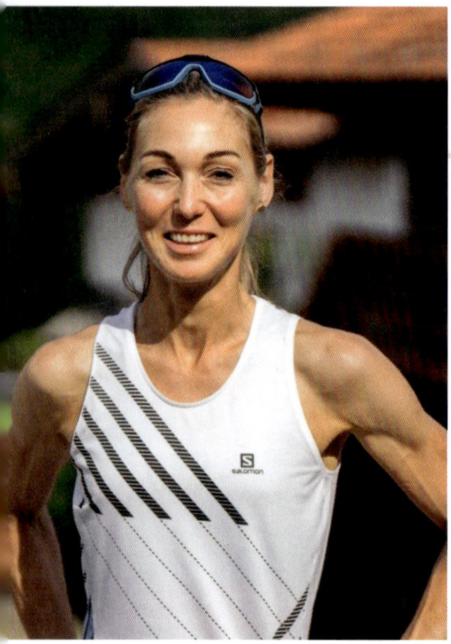

Es war im Sommer 2017, als ich Eva das erste Mal aus nächster Nähe wahrnahm. Sie war mir in der Szene ein Begriff und hatte ein Jahr zuvor erst so richtig begonnen, die Trailrunningszene ordentlich aufzumischen.

Mein erster Eindruck von Eva war, dass sie unglaublich fokussiert wirkte und gleichzeitig leichtfüßig den berühmt berüchtigten Jägersteig hinunterfegte, auf dem Weg zum deutschen Meistertitel im Ultratraillauf über eine Distanz von 80 Kilometern. Das war erst der Anfang. Über 20 Trailwettkämpfe zwischen 50-250 Kilometern hat Eva seit 2016 bestritten und stand dabei 15-mal auf dem Siegertreppchen.

Wer ist diese athletische, durchtrainierte Frau, die auch nach 100 Kilometern im Gelände noch mit einem freudigen Lächeln die Ziellinie überquert, als hätte sie soeben einen Spaziergang gemacht?

Eva ist in vielerlei Hinsicht ein Phänomen, doch bei einem Blick in die Tiefe erschließt sich eine spannende Welt, Evas Welt.

Sie gibt sich nicht leicht zufrieden und arbeitet viel an sich, um ihre Ziele zu erreichen, allen voran das eine große Ziel, den Ultra Trail du Mont Blanc mit 170 Kilometern endlich einzutüten. Zudem ist sie seit Jahren mit Herzblut Psychologin und hat sich ausgerechnet mitten in der Coronakrise mit einer eigenen Praxis in München selbstständig gemacht.

Eva steht mit Anfang 40 für eine andere Generation weiblicher Trailrunner, denn was zuerst wie ein kometenhafter Aufstieg anmutet, ist in Wirklichkeit jahrelanges, gar jahrzehntelanges Training und Bewegen in den Bergen sowie Thaiboxen, was ihr half, sich mental und körperlich eine gewisse Zähigkeit anzutrainieren. Auch wenn sie für die heutige Zeit erst recht spät zum Trailrunning wechselte und sich schnell unter die Fittiche eines Trainers begab, der sie förderte und forderte, zeigt Eva, dass es nicht zu spät ist, sich über einen Sport wie das Trailrunning weiterzuentwickeln, und mit einer großen Portion Mut und Neugier die Natur und sich selbst zu entdecken.

Ende 2021 war es dann so weit. Ich fuhr zu Eva und ihrem langjährigen Freund nach München, um ein persönliches Gespräch für eine Podcast-Folge zu führen. Heraus kam ein interessanter

Blick hinter die Kulissen des Images, was nach außen wirkt. Es erklärt sich von selbst, dass sie mit in die Porträtreihe musste. Vorhang auf für Eva-Maria Sperger.

Nun geht es direkt zu Eva-Marias Antworten.

Beschreibe deinen sportlichen Hintergrund. Über welchen Weg/welche Wege bist du zum Trailrunning gekommen?

In meiner Jugend habe ich acht Jahre Thaiboxen gemacht, hatte also keinen Bezug zur Leichtathletik oder zum Laufen. Die Leidenschaft fürs Laufen habe ich dann über Umwege über verschiedene andere Bergsportarten entdeckt. Ich war jedes Wochenende mit dem Fallen des Stiftes in der Arbeit auf dem Weg in die hohen Berge.

Mont Blanc, Großglockner, alle Berge, die bestiegen werden wollten. Sommer wie Winter. Und schließlich war die Idee geboren, dass man die Berge nicht nur erklettern, sondern sie auch über das Laufen erobern könnte.

Welche Umfänge läufst du wöchentlich in der Regel? Auf welchen Distanzen bist du im Wettkampf (falls) unterwegs?

Ich laufe in regulären Wochen zwischen 100-160 Kilometer plus Höhenmeter. Meine Disziplin sind Wettkämpfe um die 100 Kilometer mit hohem technischen Anspruch. Hoffentlich kann ich bald auch behaupten, dass ich auf Distanzen bis 170 Kilometer unterwegs war.

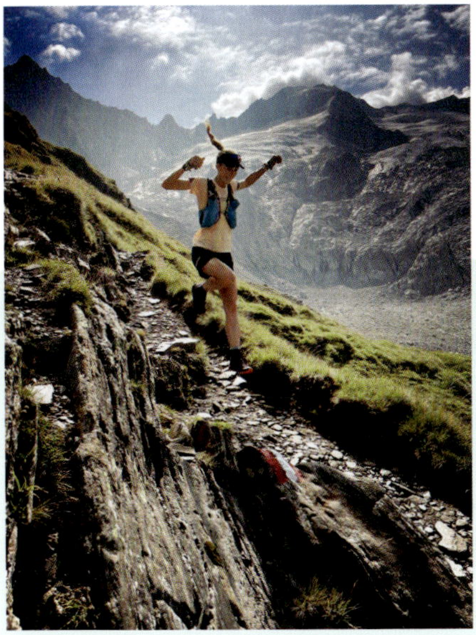

Was ist für dich die Essenz des Trailrunnings? Was macht es für dich aus, abseits des Asphalts zu laufen?

Für mich heißt Traillaufen eine pure und direkte Erfahrung in der Natur. Ich kann mir Zugang zu Gegenden verschaffen, in denen ich über Stunden alleine mit mir und der Natur sein kann. Oder zu Zeiten, wie zum Sonnenuntergang, wo bereits Ruhe und Einsamkeit auf den schönsten Gipfeln eingekehrt ist. Es bedeutet aber auch, sich, den eigenen Geist und den eigenen Willen kennenzulernen und schwierigen Situationen, wie Wind und Wetter, nicht auszuweichen.

Welches ist bisher dein prägendstes Wettkampf- oder Trainingserlebnis gewesen und warum?

Mein schönstes Erlebnis war der mitten in der unberechenbarsten Coronaphase 2020 geplante Lauf meines Partners und mir von der Zugspitze zum Mont Blanc über 750 Kilometer und 55.000 Höhenmeter. 23 Tage war der Tag bestimmt von Aufstehen, Laufen und nicht genau zu wissen, wo uns unsere selbst geplante Route an diesem Tag hin verschlagen wird. Dazu kam noch die Unsicherheit und das Abenteuer, ob der nächste Abschnitt der Strecke eine oder drei Stunden dauern wird.

Nichts zu brauchen, mit einem T-Shirt für den Tag und einem für den Abend auszukommen und als Paar etwas erleben zu können, das war eine einzigartige Erfahrung für uns. Die Erlebnisse und Eindrücke, die damals entstanden sind, sind kostbarer als alles, was ich mir sonst vorstellen könnte.

Was hast du durchs Trailrunning über dich gelernt?

Ich habe vor allem erkannt, dass wir in unserem Alltag unendlich viel Bequemlichkeit gewohnt sind und dass genau diese Bequemlichkeit nicht das ist, was uns glücklich macht. Es kostet jeden Tag Überwindung, in jeder Stimmung, bei jedem Wetter und vielleicht auch zu jeder Uhrzeit die Motivation zu finden, nach draußen zu gehen und sich zu bewegen.

Gleichzeitig habe ich mich noch nie in meinem Leben so gesund, kraftvoll und energiegeladen gefühlt, wie jetzt mit Anfang 40. Ich lerne, nicht nur das zu tun, was sich im Moment gut anfühlt, sondern was ich für richtig halte.

In welche Richtung hat sich deiner Meinung nach Trailrunning durch Social Media entwickelt? Wofür nutzt du die Medien selbst?

Das Schöne ist, dass mein Handy meist zu Hause liegt, wenn ich beim Laufen bin oder es ist gut verstaut in meiner Tasche. Zuletzt hatte ich auf einem Meditationsretreat fünf Tage kompletten Abstand zum Smartphone. Das Thema Social Media ist ein wichtiges und riesiges und löst mehr Sucht aus, als wir uns selbst eingestehen wollen.

Ich schaue da durchaus mit großer Sorge auf die Entwicklung, die uns bevorsteht und die Thematik ist insgesamt ein weites Feld. Ich selbst freue mich oft über die Möglichkeit, Anteil zu nehmen am Leben von Freunden, von denen ich sonst weit weniger mitbekommen würde.

Welchen Unterschied siehst du zwischen Frauen und Männern in diesem Sport?

Ich nehme wahr, dass Frauen einen riesigen Sprung gemacht haben in dem, was sie sich zutrauen und wie sehr sie an sich glauben. Es findet ein Wandel in der Gesellschaft statt, indem sich Rollen aktuell völlig neu finden. Das schließt auch das Laufen nicht aus. Es freut mich sehr, dass es so viele weibliche Vorbilder gibt, an denen man sich orientieren kann und vielleicht auch für sich entdecken kann: „Warum nicht auch ich?!"

Deine drei wichtigsten Tipps fürs Laufen auf Trails?

» Beim Berganlaufen schon früher gehen, als gleich zu viel laufen zu wollen.
» Beim Bergablaufen etwas raus aus der Komfortzone und sich in die Angst lehnen, um sich weiterzuentwickeln.
» Mit Freude und Neugier dem Körper dabei zuschauen, wie geschickt er sich in unbefestigtem Gelände bewegen kann.

Auf was könntest du beim Trailrunning nicht verzichten?

An welchem fremden Ort auch immer ich gerade bin, einfach ohne Plan loszulaufen und zu schauen, was ich entdecke und wo es mich hinzieht.

Mehr zu Eva-Maria:

www.psychotherapie-im-lehel.de

www.instagram.com/eva.maria.sperger

www.facebook.com/eva.sperger

8.3 Simone Philipp

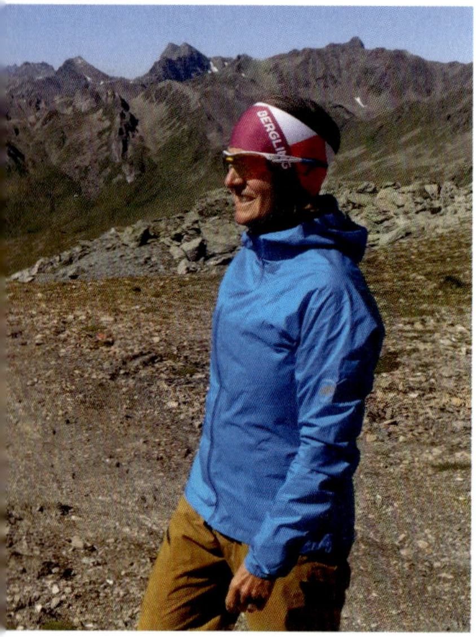

Man mag an Zufälle glauben oder daran, zur richtigen Zeit am richtigen Ort zu sein. Beides könnte auf die freundschaftliche Geschichte zwischen Simone und mir zutreffen.

Als ich im September 2019 als Streckenläuferin aka Besenkamel die Markierungen beim Transalpine Run am Ende des Läuferfeldes abräumen durfte, wurde ich von der Streckenchefin im Startbereich vor Beginn der vierten Etappe Simone vorgestellt.

Sie begleitete während der ganzen Woche des verrückten Trailrunningtreibens ihren Mann und seinen Laufpartner, lief oft schon vor dem offiziellen Startschuss los zum höchsten Punkt, um von dort ihren Mann anzufeuern. Erst später sollte ich erfahren, dass sie selbst nicht weniger als achtmal diesen legendären Lauf in den Alpen, der durch drei Länder führt, gefinisht hat. Wir waren uns vom ersten Moment an sympathisch.

Am nächsten Tag stand eine Bergetappe an und als die Strecke bereinigt war, wollte ich dem Trubel für einen Moment entfliehen. Plötzlich stand Simone da und fragte mich unverhohlen, ob sie mich zu einem kleinen, umliegenden Gipfel begleiten dürfe. Klar, meinte ich, aber viel Lust zu reden hätte ich nicht, einfach nur sein und etwas Ruhe am Berg genießen, das war der Plan.

Doch vergebens, denn wir redeten ununterbrochen, woraus sich eine tiefe Freundschaft entwickelte. Selten konnte ich einem Menschen so viel anvertrauen wie Simone. Im Sommer 2020 brachen wir zu einem verrückten Roadtrip zu einer Hochtour ins Monte Rosa auf und versuchen, uns wenigstens zweimal im Jahr zu sehen.

Aufgewachsen im Allgäu, läuft Simone seit über 30 Jahren nicht nur ihre umliegenden Hausberge ab, liebt die Natur wie kaum eine Zweite und darf stolz sein, bei ein paar sehr nennenswerten Trailevents am Start gestanden zu haben. Als Mitglied des deutschen Nationalteams startete sie zudem dreimal bei Trailrunningweltmeisterschaften und sicherte sich immer wieder Podestplätze.

Sie ist eine Trailläuferin der leisen Töne, lebt das Trailrunning schon lange als Lifestyle, lange bevor der Sport zum Trend mutierte und noch niemand wusste, wie man „Trail" richtig ausspricht.

Simone feierte ihre größten Erfolge in ihren 40ern, was an dieser Stelle allen Frauen Mut machen sollte, dass man weit jenseits der 20er noch richtig durchstarten kann. Simone ist zudem Mutter zweier erwachsener Kinder, voll berufstätig und lebt mit ihrem Mann mitten in der Natur nahe Kempten. Wenn sie nicht läuft, steht sie im Winter gern auf Skiern, fährt im Sommer Rad und ist auch zufrieden, mit mehr Genügsamkeit im Wandertempo am Berg unterwegs zu sein. Ihr Motto: Hauptsache draußen!

Es war mir ein großes Anliegen, sie hier zu Wort kommen zu lassen, was für sie die Essenz des Trailrunnings ist und wie sie ihre persönliche Weiterentwicklung dadurch sieht.

Beschreibe deinen sportlichen Hintergrund. Über welche Wege bist du zum Trailrunning gekommen?

Schon mein ganzes Leben lang habe ich, stets liebevoll unterstützt durch meinen Papa, Sport getrieben und zwar in verschiedensten Richtungen: Skifahren, Langlaufen, Kunstturnen, Tennis und Volleyball. Er hat mich mit 16 Jahren dann einmal mit zum Joggen genommen. Acht Kilometer – danach war klar: Nie wieder! Erbärmlicher Muskelkater, ich war platt.

Im Sport Leistungskurs musste ich wieder laufen. 100 Meter und 800 Meter konnte ich leicht schaffen. Nach dem Abitur 1990 begann ich ein Sportstudium und um in allen Sportarten fit zu sein und meine allgemeine Ausdauer zu verbessern, fing ich an, längere Strecken zu laufen. Es machte mir auf einmal Spaß.

Strecken von 5-10 Kilometer fielen mir sehr leicht und wurden meine fast täglichen Begleiter. Eine Freundin schlug mir vor, doch einmal beim Silvesterlauf in Kempten teilzunehmen. Gesagt, getan. Mein erster 10-Kilometer-Wettkampf war ein echtes Highlight und machte richtig Lust auf mehr. Am Silvesterabend 1994 beschlossen meine damals beste Freundin und ich, dass wir am 30. April desselben Jahres, also vier Monate später, unseren ersten Marathon in Hamburg laufen wollten.

Fokussiert und motiviert trainierten wir gemeinsam, fuhren sogar ins „Trainingslager" nach Malta und Gozo. Knapp unter vier Stunden, mit müden Beinen, aber unendlich glücklich überquerten wir gemeinsam die Ziellinie beim Hanse-Marathon Hamburg. Durch das Laufen hatte sich mein Freundeskreis natürlich erweitert. Ich trat in die Laufabteilung unseres Vereins ein und ich wurde gefragt, ob ich nicht Lust hätte, mit einer Frauenmannschaft an den deutschen 100-Kilometer-Meisterschaften in Hanau teilzunehmen.

Begeistert war ich zunächst nicht. Ich? Deutsche Meisterschaften? und dann auch noch 100 Kilometer? Das war unvorstellbar. Das Training gestaltete sich etwas mühsam, da der Lauf sehr früh im Jahr war und im Allgäu, wo ich wohne, lange und viel Schnee liegt. Außerdem hatte ich dazu zwei kleine Kinder, einen Haushalt und einen Beruf, der mich forderte. Da war Logistik angesagt. Zum Glück unterstützte mich mein Mann Anton sehr.

Der Lauf selbst war dann für mich nach 80 Kilometern zu Ende. Stupide 10-Kilometer-Runden im Wald zu drehen, machte mich zunehmend mürbe und jedes Loslaufen nach der Verpflegungsstation war Schwerstarbeit, vor allem auch mental. Da nützte auch mein Familienfanclub am Rande der Strecke irgendwann nichts mehr und ich warf das Handtuch. Ich war enttäuscht und zweifelte an mir.

Aber da gab es doch dieses neue Format, bei dem mein Mann schon bei seiner Premiere teilgenommen hatte, den mittlerweile sehr etablierten und bekannten Transalpine Run. Acht Tage durch die Berge laufen und nicht 10 Stunden auf einer geteerten Piste, das klang verlockend. Für mich als Allgäuerin, die sowieso viel in den Bergen war, genau das Richtige.

Meine Freundin Babsi wagte 2008 zusammen mit mir dieses Abenteuer. Und es war trotz aller Strapazen und aller Anstrengungen ein geniales Erlebnis. Wir schafften es mit dem dritten Platz aufs Podium, einfach der Wahnsinn. Da noch eine Rechnung offen war, packte ich trotzdem noch einmal die 100 Kilometer, diesmal in Kienbaum bei Berlin, an und wurde deutsche Mannschaftsmeisterin.

Doch das Trailrunning wurde mehr und mehr zu meinem Lebensinhalt und stellte einen perfekten Ausgleich zum Alltag mit Familie und Beruf dar. Das Training regelmäßig in meinen Tag zu integrieren, war ein ziemlicher Drahtseilakt. Aber die Leidenschaft war so groß, dass ich das schlussendlich immer hinbekommen habe.

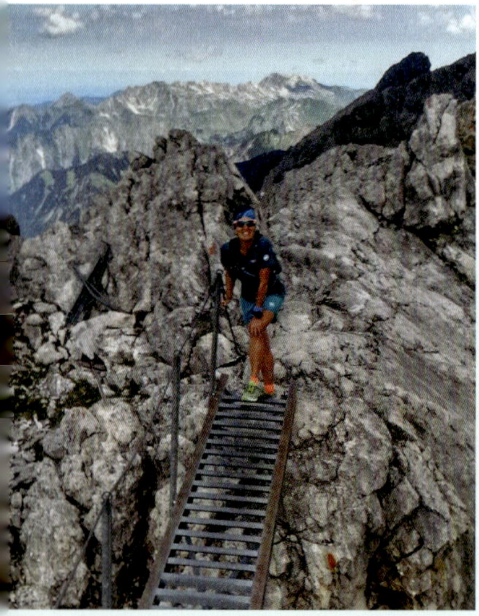

Über die Jahre folgten noch sieben weitere Teilnahmen am Transalpine Run, etliche Wettkämpfe national und international, viele Trainingskilometer mit meinem Mann und guten Freunden in meinen geliebten Allgäuer Bergen. Natürlich gab es auch Rückschläge in Form von Verletzungen, doch diese Lust am Trailrunning gab mir immer die Kraft und den Antrieb, weiterzumachen.

Welche Umfänge läufst du wöchentlich in der Regel? Auf welchen Distanzen bist du im Wettkampf unterwegs?

Ich laufe zwischen drei- und fünfmal pro Woche, betreibe ergänzend zum Lauftraining auch Alternativsportarten. Am liebsten laufe ich Distanzen zwischen 30 und 80 Kilometern, aber auch 100-Kilometer-Läufe am Eiger oder an der Zugspitze.

Was ist für dich die Essenz des Trailrunnings? Was macht es für dich aus, abseits des Asphalts zu laufen?

Trailrunning gibt mir ein Gefühl der Freiheit. Ich kann laufen, wo ich möchte, Wege erkunden, in den Bergen sein, die Natur in ihren verschiedenen Facetten erleben und spüren. Der wechselnde Untergrund, das Auf und Ab im Gelände sind lange nicht so belastend für die Gelenke. In der Natur, im Wald kann ich ganz bei mir sein, atmen, meine Gedanken fließen lassen.

Welches ist bisher dein prägendstes Wettkampf- oder Trainingserlebnis gewesen und warum?

Da fallen mir so einige ein. Beim Zugspitz Ultratrail über 100 Kilometer ging ich an den Start, obwohl mich zwei Wochen lang eine Erkältung geplagt hatte. Die Nase war noch zu und ich war ziemlich schlapp. Trotzdem ging ich an den Start. Ich wollte es probieren und lief los.

Es war anfangs ein Elend. Mir war schwindlig, meine Beine waren völlig kraftlos und ich musste schon auf den ersten paar Kilometern eineinhalb Liter Wasser trinken. Von hinten rollten gefühlt alle anderen Läufer an.

Ich wollte aber nicht aufgeben und beschloss, dass, wenn es mir bei der nächsten Verpflegung ungefähr bei Kilometer 30, nicht besser ginge, aus dem Rennen zu gehen. Langsam erholte sich mein Körper und ich entschied mich, weiterzulaufen. Im Laufe des Rennens ging es mir zusehends besser und ich konnte stetig aufholen. Am Ende überquerte ich als Gesamtvierte und Siegerin in der Altersklasse die Ziellinie in Grainau.

Dieses Rennen hat mir gezeigt, wie wichtig es ist, mental gut aufgestellt zu sein, seinen Körper zu kennen und dem Gefühl zu vertrauen. Was für ein Wunderwerk der Körper doch ist und wie dankbar ich dafür sein kann!

Was hast du durchs Trailrunning über dich gelernt?

Bei den vielen langen Trainingsläufen und Wettkämpfen habe ich Geduld und Vertrauen üben und lernen dürfen. Zu wissen, dass nach einem Tief auch wieder ein Hoch kommt und auch umgekehrt. Das Durchhaltevermögen, das man auf den langen Distanzen braucht, hilft mir in vielen Situationen außerhalb des Laufens. Ich kann so vieles schaffen, wenn ich das Ziel im Auge behalte.

In welche Richtung hat sich deiner Meinung nach Trailrunning durch Social Media entwickelt? Wofür nutzt du die sozialen Medien selbst?

Ich glaube, es dreht sich auf den einschlägigen Kanälen beim Trailrunning heute hauptsächlich darum, sich zu präsentieren, das in immer gutem Licht! Ich habe manchmal den Eindruck, dass Läuferinnen beim Laufen in den Bergen oder anderen Trails zu viel Zeit darauf verwenden, sich zu überlegen, wo sie das beeindruckendste oder tollste Foto schießen könnten, anstatt das Laufen selbst zu genießen, sich die Zeit zu nehmen sich im Einklang mit der Natur zu spüren und einfach mal abzuschalten.

Nachdem sich bei mir die ersten Sponsorenverträge ergeben hatten, meldete ich mich bei Facebook® an, um dort über Läufe und Wettkämpfe zu posten. Mittlerweile gehe ich aber nur noch über den Computer rein, vom Smartphone habe ich die App schon lange gelöscht.

Mit der Zeit habe ich festgestellt, dass es mich immer öfter frustriert, zu sehen, was andere Trailrunner machen und erleben. Da waren die eigenen Erlebnisse plötzlich viel weniger wert und das Glück, das ich vielleicht nach einem super Lauf gespürt habe, war ganz schnell wieder weg. Das wollte ich irgendwann nicht mehr. Ich denke, es täte uns allen gut, wieder mehr ins Innen zu schauen, als so viel im Außen zu leben.

Welchen Unterschied siehst du zwischen Frauen und Männern in diesem Sport?

Ich denke, Männer sind in der Regel leistungsorientierter und vergleichen sich mehr als Frauen, wobei es natürlich auch Ausnahmen gibt. Frauen laufen vielleicht eher zum Ausgleich, um fit und schlank zu werden oder zu bleiben.

Deine drei wichtigsten Tipps fürs Laufen auf Trails?

» Die Augen offenhalten für die herrliche Natur.
» Tief durchatmen,
» Genießen.

Auf was könntest du beim Trailrunning nicht verzichten?

Auf meine Berge.

8.4 Anna-Maria Lange

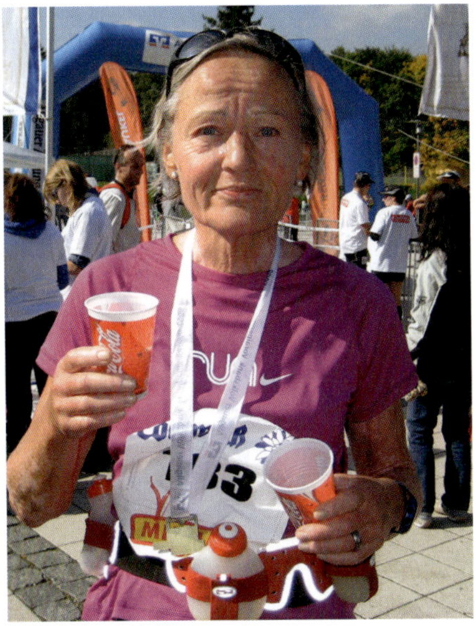

Wo anfangen, wenn es um die Beschreibung der eigenen Mutter geht? Gar nicht so einfach. Einen Versuch möchte ich machen, denn sie hat einen großen Teil dazu beigetragen, wie ich mich als Läuferin entwickelt habe. In einer Phase meines Lebens, die eher dafür bekannt ist, seine Eltern nicht so prickelnd zu finden, schlug meine Mutter eines Tages vor, sie mit auf ihre Laufrunde im Wald zu begleiten.

Mit Hallenschuhen, einer Jogginghose und einem Baumwoll-T-Shirt trabte ich neben ihr her. Nach einem knappen Kilometer war Schluss für mich, doch es war ein wichtiger Anfang, eine Art Initialzündung für vieles, was dann folgte. Meine Mutter lebte das Laufen einfach vor und sie kam stets beschwingt wieder zurück nach Hause, genoss ein ausgiebiges Frühstück und wirkte nie sonderlich angestrengt oder gar gestresst, wenn sie gelaufen war.

Diese Erinnerungen haben sich tief in meinem Bewusstsein verankert. Laufen ist auch für sie vor allem eins: ein Lebenselixier, von dem man sich fast täglich eine gute, gesunde Dosis verabreichen kann. Meine Mutter lebte mir vor, wie viel Spaß das Laufen macht und dass Ehrgeiz an der richtigen Stelle durchaus eine feine Sache ist. Ihr wichtigster Rat: Nie im Übermaß trainieren und zu viele Wettkämpfe bestreiten!

Anna-Maria läuft seit fast 40 Jahren und kam nach der Geburt meines Bruders in Bewegung. Als damals noch starke Raucherin fasste sie in den 1980er-Jahren den Entschluss, die Glimmstängel zu verbannen und lief bereits ein Jahr später den New-York-Marathon mit. Es folgten weitere Stadtmarathons, bis sie sich in den 2000er-Jahren mehr aufs Trailrunning und Triathlon fokussierte. In ihr Wettkampfrepertoire gehören unter anderem ein Etappenlauf auf Korsika, der bekannte Trail du Petit Ballon in Frankreich sowie ein Ironman®-Finish in Zürich.

Meine Mutter vermittelte mir früh, dass Wettkämpfe nicht alles sind und sich die Persönlichkeit nicht darüber definiert, sondern vielmehr das Erlebnis und die neuen Erfahrungen, die so gesammelt werden.

Sie lebt mit ihrem Mann in Süddeutschland. Beide halten sich mit Trailrunning, Wandern, Rennradfahren sowie im Winter mit Skilanglauf fit.

Beschreibe deinen sportlichen Hintergrund. Über welchen Weg/welche Wege bist du zum Trailrunning gekommen?

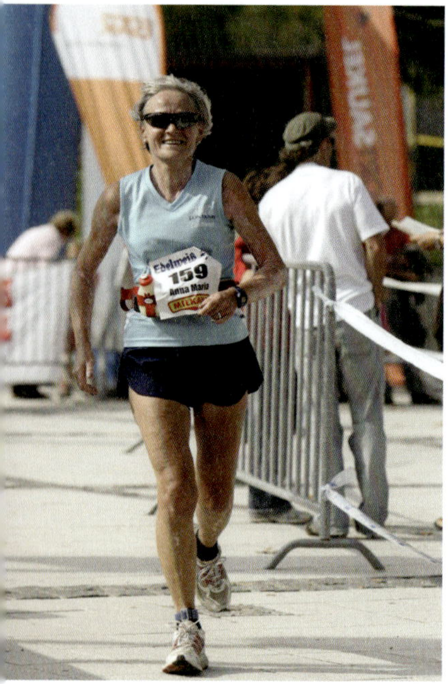

Angefangen habe ich vor 37 Jahren mit Laufen auf der Straße, möglichst flach. Inspiriert von Anna (Jura-Lauf) kamen Wald- und Landschaftsläufe dazu, später bergiges Laufen. Bald wollte ich nicht mehr stupide auf flachen Straßen laufen. Heute wohne ich so, dass ich direkt hinter dem Haus in den Schwarzwald hochlaufen kann.

Welche Umfänge läufst du wöchentlich in der Regel? Auf welchen Distanzen bist du im Wettkampf (falls) unterwegs?

4-5-mal wöchentlich zwischen 60 und 90 Minuten, im Sommer und Winter weniger, wenn ich Rennrad fahre bzw. auf Langlaufskiern unterwegs bin. Laufen geht immer! Wettkämpfe: die ersten Jahrzehnte Strecken zwischen 10 Kilometer und Marathon, dann ein paar Ultraläufe (maximal 65 Kilometer), diese dann im Rahmen von Trailrunningveranstaltungen. Seit Corona keine Wettkämpfe, davor ab und zu kürzere Distanzen (bis 30 Kilometer) bei Trailrunningveranstaltungen in den Vogesen.

Was ist für dich die Essenz des Trailrunnings? Was macht es für dich aus, abseits des Asphalts zu laufen?

Ich genieße die Natur, die Ruhe und Stille, das Auf und Ab im Gelände, die Konzentration auf technischen Trails, auch, dass Gehen kein Schwächezeichen ist wie beim Straßenlauf. Bei Trailrunningwettkämpfen ist mehr Genuss als Rivalität zu spüren (wenn man nicht um die vordersten Plätze läuft).

Welches ist bisher dein prägendstes Wettkampf- oder Trainingserlebnis gewesen und warum?

Da habe ich kein bestimmtes Erlebnis.

Was hast du durchs Trailrunning über dich gelernt?

Laufziele mit einem Plan erreichen. Wenn ich kein Wettkampfziel habe, laufe ich einfach nach Lust und Laune vor mich hin.

In welche Richtung hat sich deiner Meinung nach Trailrunning durch Social Media entwickelt? Wofür nutzt du die Medien selbst?

Schon seit einigen Jahren verfolge ich die „Trailrunningszene" nicht mehr. Weder lese ich Magazine, Blogs oder folge einzelnen Personen auf Social Media. Ich laufe einfach für mich, für mein Wohlbefinden.

Welchen Unterschied siehst du zwischen Frauen und Männern in diesem Sport?

Keinen.

Deine drei wichtigsten Tipps fürs Laufen auf Trails?

Einfach mal ins Gelände oder auf Wanderwegen laufen, nicht auf die Kilometer und die Zeiten schauen, sondern nach Gefühl laufen, sich nicht mit Kopfhörern beschallen lassen, sondern die Töne der Umgebung wahrnehmen und die Gedanken kommen und gehen zu lassen.

Auf was könntest du beim Trailrunning nicht verzichten?

Auf gute Laufschuhe.

Mehr zu Anna-Maria:

www.annamarialange.de

8.5 Sigrid Huber

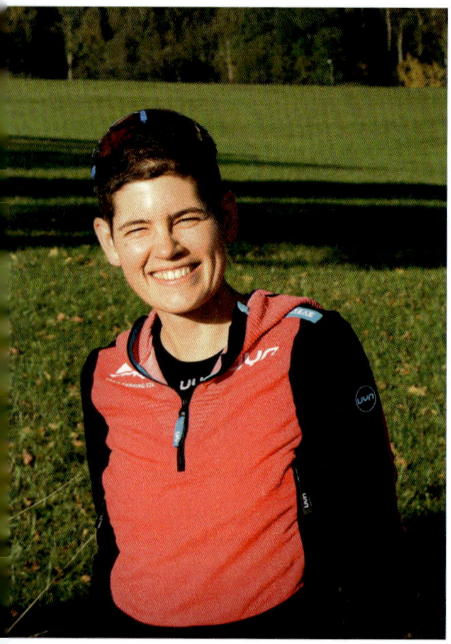

Im Frühjahr 2017, nachdem sich der Winter nochmals aufgebäumt hatte und die weiße Pracht in der Nacht vor dem Start des Innsbruck Trail Festivals dafür sorgte, dass die Strecke von 65 auf 69 Kilometer verlängert wurde, sah ich Sigrid das erste Mal. Allerdings meist nur von hinten gemeinsam mit einem Laufpartner. Immer wieder wechselten wir uns auf den vorderen Rängen ab, bis ich dann zwar knapp vor ihr ins Ziel lief, dies unserem seitdem bestehenden Kontakt glücklicherweise keinen Abbruch getan hat. Trailrunning lebt ja bekanntlich von Wohlwollen und einer Portion Leichtigkeit, ob im Training oder Wettkampf.

Sigrid hat in diesem Sport sehr viel bewirkt und bewegt. Als Herausgeberin des österreichischen Magazins *Trailrunning Szene* berichtet sie mit Leidenschaft und Herzblut aus der Szene, kennt Hintergründe, Geschichten und Trends.

Ihre größte sportliche Herausforderung führte sie 2019 über 330 Kilometer durch höchst anspruchsvolles, hochalpines Gelände. Die sympathische vierfache Mutter zeigte nicht nur dort, was mit einem starken Willen möglich ist. Sigrid ist am liebsten lang und ausdauernd in der Natur unterwegs. Doch längst geht es ihr nicht um Anerkennung und Podiumsplätze, sondern um die Erweiterung der Gedanken, das Kraft- und Energietanken. Und was wäre das Leben ohne eine kleine Grenzverschiebung?

Wenn die sympathische, vierfache Mama nicht gerade in Laufschuhen über die Trails gleitet, findet man sie am liebsten auf Schnitzeljagden mit ihren Kindern, beim Pilze sammeln im Wald, beim Bouldern, Kochen oder Basteln in ihrem heimeligen Zuhause.

Zum Zeitpunkt des Entstehens dieses Buches hat sie ihrem beruflichen Leben eine neue Richtung verliehen und orientiert sich beruflich in eine neue Richtung. Gemeinsam mit ihrer Partnerin hat sie außerdem *2 Women 2 Wild* ins Leben gerufen.

Beschreibe deinen sportlichen Hintergrund. Über welchen Weg/welche Wege bist du zum Trailrunning gekommen?

Ich habe in meiner Kindheit Tischtennis und Volleyball gespielt und bin dann zur Leichtathletik gekommen – ganz klassisch mit Weitsprung, Speerwurf etc. Mit 16 bin ich den ersten Halbmarathon gelaufen, im Anschluss daran einige Jahre Mountainbikerennen gefahren. Zu der Zeit habe ich immer vom Triathlon geträumt, also war ich 2010 bei meinem zweiten

Bewerb gleich beim Ironman® dabei. 2012 las ich zufällig von einem Trailrunning Bewerb und startete dort kurzerhand - erfolgreich und schwer verliebt in diesen Sport. Seitdem hat mich die Begeisterung nicht mehr losgelassen.

Welche Umfänge läufst du wöchentlich in der Regel? Auf welchen Distanzen bist du wettkampfmäßig (falls) unterwegs?

Zwischen 40 und 130 Kilometer pro Woche, das ist immer sehr unterschiedlich. Wenn es im Sommer heiß ist, fahre ich gerne Rennrad, im Herbst Mountainbike, im Winter bin ich viel auf Langlaufski unterwegs. Wenn ich bei einem Bewerb starte, dann am liebsten 100 Kilometer und mehr.

Was ist für dich die Essenz des Trailrunnings? Was macht es für dich aus, abseits des Asphalts zu laufen?

Asphalt ist für mich gleichbedeutend mit Kilometerzählen und permanent auf die Uhr sehen, wie schnell man gerade ist. Trailrunning ist für mich laufen in der Natur, sich spüren; die Natur riechen, hören, fühlen. Bei jedem Anstieg und Downhill einen Rhythmus finden, der dem jeweiligen Gelände entspricht. Manchmal ist es auch einfach Zeit, innezuhalten, ein paar Minuten stehen zu bleiben und die ganze Energie in sich aufzunehmen.

Welches ist bisher dein prägendstes Wettkampf- oder Trainingserlebnis gewesen und warum?

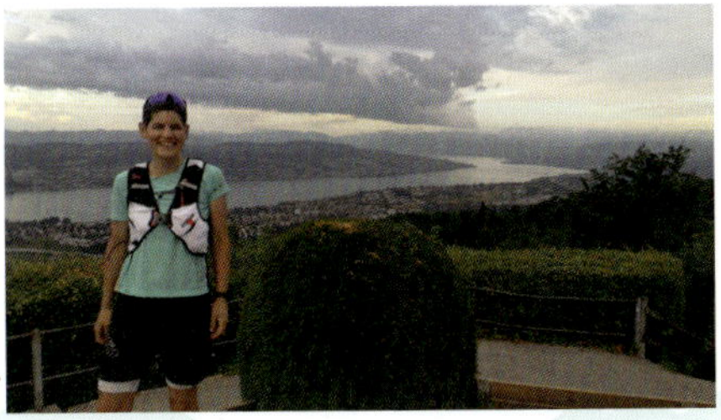

Der Tor des Géants mit 350 Kilometern und mehr als 30.000 Höhenmetern war ein unglaubliches Erlebnis. Nach zwei, drei Tagen hat sich die Bedeutung von Uhrzeit, Tag und Nacht völlig verloren. Man ist reduziert auf die simpelsten Dinge: Einen Fuß vor den anderen setzen, laufen, essen, schlafen. Einfach nur sein, ohne die übliche Gedankenspirale des Alltags.

Was hast du durchs Trailrunning über dich gelernt?

Dass ich wohl sehr ausdauernd bin und es im Leben wenig bis gar keine Gründe gibt, aufzugeben. Das ganze Leben ist eine Berg- und Talfahrt. Trailrunning hat mir gezeigt, dass selbst die härtesten Situationen irgendwann ein Ende haben und es irgendwann wieder aufwärts geht. Wenn man am Gipfel ist, mit Ausblick - das ist jetzt zweideutig -, dann sollte man diese Momente umso mehr genießen. Das alles gibt mir Kraft und davon zehre ich im Alltag immer sehr, sehr lange.

In welche Richtung hat sich deiner Meinung nach Trailrunning durch Social Media entwickelt? Wofür nutzt du die Medien selbst?

Ich denke, dass durch Social Media sehr viele falsche Erwartungen entstehen – wie viel, schnell und weit man laufen muss, um ein guter Trailrunner zu sein; wie man auszusehen hat; welche Bewerbe „cool" sind. Einsteiger lassen sich dadurch viel zu wenig Zeit für einen langfristigen Aufbau der Kondition und Muskulatur. Es ist schade, wenn dadurch viele Verletzungen entstehen und sich die Läufer selbst die Möglichkeit nehmen, diesen wunderschönen Sport auszuüben. Ich stehe dem Ganzen sehr kritisch gegenüber und poste relativ wenig. Ich bin auch nicht auf *Strava*®, weil Laufen meine Privatsache ist. Es gibt Tage, da laufe ich vier Minuten pro Kilometer und wenn ich müde bin, sieben oder mehr. Das ist das Leben und der Alltag. Viele gehen zuhause bei der Tür hinein, die Uhr verbindet sich per WLAN mit dem Handy und sofort wird gepostet und verglichen – ich finde das ehrlich furchtbar. Wo bleibt da der Spaß? Wenn ich mich vergleichen möchte, stelle ich mich an eine Startlinie – aber bitte nicht virtuell.

Welchen Unterschied siehst du zwischen Frauen und Männern in diesem Sport?

Von meiner Arbeit in der Trainingsbegleitung kann ich sagen, dass Frauen wesentlich mehr in sich hineinhören. Männer wollen und brauchen klare Vorgaben, die sie dann ausführen – und sind dann recht oft verletzt. Im Wettkampf finden Frauen wesentlich leichter einen passenden Rhythmus, den sie das ganze Rennen durchziehen. Viele Männer starten viel zu schnell – bis nichts mehr geht. Allgemein empfinde ich das aber als eine schwierige Frage, weil das sehr charakterabhängig ist.

Deine 3 wichtigsten Tipps fürs Laufen auf Trails?

» Hör immer auf dein Gefühl. Wenn du müde bist, dreh um. Wenn du dich richtig fit fühlst, genieße es und lauf, so weit dich deine Füße tragen.

» Nimm dir immer genug Ausrüstung mit. Ohne Handy, Regenjacke, etwas zu trinken und zumindest einen Riegel für den Notfall gehe ich selten aus dem Haus. Wenn es in die Berge geht, habe ich immer einen Rucksack mit komplettem Equipment dabei.

» Fang mit kurzen Distanzen an und steigere dich. Lerne die Technik, lass dir von erfahrenen Läufern etwas zeigen oder nimm an einem Camp teil. Laufen soll in erster Linie Spaß machen und Erholung sein.

Auf was könntest du beim Trailrunning nicht verzichten?

Auf meine Uhr. Ich mag keine Vergleiche, aber ich sehe mir nach einem Lauf wahnsinnig gerne auf der Karte an, wo ich genau unterwegs war, wie viele Kilometer und Höhenmeter es waren.

Mehr zu Sigrid:

www.sigridhuber.at
www.trailrunning-szene.at
www.2women2wild.com

8.6 Spezielle Notiz: Lizzy Hawker

Nachdem ich 2008 aus Marokko zurückkam und durch das Tor hinein in die Welt der Ultramarathons schritt, stolperte ich im Internet über Lizzy Hawkers Blog. Die Art und Weise, wie die Engländerin über ihre Trainingseinheiten und die grandiosen Berglandschaften schrieb, faszinierte mich. Ich wollte unbedingt wissen, wie sie sich auf größere Trailrennen vorbereitet und ihr Training gestaltet. Dabei prahlte sie nie über zurückgelegte Distanzen oder machte Höhenmeterangaben.

Vielmehr war es ihre Philosophie, die mich in den Bann zog. Wer könnte ich sein, wenn ich loslasse, was ich bin?

Schon damals wirkte Lizzy so verbunden mit den Bergen, es ging ums pure Sein, Entdecken und Erleben auf den Trails und keinen Schein. Sie lebte Trailrunning durch und durch, gewann nicht zuletzt auch fünfmal den UTMB, ein legendäres 100-Meilen-Rennen, das jährlich in Chamonix, Frankreich, stattfindet und bei dem einmal das Mont-Blanc-Massiv umrundet wird.

Lizzy wirkt durch Zurückhaltung und Bodenhaftung, die sie trotz ihrer zahlreichen Erfolge auch bei 12- und 24-Stunden-Läufen nie verloren hat. Doch auch nach ihrer wettkampforientierten Zeit verbringt sie nach wie vor viel Zeit in den Bergen.

Die studierte Ozeanografin unternimmt seit Jahren weit außerhalb von Europa, in Nepal, mehrwöchige Trailtouren auf dem GHT (Great Himalaya Trail) und beschreibt diese weniger als Versuche, eine FKT (Fastest Known Time) aufzustellen, als vielmehr eine Reise zu unternehmen, die eine Herausforderung auf allen Ebenen bedeutet.

Ein weiteres Highlight in Lizzys Sportlerkarriere ist die Gründung eines ganz besonderen Trailevents, der Ultra Tour Monte Rosa. Damit teilt sie mit und für andere Trailläufer ihre Passion für das Laufen auf den teils sehr rauen Wegen in dieser beeindruckenden, unnachgiebigen Landschaft. 2018 lief ich dort die 100-Kilometer-Distanz und bekam im Ziel von Lizzy persönlich die Medaille umgehängt, mein bisher emotionalster Moment und ein Rennen, das ich nie vergessen werde. Auf diesen Kilometern liegt so viel Spirit, den Lizzy einer erlesenen Läuferschar Jahr für Jahr möglich macht.

Mit mittlerweile 46 Jahren ist Lizzys Reise über die Trails dieser Erde sicher noch nicht zu Ende. Ich bat sie zu Beginn des Schreibprozesses, in der Porträt-Reihe dabei zu sein. Schlussendlich hat es zeitlich nie gepasst, da Lizzy nicht nur mit der sehr aufwendigen Organisation ihrer Ultra Tour Monte Rosa zu tun hatte, sondern gleich wieder auf dem Sprung nach Asien war. Nichts für ungut, Lizzy ist und bleibt eine lebende Trailrunninglegende.

Nachwort

Hier geht es zum Podcast

https://download.m-m-sports.com/extras/Trailrunning_Frauen/Wuestenlauf.mp3

Während des Entstehungsprozesses dieses Ratgebers im Sommer 2022 war ich oft voller Zweifel.

Interessiert diese Art Ratgeber überhaupt jemanden? Bin ich glaubhaft genug, obwohl ich schon seit Jahren nicht mehr im Rennzirkus unterwegs war? Ist vielleicht einiges von dem, was ich schreibe, irgendwann nicht mehr zeitgemäß?

Fragen, die mich fast täglich umtrieben.

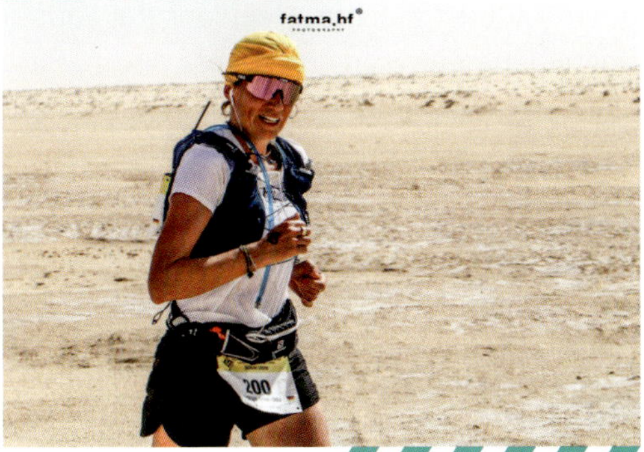

Bereits im März 2022 stand fest, dass ich im Oktober zu einer Pressereise nach Tunesien im Rahmen des Ultratrails Ultra Mirage antreten würde, und zwar auf der 50-Kilometer-Strecke. Das war zumindest eine Distanz, auf die ich mich mit nicht allzu großem Aufwand vorbereiten könnte. Klar, wer weiß, was davor noch alles so passieren könnte! Verletzung, Krankheit...meist ist die Vorfreude ja die schönste Freude.

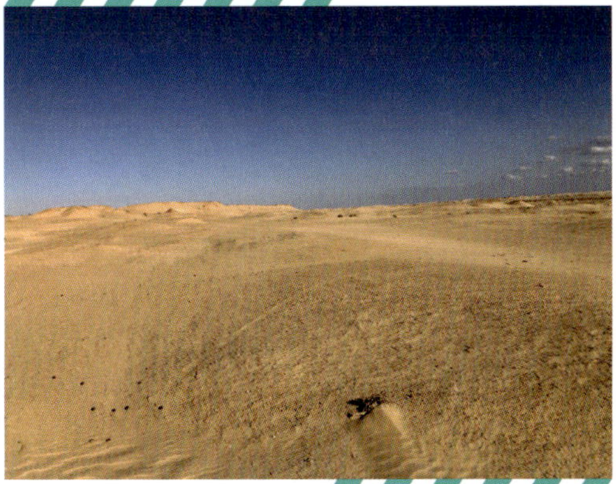

In meinen Träumen malte ich mir schon manchmal aus, wie es wäre, den Ultra-Mirage-Wüstenmarathon zu gewinnen, die Arme weit gen Himmel gestreckt. Doch erzählen wollte ich außer meinem Partner und sehr engen Freundin Simone niemandem. Ich stellte mir vor, wie sich dann, 14 Jahren nach meinem Ultramarathondebüt in Marokko, ein Kreis schließen würde und ich über all die Jahre dazwischen noch viel authentischer schreiben könnte.

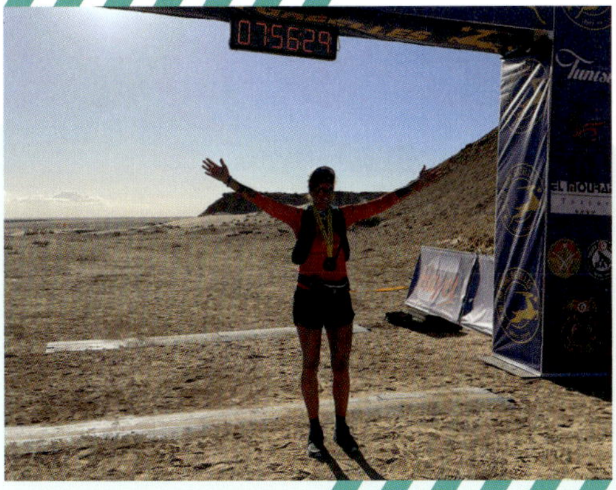

Anfang September war es dann soweit. Die Wohnung in Deutschland aufgelöst, mein wichtigstes Hab und Gut per Auto und mit Hund im Gepäck per Fähre nach Nordafrika geschifft, hatte ich die Idee, mich mit meinem Partner über den Winter in seiner Heimat, Tunesien, niederzulassen.

Mir blieben drei Wochen Zeit, mich noch ein wenig zu akklimatisieren, bevor die Reise in die Wüste begann. Ich übertreibe nicht, wenn ich sage, dass ich wahrscheinlich ein bisschen untertrainiert war und sich spätestens am Tag vor dem Rennen eine allgemeine Unruhe und Nervosität breit machte. Mein längster Lauf in der unmittelbaren Vorbereitung war nur 15 Kilometer lang gewesen. Ich konnte also nur auf die letzten Jahre vertrauen, in denen ich in den Bergen trainiert hatte und hoffte, dass diese Fitness mich zumindest gut über die Hälfte der Distanz bringen würde.

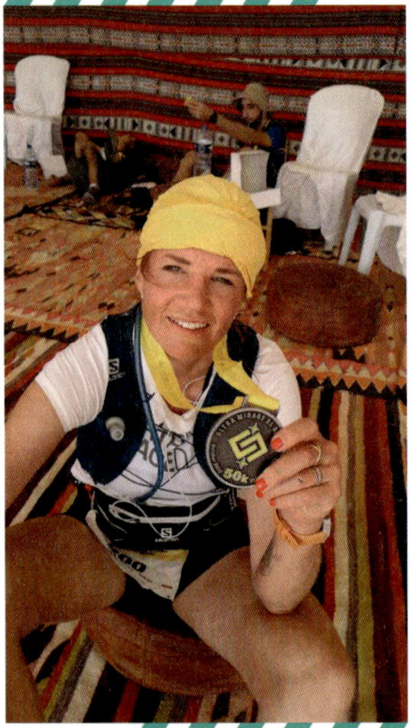

Doch es kam alles unerwartet, überraschend und ungeplant. Müsste ich diesen Ultramarathon in einen Satz zusammenfassen, würde er lauten: „Ich hatte das perfekte Rennen vom Start bis ins Ziel." Mit einem Sieg und Streckenrekord lief ich mit weit ausgestreckten Armen und Tränen in den Augen nach 52 Kilometern über die Ziellinie. Der Kreis hatte sich geschlossen.

Und ich würde alles, was ich in diesem Buch aufgeschrieben, jederzeit wieder so machen. Es ist viel passiert in den Jahren zwischen 29 und 43. 14 Jahre, die gespickt sind mit viel Weiterentwicklung, Erlebnissen, Erkenntnissen und Erfahrungen, von denen ich keine einzige missen möchte. Ob es nun das Laufen am Meer, in den Bergen, durch Wüstensand oder andere Landschaften ist, deren Namen mir nicht einfallen wollen: Tobe dich laufend aus auf diesem wunderbaren Spielplatz von Mutter Erde!

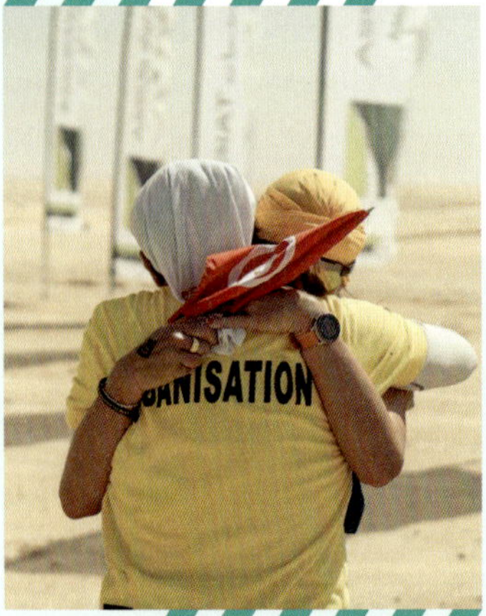

Laufen zu können, ist ein Geschenk!

Run happy. Be happy.

Deine Anna

Danke an meine geduldige Projektleiterin Alexa Deutz, Lektorin Dr. Irmgard Jaeger sowie Therapeut Peter Müller, Simone, Iris, Nadja und Thomas aka Coach T.

Anhang

1 Literaturverzeichnis

Bücher

All Mountain Magazin (02/16), *Lebenslänglich: Flow!* Bielefeld: Delius Klasing Verlag. S. 85, Ausgabe 02/2016.

Brazier, B. (2007). *The Thrive Diet*. Toronto: Penguin Canada.

D`Adamo, P. (2013). *4 Blutgruppen - Das Original-Blutgruppenkonzept*. München: Piper Verlag.

Li, C. & Krautmann, U., (2003), *Der Weg der Kaiserin*. Frankfurt: Fischer Verlag.

Niedrig, A., (2007), *Vom Junkie zum Ironman*. München: Heyne Paperback.

Websites und Links:

Gerhardt, D. (2017). *Mentales Training im Basketball: Ein Weg zur Leistungssteigerung?* www.grin.com/document/1031513

Jan de Jonge (2020). *Mental Recovery and Running-Related Injuries in Recreational Runners: The Moderating Role of Passion for Running*, www.psylex.de/sucht/laufsucht/

Kishali, N. F. et al. (2006). Effects of menstrual cycle on sports performance, 2006, *International Journal of Neuroscience*, https://pubmed.ncbi.nlm.nih.gov/17145688/

Klossika, I., Schmahl, C. & Bohus, M. (2007). *Wenn der Schmerz nicht mehr weh tut: Was ereignet sich im Körper, wenn Menschen selbst schwerste Verletzungen nicht spüren?* www.uni-heidelberg.de/presse/ruca/ruca07-2/schmerz.html

Niet, M. (2016.) *Wie Gedanken den Schmerz steuern*, und www.dasgehirn.info/krankheiten/schmerz/wie-gedanken-den-schmerz-steuern

Simon Sinek Video: https://www.youtube.com/watch?v=4jgg7wt1Zg0

Steffny, H. & Pramann, U. (2007). *Perfektes Lauftraining*. S. 203-206. www.joggen-online.de/Lauftraining/Frauen-und-Laufen/Unterschiede-zwischen-Mann-und-Frau-beim-Laufen-53

www.andreas-niedrig.de

Social Media

Eva Sperger (2022). Guter Schmerz, schlechter Schmerz, LinkedIn

2 Bildnachweis

Coverfoto: Sportograf

Covergestaltung: Katerina Georgieva

Fotos Innenteil: S. 130, 131, 146, 198, 203: Unsplash
S. 16, 25, 32, 34, 65, 76, 86, 113, 141, 187: Sportograf
S. 20, 22, 27, 48: Alexander Fischer
S. 78, 190, 268: © AdobeStock
S. 94, 101, 107, 149, 160, 224: Peakografin Marisa Eid
S. 119: Alpinefex Tobi
S. 134: Eva Sperger
S. 188: Anne Kaiser Photography
S. 207-213: Max Merget
S. 219: Stephan Wieser
S. 246, 291 oben: Fatma.HF
S. 272: RoastMedia
S. 274: Ibexfilm.com
S. 275: Stephan Wieser
S. 278: Simone Philipp
S. 283, 284: Michael Lange
S. 286-287: Sigrid Huber (aus ihrem Privatarchiv)
S. 291 Mitte: Nejmeddine Daldoul
S. 291 unten: Carole Pipolo

Innenlayout: Isabella Frangenberg

Satz: Guido Maetzing, www.mmedia-agentur.de

Lektorat: Dr. Irmgard Jaeger

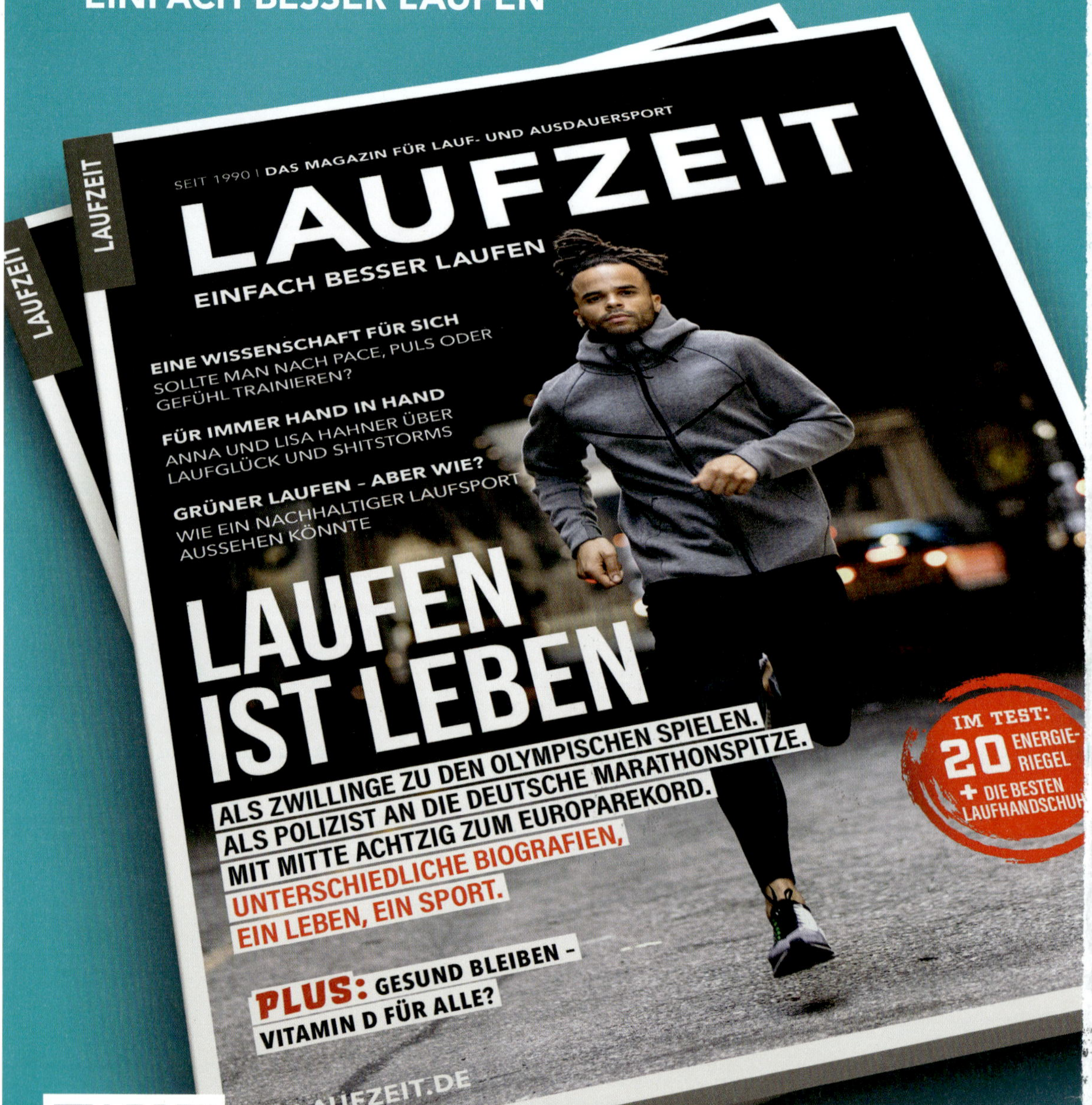
LAUFZEIT
SEIT 1990 | DAS MAGAZIN FÜR LAUF- UND AUSDAUERSPORT
LAUFZEIT
EINFACH BESSER LAUFEN
EINE WISSENSCHAFT FÜR SICH
SOLLTE MAN NACH PACE, PULS ODER GEFÜHL TRAINIEREN?
FÜR IMMER HAND IN HAND
ANNA UND LISA HAHNER ÜBER LAUFGLÜCK UND SHITSTORMS
GRÜNER LAUFEN – ABER WIE?
WIE EIN NACHHALTIGER LAUFSPORT AUSSEHEN KÖNNTE
LAUFEN IST LEBEN
ALS ZWILLINGE ZU DEN OLYMPISCHEN SPIELEN.
ALS POLIZIST AN DIE DEUTSCHE MARATHONSPITZE.
MIT MITTE ACHTZIG ZUM EUROPAREKORD.
UNTERSCHIEDLICHE BIOGRAFIEN,
EIN LEBEN, EIN SPORT.
IM TEST: 20 ENERGIE-RIEGEL + DIE BESTEN LAUFHANDSCHUH
PLUS: GESUND BLEIBEN – VITAMIN D FÜR ALLE?
LAUFZEIT.DE